Tribunal de Contas da União
no Direito e na Realidade

Tribunal de Contas da União no Direito e na Realidade

2020

Organização
Carlos Ari Sundfeld e André Rosilho

TRIBUNAL DE CONTAS DA UNIÃO NO DIREITO E NA REALIDADE
© Almedina, 2020

Organização: Carlos Ari Sundfeld e André Rosilho

Diretor Almedina Brasil: Rodrigo Mentz
Editora Jurídica: Manuella Santos de Castro
Editor de Desenvolvimento: Aurélio Cesar Nogueira
Assistentes Editoriais: Isabela Leite e Larissa Nogueira

Preparação e Revisão: Tereza C. Gouveia, Camilla Medeiros e Lyvia Felix
Diagramação: Almedina
Design de Capa: Roberta Bassanetto

ISBN: 9786556271477
Setembro, 2021

Dados Internacionais de Catalogação na Publicação (CIP)
(Câmara Brasileira do Livro, SP, Brasil)

Tribunal de Contas da União no Direito e na Realidade / organização Carlos Ari Sundfeld, André Rosilho. – 1. ed. – São Paulo: Almedina, 2020.

ISBN 978-65-5627-147-7

1. Direito 2. Direito Público – Brasil 3. Fiscalização Administrativa 4. Poder Legislativo – Brasil

I. Sundfeld, Carlos Ari. II. Rosilho, André.

20-48023   CDU-342

Índices para catálogo sistemático:

1. Direito Público 342

Aline Graziele Benitez – Bibliotecária – CRB-1/3129

Este livro segue as regras do novo Acordo Ortográfico da Língua Portuguesa (1990).

Todos os direitos reservados. Nenhuma parte deste livro, protegido por copyright, pode ser reproduzida, armazenada ou transmitida de alguma forma ou por algum meio, seja eletrônico ou mecânico, inclusive fotocópia, gravação ou qualquer sistema de armazenagem de informações, sem a permissão expressa e por escrito da editora.

Editora: Almedina Brasil
Rua José Maria Lisboa, 860, Conj. 131 e 132, Jardim Paulista | 01423-001 São Paulo | Brasil
editora@almedina.com.br
www.almedina.com.br

SOBRE OS ORGANIZADORES

Carlos Ari Sundfeld
Professor Titular da Escola de Direito de São Paulo da Fundação Getulio Vargas (FGV DIREITO SP). Doutor e Mestre pela Pontifícia Universidade Católica de São Paulo (PUC-SP). Presidente da Sociedade Brasileira de Direito Público (sbdp).

André Rosilho
Professor da Escola de Direito de São Paulo da Fundação Getulio Vargas (FGV DIREITO SP). Coordenador do Observatório do TCU da FGV DIREITO SP + Sociedade Brasileira de Direito Público (sbdp). Doutor em Direito pela Universidade de São Paulo (USP). Mestre em Direito e Desenvolvimento pela FGV DIREITO SP. Advogado.

Conrado Tristão
Mestre e Doutorando em Direito e Desenvolvimento pela Escola de Direito de São Paulo da Fundação Getulio Vargas (FGV DIREITO SP). Pesquisador do Grupo Público da FGV DIREITO SP + Sociedade Brasileira de Direito Público (sbdp).

Cristina Telles
Mestre e Doutoranda em Direito Público pela Universidade do Estado do Rio de Janeiro (UERJ). Professora de Direito Constitucional e advogada.

Daniel Bogéa
Mestre em Ciência Política pela Universidade de Brasília (UnB) e em Direito do Estado pela Universidade de São Paulo (USP). Sócio do Piquet, Magaldi e Guedes Advogados.

Eduardo Jordão
Professor da Escola de Direito do Rio de Janeiro da Fundação Getulio Vargas (FGV DIREITO RIO). Doutor pelas Universidades de Paris e de Roma. Mestre pela Universidade de São Paulo (USP) e pela London School of Economics (LSE). Foi pesquisador visitante em Harvard, Yale, MIT e Instituto Max Planck. Sócio do Portugal Ribeiro Advogados.

Gustavo Leonardo Maia Pereira
Mestre em Direito e Desenvolvimento pela Escola de Direito de São Paulo da Fundação Getulio Vargas (FGV DIREITO SP). Procurador Federal.

Jacintho Arruda Câmara
Professor da Pontifícia Universidade Católica de São Paulo (PUC-SP) e da Pós-Graduação Lato Sensu da Escola de Direito de São Paulo da Fundação Getulio Vargas (FGV DIREITO SP). Doutor e Mestre em Direito pela PUC-SP. Vice-Presidente da Sociedade Brasileira de Direito Público (sbdp).

Luís Henrique Baeta Funghi
Mestre em Direito pela Universidade de Brasília (UnB). Advogado em Aroeira Salles Advogados.

SOBRE OS AUTORES

Alexandre Aroeira Salles
Doutor em Direito pela Pontifícia Universidade Católica de (PUC-SP). Mestre em Direito pela Universidade Federal de Mi (UFMG). Sócio de Aroeira Salles Advogados.

André de Castro O. P. Braga
Mestre em Direito e Desenvolvimento pela FGV Direito Administração Pública pela FGV-RJ. Doutorando em Admi Pública e Governo pela FGV-SP. Advogado.

André Rosilho
Professor da Escola de Direito de São Paulo da Fundação Getu (FGV DIREITO SP). Coordenador do Observatório do TCL DIREITO SP + Sociedade Brasileira de Direito Público (sbdp em Direito pela Universidade de São Paulo (USP). Mestre em Desenvolvimento pela FGV DIREITO SP. Advogado.

Carlos Ari Sundfeld
Professor Titular da Escola de Direito de São Paulo da Fundação Vargas (FGV DIREITO SP). Doutor e Mestre pela Pontifícia Univ Católica de São Paulo (PUC-SP). Presidente da Sociedade Bras Direito Público (sbdp).

SOBRE OS AUTORES

Pedro Aurélio Azevedo Lustosa
Bacharel em Direito pela Universidade de Brasília (UnB). Advogado em Piquet, Magaldi e Guedes Advogados.

Vera Monteiro
Professora da Escola de Direito de São Paulo da Fundação Getulio Vargas (FGV DIREITO SP). Professora da Sociedade Brasileira de Direito Público (sbdp). Doutora em Direito pela Universidade de São Paulo (USP). Mestre em Direito pela Pontifícia Universidade Católica de São Paulo (PUC-SP).

Vitória Costa Damasceno
Bacharel em Direito pela Universidade de Brasília (UnB). Advogada em Piquet, Magaldi e Guedes Advogados.

Yasser Gabriel
Mestre em Direito e Desenvolvimento pela Escola de Direito de São Paulo da Fundação Getulio Vargas (FGV DIREITO SP). Doutorando em Direito pela Universidade de São Paulo (USP). Advogado em Sundfeld Advogados.

APRESENTAÇÃO

Em 1998, a Sociedade Brasileira de Direito Público (sbdp) criou a Escola de Formação Pública, centro de ensino e pesquisa empírica dedicado a investigar a jurisdição constitucional brasileira e a mapear as características e os padrões de comportamento do Supremo Tribunal Federal (STF). Mais de vinte anos depois, e após formar uma rede de cerca de 500 pesquisadores, é seguro dizer que o projeto, em contínuo funcionamento e hoje formalmente apoiado pela Escola de Direito de São Paulo da Fundação Getulio Vargas (FGV DIREITO SP) e outras instituições, foi relevante para o STF deixar de ser o desconhecido de outrora.

Em 2017, com inspiração nessa experiência de pesquisa empírica, o Grupo Público da FGV DIREITO SP e a sbdp decidiram criar o Observatório do Tribunal de Contas da União (TCU), sob a coordenação do professor André Rosilho. Na origem da iniciativa estava o diagnóstico de que o novo protagonismo do Tribunal de Contas da União não vinha sendo acompanhado por pesquisa e reflexão acadêmicas suficientes sobre a instituição, seu perfil e sua jurisprudência. Apesar de o TCU ser centenário – foi idealizado em 1890 – ainda se sabia pouco sobre sua realidade.

Desde meados dos anos 2000, o TCU ampliou seu fortalecimento institucional e a transformação de sua imagem e ação. Hoje ele está no centro do mundo público. É peça-chave no controle das licitações e contratos, dos processos de desestatização, da regulação e por aí vai. Há indícios de que, na prática, esteja se transformando numa espécie de justiça administrativa de ofício. É preciso compreender e avaliar esse fenômeno.

O objetivo do projeto de pesquisa *Observatório do TCU da FGV DIREITO SP + sbdp* é colaborar para isso. Dele fazem parte pesquisadores permanentes ou colaboradores, que são professores, doutores, mestres ou pós-graduandos vinculados a diferentes universidades brasileiras, focados no acompanhamento sistemático das decisões do Tribunal e na produção de análises críticas sobre sua jurisprudência. O projeto funciona em permanente articulação com pesquisas sobre controle externo desenvolvidas na Escola de Formação Pública da sbdp e nos Programas de Doutorado e de Mestrado Acadêmico e Profissional da FGV DIREITO SP, que vêm gerando interessantes dissertações, teses e monografias.

As reflexões do Observatório têm se concentrado em seis grandes frentes: 1) relação entre TCU e burocracia em processos de aquisição de bens e serviços pela Administração Pública; 2) influência do TCU na regulação e em desestatizações; 3) modo pelo qual o TCU exerce competências sancionatórias; 4) atuação concreta do TCU à luz de suas competências constitucionais e legais; 5) aspectos processuais no âmbito do TCU; e 6) atuação concreta do TCU à luz do direito comparado.

Desde o início de 2019, o Observatório do TCU da FGV DIREITO SP + sbdp mantém, com grande repercussão, uma coluna semanal no *JOTA*, com análises de decisões escolhidas. O acervo completo de publicações do grupo está aberto para consulta no sítio eletrônico da sbdp (www.sbdp.org.br).

O livro que o leitor tem em mãos consolida reflexões sobre o Tribunal e sua jurisprudência construídas a partir de pesquisas do Observatório do TCU da FGV DIREITO SP + sbdp e de diálogos com a comunidade acadêmica mais ampla, com gestores públicos, com profissionais do Direito e com auditores do controle externo do próprio TCU.

A organização do livro contou com o apoio fundamental da pesquisadora Júlia Malacrida, a quem os coordenadores agradecem.

CARLOS ARI SUNDFELD
ANDRÉ ROSILHO
(Os Organizadores)

SUMÁRIO

PARTE 1
TRIBUNAL DE CONTAS DA UNIÃO E SUA JURISDIÇÃO

Capítulo 1 – Competências de Controle dos Tribunais de Contas
– Possibilidades e Limites
   Carlos Ari Sundfeld e Jacintho Arruda Câmara   19

Capítulo 2 – Limites da Jurisdição dos Tribunais de Contas sobre Particulares
   Carlos Ari Sundfeld e Jacintho Arruda Câmara   59

Capítulo 3 – Limites dos Poderes Cautelares do Tribunal de Contas da União e Indisponibilidade de Bens de Particulares Contratados
   André Rosilho   79

Capítulo 4 – Tribunais de Contas e Controle Operacional da Administração
   Conrado Tristão   99

Capítulo 5 – Particularidades Processuais do Tribunal de Contas da União
   Pedro Aurélio Azevedo Lustosa e Vitória Costa Damasceno   113

Capítulo 6 – O Tempo do Controle: a Prescrição das Demandas
de Ressarcimento ao Erário e de Imputação de Multa
pelo Tribunal de Contas Da União
  Cristina Telles 135

PARTE 2
TRIBUNAL DE CONTAS DA UNIÃO
E O CONTROLE DA REGULAÇÃO

Capítulo 7 – O Tribunal de Contas da União e a Interpretação
Conforme de Normas Regulatórias
  Daniel Bogéa 207

Capítulo 8 – O Tribunal de Contas da União como Regulador
de Segunda Ordem: um Estudo de Casos sobre o Controle
da Regulação de Infraestrutura
  Gustavo Leonardo Maia Pereira 233

Capítulo 9 – Substituição do Regulador pelo Controlador?
A Fiscalização do Tribunal de Contas da União nos Contratos
de Concessão Rodoviária
  Alexandre Aroeira Salles e *Luís Henrique Baeta Funghi* 265

PARTE 3
TRIBUNAL DE CONTAS DA UNIÃO
E O CONTROLE DAS CONTRATAÇÕES PÚBLICAS

Capítulo 10 – O Valor das Decisões do Tribunal de Contas da União
sobre Irregularidades em Contratos
  Carlos Ari Sundfeld, Jacintho Arruda Câmara, Vera Monteiro
  e *André Rosilho* 307

Capítulo 11 – A Intervenção do Tribunal de Contas da União
sobre Editais de Licitação Não Publicados: Controlador
ou Administrador?
  Eduardo Jordão 337

Capítulo 12 – O Tribunal de Contas da União Impõe Obstáculos
à Inovação no Setor Público?
   André de Castro O. P. Braga   365

Capítulo 13 – Acordos de Leniência na Jurisdição do Tribunal
de Contas da União
   Yasser Gabriel   403

PARTE 1

TRIBUNAL DE CONTAS DA UNIÃO E SUA JURISDIÇÃO

PARTE II

Capítulo 1
Competências de Controle dos Tribunais de Contas – Possibilidades e Limites

Carlos Ari Sundfeld e Jacintho Arruda Câmara

Introdução

O Tribunal de Contas[1] vem cada vez ampliando mais sua atuação, procurando não só participar nas discussões sobre as variadas questões de que se ocupa a Administração como influir de modo efetivo na alteração de comportamentos dos agentes estatais, na adoção de políticas públicas, etc.

Destaca-se, nesse sentido, seu crescente interesse no funcionamento da Administração, nas suas várias estruturas, inclusive no das Agências Reguladoras, buscando controlá-las tanto pelo ângulo financeiro quanto no estritamente administrativo, até quando se trata de matéria regulatória.[2]

A intensificação da atuação do Tribunal de Contas também fica evidente em matéria de contratações públicas. Nos últimos anos, vem sendo objeto de intenso debate – jurídico, político e institucional – a série de intervenções operadas por Corte de Contas sobre contratos, em plena execução, da Administração direta ou indireta. Ilustra esse modo de

---

[1] Empregaremos a expressão "Tribunal de Contas", no singular, quando formos designar algo que diga respeito indistintamente a qualquer Corte de Contas. Quando necessário especificar, faremos a designação daquele órgão mencionado. É o que ocorrerá algumas vezes em relação ao Tribunal de Contas da União (TCU), cujas atribuições são objeto de decisões judiciais paradigmáticas e de relevantes dispositivos legais e constitucionais.
[2] Para uma das primeiras sínteses sobre a atuação do TCU sobre setores regulados, cf. ZYMLER (2002, p. 3-7).

intervenção a adoção de medidas cautelares que determinam a retenção de pagamentos, a redução de valores contratuais, entre outras deliberações tomadas à guisa de controle dos gastos públicos.

É indiscutível a importância do Tribunal de Contas no equilíbrio de forças entre os Poderes integrantes do Estado brasileiro. Órgão dotado de prerrogativas especiais, ele atua como auxiliar do Legislativo na função de controle externo da Administração (art. 71 da Constituição Federal). Mas não é por ser "auxiliar" do Legislativo que ele não desempenhe, de modo autônomo, competências próprias.

Somam-se, ao papel de auxílio ao Legislativo, funções autônomas de controle, pelas quais o Tribunal de Contas intervém por força própria na atuação das entidades administrativas e de particulares. Podem ser citadas, a título ilustrativo, as atribuições de julgar contas dos administradores e sancionar os responsáveis por irregularidades (art. 71, II e VIII, da Constituição Federal). Nesses casos, as decisões da Corte de Contas produzem seus próprios efeitos, independentemente de deliberação ou aprovação do Legislativo. Institucionalmente, portanto, para determinadas situações, o Tribunal de Contas exerce de modo autônomo o papel de controlador externo do Executivo e das entidades que compõem a administração indireta.

Mas a distribuição constitucional de competências em matéria de controle externo buscou separar temas destinados à atuação direta e autônoma do órgão técnico de outros em que a deliberação é exclusiva do Legislativo, ainda que auxiliado pelo Tribunal de Contas. É exemplo deste último caso o julgamento das contas do Chefe do Executivo. Quanto a isso, o Tribunal de Contas apenas elabora um parecer, reservando-se ao Legislativo, com exclusividade, a função de julgamento (arts. 49, IX e 71, I da Constituição).

A ampliação da atuação do Tribunal de Contas se, por um lado, é vista positivamente pelos benefícios proporcionados por um controle independente, sério, equilibrado e atuante, de outro lado suscita preocupações quanto à delimitação de suas competências.

Afinal, até que ponto pode ir o Tribunal de Contas em suas análises e ordens? Quais os limites de sua competência? O que as normas jurídicas definiram como campo próprio à sua atuação?

Este capítulo aborda justamente esse temário, com especial enfoque na análise das possibilidades e limites de atuação do Tribunal de Contas para fiscalizar o mérito da função administrativa (inclusive a regulatória), bem como os contratos celebrados pela Administração.

1. O Tribunal de Contas Não É Revisor Geral da Administração. Os Tipos de Comando, os Motivos de Comando e o Objeto de Fiscalização do Tribunal de Contas

A postura mais ativa do Tribunal de Contas tem feito com que este órgão seja visto algumas vezes como uma espécie de instância revisora geral de diversas decisões administrativas. De ofício ou mediante provocação de interessados, a Corte de Contas tem sido instada a se pronunciar sobre decisões administrativas das mais variadas índoles.

São amplas e incontestes as atribuições do Tribunal de Contas para analisar a legalidade, legitimidade e economicidade da atuação da Administração Pública.

Esse conjunto de atribuições possui respaldo na Constituição Federal (arts. 70 e 71) e detalhamento em lei.[3] Tais competências tanto podem ser exercidas de ofício, como ser provocadas por cidadãos, associações, partidos políticos ou sindicatos (art. 74, § 2º da Constituição).

Todavia, o poder de intervenção do Tribunal de Contas nas atividades da Administração Pública encontra limites. Ele não é instância revisora integral da atividade administrativa, que seja competente para corrigir ilegalidades em toda e qualquer decisão tomada no exercício da função administrativa por entes estatais. Corte de Contas não é Conselho de Estado.

A percepção dos limites de atuação do Tribunal de Contas chega a ser intuitiva em vários casos.

Não haveria cabimento, por exemplo, em provocar o Tribunal de Contas a rever a aplicação de sanção a servidor público no curso de processo administrativo disciplinar. Também escaparia de sua competência analisar decisões administrativas de mérito dos diversos entes fiscalizados. Seria impróprio também requerer do TCU a revisão de decisões do Conselho Administrativo de Defesa Econômica (Cade) sobre determinado ato de concentração, ou a reforma de licenciamento ambiental feito pelo Instituto Brasileiro do Meio Ambiente e dos Recursos Naturais

---

[3] No caso do Tribunal de Contas da União, suas competências foram detalhadas na Lei n. 8.443, de 16 de julho de 1992, a chamada Lei Orgânica do TCU.

Renováveis (Ibama), ou ainda a anulação de registro de medicamento realizado pela Agência Nacional de Vigilância Sanitária (Anvisa). Esse tipo de atuação administrativa não se sujeita à avaliação de legalidade no âmbito do controle exercido pelo TCU, pois a este órgão jamais foi conferida a prerrogativa e o dever de revisar a atuação administrativa em geral dos entes e órgãos sujeitos à sua fiscalização.

Para bem descrever as possibilidades e os limites da atuação do Tribunal de Contas é preciso considerar inicialmente três noções bastante simples: as de objeto da fiscalização, parâmetro da fiscalização e produto da fiscalização. *Objeto da fiscalização* é o conjunto de fatos, atos e procedimentos da Administração Pública ou de terceiros que o Tribunal examina e, a seguir, avalia, positiva ou negativamente. *Parâmetro da fiscalização* é a referência que o Tribunal adota para avaliar positiva ou negativamente certo objeto. *Produto da fiscalização* são os atos que o Tribunal produz em decorrência dos procedimentos que realiza.

A fiscalização do Tribunal de Contas é bem ampla no que se refere a seu objeto e parâmetro, mas é muito condicionada quanto a seu produto.

A fiscalização do Tribunal pode ter por objeto quase *tudo* o que se relaciona à Administração Pública. É que, além da fiscalização financeira, orçamentária, contábil e patrimonial – matérias sob a jurisdição específica do Tribunal de Contas – cabe-lhe, no exercício da fiscalização operacional, um exame do todo, do conjunto da atuação administrativa (Constituição, art. 70, *caput*).

Os parâmetros que o Tribunal pode usar em sua avaliação também são muito variados, não se restringindo à legalidade, pois se estendem também, como diz o art. 70, *caput*, da Constituição, à economicidade e à legitimidade (ou, para usar fórmula mais consagrada no debate internacional, à economicidade, à eficiência e à efetividade).

E por que há forte limitação jurídica quanto ao produto da fiscalização do Tribunal de Contas? É que, embora sua *faculdade de representar* seja muito extensa, seu *poder de comandar* é bem restrito.

São três os fatores de restrição ao poder de comando do Tribunal de Contas. O primeiro tem a ver com os *tipos de comando*: o Tribunal não pode dar qualquer tipo de ordem, constituindo ou desconstituindo direitos e deveres. O segundo fator diz respeito aos *motivos do comando*: o Tribunal só pode emitir comandos se constatar ilegalidades, não por outros motivos. O terceiro fator tem a ver com o *objeto da fiscalização*:

o poder de comando do Tribunal só existe se a ilegalidade apurada for em matéria financeira, orçamentária, contábil ou patrimonial, mas não por conta de ilegalidades em outras matérias administrativas, examinadas no âmbito da ampla fiscalização operacional.

Em relação àquilo sobre que o Tribunal de Contas não tem o poder direto de comandar, cabe-lhe apenas encaminhar suas avaliações para conhecimento público (Constituição, art. 71, VII) e representar às autoridades competentes (Constituição, art. 71, XI).

Assim, ainda que se trate de ilegalidade em matéria sob sua jurisdição direta (financeira, por exemplo), como não pode anular ou sustar contratos (tema ao qual voltaremos mais adiante), o Tribunal provoca as autoridades competentes para fazê-lo. Mas nessa específica matéria pode aplicar sanções, de modo que em alguma medida atua na imposição de deveres, embora nesse âmbito limitado do sancionamento.

No entanto, se o Tribunal de Contas, fazendo fiscalização operacional, se depara com ilegalidades em matéria fora de sua jurisdição direta (quanto à aplicação da lei de estrangeiros, por exemplo), cabe-lhe apenas representar a quem de direito, sem impor diretamente deveres a quem quer que seja, inclusive porque nesse campo material não tem competência sequer para sancionar.

Da mesma forma, se o Tribunal, fazendo auditoria operacional, posiciona-se criticamente quanto a certa política (de expansão das universidades públicas, por exemplo), sem identificar ilegalidade, apenas pode representar às autoridades, dando ciência de sua opinião, sem outras consequências jurídicas.

Assim, a faculdade de o Tribunal emitir opiniões e representações, com impacto político, é bastante extensa, constituindo modernamente o mais importante eixo da ampliação de seu papel.

Mas a Constituição limitou bastante o poder direto de comando do Tribunal de Contas, isto é, sua capacidade de criar por força própria deveres de fazer ou não fazer para terceiros, agentes públicos ou não. Como dito, trata-se de limitação quanto aos tipos de comando que o Tribunal pode emitir, quanto aos motivos que autorizam o Tribunal a fazê-lo e quanto ao objeto cuja fiscalização pode dar ao Tribunal a oportunidade de emitir esses comandos.

Os atos de comando que o Tribunal pode produzir são a aplicação de sanções (Constituição, art. 71, VIII), a sustação de atos (Constituição, art. 71, X e § 1º) e o registro de certos atos de pessoal (art. 71, III). Não lhe cabe dar ordens cogentes em geral às autoridades administrativas, anular diretamente atos ou contratos, nem suspender ou sustar contratos (pois isto é tarefa do Legislativo – Constituição, art. 71, § 1º). Portanto, são reduzidos os tipos de atos de comando que o Tribunal de Contas pode emitir.

Ademais, esses atos de comando só podem ser editados para a *correção ou punição de irregularidades* ("ilegalidades"), em virtude da avaliação do Tribunal de que uma violação de norma jurídica está em curso ou foi cometida (Constituição, art. 71, VIII e IX). Assim, atos de comando derivam sempre e só de julgamentos do Tribunal cujo parâmetro seja a *legalidade*, mas não de análises críticas cujos parâmetros sejam a economicidade, a eficiência ou a efetividade. Se o Tribunal, analisando a atuação administrativa em qualquer campo, considera que tais ou quais melhorias podem ser feitas para torná-la mais eficiente, nem por isso produzirá atos de comando; o que fará é recomendar, isto é, representar à autoridade competente. Assim, apenas as ilegalidades podem ser motivo para a emissão de atos de comando do Tribunal de Contas.

Embora o Tribunal de Contas possa fazer fiscalizações quanto aos mais variados objetos, já que a auditoria operacional é abrangente por natureza, as fiscalizações das quais podem resultar atos de comando do Tribunal são apenas as que envolvam as matérias sob sua jurisdição específica. E quais são elas? A matéria financeira, a orçamentária, a contábil e a patrimonial. Sobre as demais matérias, o Tribunal não tem jurisdição específica, delas só tomando conhecimento no âmbito da fiscalização operacional, da qual, como dito, não resultam atos de comando.

De modo que os poderes de intervenção direta do Tribunal de Contas (isto é, poderes de emitir atos de comando), restritos que são ao campo sob sua jurisdição específica, são limitados materialmente. Cabe ao Tribunal assegurar:

a) a correta gestão dos recursos públicos, o que exige o exame de atos unilaterais (ex.: atos de admissão de pessoal) ou bilaterais (ex.: convênios e contratos de compras) e de procedimentos (ex.: licitação de obras) pelos quais, direta ou indiretamente, se realizam a despesa pública e a receita pública (*fiscalização financeira*);

b) a correta execução do orçamento público, o que envolve a análise tanto da observância das leis orçamentárias anuais e plurianuais, quanto das normas mais gerais que condicionam sua execução, como a Lei de Responsabilidade Fiscal (*fiscalização orçamentária*);
c) a correta contabilização dos recursos (*fiscalização contábil*); e
d) a correta gestão do patrimônio público, envolvendo a aquisição, alienação e administração dos bens móveis e imóveis (*fiscalização patrimonial*).

Quanto às demais matérias, sobre as quais eventualmente se debruça no bojo de auditorias operacionais, o Tribunal de Contas não tem poder de intervenção direta e específica, nem tem a possibilidade de emitir qualquer ato de comando. Por isso, no tocante a essas outras matérias, as autoridades administrativas não têm propriamente o dever de prestar contas ao Tribunal, pois este só conhece delas incidentalmente, ao fazer auditorias operacionais.[4]

2. O Controle de Legalidade do Tribunal de Contas Recai sobre a Gestão Financeira em Sentido Amplo da Administração

A avaliação de conformidade com a lei que deve ser feita pelo Tribunal de Contas recai sobre a atuação financeira (em sentido amplo) da Administração Pública. Examina-se a conformidade da atuação administrativa nessa área específica com as leis que definem as práticas de contabilidade e finanças públicas, a correta execução do orçamento e a gestão do patrimônio público.

Os mecanismos de atuação do Tribunal, nesse mister, estão encartados no art. 71 da Constituição Federal. Eles envolvem, por exemplo, a apreciação de contas anuais do Chefe do Executivo (inc. I); o julgamento das contas dos administradores e responsáveis por dinheiros, bens e valores públicos da administração direta e indireta (inc. II); a apreciação, para

---

[4] Nesse sentido, Luís Roberto Barroso: "Portanto, em consonância com os ditames constitucionais, é próprio da fiscalização externa examinar as contas das entidades da administração direta e indireta, aos ângulos da legalidade, legitimidade e economicidade. *Nota essencial, todavia, para que se abra a possibilidade de tal fiscalização, é que se trate efetivamente de uso de dinheiro público, quando então até as pessoas privadas estarão sujeitas à prestação de contas*" (BARROSO, 1999, grifo nosso).

fins de registro, dos atos de admissão de pessoal, concessões de aposentadorias, reformas e pensões (inc. III) e assim por diante.

Há quem considere, porém, que a análise de legalidade se estenderia sobre qualquer atividade administrativa desempenhada pelas entidades sujeitas à jurisdição da Corte de Contas. Os limites de sua atuação não estariam adstritos à matéria financeira propriamente dita, mas sim a qualquer questão inerente à atuação administrativa. Nessa visão, o Tribunal de Contas, em matéria regulatória, por exemplo, estaria impedido apenas de interferir em decisões de caráter discricionário (político) tomada por ente estatal. Mas se houvesse alguma suposta ilegalidade, caberia sim atuação repressora direta do Tribunal de Contas.[5]

Essa leitura excessivamente ampliativa peca, justamente, por embaralhar o perfil de todas as competências atribuídas constitucionalmente ao Tribunal de Contas. As atribuições do Tribunal, sem dúvida, cresceram com o advento da Constituição de 1988, mas foram no sentido de introduzir um novo tipo de análise e de fiscalização (a operacional) e não no de fazer do órgão um revisor geral da atividade administrativa federal. O exame de legalidade e o exercício de poderes mais interventivos pelo Tribunal (emissão de atos de comando) ficaram adstritos ao que acima designamos como "gestão financeira em sentido amplo". Os demais aspectos da atividade administrativa só se sujeitam a consideração de natureza diversa, menos interventiva, que resulta da chamada fiscalização operacional. É o que será visto no tópico a seguir.

3. Sobre o Restante da Gestão Administrativa o Tribunal de Contas só Pode Fazer Fiscalização Operacional e Emitir Recomendações

As demais áreas de atuação administrativa (que não digam respeito à gestão financeira em sentido amplo, na qual estão incluídas questões orçamentárias, contábeis e patrimoniais) podem sim ser objeto da manifestação do Tribunal de Contas, mas sob outro prisma de fiscalização.[6]

---

[5] É o que defende Fidalgo (2011, p. 96, 99-100 e 109).
[6] Parte da doutrina parece não contemplar sequer essa forma menos interventiva de atuação do Tribunal de Contas sobre matérias alheias à gestão financeira em sentido amplo das entidades reguladoras. É o caso, por exemplo, de Luís Roberto Barroso: "Não cabe, todavia, ao Tribunal de Contas: (a) exercer fiscalização que não tenha natureza contábil, financeira ou orçamentária, isto é, que não envolva o emprego de recursos públicos; (b) invadir a esfera de reserva administrativa de agência reguladora de serviços públicos

Nessa perspectiva mais abrangente, cabe apenas a chamada *fiscalização operacional*, destinada a avaliar o desempenho de um *conjunto de operações administrativas*[7] sob o parâmetro da economicidade, eficiência e efetividade (EEE).[8]

Esse tipo de atuação não toma como referência o cumprimento da legislação substantiva (que demandaria a revisão de cada decisão da entidade fiscalizada), mas sim a avaliação da *performance* da entidade. Como resultado, o Tribunal de Contas edita decisões contendo *recomendações* para aprimoramento da atuação geral da entidade.

Como são recomendações, referidas manifestações do Tribunal não têm caráter cogente nem sujeitam a sanção as autoridades responsáveis, no caso de desatendimento.

Nas hipóteses em que, no exercício de sua competência fiscalizatória *operacional*, o Tribunal vier a constatar qualquer descompasso com a legislação envolvendo temas alheios à sua jurisdição específica (isto é, quando o descompasso não for com normas tratando de temas financeiros em sentido amplo), o papel que lhe cabe é o de fazer *representação* às autoridades competentes (art. 71, XI, da Constituição Federal) e não determinar, ele próprio, a correção do ato ou a punição dos responsáveis pela ilegalidade.

---

para perquirir o mérito de suas decisões político-administrativas interferindo com sua atividade fim" (BARROSO, 1999, p. 81). Também adota essa linha Marçal Justen Filho: "Não caberá ao Tribunal de Contas investigar o conteúdo das decisões regulatórias emitidas pela agência. O que se deverá verificar serão os dispêndios, licitações e contratações produzidos, os atos atinentes a pessoal e sua remuneração. Enfim, a atuação do Tribunal de Contas envolverá a fiscalização da agência reguladora enquanto autoria federal, não como órgão titular de competências regulatórias" (JUSTEN FILHO, 2002, p. 589).

[7] Importante ressaltar essa distinção: na fiscalização operacional a análise recai sobre um conjunto de decisões realizadas, enquanto na fiscalização de conformidade os atos e condutas são aferidos isoladamente. Em suma, "a auditoria operacional visa avaliar o conjunto de operações e indicar os procedimentos que devem ser revistos, objetivando o aperfeiçoamento das atividades para a consecução da missão institucional, servindo muito mais à administração que pretenda uma radiografia da sua *performance*" (FERNANDES, 2003, p. 282).

[8] O conceito de fiscalização operacional é objeto de certo consenso internacional, como revela o relato de Hilkka Summa, Chefe da Seção de Avaliação, Diretoria-Geral para Orçamentos da Comissão Europeia e professora de Ciência Política na Universidade de Helsinque, em Pollitt *et al.* (2008, p. 41).

4. A Competência de Comando do Tribunal de Contas se Exerce Apenas em Relação às Matérias Financeiras em Sentido Amplo, Não à Atuação Administrativa como um Todo

A competência interventiva, de comando, a ser exercida diretamente pelo Tribunal de Contas, foi expressamente prevista na Constituição, como na hipótese de expedição de ordens para correção de ilegalidades (art. 71, IX) e de sustação de atos administrativos (art. 71, X). Todas essas competências dizem respeito à fiscalização de conformidade, que abrange a atuação financeira (em sentido amplo) da Administração.

O objeto da análise de conformidade (que demanda a avaliação de legalidade) é a atuação financeira, em sentido amplo, dos entes estatais. Assim, constituem importante foco da fiscalização os procedimentos licitatórios, seja para celebração de contratos administrativos, seja para a outorga de concessões de serviços públicos. Isso porque, tanto num caso como no outro, tais procedimentos envolvem despesas (no caso de contratos administrativos comuns) ou potenciais receitas (no caso de outorga onerosa do direito de explorar serviços ou bens públicos) das entidades sujeitas a fiscalização.

Porém, não há como expandir esse tipo de análise para qualquer decisão tomada no âmbito da atuação administrativa geral dos entes fiscalizados. Quando a Constituição quis outorgar esse tipo de atribuição a um órgão de fiscalização o fez de maneira expressa e clara.

É o que se verifica, por exemplo, nas atribuições conferidas ao Conselho Nacional de Justiça (CNJ). A Constituição efetivamente sujeitou os órgãos da estrutura do Poder Judiciário à fiscalização do CNJ, tanto sobre a atuação financeira quanto sobre o restante da atuação administrativa. E mais, dentre suas competências arrolou expressamente a de revisar, quanto à legalidade, *todas as decisões administrativas* tomadas pelos órgãos sujeitos à fiscalização.[9]

---

[9] Confira-se o que dispõe o art. 103-B, § 4º, II, da Constituição: "Compete ao Conselho *o controle da atuação administrativa e financeira* do Poder Judiciário e do cumprimento dos deveres funcionais dos juízes, cabendo-lhe, além de outras atribuições que lhe forem conferidas pelo Estatuto da Magistratura: [...] II – zelar pela observância do art. 37 e *apreciar, de ofício ou mediante provocação, a legalidade dos atos administrativos praticados* por membros ou órgãos do Poder Judiciário, *podendo desconstituí-los, revê-los ou fixar prazo para que se adotem as providências necessárias ao exato cumprimento da lei*, sem prejuízo da competência do Tribunal de Contas da União" (grifo nosso).

Nada disso existe em relação às atribuições conferidas ao Tribunal de Contas para examinar a atuação dos organismos sujeitos à sua fiscalização. A Corte de Contas, segundo o art. 70, *caput*, da Constituição, não faz fiscalização administrativa (sobre toda a atuação administrativa), mas só fiscalização *contábil, financeira, orçamentária* e *patrimonial* (além da operacional, que gera apenas recomendações). Não pode, portanto, fazer a revisão compulsória dos atos administrativos em geral.

Em resumo, é possível concluir que a atuação fiscalizatória do Tribunal de Contas sobre a Administração Pública deve envolver, basicamente, sua atuação de índole financeira (em sentido amplo). Nesse plexo de competências estaria inserida, por certo, a verificação de conformidade com a lei de uma licitação, a nomeação de servidores, a alienação de bens, a aplicação do orçamento e assim por diante.

5. Atribuições do Tribunal de Contas na Fiscalização das Contratações Públicas. Modelos de Controle Externo da Administração e Evolução Histórica do Tema no Brasil

Na experiência internacional, não há um modelo único de controle externo das contas públicas, especialmente de suas contratações. De acordo com as opções constitucionais ou legais, podem variar: o perfil institucional do órgão externo de controle, a natureza jurídica de suas decisões, a matéria objeto de análise, o universo de sujeitos controlados, o momento da verificação e os efeitos produzidos.[10]

---

[10] Nesse sentido aponta a abalizada pesquisa de Bruno Wilhelm Speck: "Na realidade contemporânea, a maioria das instituições desempenha papéis e características bastante diferentes. Algumas instituições superiores de controle registram previamente determinados atos da administração, atestando a sua regularidade. Esse é um papel quase-administrativo. Outras assessoram os parlamentares, elaborando pareceres sobre o desempenho econômico-financeiro. Esses pareceres servirão como subsídio para a aprovação ou reprovação das contas do governo pelo Legislativo. Frequentemente, instituições superiores de controle são também um tipo de promotores, encaminhando irregularidades detectadas aos órgãos competentes. Ou até desempenham funções judiciais, responsabilizando os administradores por eventuais danos em virtude de má-gestão. Finalmente, temos instituições que analisam processos administrativos em busca de mais eficiência. São tarefas próximas dos gestores de políticas públicas, tentando-se identificar o impacto de determinados programas político-administrativos na sociedade. Por fim, algumas instituições superiores de controle são reconhecidas como uma espécie de 'consciência financeira da nação', quando apontam tendências preocupantes ou problemas estruturais na administração dos recursos

É possível encontrar múltiplas variações institucionais e funcionais no direito comparado. Certos países optam pelo controle prévio das despesas públicas; outros pelo controle posterior, focado na avaliação de despesas já ocorridas. Existe ainda, em vários sistemas, a previsão de arranjos entre modelos, variando de acordo com a matéria: controle prévio para determinados assuntos e posterior para outros, por exemplo.[11] Em alguns ordenamentos, o órgão técnico de controle tem competência constitutiva e desconstitutiva; noutros, ele apenas produz informes e pareceres para decisão posterior do Legislativo; há ainda a possibilidade de admitir revisão judicial das decisões dos órgãos de controle.

A tarefa de sistematizar essas variáveis é das mais difíceis. O importante é deixar claro que a função de controle externo da Administração pode ser exercida, conforme a opção seguida pelo ordenamento jurídico, de diversas maneiras. Não há consenso entre os especialistas em relação a qual seria "o melhor" método, nem há plena identificação entre dado modelo e o sistema republicano e democrático de Estado. As variações ocorrem em virtude de diversos motivos, sendo impossível, seriamente, isolar de modo geral fator único como determinante para a consagração de dado modelo como ideal ou mais eficiente.

Houve época, no Brasil, em que o controle sobre as contratações públicas era exercido de *modo prévio* pelo Tribunal de Contas. Os contratos, antes de produzirem efeitos e, consequentemente, gerarem despesas orçamentárias efetivas, deveriam se submeter a registro perante o Tribunal de Contas. Sem aprovação do órgão externo controlador, em regra, a contratação não poderia ser executada.[12]

---

públicos. A maioria das instituições integram vários desse[s] papéis, o que resulta em arranjos institucionais complexos" (SPECK, 2000, p. 29-30).

[11] Para uma análise comparativa entre os diversos sistemas de controle, cf. CITADINI (1995, p. 33-39). Em um esforço de sistematização, o autor divide os vários exemplos de controle externo colhidos no mundo em três categorias: "controle prévio", "controle posterior" e "controle concomitante". Uma comparação de sistemas de controles também pode ser encontrada em Pollitt *et al.* (2008).

[12] O registro poderia ser efetuado, porém, com as ressalvas apontadas na análise do Tribunal de Contas, se houvesse deliberação específica nesse sentido do Presidente da República. Nesses casos ocorreria o chamado "registro sob reserva" (art. 101, § 2º da Constituição de 1934 e art. 77, § 3º da Constituição de 1946).

Esse regime perdurou até a Constituição de 1967. O crescimento do Estado, de suas funções e, consequentemente, do volume de contratos por ele celebrados, justificou a mudança no momento da realização do controle externo. Mostrava-se praticamente inviável sujeitar toda e qualquer contratação a prévio registro, anterior a sua implementação. Desde 1967, o controle externo sobre as contratações públicas, no Brasil, passou a ser *a posteriori*.[13] Também ficou assim o controle sobre a maior parte dos demais atos geradores de despesas, isto é, dos atos unilaterais, sem natureza contratual (atos concessivos de benefícios fiscais, transferências de recursos, etc.).[14]

Em 1967, portanto, a regra de controle mudou. A atuação fiscalizatória se concentrou, basicamente, na análise e correção de despesas já efetuadas. A função do controle, portanto, centrou-se na *repressão* ao gasto ilegal, irregular, de recursos públicos.

Esse modelo de controle *a posteriori* foi mantido pela Constituição de 1988. Ou seja, a realização de despesas, em especial as decorrentes de contratações da Administração, deixou de ser condicionada à prévia anuência e aprovação do Tribunal de Contas.

Houve, portanto, alteração significativa no modelo de controle externo dos gastos públicos adotado no ordenamento brasileiro. Em uma primeira fase, que vai desde a implantação dos Tribunais de Contas (1890) até a Constituição de 1967, o controle de gastos estava intensamente

---

[13] Confira-se o relato de Bruno Wilhelm Speck: "A mudança do sistema de registro prévio para a fiscalização posterior não era uma modificação secundária. Ela alteraria profundamente o caráter da fiscalização, que até então era quase-administrativa. Os argumentos contra a sistemática do controle prévio eram de ordem prática. Com o crescimento da administração pública e a multiplicação das repartições, o Tribunal se veria forçado a se organizar internamente espelhando a estrutura da administração pública, caso quisesse registrar as despesas de cada repartição previamente. O processo de registro, de um lado, emperrava a administração, porque atrasava a execução orçamentária. De outro lado, os prazos exíguos dados ao Tribunal para manifestação não permitiam uma efetiva verificação da legalidade e da regularidade dos atos, como previsto. A filosofia do controle total sobre todos os atos e a sistemática do embargo prévio a despesas consideradas irregulares foram abandonadas" (SPECK, 2000, p. 68-69).

[14] Preservou-se, porém, a competência para registro de determinados atos geradores de despesas vinculados a pessoal. Devem ser registrados no Tribunal de Contas os atos de admissão de pessoal (exceto para provimento de cargos em comissão) de aposentadorias, reformas e pensões (art. 71, III, da Constituição Federal de 1988).

imbricado na própria função de administrar. Tinha-se, por assim dizer, um controle *quase-administrativo* da atuação financeira estatal (em sentido amplo, incluindo questões orçamentárias, contábeis e patrimoniais) por parte do órgão externo.[15] Isso, porque sua atuação coincidia com a decisão administrativo-financeira em si, pois esta dependia da manifestação favorável do controlador para ser implementada. Nesse sistema, a realização das atividades financeiras estatais dependia tanto da decisão dos entes administrativos propriamente ditos como também da atuação dos órgãos de controle. Do ponto de vista institucional, os órgãos de controle participavam da deliberação de contratar particulares para tarefas administrativas. A função de administração financeira era, de certa forma, partilhada entre os gestores públicos e os órgãos de controle.

Graças à extraordinária expansão das funções estatais na segunda metade do século passado, somada à ampliação dos organismos estatais sujeitos a controle (foram gradativamente incluídas ao universo de órgãos controláveis – onde figurava, na origem, apenas o Poder Executivo – as autarquias, as fundações, as empresas públicas e as sociedades de economia), a manutenção desse modelo se tornou inadequada. Para sua preservação acabaria sendo necessário replicar, dentro da estrutura do Tribunal de Contas, a estrutura burocrática das diversas unidades gestoras; medida desarrazoada e, em termos reais, inexequível. Ademais, a ação administrativo-financeira poderia tornar-se inviável, ou ao menos ineficiente, pelo risco de frequentes conflitos de visão entre o gestor e o controlador, levando ao impasse. O modelo anterior, em suma, gerava forte incentivo à paralisação da máquina pública, por fazer depender da aprovação prévia dos contratos pelo controlador a efetivação de despesas correntes e de investimentos por meio da contratação de terceiros.

A superação desse impasse – entre, de um lado, o controle externo preventivo e, de outro, o eficiente exercício da função administrativa – deu-se com a mudança do modelo adotado no País. A fiscalização dos contratos passou a ser posterior, conferindo-se ao Tribunal de Contas,

---

[15] Nesse sentido é a análise de Speck (2000, p. 53): "Longe de constituir uma questão técnica, o controle prévio transforma o Tribunal de Contas em um órgão quase-administrativo. De fato, o Tribunal viraria, dessa forma, um aliado do Tesouro contra os ministros na contenção de despesas. Mas, em outros casos, como o ilustrado acima, o Tribunal seria um órgão administrativo com poderes de veto, mesmo que não inserido na hierarquia do Poder Executivo".

especialmente, o papel de punir condutas irregulares de administradores e de particulares que recebam recursos públicos.[16] A despesa pública oriunda de contratações passou a ser executada pela Administração antes de sua análise pelos órgãos de controle. Noutros termos, admitiu-se que ela firmasse e executasse contratos com autonomia.

A competência do Tribunal de Contas para interferir diretamente nas atividades sujeitas a controle foi, por esse ângulo, sensivelmente reduzida. A Administração se tornou autônoma para decidir e implantar medidas geradoras de despesa, especialmente contratos (parcela significativa dos atuais investimentos públicos).

O controle externo, no atual modelo, o da Constituição de 1988, ocorre por intermédio do *julgamento das contas públicas*, a ser feito pelo órgão técnico, o Tribunal de Contas (art. 71, II da Constituição). A constatação de irregularidades pode ensejar a aplicação de sanções aos responsáveis, caso lhes seja atribuída culpa (art. 71, VIII, da Constituição). Pode ensejar, também, se a situação de fato o permitir, a abertura de prazo ao responsável, para correção da ilegalidade (art. 71, IX, da Constituição), o que pode ter efeito excludente ou mitigador da infração.

Antes do julgamento das contas, porém, o Tribunal também pode, por iniciativa própria ou do Legislativo, analisar despesas específicas, por intermédio de procedimentos denominados *"inspeções"* ou *"auditorias"* (art. 71, IV, da Constituição atual). Essas prerrogativas, porém, não se confundem com as que existiam no regime jurídico anterior (vigente até a Constituição de 1967), no qual a execução dos contratos dependia da prévia aprovação do controlador externo. As inspeções e auditorias não são instrumentos para o controlador exercer, em casos pontuais, poderes típicos do regime anterior, que levava a uma espécie de gestão compartilhada entre o administrador e o controlador.

No Brasil, os poderes próprios do Tribunal de Contas no controle de contratos são para *agir sobre os sujeitos* (sobre os responsáveis pelo contrato),

---

[16] A melhoria do funcionamento das atividades administrativas é reconhecida como a vantagem e o objetivo dos sistemas de controle *a posteriori*. Confira-se, nesse sentido, o depoimento do Conselheiro da Corte de Contas da França, Jean Raynaud: "Nesta evolução, eles [os Conselheiros] devem submeter constantemente seus espíritos aos objetivos profundos do Controle da Corte [de Contas], do controle *a posteriori*: impedir os abusos denunciando-os, assinalar as insuficiências, mas jamais atrapalhar o bom funcionamento da Administração" (RAYNAUD, 1980, p. 125, tradução nossa).

não sobre os objetos (isto é, sobre os contratos e sobre sua execução). O Tribunal fiscaliza e adverte os gestores, dialoga com eles e, se entender devido, os pune com sanções fortes. Isso, por óbvio, tem impacto sobre as decisões desses sujeitos – que, muito racionalmente, buscam evitar as sanções pessoais – e, por essa via indireta, tem efeito sobre o funcionamento da máquina pública. Mas, em geral, a pressão dos entendimentos do Tribunal sobre o curso da ação administrativa é apenas indireta, não imediata. O Tribunal não tem poder constitutivo ou desconstitutivo: não anula contratos e não toma decisões substitutivas dos atos da Administração. Ele age sobre os sujeitos, não diretamente sobre a função administrativa, salvo exceções bem específicas.

Essa fórmula não é uma aberração ou uma sobrevivente de algum passado arcaico. É opção construída com cuidado, que busca equilibrar dois valores fundamentais: de um lado, a existência de fiscalização, que estimule externamente a legalidade e a eficiência; de outro, a autonomia da Administração, indispensável à democracia, ao cumprimento de suas missões constitucionais e legais e, também, à eficiência. Em suma, é fórmula para instituir controles que não coloquem os controladores no lugar dos gestores. Este, afinal, é o grande desafio de qualquer sistema de controle público *externo* – que, para ser externo, não pode substituir o controlado pelo controlador. Se o controlador externo virar administrador em regime de condomínio, quem fará o controle verdadeiramente externo?

Um controle externo, autônomo, imparcial, em posição crítica sobre o dia a dia, é algo muito importante. Ele agrega *outro olhar*, diferente, sobre a ação administrativa. Tendo elevado *status* e instrumentos razoáveis de pressão, ele pode ter influência real e positiva sobre a ação administrativa. Mas, se o controlador for se mesclando ao gestor, desaparece o outro olhar, desaparece a posição crítica, e surge no lugar a partilha do poder, a gestão colegiada.

Nosso modelo constitucional e legal buscou criar um controle que fosse verdadeiramente externo, mas que também tivesse eficácia, tivesse alguma influência na ação administrativa. Para isso, calibrou os poderes do Tribunal de Contas e do próprio Legislativo: para influir sobre a Administração, sem substituir-se a ela. É um arranjo delicado. As normas que o conceberam precisam ser interpretadas, geram dúvidas, e os atores institucionais envolvidos se chocam, com suas visões e seus interesses.

Tomar partido nessas polêmicas não é situar-se no polo do bem ou do mal: é participar de um sensível e complexo debate sobre organização institucional.

Importante questão decorre da mudança de paradigma no papel constitucional do Tribunal de Contas. Um tipo de ação é bem definido nas regras constitucionais e é absolutamente coerente com o modelo de controle *a posteriori*: diz respeito à aplicação de sanções aos responsáveis pelas despesas consideradas ilegais (art. 71, VIII, da Constituição atual). Mas, além da repressão, haveria espaço para a atuação *preventiva* da Corte de Contas, que conseguisse bloquear a consumação daquilo que, ao ver dela, constitua prejuízo ou ilegalidade nos gastos públicos?

A resposta é positiva. Porém, a existência de alguma competência destinada à prevenção de possível irregularidade não se confunde com o papel interventivo e centralizador equivalente ao que existia no modelo institucional abandonado desde 1967. O Tribunal de Contas, mesmo sendo responsável pela preservação da legalidade dos gastos públicos, não recebeu a função de intervir diretamente na atividade administrativa sempre que, em sua análise, ocorra prática contrária à lei ou à eficiência na gestão pública.

A Constituição previu uma sequência de providências a serem adotadas pelo Tribunal de Contas, começando por ação de caráter *cooperativo*, por assim dizer. A partir da constatação de qualquer possível irregularidade – seja no processo ordinário de apreciação e julgamento de contas, seja no bojo de uma inspeção ou auditoria – o Tribunal passa a agir, inicialmente, em *colaboração* com a Administração fiscalizada, facultando que o responsável pela despesa corrija voluntariamente a suposta irregularidade, antes que qualquer medida, de punição ou sustação, seja adotada. Tal competência vem prescrita no art. 71, IX da Constituição atual. Ela consiste na intimação do gestor responsável para que, em certo prazo, produza correções e adaptações que o órgão de controle considera devidas.

A partir desse ponto, a compreensão do modelo de controle definido pela Constituição exige que se tenha muita clareza quanto à distinção entre *atos* e *contratos* da Administração. Atos são decisões unilaterais tomadas pelo administrador. Já contratos são vínculos bilaterais, formados pela conjunção de vontades de contratante e contratado.

Pois bem. Se, estando em pauta o exame da regularidade de *atos*, o Tribunal houver intimado o administrador para providências, e este não as adotar, haverá sim competência para a intervenção direta do Tribunal na atuação administrativa. A intervenção prevista constitucionalmente é a de "sustar" a execução "do ato" impugnado (art. 71, X).

"Sustar ato" não é sinônimo de "anular ato". Sustar é paralisar a execução, total ou parcialmente. Anular seria bem mais do que isto: seria desfazer os efeitos produzidos, quando viável e necessário, seria fazer recomposições patrimoniais acaso cabíveis e seria eliminar em definitivo o ato como centro produtor futuro de efeitos. Nada disso a Corte de Contas pode fazer, mesmo quanto a atos: sua competência se esgota na sustação do ato, na paralisação de seus efeitos. E para que serve isso? Para prevenir a ocorrência de lesão em virtude da incidência do ato supostamente irregular. Portanto, no controle de atos, a Constituição deu sim ao Tribunal de Contas, de modo expresso, uma competência cautelar, impondo-lhe certos procedimentos prévios e, claro, limitando-a.

Vê-se que a Constituição foi minuciosa ao construir o arranjo institucional relativo ao controle externo. Além de competências para punir os sujeitos, com isso influindo de modo limitado na ação administrativa, deu-lhe poder cautelar bem específico, este com efeito direto sobre a própria ação administrativa: *a sustação de atos*. Não é um poder implícito, reconhecido por interpretação extensiva ou por analogia; é explícito na Constituição, no art. 71, X – e é limitado por ela.

E limitado por quê? Porque a Constituição estabeleceu uma diferença essencial quanto às competências do Tribunal de Contas. Como vimos, ele recebeu a prerrogativa de sustar *atos*. Contudo não recebeu a competência de sustar *contratos*, que foi reservada diretamente apenas ao Congresso Nacional, com o auxílio técnico do Tribunal de Contas (art. 71, § 1º da atual Constituição).

A Constituição admitiu interferência cautelar direta do sistema de controle externo também sobre as contratações estatais, mas ela não é feita pelo Tribunal de Contas, e sim por decisão formal do Congresso Nacional.

O modelo de controle externo das despesas públicas, sendo assim, baseia-se em relevante distinção entre as despesas oriundas de *atos administrativos* e as decorrentes de *contratações* públicas. Em relação aos primeiros (atos), o poder de intervenção direta do Tribunal de Contas existe, e se perfaz pela sustação de seus efeitos, nas situações em que o responsável, após receber prazo para correção da suposta irregularidade, não atende à deliberação do órgão de controle. Em relação a despesas oriundas de contratos, o Tribunal de Contas pode fixar prazo para correção de eventuais ilegalidades, mas sem determinar sua sustação. Essa medida só pode ser aplicada pelo Legislativo diretamente, isso quando a autoridade responsável não corrigir a possível irregularidade no prazo assinalado.[17]

O plexo de competências do sistema de controle externo dos gastos públicos, composto pelo Legislativo e seu órgão técnico de auxílio, o Tribunal de Contas, está posto com detalhes na Constituição Federal. Sobre ele, nesse nível abstrato, não há dúvidas mais relevantes. É possível arrolar as características mais marcantes para o exame do problema do seguinte modo:

a) a atuação do Tribunal de Contas na fiscalização das despesas decorrentes de contratos é, em regra, *a posteriori*, não sendo a aprovação da contratação condição para execução da avença e realização da despesa;[18]

---

[17] No caso federal, o procedimento para a sustação de contratos pelo Poder Legislativo passou a ser objeto de detalhada regulamentação legislativa, embora por instrumento inadequado: a lei anual de diretrizes orçamentárias, prevista no art. 165, § 2.º da Constituição (LDO). Na LDO para o exercício financeiro de 2013 (Lei n. 12.708, de 17 de agosto de 2012), o tema foi objeto de um longo capítulo IX, chamado "Das disposições sobre a fiscalização pelo Poder Legislativo e sobre as obras e os serviços com indícios de irregularidades graves" (arts. 93 a 101). Há muitos aspectos a discutir sobre o modo como o assunto foi ali tratado (talvez o mais polêmico seja o caráter marcadamente discricionário da decisão do Legislativo sobre sustar ou não contratos com irregularidades graves). Mas o que interessa destacar aqui é o caráter simbólico da edição dessas normas abrangentes, com o que o Congresso Nacional manifestou a intenção de exercer de modo efetivo a competência, que a Constituição lhe assinalou mas até então não parecia entusiasmar muito os parlamentares, de decidir em cada caso se contratos suspeitos serão ou não sustados. Provavelmente, há nisso algo de reação ao movimento, feito enfaticamente pelo Tribunal de Contas de União nos anos anteriores, de chamar para si essa deliberação, a pretexto de urgência ou de omissão do Congresso. Está claramente em curso um embate político em torno desse assunto, com o Parlamento e a Corte de Contas atuando para ocupar espaços. É previsível que o Judiciário em algum momento será chamado para resolver conflitos decorrentes dessa disputa, o que torna relevantes e muito atuais as contribuições acadêmicas que surjam a respeito.

[18] Controle prévio, por assim dizer, só foi previsto em relação aos atos de admissão de pessoal (excetuadas as nomeações para cargo de provimento em comissão), concessões de aposentadorias, reformas e pensões, visto que se sujeitam a prévio registro no Tribunal de Contas

b) o responsável pela despesa considerada ilegal sujeita-se a sanção, inclusive de multa, a ser imposta pelo Tribunal de Contas (art. 71, VIII, da Constituição);
c) entendendo haver alguma irregularidade, o Tribunal de Contas devolve a questão à autoridade responsável, abrindo-lhe prazo para suas possíveis providências, consideradas necessárias ao fiel cumprimento da lei (art. 71, IX, da Constituição);
d) se o Tribunal considerar que os problemas persistem, poderá, em caso de ato administrativo, sustar seus efeitos (art. 71, X, da Constituição); entretanto, se os problemas envolverem contrato, a sustação só pode ser decidida diretamente pelo Legislativo (art. 71, § 2º, da Constituição).

No entanto, divergências de interpretação dessas normas têm ocorrido, envolvendo os conceitos demarcadores das competências. Embora ninguém discuta a reserva atribuída ao Legislativo do poder de sustação de contratos, na prática certos Tribunais de Contas (e muito especialmente o Tribunal de Contas da União – TCU) vêm adotando algumas medidas de caráter interventivo na execução de tais despesas, mesmo sem tipificá-las como "sustação".

Buscaremos, no próximo tópico, delimitar melhor o universo desse debate jurídico em torno da competência interventiva da Corte de Contas nas contratações públicas.

6. O Modelo Institucional Previsto na Constituição de 1988 e os Pontos de Dúvida a Respeito das Prerrogativas do Tribunal de Contas no Controle das Contratações Públicas

O sistema de controle externo vigente no atual ordenamento jurídico brasileiro prevê uma série de importantes competências ao Tribunal de Contas.

Como visto, no que diz respeito ao poder de, diretamente, impor medidas cautelares que interfiram nas decisões da Administração fiscalizada, a Constituição adotou uma diferença de tratamento em relação ao

(art. 71, III da Constituição). Sobre os contratos, ou é feita a análise no cerne do julgamento das contas dos administradores (art. 71, II da Constituição) ou de modo concomitante à sua própria execução, no curso de inspeções ou auditorias (art. 71, IV, da Constituição).

controle que se faz dos atos e contratos. Quando se tratar de fiscalização sobre atos da Administração, o próprio Tribunal de Contas pode sustá-los, se a suposta irregularidade não for corrigida pelo responsável no prazo. Em relação aos contratos, todavia, somente o Poder Legislativo (no caso federal, o Congresso Nacional) terá competência para sustá-los, quando impugnados. Essa prerrogativa cautelar não foi conferida ao Tribunal de Contas. A sustação de contratos é matéria reservada ao Legislativo.

Apesar de o Tribunal de Contas não poder sustar contratos, seu papel no respectivo controle e fiscalização é bastante relevante. É função dele conferir prazo às autoridades competentes para que estas corrijam possíveis irregularidades apontadas na fiscalização. Embora seja esta competência de natureza *colaborativa*, sua influência é muito grande.

Ao determinar prazo para correção, o Tribunal de Contas não está, de fato, ordenando ou adotando diretamente determinada providência. O dispositivo constitucional é claro ao reservar à própria autoridade administrativa responsável a competência de ajustar o ato impugnado à lei. E qual a razão dessa devolução do assunto à autoridade administrativa? É, de um lado, oportunidade para eventual alinhamento consensual entre controlado e controlador, no espírito de atuação colaborativa. Mas, de outro, é o espaço para, se assim entender, a autoridade resistir, opondo-se à avaliação e conclusões do Tribunal, insistindo na legalidade do negócio, e em sua continuidade. Porém, é indubitável que, diante da pronúncia do Tribunal de Contas no sentido da necessidade de adequar determinada prática contratual, haverá forte incentivo para o atendimento da medida por parte do responsável. Até porque, mesmo em matéria contratual, cabe a esse órgão externo de controle o julgamento das contas da Administração Pública e, no caso de irregularidades, a aplicação de sanções aos responsáveis.

Não foi outorgado ao Tribunal de Contas, contudo, o poder de interferir diretamente na execução do contrato, em caso de não atendimento da intimação de correção de suposta ilegalidade. Para esses casos, de discrepância entre o entendimento da Corte de Contas e o da Administração contratante (que insistir na manutenção dos termos contratuais), a competência cautelar para sustação caberá ao órgão de perfil mais político: o Parlamento.

Existem peculiaridades dos contratos que os diferenciam de outros atos geradores de despesas. Uma primeira, mais evidente, diz respeito à sua formação; o ato administrativo é editado unilateralmente, pela Administração, enquanto o contrato decorre de acordo de vontades entre ela e a pessoa contratada. Outro ponto é o do "princípio do respeito aos contratos", decorrente do tratamento constitucional especial ao chamado "ato jurídico perfeito", que merece proteção mesmo em face de lei posterior. Ademais, é por meio de contratos que, atualmente, são realizados os principais investimentos estatais e implantadas várias políticas públicas. Tudo isso justifica, em tese, a proteção qualificada do pacto celebrado, evitando que ele fique em situação de instabilidade frente aos órgãos de controle.

Nesse contexto, o Constituinte decidiu expressamente que, na esfera extrajudicial, apenas o Legislativo teria competência cautelar para sustar a execução de contratos. Havendo divergência, expressa ou tácita, entre o órgão técnico e a Administração, caberá ao Legislativo resolver, politicamente, se a despesa contratual deve ou não ser interrompida. Fora disso, apenas o Judiciário, quando devidamente acionado, poderá decidir a respeito da matéria. É o que se vê no § 1º do art. 71 da Constituição Federal.

Vale ressaltar que não se trata de embate maniqueísta entre o cumprimento da lei, que seria supostamente representado pela sustação do contrato, e sua desobediência, pela continuidade da execução do contrato. O fato de o Tribunal de Contas apontar uma irregularidade e definir prazo para o responsável corrigi-la, e de este não aceitar a recomendação, não pode ser juridicamente qualificado como recusa ilegal. O Direito não dá mais valor à opinião do fiscal do que à opinião do fiscalizado. O que se tem é um conflito de visões sobre o que é certo ou errado.

A insistência na manutenção da conduta impugnada, por óbvio, pode ser motivada pela discordância com a avaliação feita pelo Tribunal de Contas. O responsável pela despesa, em tais casos, considera que sua decisão é legítima, devendo ser integralmente mantida. O que ocorre, portanto, é a divergência entre Poderes sobre a legalidade da despesa impugnada. A autoridade administrativa – incumbida de aplicar a lei, em decisões que gozam de presunção de legitimidade – assume o ônus de divergir do órgão técnico de controle externo, e o faz por considerar que sua decisão está sim em conformidade com a lei e demais normas aplicáveis.

Para o caso de divergência envolvendo contrato da Administração, o fato é que a Constituição não conferiu prevalência da avaliação do

Tribunal de Contas sobre a da autoridade administrativa, sequer para fins cautelares ou provisórios. O que autoriza essa conclusão? É o fato de a Constituição ter expressamente dado essa competência (a de sustação de contratos) a outrem: ao Poder Legislativo.

Acontece que o Tribunal de Contas, mesmo não contestando que a repartição abstrata de competências é a que acaba de ser descrita, vem adotando práticas de intervenção direta na execução de contratos da Administração. Duas linhas de argumentação têm sido desenvolvidas para justificar esse tipo de atuação.

Na primeira delas, sustenta-se a existência, em favor do Tribunal de Contas, de *amplo poder de cautela* sobre as matérias sujeitas à sua fiscalização. A exemplo do poder geral de cautela contido na lei processual civil para resguardar a efetividade jurisdicional, o Tribunal de Contas usufruiria de poderes para resguardar suas decisões (e, consequentemente, os recursos públicos). Em nome dessa prerrogativa supostamente implícita, o Tribunal de Contas, mesmo antes de concluir o processo de julgamento sobre determinado contrato, poderia determinar, cautelarmente, a adoção de providências que, na prática, teriam o condão de suspender ou interromper a execução da avença nos termos originalmente pactuados. Com base nesse raciocínio, o Tribunal de Contas da União, por exemplo, vem expedindo ordens determinando, cautelarmente, a retenção de pagamentos, a alteração de cláusulas contratuais e outras medidas de intervenção no curso original do contrato.

Outro argumento para a intervenção direta do Tribunal de Contas nos contratos da Administração teria arrimo numa espécie de *competência para suprir omissões*, que surgiria na hipótese de, após o prazo de 90 dias fixado no § 2º do art. 71 da Constituição Federal, não ter havido decisão do Legislativo sobre a sustação de contrato. No referido dispositivo, quando se deu competência ao Tribunal para "decidir a respeito" nos casos em que o Parlamento ou o Executivo não efetuarem a sustação do contrato, ter-se-ia transferido para o próprio Tribunal de Contas a atribuição de, diretamente, determinar a medida cautelar. *Decidir a respeito* seria o mesmo que *sustar* diretamente o contrato objeto de impugnação, sobre o qual o Legislativo ainda não tenha se manifestado nos 90 dias previstos na Constituição.

A grande questão está em saber se são ou não corretas essas ideias de um poder geral de cautela do Tribunal de Contas e de um poder para ele suprir a omissão do Poder Legislativo. É o que será discutido nos tópicos seguintes.

7. Há Competência para o Tribunal de Contas Adotar Medidas Cautelares que Interfiram na Execução de Contratos?

A suposta competência do Tribunal de Contas para expedir decisões cautelares com o propósito de atingir contratos da Administração não encontra respaldo em *texto expresso* de qualquer diploma jurídico. Tal prerrogativa não consta das atribuições dadas pela Constituição Federal ao Tribunal de Contas. Tomando como exemplo o TCU, também não existe regra nesse sentido em sua Lei Orgânica (Lei n. 8.443, de 16 de julho de 1992), faltando previsão até no regimento interno aprovado pelo próprio Tribunal.

Segundo seus defensores, esse tipo de prerrogativa teria fundamento em um *implícito* poder geral de cautela, que decorreria da lógica das atribuições do Tribunal de Contas. Seria condição necessária à efetividade de suas decisões que o Tribunal dispusesse de poderes imediatos para, de pronto, interferir preventivamente na execução de despesas públicas, inclusive as decorrentes de contratos.[19]

Mas não nos parece compatível com a Constituição de 1988 o reconhecimento de um genérico "poder cautelar" para o Tribunal de Contas,

---

[19] Confira-se trecho de estudo que resume esse ponto de vista: "Quando houver perigo de lesão ao Erário, o tribunal de contas estará autorizado a emitir provimentos cautelares para inibir o dano iminente ou a propagação do atual. Não há uma paralisia do poder geral de cautela em relação aos contratos em um primeiro momento, caracterizado pelo prazo de 90 dias (CF, art. 71, § 1º) que sucedem ao apontamento da injuridicidade do contrato ao Legislativo pelo tribunal de contas. [...] O poder geral de cautela não provém da capacidade de sustar o ato, mas da capacidade de julgar, orientando a interpretação dos dispositivos constitucionais. Ele não é provisoriamente bloqueado antes de expirado o prazo do artigo 71, § 1º, da CF sem que o Poder Legislativo ordene a sustação, porque a natureza da decisão que susta cautelarmente o contrato não é definitiva, não decorre da decisão final do órgão de contas (BIM, 2006, p. 380).
Benjamin Zymler e Guilherme Henrique De La Rocque Almeida, embora não mencionem a aplicação de cautelares do Tribunal de Contas sobre contratos da Administração, defendem a ampliação do rol de situações que foi expressamente previsto na lei, com base na citada tese da aplicação do poder geral de cautela também na atividade de controle externo da Administração Pública (ZYMLER e ALMEIDA, 2005, p. 147-151).

pois isso implicaria, na prática, na avocação para si de decisão expressamente reservada ao Poder Legislativo.

A Constituição, como demonstrado no tópico anterior, teve o claro propósito de separar as competências do Tribunal de Contas e do Legislativo quanto à intervenção cautelar sobre contratos. Ao Tribunal foram atribuídas as competências de examinar a legitimidade dos contratos e de outras fontes de despesas, dar prazo para o responsável sanar possíveis irregularidades e punir os responsáveis pela ilicitude que entenda existir. Não lhe compete, porém, *sustar* contratos, isto é, adotar medida cautelar de suspensão de sua execução. Essa decisão, que configura intervenção direta do controle externo sobre a Administração, foi expressamente atribuída ao Poder Legislativo, e só a ele (art. 71, § 1º da Constituição).[20]

Mas o que significa sustar um contrato? Que tipo de intervenção a Constituição determinou que fosse reservada ao Legislativo, retirando-a da alçada da Corte de Contas? Quando empregou a expressão *"sustar"* para designar um tipo especial de competências, a Constituição buscou indicar uma forma de intervenção dos órgãos de controle que propiciasse a interrupção dos gastos considerados irregulares. A medida foi posta como efeito extremo de uma sequência de deliberações que se destinam a coibir a prática de possíveis irregularidades.

Antes de haver qualquer sustação, é necessário que o Tribunal de Contas estabeleça prazo para o responsável adequar seu ato àquilo que o próprio Tribunal entende ser a exigência legal. Depois, caso se mantenha a situação, o Tribunal poderá fazer ele próprio a sustação, se o objeto do controle for um *ato* da Administração. Mas, se o objeto do controle for um *contrato*, o Tribunal deverá comunicar o fato ao Legislativo para que ele faça a sustação, se entender devido. Tudo isso como medida cautelar, prevenindo possíveis danos ao erário. O efeito claro dessa sustação é interromper o gasto público considerado ilícito. Nessa linha, qualquer medida interventiva que produza esse efeito – interromper os gastos impugnados – há de ser considerada forma de sustar atos ou contratos.

Assim, quando o Constituinte reservou ao Legislativo a prerrogativa de sustar contratos, concentrou nesse órgão político toda e qualquer competência extrajudicial para intervir, diretamente, na sua execução

---

[20] Fórmula diferente da que orientou a sustação de *atos*, posta sob a esfera de atribuições do Tribunal de Contas (art. 71, X, da Constituição).

financeira. Determinar a suspensão de pagamentos, obrigar à revisão de valores previamente acordados, mesmo que aparentemente não obrigue à suspensão integral do contrato, são medidas que, na prática, acabam tendo os mesmos efeitos da sustação. Deveras, nas contratações públicas, o pagamento a ser efetuado pela Administração é condição indispensável para a continuidade da execução, tanto que, após atraso no pagamento superior a noventa dias, a Lei n. 8.666/1993 autoriza os contratados a suspenderem a execução (art. 78, XV).

Se um contrato de obra ou de serviço continuado tivesse seus pagamentos retidos ou reduzidos por força de ordem do Tribunal de Contas, a consequência direta dessa intervenção possivelmente seria sua paralisação. Noutros termos, o contrato seria sustado. Nessas situações haveria interferência direta do Tribunal de Contas na execução de contrato firmado pela Administração; medida que, de acordo com a divisão constitucional de competências, só poderia ser tomada pelo Legislativo.

Mesmo tendo caráter transitório e provisório, esse tipo de intervenção configura sustação do contrato. As medidas de prevenção servem, de modo geral, para que o possível resultado final de um procedimento seja preservado, o que pode ocorrer por meio da antecipação do que seria tutelado ou da adoção de medidas que preservem a situação concreta até a decisão final. Mas, em qualquer caso, quem expede a decisão transitória detém competência para, definitivamente, mantê-la. Na hipótese em análise, está se falando de providência que, por determinação constitucional, foi reservada ao Legislativo e não ao Tribunal de Contas. Assim, o Tribunal não teria como, a pretexto de preservar situação concreta posta em discussão, determinar a adoção de medida para a qual é do Legislativo – e não dele, Tribunal – a competência exclusiva.

O que a Constituição estabeleceu para esses casos foi a notificação dos outros Poderes para adoção das medidas cabíveis (art. 71, XI). Assim, deve ser dada ciência da potencial gravidade da situação para que o Legislativo, caso concorde com a avaliação do Tribunal, suste o contrato. É ainda possível a representação ao Ministério Público, a fim de que este, considerando pertinente a avaliação do Tribunal de Contas, busque a suspensão imediata do contrato na via judicial e, em definitivo, sua anulação.

O argumento da suposta competência implícita do Tribunal de Contas para a sustação, embora sedutor por certo ângulo, é insuficiente, por estar envolvida divisão institucional de atribuições, estabelecida expressa e claramente pela Constituição.

Os poderes cautelares do Tribunal de Contas foram objeto de tratamento próprio em diplomas legislativos de nível infraconstitucional e, mesmo neles, não há menção a uma competência para interromper a execução de contratos.

Deveras, quando a Lei Orgânica do Tribunal de Contas da União prevê uma competência cautelar para a adoção de medidas pontuais, elas são relacionadas especificamente ao *afastamento do responsável de sua função*. A lei contém também dispositivo sobre as competências relativas à fiscalização de contratos – no artigo seguinte ao do poder cautelar – mas nele não há previsão de providências cautelares ou interventivas por parte do Tribunal. Ao contrário, o texto reafirma o previsto constitucionalmente, no sentido de que a sustação depende de decisão do Congresso. Confiram-se os dispositivos em referência:

> **Lei Orgânica do Tribunal de Contas da União (Lei n. 8.443/1992)**
> Art. 44. No início ou no curso de qualquer apuração, o Tribunal, de ofício ou a requerimento do Ministério Público, determinará, cautelarmente, o afastamento temporário de responsável, se existirem indícios suficientes de que, prosseguindo no exercício de suas funções, possa retardar ou dificultar a realização de auditoria ou inspeção, causar novos danos ao Erário ou inviabilizar o ressarcimento.
>
> § 1º Estará solidariamente responsável a autoridade superior competente que, no prazo determinado pelo Tribunal, deixar de atender à determinação prevista no *caput* deste artigo.
>
> § 2º Nas mesmas circunstâncias do *caput* deste artigo e do parágrafo anterior, poderá o Tribunal, sem prejuízo das medidas previstas nos arts. 60 e 61 desta Lei, decretar, por prazo não superior a um ano, a indisponibilidade de bens do responsável, tantos quantos considerados bastantes para garantir o ressarcimento dos danos em apuração.
>
> Art. 45. Verificada a ilegalidade de ato ou contrato, o Tribunal, na forma estabelecida no Regimento Interno, assinará prazo para que o responsável adote as providências necessárias ao exato cumprimento da lei, fazendo indicação expressa dos dispositivos a serem observados. [...]

§ 2º No caso de contrato, o Tribunal, se não atendido, comunicará o fato ao Congresso Nacional, a quem compete adotar o ato de sustação e solicitar, de imediato, ao Poder Executivo, as medidas cabíveis.

§ 3º Se o Congresso Nacional ou o Poder Executivo, no prazo de noventa dias, não efetivar as medidas previstas no parágrafo anterior, o Tribunal decidirá a respeito da sustação do contrato.

Apesar de o Regimento Interno do TCU estender (com duvidosa validade) o leque de hipóteses em que se admite a adoção de medidas cautelares, também não houve a inclusão de prerrogativas a serem aplicadas diante de *contratos*. O poder geral de cautela autoatribuído pelo TCU alcançou apenas *atos* e *procedimentos* administrativos. Veja-se:

Regimento Interno do TCU
Art. 276. O Plenário, o relator, ou, na hipótese do art. 28, inciso XVI, o Presidente, em caso de urgência, de fundado receio de grave lesão ao erário ou a direito alheio ou de risco de ineficácia da decisão de mérito, poderá, de ofício ou mediante provocação, adotar medida cautelar, com ou sem a prévia oitiva da parte, determinando, entre outras providências, *a suspensão do ato ou do procedimento impugnado*, até que o Tribunal decida sobre o mérito da questão suscitada, nos termos do art. 45 da Lei nº 8.443, de 1992.

§ 1º O despacho do relator ou do Presidente, de que trata o *caput*, será submetido ao Plenário na primeira sessão subsequente.

§ 2º Se o Plenário, o Presidente ou o relator entender que antes de ser adotada a medida cautelar deva o responsável ser ouvido, o prazo para a resposta será de até cinco dias úteis.

§ 3º A decisão do Plenário, do Presidente ou do relator que adotar a medida cautelar determinará também a oitiva da parte, para que se pronuncie em até quinze dias, ressalvada a hipótese do parágrafo anterior.

§ 4º Nas hipóteses de que trata este artigo, as devidas notificações e demais comunicações do Tribunal e, quando for o caso, a resposta do responsável ou interessado poderão ser encaminhadas por telegrama, fac-símile ou outro meio eletrônico, sempre com confirmação de recebimento, com posterior remessa do original, no prazo de até cinco dias, iniciando-se a contagem do prazo a partir da mencionada confirmação do recebimento.

§ 5º A medida cautelar de que trata este artigo pode ser revista de ofício por quem a tiver adotado. (Grifo nosso)

Alguns analistas vêm sustentando que o STF teria reconhecido, em acórdão relativamente recente, a competência do Tribunal de Contas para suspender, cautelarmente, a execução de contratos. Mas isso não é verdade. O acórdão em referência decidiu o Mandado de Segurança 24.510-7, foi relatado pela Ministra Ellen Gracie e julgado em 19/11/2003, pelo plenário do STF.

Acontece que a referida decisão não aborda a possibilidade de o TCU intervir em contratos. A discussão envolvia medida adotada pela Corte de Contas para suspender *ato administrativo* expedido no bojo de procedimento licitatório. Embora essa decisão seja discutível sob outros prismas, o certo é que ela não se refere à sustação de contratos.

O fundamento invocado pela maioria do Tribunal está atrelado à Lei n. 8.666/1993[21] e ao próprio Regimento Interno do TCU (dispositivo já transcrito acima). Entendeu-se que o TCU poderia suspender *atos* objeto de fiscalização e, em especial, *procedimentos* licitatórios; mas nada foi dito ou questionado em relação a contratos já firmados pela Administração – cuja sustação, como vimos, está reservada constitucionalmente ao Legislativo. Assim, não se trata de precedente da Corte Suprema em apoio à tese da sustação de contratos pelo Tribunal de Contas.

Aliás, quando se pronuncia sobre o dispositivo constitucional correspondente à matéria – mesmo de forma acessória, em decisões com outro tema central – o STF procura reafirmar a divisão constitucional de

---

[21] O dispositivo que arrimaria tal competência do Tribunal de Contas seria o art. 113 da lei. Confira-se: "Art. 113. O controle das despesas decorrentes dos contratos e demais instrumentos regidos por esta Lei será feito pelo Tribunal de Contas competente, na forma da legislação pertinente, ficando os órgãos interessados da Administração responsáveis pela demonstração da legalidade e regularidade da despesa e execução, nos termos da Constituição e sem prejuízo do sistema de controle interno nela previsto. § 1º Qualquer licitante, contratado ou pessoa física ou jurídica poderá representar ao Tribunal de Contas ou aos órgãos integrantes do sistema de controle interno contra irregularidades na aplicação desta Lei, para os fins do disposto neste artigo. § 2º *Os Tribunais de Contas e os órgãos integrantes do sistema de controle interno poderão solicitar para exame, até o dia útil imediatamente anterior à data de recebimento das propostas, cópia do edital de licitação já publicado, obrigando-se os órgãos ou entidades da Administração interessada à adoção de medidas corretivas pertinentes que, em função desse exame, lhes forem determinadas*" (grifo nosso).

competências, apontando para o Parlamento como único apto a sustar contratos firmados pela Administração.[22]

Por fim, vale salientar que as competências do Tribunal de Contas em nada se assemelham às do Judiciário, donde não ser correto transpor analogicamente os poderes cautelares deste para o órgão de controle das contas públicas.[23] Para citar apenas algumas diferenças fundamentais, é preciso lembrar inicialmente que o órgão de controle pode agir "de ofício", isto é, não dependem de provocação; enquanto o Judiciário só atua quando devidamente instado a tanto, no contexto de um litígio. Outra diferença é que as decisões do Tribunal de Contas são passíveis de reforma (pelo próprio Judiciário), isto é, não fazem coisa julgada, característica marcante das decisões judiciais. Ademais, o conteúdo possível das tutelas judiciais é quase ilimitado, coisa que não ocorre com o Tribunal de Contas, pois os atos que ele pode praticar são enumerados pela própria Constituição e pela lei, do que decorre uma tipologia exaustiva. Por fim, as competências jurisdicionais estão todas concentradas no Judiciário, em virtude da unidade de Jurisdição, enquanto as competências de controle de contratos da Administração são distribuídas constitucionalmente entre organismos distintos, o Legislativo e o Tribunal de Contas, o que impede que se faça a extensão artificial da atuação de um deles, pois senão haveria usurpação da competência do outro.

Tais diferenças são suficientes para descartar a aplicação, ao Tribunal de Contas, das prerrogativas da atuação judicial, com base em interpretação extensiva. Quando o Constituinte pretendeu aproximar o regime jurídico dos distintos órgãos (Judiciário e Tribunal de Contas), o fez expressamente, o que se deu em relação às prerrogativas dos Ministros do TCU e do Superior Tribunal de Justiça. No mais, não há espaço para se presumir um tratamento jurídico semelhante.

---

[22] É o que se vê, por exemplo, na ADI 3.715-3, onde se afirmou: "A Constituição Federal dispõe que apenas no caso de contratos o ato de sustação será adotado diretamente pelo Congresso Nacional (art. 71, § 1º CF/88)" (Plenário, rel. Min. Gilmar Mendes, j. em 24/05/2006). Reconhecimento semelhante é encontrado no julgamento do MS 23.550-1, que, ao afirmar a competência para determinar à autoridade administrativa prazo para conformação do contrato à lei, conforme prevê o art. 71, IX da Constituição, ressalvou: "embora [o Tribunal de Contas da União] não tenha poder para anular ou sustar contratos administrativos" (Plenário, rel. Min. Sepúlveda Pertence, j. em 4/4/2001).

[23] Sobre o caráter não jurisdicional do controle de contas, cf. BRITTO (2001, p. 7).

O poder geral de cautela é atributo constitucional e legalmente conferido ao Judiciário, a ser empregado no exercício de suas *competências jurisdicionais*, por óbvio. Esse poder não pode ser invocado para justificar a intervenção do Tribunal de Contas na gestão pública, em matéria sobre a qual a própria Constituição, e a Lei, não lhes outorgaram competência. No sistema de controle externo das contas públicas, só foi admitida intervenção na execução de contratos por intermédio de decisão do Legislativo (art. 71, § 1º). Fora disso, a única intervenção externa admitida seria a do próprio Judiciário, no exercício, agora sim, de seu poder geral de cautela.

Por fim, a sustação de contratos pelo Tribunal de Contas não pode ser adotada como medida cautelar de apoio a sua competência de julgar as despesas. É que, ao fazer tais julgamentos definitivos quanto aos contratos, sua decisão não pode ter o efeito direto de sustá-los, pois isso é da competência exclusiva do Legislativo. Ao julgar em definitivo, o Tribunal não susta contratos, apenas aplica sanções pessoais a quem praticar irregularidades (Constituição, art. 71, VIII). Logo, não pode fazer cautelarmente algo que não pode fazer ao final do processo.

O papel do Tribunal de Contas, no equilíbrio institucional de funções contido na Constituição Federal, não comporta a sustação, por eles, de contratos da Administração. Essa medida extrema ou é obtida via judicial, em ação proposta por parte legitimada (Ministério Público, cidadãos, Advocacia Pública), ou por decisão direta do Congresso Nacional (art. 71, § 1º da Constituição).

Decisão do Tribunal de Contas que tivesse esse efeito (de intervir diretamente na execução mesma de contratos) configuraria, portanto, usurpação de competência do Legislativo.

9. O que Significa a Competência para o Tribunal de Contas "Decidir a Respeito" na Ausência de Pronunciamento do Legislativo e Executivo sobre a Sustação de Contratos (Art. 71, § 2º da Constituição)?

Alguns analistas, para reconhecer a possibilidade de o Tribunal de Contas sustar contratos da Administração, vêm sustentando tese que envolve a interpretação do § 2º do art. 71 da Constituição Federal. O dispositivo confere ao Tribunal de Contas a dupla competência de "decidir a respeito", nas hipóteses em que, passados 90 dias, os Poderes Executivo ou Legislativo não tenham efetivado medidas para sustar o contrato objeto de impugnação.

Foram previstas duas situações completamente distintas para serem objeto de "decisão" do Tribunal de Contas.

Uma envolve omissão do Executivo em cumprir ordem do Legislativo. Nessa hipótese, o Poder Legislativo, acionado pela Corte de Contas, já teria determinado a sustação do contrato; mas o Executivo, ao invés de obedecer e efetivar a medida, teria se omitido, dando prosseguimento irregular à execução contratual. Aí, caberá ao Tribunal "decidir a respeito" (Constituição, art. 71, § 2.º). Decidir a respeito do quê? Da omissão do Executivo. E decidir o quê? Obviamente, não se trata de determinar sustação, que já foi ordenada, sem resultados; mas sim de agir pessoalmente contra os responsáveis (Constituição, art. 71, VIII), afastando-os cautelarmente ou punindo-os. Em tal situação, a decisão do Tribunal de Contas levará em consideração que o Executivo terá descumprido ordem do Parlamento, dando ensejo à aplicação de medidas cabíveis (isto é, sanções pessoais aos responsáveis).

A outra situação envolve omissão do próprio Legislativo em, no prazo fixado constitucionalmente, dizer sim ou não quanto à sustação, sugerida pelo Tribunal de Contas como necessária. Omitindo-se o Legislativo quanto a essa deliberação, caberá ao Tribunal de Contas, também nesse caso, "decidir a respeito". Qual é o conteúdo possível dessa decisão do Tribunal?

Para alguns, nessa segunda situação, quando ocorresse omissão do Legislativo, caberia ao Tribunal de Contas determinar ele próprio a sustação do contrato. Seria esse o sentido da expressão "decidir a respeito", posta na parte final do § 2º do art. 71 da Constituição Federal. O dispositivo, de modo implícito, teria fixado um prazo preclusivo para o Legislativo exercer sua competência. Passados 90 dias, sem decisão, o Tribunal de Contas assumiria a prerrogativa de deliberar sobre a sustação do contrato.[24]

Trata-se de proposta de interpretação extensiva do Texto Constitucional, para incluir nas atribuições do Tribunal de Contas função que não lhe foi dada expressamente pelo Constituinte. As atribuições do Tribunal foram exaustivamente arroladas no art. 71 da Constituição. O artigo deu a ele expressamente competência para sustar *atos* unilaterais (art. 71, X). Todavia, reservou só ao Legislativo a de sustar *contratos* (art. 71,

---

[24] Nesse sentido, cf. MARTINS (2000, p. 75).

§ 1º). Foi inserida, inclusive, a genérica atribuição de o Tribunal representar ao Poder competente, nos casos em que a providência não esteja a seu encargo (art. 71, XI).

Diante desse quadro detalhado de atribuições, não se pode supor que justamente a relevante atribuição de sustar contratos, expressamente reservada ao Legislativo, fosse reconduzida ao Tribunal de Contas de modo implícito, por meio da ambígua determinação de, em caso de omissão, "decidir a respeito".

A Constituição foi clara, em seu art. 71, § 1º, ao atribuir a competência de sustar contratos só ao Parlamento. Sendo assim, a competência decisória do Tribunal de Contas, a que se refere o § 2º do art. 71, derivada da omissão do Executivo e do Legislativo na sustação de contratos, só pode dizer respeito à adoção de medidas que estejam na sua esfera de competências (como a punição de responsáveis), jamais as providências que foram clara e expressamente retiradas de sua esfera de atuação.

Não fosse pela simples ausência de previsão constitucional, a atribuição de competência ao Tribunal de Contas para sustar contratos, após o decurso de prazo de 90 dias sem manifestação do Legislativo, levaria a modelo inusitado de atuação. O órgão de acompanhamento e avaliação inicial das contas públicas, considerando irregular a contratação, teria competência para deliberar a respeito de sua legalidade, conferindo prazo ao responsável para correção das irregularidades e solicitando, do Legislativo, sua sustação, caso não fosse atendido pela Administração.

Durante todo esse lapso temporal seria impedido de intervir diretamente na execução da contratação – e também não poderá fazê-lo na hipótese de o Legislativo rejeitar expressamente a medida. Porém, suplantado o prazo sem decisão do Parlamento, o Tribunal de Contas assumiria essa especial competência. Que sentido haveria em se reservar uma competência ao Legislativo se, caso não houvesse deliberação depois de certo prazo, o poder de decidir fosse transferido ao órgão técnico de fiscalização? Se fosse para dotar o órgão de fiscalização desse tipo de poder interventivo, por que não o fazr desde o início, dando ao Legislativo prazo indeterminado para rever a decisão de seu órgão auxiliar? Essa inconsistência da interpretação que defende a transferência do poder de sustar para o Tribunal de Contas revela que a norma constitucional, na verdade, diz outra coisa: a competência para sustar contratos é exclusiva do Legislativo; não cabendo ao Tribunal de Contas, em qualquer tempo, assumir esse papel.

A interpretação histórica reforça a ideia de que o Tribunal de Contas não recebeu, da Constituição de 1988, a atribuição de decidir sobre a sustação de contratos quando o Legislativo (ou o Executivo) se omitir.

Foi a Constituição de 1967 que substituiu o sistema de controle prévio dos contratos pelo Tribunal de Contas pelo posterior.[25] Na formulação do novo modelo, concedeu ao Tribunal a competência para sustar a execução de *atos* geradores de despesas que fossem tidos como irregulares e cujos vícios não fossem sanados pelas autoridades responsáveis dentro do prazo assinado. Porém, reservou ao Legislativo a competência para sustar *contratos*. A diferença concreta em relação ao regime jurídico vigente até 1967 estava em que, neste, passado o prazo de 30 dias sem manifestação do Parlamento, a impugnação ao contrato seria tomada como "insubsistente". Confira-se:

> **Constituição Federal de 1967**
> Art. 73. O Tribunal de Contas tem sede na Capital da União e jurisdição em todo o território nacional. [...]
> § 5º O Tribunal de Contas, de ofício ou mediante provocação do Ministério Público ou das Auditorias Financeiras e Orçamentárias e demais órgãos auxiliares, se verificar a ilegalidade de qualquer despesa, inclusive as decorrentes de contratos, aposentadorias, reformas e pensões, deverá:
> a) assinar prazo razoável para que o órgão da Administração Pública adote as providências necessárias ao exato cumprimento da lei;
> b) no caso do não atendimento, sustar a execução do ato, *exceto em relação aos contratos*;
> c) *na hipótese de contrato, solicitar ao Congresso Nacional que determine a medida prevista na alínea anterior, ou outras que julgar necessárias ao resguardo dos objetivos legais.*
> § 6º O Congresso Nacional deliberará sobre a solicitação de que cogita a alínea *c* do parágrafo anterior, no prazo de trinta dias, findo o qual,

---

[25] Ressalte-se que a chamada Emenda Constitucional n. 1/69 não alterou o tratamento dispensado ao tema.

sem pronunciamento do Poder Legislativo, *será considerada insubsistente a Impugnação*. (Grifo nosso)

Portanto, no regime constitucional anterior, o silêncio do Legislativo tinha efeito de aprovação da regularidade do contrato, ou, em outros termos, de rejeição definitiva da impugnação. Assim, passado o prazo, a impugnação seria arquivada e nada mais haveria para o Tribunal de Contas decidir.

A Constituição de 1988 mudou, além do prazo de manifestação do Legislativo (que saiu de 30 para 90 dias), os efeitos da omissão deste. De acordo com a Constituição anterior, a omissão do Parlamento implicaria a extinção automática da impugnação feita pelo Tribunal de Contas. Referida falta de decisão aniquilaria qualquer desdobramento da impugnação lançada, uma vez que ela seria tomada como "insubsistente"; a despesa seria considerada lícita e os responsáveis não poderiam, por aquele motivo, receber punição.

Isso mudou.

Ao invés de o silêncio do Legislativo representar decisão contrária à impugnação como um todo, o novo regime jurídico constitucional assegurou o prosseguimento da apuração, determinando-se que o Tribunal de Contas "decida a respeito" (a respeito da legalidade ou não, para fins de punição dos responsáveis, embora não para fins de sustação, que só o Legislativo poderia fazer).

A previsão atual é solução oposta à extinção sumária da impugnação, contida na Constituição anterior. Representa, na verdade, o reconhecimento de que o silêncio do Legislativo não deve aniquilar a ordinária e regular apuração desenvolvida no âmbito da Corte de Contas. Não se pretendeu, com isso, transferir implicitamente ao Tribunal de Contas a específica prerrogativa para sustar o contrato. Essa competência foi reservada expressamente ao Legislativo (§ 1º do art. 71). A decisão que cabe ser tomada pelo Tribunal de Contas, passado o prazo de 90 dias sem manifestação do Legislativo, envolve, por óbvio, as competências do próprio Tribunal de Contas (tais como a de aplicar sanções e de julgar a legitimidade das contas).

Nessa linha é a lição de José Afonso da Silva que, reconhecendo a ambiguidade do dispositivo constitucional em referência, afirma que a competência dada ao Tribunal de Contas para "decidir a respeito" envolveria a punição dos responsáveis e a declaração de nulidade do contrato e não a de "sustar" o contrato.[26] No mesmo sentido, Luís Roberto Barroso,[27] Eros Grau[28] e Marcos Juruena.[29]

Há de se concluir, portanto, que a Constituição outorgou apenas ao Legislativo a prerrogativa de, extrajudicialmente, sustar contratos. O Tribunal de Contas nem mesmo diante da falta de decisão do Legislativo a respeito poderá assumir essa função.[30]

Conclusão
A ampliação das atribuições do Tribunal de Contas não pode ser vista como a transformação desse órgão em esfera revisora de todas as decisões, da Administração Pública, inclusive as de caráter regulatório, nem como meio de lhes atribuir competências reservadas a outros órgãos ou entes (especialmente em matéria de fiscalização de contratos firmados pela Administração).

Embora seja inegável reconhecer a ampliação das competências do Tribunal de Contas a partir da Constituição de 1988, especialmente no que diz respeito à introdução do exame de economicidade, efetividade e eficiência da atuação administrativa e da fiscalização operacional, essas prerrogativas não implicam poder de *intervenção*, muito menos o de *reforma* e análise de legalidade das decisões que extrapolem a atuação financeira (em sentido amplo) da entidade.

Não é qualquer matéria decidida pela entidade que integra o objeto *do exame de legalidade* a ser exercido por esse órgão de controle. Sua fiscalização

---

[26] Da Silva (2002, p. 732).
[27] Barroso (1996, p. 139-140).
[28] Grau (1997, p. 354-355).
[29] Juruena (1998, p. 384).
[30] Essa interpretação vincula a leitura do § 3º, do art. 45 da Lei Orgânica do TCU (Lei n. 8.443/1992). Referido dispositivo reproduz o disposto no § 2º do art. 71 da Constituição Federal, mas agrega, em seu final, que "o Tribunal decidirá a respeito *da sustação do contrato*". O acréscimo parece querer introduzir a ideia equivocada de que o TCU poderia, ele próprio, decidir se o contrato seria ou não sustado. Todavia, é óbvio que a lei não poderia desobedecer ao regime de distribuição de competências fixado constitucionalmente. Assim, para que seja tomado como válido, referido texto legal deve ser interpretado em conformidade com a Constituição, ou seja, sem que dele se extraia qualquer competência para o TCU sustar contratos.

quanto à conformidade está circunscrita à atuação financeira (em sentido amplo); não lhe cabendo avaliar e revisar toda e qualquer decisão administrativa tomada pela entidade. Não foi essa a função constitucionalmente prevista para o Tribunal de Contas.

O Tribunal de Contas não tem poder de revisão nos casos em que a discussão envolva questão alheia ao universo financeiro (em sentido amplo), como são as questões puramente regulatórias, isto é, que tratem da aplicação de normas legais e regulamentares sobre tema setorial.

Ressalte-se que não é inviável que o Tribunal de Contas faça uma análise operacional do desempenho da Administração. O Tribunal pode, de fato, avaliar se a atuação geral da Administração está proporcionando maior ou menor eficiência a dado segmento. Mas disso não resultará qualquer ordem às autoridades administrativas, mas sempre e só recomendações não vinculantes, isto é, contribuições críticas para ajudar no permanente processo de melhoria que a própria Administração tem de fazer de sua organização e atuação. Assim, o que não pode haver é autêntica revisão de legalidade das posturas adotadas pelas entidades administrativas para além do controle financeiro (em sentido amplo), pois isso escapa às atribuições constitucionais da Corte de Contas.

A fiscalização dos contratos firmados pela Administração foi objeto de expressa delimitação constitucional e legal acerca do papel a ser desempenhado pelo Tribunal de Contas, sendo incorreto ampliá-las a partir da comparação com os poderes da atuação jurisdicional.

A Constituição Federal conferiu tratamento jurídico distinto à competência do Tribunal de Contas para fiscalizar *atos* e *contratos* da Administração Pública. Em relação ao controle dos *atos*, foi-lhe atribuída competência para sustá-los, desde que expirado, sem providência satisfatória, o prazo dado aos responsáveis para a regularização (art. 71, X). Em relação aos *contratos*, porém, a Constituição reservou tal atribuição ao Legislativo, sendo, portanto, expressamente afastada da alçada do Tribunal de Contas a prerrogativa de sustar contratos (art. 71, § 1º).

No exercício de suas competências, o Tribunal de Contas dispõe de algumas prerrogativas destinadas a conferir pronto atendimento às suas determinações ou a evitar que o erário venha a ser prejudicado em virtude da mora em sua decisão. Tais competências, no entanto, não são pressupostas, nem comparáveis ao amplo poder de cautela conferido constitucional e legalmente ao Judiciário. As hipóteses de aplicação do poder de cautela, por parte do Tribunal de Contas, devem guardar consonância com o que tiver sido previsto na Constituição Federal e na legislação de regência.

Para tanto, o exercício cautelar de suas prerrogativas não pode significar o poder de, *ab initio*, determinar a sustação do contrato. Como visto, a sustação contratual é providência extrema, reservada pela Constituição à exclusiva competência do Congresso Nacional.

A sustação de um contrato significa determinar que ele deixe de produzir seus efeitos regulares. Isso pode ser feito de modo direto, por meio de ordem clara para não mais dar cumprimento ao pacto, ou indireto, determinando-se a alteração de dada condição que, do ponto de vista prático, simplesmente inviabilize a consecução do que fora pactuado. Assim, a determinação da suspensão dos pagamentos relativos a um contrato, ou da redução unilateral do valor pactuado, embora não represente uma ordem direta para sustar a execução, na prática, representa o mesmo, pois, se cumprida, o contrato tal qual firmado deixará de ser executado. Assim, o Tribunal de Contas não tem competência para determinar a suspensão liminar de pagamentos oriundos da execução do contrato, pois isso implicaria, indiretamente, a sustação do acordo, decisão reservada ao Congresso Nacional.

A competência cautelar do Judiciário não pode ser empregada analogicamente para dar tais poderes ao Tribunal de Contas. Em primeiro lugar, porque a Constituição, nitidamente, não outorgou à Corte de Contas funções jurisdicionais, deixando estampada a necessidade de participação do Judiciário na execução de suas decisões (art. 71, § 3º da Constituição).

A competência para "decidir a respeito" de situações nas quais o Legislativo ou o Executivo, no prazo de 90 dias, não efetivarem a sustação do contrato impugnado não admite que o Tribunal de Contas assuma esse papel, em substituição aos órgãos nomeados constitucionalmente (art. 71, § 2º).

A decisão a respeito do caso só pode versar sobre outras providências, dentro da competência da Corte de Contas, sem, contudo, substituir a deliberação do Congresso Nacional, órgão a quem foi dada a função de sustar contratos. Não fosse assim compreendido, o dispositivo constitucional perderia o sentido, uma vez que a vontade do Legislativo, expressa ou tácita, de não sustar um contrato, seria, após 90 dias, suplantada pelo seu órgão auxiliar, o Tribunal de Contas. Faltaria lógica ao sistema:

o Tribunal de Contas, incumbido da fiscalização do contrato, de imediato, não poderia sustar o contrato, devendo remetê-lo ao Parlamento; este, não sustando o contrato, atribuiria, ao Tribunal de Contas, como se este fosse órgão revisional, a possibilidade de então fazê-lo. Se fosse para dotar o Tribunal de Contas de tal prerrogativa, não haveria qualquer razão plausível para resguardá-la para uma fase "recursal" em face da deliberação do Congresso.

Referências

BARROSO, Luís Roberto. Natureza jurídica e funções das Agências Reguladoras de Serviços Públicos. Limites da fiscalização a ser desempenhada pelo Tribunal de Contas do Estado (parecer). *Revista Trimestral de Direito Público* – RTDP, São Paulo, v. 25, 1999.

BARROSO, Luís Roberto. Tribunais de Contas: algumas incompetências. *Revista de Direito Administrativo*, Rio de Janeiro, v. 203, jan./mar. 1996.

BIM, Eduardo Fortunato. O poder geral de cautela dos Tribunais de Contas nas licitações e nos contratos administrativos. *Interesse Público*, Porto Alegre, n. 36, 2006.

BRITTO, Carlos Ayres. O regime constitucional dos Tribunais de Contas. *Revista Diálogo Jurídico*, Salvador, v. 1, n. 9, dez. 2001.

CITADINI, Antonio Roque. *O controle externo da Administração Pública*. São Paulo: Max Limonad, 1995.

DA SILVA, José Afonso. *Curso de Direito Constitucional Positivo*. 20. ed. São Paulo: Malheiros, 2002.

FERNANDES, Jorge Ulisses Jacoby. *Tribunais de Contas do Brasil* – jurisdição e competência. Belo Horizonte: Fórum, 2003.

FIDALGO, Carolina Barros. O controle do Tribunal de Contas da União sobre as Agências Reguladoras Independentes: análise de alguns casos concretos e definição de possíveis limites. *Regulação Jurídica do Setor Elétrico*. Rio de Janeiro: Lumen Juris, 2011. t. II.

GRAU, Eros. *Tribunal de Contas – Decisão – Eficácia* (parecer). *Revista de Direito Administrativo*, Rio de Janeiro, v. 210, out./dez. 1997.

JURUENA, Marcus. *Licitações e contratos administrativos – Doutrina – Lei n. 8.666/93, de 21-6-93 (comentada)*. 3. ed. Rio de Janeiro: Esplanada, 1998.

JUSTEN FILHO, Marçal. *O Direito das Agências Reguladoras Independentes*. São Paulo: Dialética, 2002.

MARTINS, Ives Gandra. *Comentários à Constituição do Brasil*. 2. ed. São Paulo: Saraiva, 2000. v. 4, t. II.

POLLITT, Christopher; GIRRE, Xavier; LONSDALE, Jeremy; MUL, Robert; SUMMA, Hilkka; WAERNESS, Marit. *Desempenho ou legalidade?* Auditoria operacional e de gestão pública em cinco países. Tradução de Pedro Buck. Belo Horizonte: Fórum, 2008.

RAYNAUD, Jean. *La Cour des Comptes*. Paris: Presses Universitaires de France, 1980.

SPECK, Bruno Wilhelm. *Inovação e rotina no Tribunal de Contas da União* – O papel da instituição superior de controle financeiro no sistema político-administrativo do Brasil. São Paulo: Fundação Konrad Adenauer, 2000.

TCU. *Conhecendo o Tribunal*. 2. ed. rev. e ampliada. Brasília: Tribunal de Contas da União, 2003.

ZYMLER, Benjamin; ALMEIDA, Guilherme Henrique De La Rocque. *O controle externo das concessões de serviços públicos e das parcerias público-privadas*. Belo Horizonte: Fórum, 2005.

ZYMLER, Benjamin. O papel do Tribunal de Contas da União no controle das Agências Reguladoras. *Fórum Administrativo*, Belo Horizonte, v. 2, n. 11, p. 3-7, jan. 2002.

Capítulo 2
Limites da Jurisdição dos Tribunais de Contas sobre Particulares

Carlos Ari Sundfeld e Jacintho Arruda Câmara

Introdução

Os Tribunais de Contas assumiram papel de protagonismo no controle da administração pública. Suas decisões repercutem em diversos setores da sociedade e influem sobre o desempenho das atividades administrativas. É crescente o interesse dos meios de comunicação nessas deliberações e, cada vez com maior frequência, elas vêm ocupando a agenda da pesquisa acadêmica no meio jurídico.[1]

---

[1] Indicativo é o surgimento de grupos de pesquisa formalmente organizados que adotaram o controle dos Tribunais de Contas como objeto de investigação. O Grupo Público, organizado no âmbito da Escola de Direito da Fundação Getúlio Vargas de São Paulo (FGV DIREITO SP) em colaboração com a Sociedade Brasileira de Direito Público (sbdp), desenvolve o projeto "Observatório do TCU" para organizar e analisar as decisões mais relevantes dessa Corte (as atividades do grupo são acessíveis em: https://bit.ly/2VC9VwE. Acesso em: 22 jun. 2020).
Consulta à base de dados do CNPq revela outros grupos de pesquisa na área do Direito, de que são exemplos: Desafios do Controle da Administração Pública Contemporânea (Universidade Federal de Pernambuco – UFPE); Direito e Combate à Corrupção (Pontifícia Universidade Católica de São Paulo – PUC-SP); Controle da Administração Pública (Universidade de São Paulo – USP); Núcleo de Estudos em Direito, Gestão, Controle e Fiscalização da Administração Pública (Instituto Federal de São Paulo – IFSP); Regulação Econômica no Brasil e a Constituição Federal de 1988: Controles do e sobre o Estado em Face da Administração Pública Gerencial (Universidade Estadual de Londrina – UEL).

O presente estudo abordará um dos fenômenos inerentes ao contexto de aumento de prestígio institucional desses órgãos: a ampliação da jurisdição por deliberação própria, por meio da *autoproclamação de novas competências pelos Tribunais de Contas*.[2]

O exemplo escolhido envolve a inclusão na sua jurisdição de pessoas (físicas ou jurídicas) que não integram a administração pública nem são responsáveis pela gestão de recursos públicos.

O tema foi objeto de incidente de uniformização de jurisprudência no âmbito do Tribunal de Contas da União (TCU), que decidiu por considerar sujeitos à sua jurisdição os particulares que causem dano ao erário em relação jurídica decorrente de ato ou contrato administrativo sujeito a controle externo (Acórdão 321/2019, de 20 de fevereiro de 2019).

Serão objeto de análise a legislação e as deliberações do TCU. Isso em função tanto desse relevante precedente, como do papel de referência desse órgão para os demais Tribunais de Contas, dos estados e dos municípios.

A citada decisão explicitou o posicionamento institucional do TCU, de ampliar uma vez mais seu campo de atuação. E isso ocorreu sem mudança legislativa ou constitucional. Mudou apenas o entendimento do próprio TCU sobre o alcance de suas atribuições. O assunto, contudo, não está consolidado. O julgamento do incidente de uniformização revelou existir divergência no próprio órgão. Além disso, existem ações em curso perante o Supremo Tribunal Federal (STF) que questionam essa competência autoproclamada do TCU, bem como alguns de seus desdobramentos.

O capítulo desenvolve duas linhas de abordagem.

Uma, objeto dos Tópicos 1 e 2, diz respeito à interpretação das normas constitucionais e legais que fixam as competências do TCU. Serão apresentados o debate sobre a correta leitura das normas vigentes e o histórico de sua aplicação desde a promulgação da Constituição de 1988. Antes de avaliar as consequências dessa autoproclamação de novas competências, o estudo discutirá se há base normativa sólida para respaldá-la.

A enumeração não é exaustiva. Abrange apenas os grupos de pesquisa registrados no CNPq por suas respectivas instituições de ensino superior e que apresentam, em seu título ou descrição, referência à atuação dos Tribunais de Contas como objeto de estudo.

[2] Para outros debates sobre o alcance das atribuições dos Tribunais de Contas, cf. BARROSO (1996, p. 131-140); SUNDFELD e CÂMARA (2011, p. 111-144); ROSILHO (2019).

Essa primeira abordagem busca responder, sob o prisma da interpretação das normas vigentes, se a Corte de Contas pode exercer sua jurisdição e, com isso, adotar medidas restritivas de direitos contra pessoas que não integram a administração pública.

A outra linha diz respeito às consequências da autoproclamação de novas competências pelos Tribunais de Contas (Tópico 3). O TCU, desde que assumiu a jurisdição sobre particulares, vem adotando medidas administrativas com restrições imediatas e unilaterais a direitos desses particulares. Em alguns casos há o risco de a atuação administrativa do órgão de fiscalização invadir esfera de atuação reservada ao Judiciário. É o caso da desconsideração da personalidade jurídica, medida adotada pela Corte de Contas quando pretende impor restrições a dirigentes ou acionistas de empresas apontadas como causadoras de dano ao erário.

1. A Autoproclamação de Novas Atribuições pelo TCU

Nem sempre o TCU considerou possuir competência para julgar contas e impor medidas administrativas em face de particulares que não fossem responsáveis por contas públicas. Essa postura, de acordo com as manifestações da própria Corte de Contas, surgiu a partir do Acórdão 946/2013, julgado na sessão de 17 de abril de 2013, relator Ministro Benjamin Zymler. A decisão, tomada por maioria do plenário, considerou que a parte final do inciso II do art. 71 da Constituição Federal conferiria ao TCU a competência para abrir processo de tomada de contas especial contra particulares "que derem causa a perda, extravio ou outra irregularidade de que resulte prejuízo ao erário público".

Durante quase 6 anos, até o julgamento do incidente de uniformização de jurisprudência pelo Acórdão 321/2019, o TCU oscilava, ora proclamando sua competência para julgar contas de particulares, ora respeitando o posicionamento histórico e reconhecendo a impossibilidade de atingi-los diretamente, por meio de sua própria jurisdição.[3]

---

[3] Foi o caso, por exemplo, do Acórdão 3.514/2017, da 1ª Câmara, rel. Ministro Vital do Rêgo. Nesse julgado, discutiu-se o cabimento de julgamento das contas da empreiteira contratada para dar execução de obra pública, mas o TCU optou por não julgar a "irregularidade das contas da empresa, tendo em vista que ela figura no presente caso não como pessoa que tenha se ocupado da gestão de recursos públicos e, por conseguinte, tenha a obrigação de prestar contas da aplicação desses recursos, tal como previsto no art. 70, parágrafo único, da Constituição, mas tão somente como um particular contratado pela administração pública

O julgamento do incidente de uniformização também buscou evitar a ampliação excessiva e disfuncional das atribuições do TCU. Temia-se a ampliação irrestrita da jurisdição da Corte de Contas, alcançando qualquer um que causasse dano ao erário, provocando aumento extraordinário nos processos submetidos ao órgão de modo a paralisá-lo.

Duas ressalvas foram feitas no Acórdão 321/2019 com o objetivo de limitar a *nova* competência autoatribuída. Em primeiro lugar, o particular sujeito à jurisdição do TCU "deve ter vínculo jurídico com a Administração relacionado à gestão da coisa pública" (§ 22 do voto da relatora). Depois, não será qualquer descumprimento de cláusula contratual que justificará a atuação da Corte de Contas, mas apenas o que importe dano ao erário. Ressalvou-se que "o simples descumprimento de cláusula contratual pelo particular que não importe dano ao erário deve ser tratado pela própria Administração mediante ação judicial ou utilização dos instrumentos previstos na legislação (advertência, multa, suspensão temporária de participação em licitações e impedimento de contratar, declaração de inidoneidade, rescisão unilateral de contrato e execução de garantias)" (§ 27 do voto da relatora).

Segundo a decisão, empresa contratada por entidade federal cujo contrato tenha sido considerado irregular estará sujeita, no âmbito do TCU, a medidas preventivas, sancionatórias ou de responsabilização. O fundamento é que ela seria "responsável" pelo dano causado ao erário.

Mas a interpretação ampliativa de suas próprias competências, assumida pelo TCU, propõe dúvidas quanto à sua aderência à Constituição. Nosso sistema jurídico não inclui órgão administrativo com atuação jurisdicional, concorrendo com o Poder Judiciário. A extensão do poder sancionatório do TCU sobre particulares está em discussão no STF, ainda pendente de decisão quanto ao mérito, embora já existam decisões monocráticas apontando a impossibilidade de atuação sancionatória sobre particulares.[4] O tema é objeto do Tópico 2 deste estudo.

---

para lhe prestar serviços em troca de contraprestação financeira (Acórdão 4.404/2016-TCU-1ª Câmara)" (§ 24 do voto do relator).

[4] A competência do TCU para adotar medida cautelar de indisponibilidade de bens contra particulares ou renovar a cautelar de indisponibilidade de bens após o vencimento do prazo de um ano está sendo discutida em diversos mandados de segurança ainda pendentes de decisão de mérito no STF. Sob a relatoria do Ministro Marco Aurélio, aguardam julgamento os Mandados de Segurança de n. 34.421, 34.392, 34.357, 34.410; com o Ministro

Além de se considerar competente para julgar contas e aplicar medidas cautelares e sancionatórias sobre particular que, sendo contratado ou beneficiário de ato administrativo, cause dano ao erário, o TCU também tem se considerado apto para atingir seus acionistas e dirigentes, estendendo ainda mais sua jurisdição. Esse e outros aspectos serão examinados no Tópico 3.

2. Competência dos Tribunais de Contas sobre Particulares

Neste tópico pretende-se discutir, sob o prisma da estrita interpretação das normas vigentes, quais são os sujeitos submetidos às competências constitucionais e legais do TCU.

Ele é órgão de controle externo da administração pública. Seu foco, sua razão de ser, sua função institucional está atrelada ao controle dos gastos públicos. Essa é a constatação extraída da história da instituição, do senso comum da sociedade e da leitura da Constituição Federal e da legislação ordinária.

O órgão foi criado para realizar forma específica de controle da administração pública e de seus agentes. Hoje suas atribuições estão encartadas em capítulo próprio da Constituição. Não se trata de órgão de regulação ou fiscalização da vida privada. É instituição de perfil administrativo, para fiscalização da atividade de agentes estatais. Todas essas são afirmações consensuais, dentro ou fora do ambiente corporativo desse relevante órgão de controle.

A constatação é necessária diante do atual período histórico e institucional. A sociedade brasileira tem mostrado simpatia e expectativa em favor da ampliação do controle sobre a administração pública. A Operação Lava Jato constitui o episódio mais marcante desses tempos. Nesse contexto, diversos órgãos de controle – e o TCU não foge disso

---

Celso de Mello de relator, tem-se o MS 35.801; o Ministro Edson Fachin figura como relator nos seguintes MS: 35.532, 34.793, 34.292, 35.042, 35.694, 35.158, 35.031, 34.291, 35.416; o Ministro Roberto Barroso assumiu a relatoria dos MS 34.754, 34.757, 34.758, 34.738, 34.755, 34.870; a Ministra Rosa Weber é relatora dos MS 35.404, 34.446, 35.529; Gilmar Mendes relata os MS 35.623, 35.555, 34.233; e o Ministro Ricardo Lewandowski é relator do MS 34.545. (levantamento extraído do artigo de Gomes, 2018).
O Ministro Marco Aurélio, em decisões monocráticas, tem se manifestado de maneira incisiva pela ausência de competência do TCU nesses casos. Para uma síntese de seus argumentos, v. decisão monocrática de 31/08/2016, MS 34357/DF.

– têm se esforçado para atender à expectativa, o que é compreensível. O problema está em, para tanto, sacrificar os contornos constitucionais e legais da atuação de cada instituição.

O TCU, ao autoproclamar sua competência para julgar contas de entidades privadas e submetê-las às suas deliberações, assume função alheia a seu perfil constitucional e legal. Com isso, não só atinge a esfera de direitos de particulares, como interfere no arranjo institucional da Constituição brasileira. Ao impor medidas preventivas e sancionatórias diretamente a particulares, o TCU acaba por invadir campo de atuação reservado ao Judiciário.

A Constituição assegura que "ninguém será privado da liberdade ou de seus bens sem o devido processo legal" (art. 5º, LIV). Não há previsão legal, muito menos constitucional, conferindo a órgão administrativo, como é o Tribunal de Contas, o papel de dispor sobre o patrimônio de particulares.

No Direito brasileiro é reservada ao Poder Judiciário a função de condenar alguém ao ressarcimento de danos, inclusive ao erário. A Constituição prevê a *ação popular* como instrumento de persecução judicial contra atos lesivos ao patrimônio público (art. 5º, LXXIII). A improbidade administrativa (art. 37, § 4º da CF) também depende de ação judicial para ser combatida e proporcionar o ressarcimento ao erário e a punição dos responsáveis (art. 17 da Lei n. 8.429, de 1992). Não existe órgão administrativo com atribuição de condenar particulares ao ressarcimento de danos. Trata-se de matéria reservada ao Poder Judiciário.

O TCU é órgão inserido no sistema de controle externo da administração pública. Estão sujeitos à sua competência os organismos estatais e seus agentes públicos. O escopo da atuação do controle externo está delineado no parágrafo único, do art. 70, da CF. O dispositivo diz que essa função recai sobre quem "utilize, arrecade, guarde, gerencie ou administre dinheiros, bens e valores públicos". A atuação do controle externo até pode recair sobre pessoa física ou sobre pessoa jurídica privada. Para tanto o particular deve ter assumido a condição de agente público, exercendo uma das atividades inerentes à gestão de recursos públicos: *utilizar, arrecadar, guardar, gerenciar* ou *administrar* dinheiros, bens e valores públicos.

O mero fornecedor externo de serviços ou bens para a administração pública não é obrigado a prestar contas ao controle público, ou seja, não se sujeita à jurisdição dos órgãos de controle externo. Agentes externos à administração pública federal, mesmo que com ela se relacionem, não têm contas próprias sujeitas à aprovação do TCU, não têm suas despesas contábeis auditadas, não são, em suma, jurisdicionados dos órgãos de controle externo. Isso, porque essas pessoas privadas externas não são responsáveis por recursos públicos. São agentes estranhos à máquina administrativa, que exercem atividade no âmbito privado, ainda que em virtude de contrato com o poder público.

Não se pode confundir o interesse de o particular externo à administração acompanhar os processos de fiscalização relativos a contratos com ela celebrados (os quais podem lhe gerar consequências desfavoráveis), com a sujeição direta desse agente privado às deliberações do controle público.

A falta de competência dos órgãos de controle externo para atingir a esfera de direitos de particulares é revelada ao se examinar o rol de competências constitucionais do TCU.

O art. 71, II, define como competência sua "julgar as contas dos *administradores e demais responsáveis* por dinheiros, bens e valores públicos da administração direta e indireta, incluídas as fundações e sociedades instituídas e mantidas pelo Poder Público federal, e as contas daqueles que derem causa a perda, extravio ou outra irregularidade de que resulte prejuízo ao erário público". São jurisdicionados do TCU os agentes públicos integrantes da administração (*administradores*) e os particulares que atuem como delegados responsáveis pelo exercício da função de gerir recursos públicos (*demais responsáveis*). O texto não fala em julgar contas ou em agir sobre quem seja agente privado externo, na condição de simples contratado do poder público. Os fornecedores da administração pública não foram incluídos no rol dos jurisdicionados.

Os particulares contratados de entidade estatal não são delegados de função pública financeira, não são *responsáveis* por gastos públicos; são *destinatários* desses gastos. Têm interesse na avaliação dos atos e contratos dos quais decorrem seus pagamentos, mas não podem ser confundidos com os responsáveis pelas despesas. A responsabilidade sobre tais verbas, sob o ponto de vista das normas de controle, recai sobre o gestor dos recursos públicos federais (integrante da administração ou agente delegado para a gestão dos recursos) e não sobre quem as recebe como agente privado externo, como prestador de serviços e credor privado, em contrapartida pela execução de contratos.

Não é correto interpretar a competência para julgar contas "daqueles que derem causa a perda, extravio ou outra irregularidade de que resulte prejuízo ao erário" como capaz de se estender para além do universo dos gestores de recursos públicos. A regra não foi concebida para circunscrever qualquer suspeito de causar dano ao erário. Particular que, por exemplo, agindo como sujeito externo à administração, cause prejuízo ao erário por ato de vandalismo, não está sujeito ao TCU. O mandamento constitucional também não pretendeu submeter à jurisdição deste quem tenha se envolvido em colisão com veículo federal e, com isso, danificado patrimônio da União. Devedor de banco oficial em virtude de financiamento bancário também não pode ser julgado e responsabilizado pela Corte de Contas pelos prejuízos advindos de sua inadimplência. O controle externo é exercido só sobre agentes públicos, isto é, autoridades integrantes da administração ou particulares que façam a gestão delegada de recursos públicos.[5]

Os particulares que, de alguma forma, recebam recursos federais na condição de contratados (prestadores externos de serviços), podem ter interesses vinculados a investigações ou processos administrativos do TCU de apuração da legalidade dos gastos públicos que lhes sejam destinados, como credores. Eles compõem universo numeroso e expressivo de sujeitos. A Constituição, porém, não submeteu todos eles ao julgamento das Cortes de Contas. Os particulares que atuam como agentes privados externos foram excluídos do campo de atuação direta do TCU.

Os contratos celebrados entre particulares e entidades estatais federais são, sim, objeto de fiscalização do TCU; mas isso porque as entidades estatais e seus agentes públicos se sujeitam à jurisdição do órgão de controle. Mas essa circunstância não faz com que os particulares externos sejam jurisdicionados do TCU; eles podem até figurar no processo, mas apenas como *interessados* no desfecho de eventual análise dos seus contratos. Eles não são agentes públicos.

O TCU detém competência para sancionar os "responsáveis" por "despesa ou irregularidade de contas" (CF, art. 71, VIII). Estão sujeitos a esse poder sancionador os servidores ou os particulares que, como delegados da administração, sejam gestores de recursos públicos. Esses são os "responsáveis por despesas ou irregularidades de contas". Não cabe

---

[5] Nesse sentido, cf. ROSILHO (2019, p. 186).

sancionar terceiro que não seja, como agente público, o responsável pela despesa ou pela irregularidade das contas.

Estão fora do alcance do poder sancionatório administrativo, por conseguinte, os credores externos que sejam simples beneficiários de despesas irregulares. Eles podem ter *interesse legítimo* em participar do processo administrativo instaurado para julgar ato ou contrato de que sejam parte, no exercício do direito à participação como terceiro interessado assegurado pela Súmula Vinculante n. 3 do STF. Mas o particular terceiro interessado no processo de tomada de contas não é o destinatário direto das ordens ou condenações do TCU, nem com ele se confunde. O destinatário é sempre o agente público. O interesse de o particular externo acompanhar e influir no processo de contas decorre apenas da possível condenação do agente público a tomar providências que o alcancem, como contratado da administração. O TCU não detém competência para agir de modo direto sobre a esfera jurídica do agente privado externo.

Assim, se um contrato de empreitada firmado com a administração pública federal vier a ser objeto de processo administrativo perante o TCU, a empresa terá direito à participação no processo, uma vez que a decisão poderá indiretamente afetá-la. Para atender a determinação do TCU, por exemplo, a administração contratante pode adotar medidas para anular a avença ou suspender sua execução, afetando, com isso, interesses legítimos da empresa contratada.

Todavia, a participação no processo administrativo de tomadas de contas como terceira interessada não sujeitará a empresa ao poder de sancionar ou responsabilizar do TCU. Este só pode agir diretamente sobre gestores de recursos públicos; sobre quem, como agente público interno ou delegado, "utilize, arrecade, guarde, gerencie ou administre dinheiros, bens e valores públicos" (art. 70, parágrafo único, da CF).

A delimitação da jurisdição do TCU aos gestores de recursos públicos é coerente com outro contorno da atuação do órgão. Trata-se da influência que suas decisões podem exercer sobre a execução de contratos. A Constituição conferiu ao TCU poderes para determinar autonomamente a sustação de *atos unilaterais* (art. 71, X). Esse poder de suspender efeitos de atos geradores de despesas não se estendeu aos *contratos*. A prerrogativa de sustar contratos foi reservada ao Congresso Nacional pelo art. 71, § 1º da CF. A Constituição, também nesse ponto, aderiu ao modelo segundo o qual a jurisdição de contas não pode invadir diretamente a esfera de direitos de particulares. Nesse caso específico, como os contratos representam atos bilaterais que contam com a anuência do particular para sua constituição, eles ficaram fora do campo de atuação direta do TCU.

Essa delimitação das competências do TCU não torna o particular imune a outros controles estatais. Existe vasto aparato institucional com competência para buscar, no Judiciário, o ressarcimento ao erário e a punição de quem, como agente privado externo, tenha praticado irregularidades. A punição tanto pode ocorrer no âmbito cível como no penal, mas sempre pela via judicial. Assim, se ao longo do processo de fiscalização for constatada irregularidade envolvendo particular, caberá ao TCU "representar ao Poder competente sobre irregularidades ou abusos apurados" (art. 71, XI).

É natural que a jurisdição das Cortes de Contas se restrinja a quem exerça função pública. Até países com jurisdição administrativa, como a França, focam a atuação dos órgãos de controle de contas sobre os responsáveis pela ordenação de despesas.[6]

O Direito brasileiro manteve-se alinhado com esse arranjo institucional, conferindo ao Tribunal de Contas funções apenas de controle sobre os agentes públicos que exerçam atividade estatal. Particulares externos que não sejam agentes públicos sempre foram excluídos de sua jurisdição.

A Lei Orgânica do TCU (LOTCU) – Lei n. 8.443, de 1992 – confirma que a jurisdição do órgão se atém aos administradores (agentes públicos internos) e responsáveis (agentes públicos delegados) por dinheiros, bens, e valores públicos (art. 1º, I e IX). Ela também especifica quem está sujeito à jurisdição do órgão (art. 5º).

O rol de jurisdicionados deve ser compreendido em vista das atribuições constitucionais do TCU, reafirmadas no art. 1º da LOTCU. Ou seja, ele só poderá alcançar quem, de algum modo, tenha atuado como agente público, como gestor de recursos públicos. Para alcançar particular, este deverá ter sido responsável por alguma atividade de gestão de recursos públicos (um agente público por delegação).

Essa linha de interpretação deve ser adotada, inclusive, em relação ao inciso II do art. 5º, que inclui sob a jurisdição do TCU "aqueles que derem

---

[6] Debbasch e Ricci (1994, p. 183).

causa a perda, extravio ou outra irregularidade de que resulte dano ao Erário". A competência do TCU, também em face desse dispositivo de redação mais aberta, recai sobre gestores de recursos públicos.

Deste modo é que se deve proceder à leitura dos dispositivos que conferem ao TCU competência para agir sobre o "responsável". O termo não pode ser descontextualizado, a ponto de passar a abarcar também quem, como agente privado externo, puder ser condenado a assumir a responsabilidade civil ou penal por prática lesiva ao erário.

O termo "responsável" é sempre empregado na LOTCU para se referir a quem seja gestor de recursos públicos. É o "responsável" quem recebe quitação plena de suas contas (art. 17), algo inaplicável a particulares externos, meros contratados da administração pública. Ao definir o processo de execução das decisões do TCU (arts. 22, I e parágrafo único, 30, I e II, 31, 33 e 34, § 1º), a lei estabelece dicotomia que evidencia a diferença entre quem, como agente público, está sujeito à jurisdição do órgão ("responsável") e quem, não o sendo, tem direito à participação no processo ("interessado"). A medida de *afastamento temporário* do "responsável" (art. 44) é outra passagem da LOTCU que aclara o sentido do termo. Mais uma vez, se está diante de regra que emprega a palavra "responsável" de modo que ela só tem sentido se vinculada a quem tenha exercido função administrativa.

Se nesses dispositivos "responsável" quer designar quem exerce função pública, em outros dispositivos da mesma lei o vocábulo mantém seu sentido. É necessário considerar seu uso uniforme em todo o texto legal.

Não é correto, portanto, sob o ponto de vista da coerência do texto legal, sustentar que, apenas em algumas passagens, a lei tenha utilizado "responsável" com abrangência mais ampla, de modo a abarcar também agentes privados externos, meros contratados da administração. Para manter a coerência da LOTCU, não se pode promover leitura ampliativa da palavra "responsável", de modo a incluir, entre os jurisdicionados da Corte de Contas, particulares contratados pela administração federal para atuar como agentes privados externos.

A LOTCU prevê só uma sanção aplicável a agente privado externo, isto é, a quem não seja gestor de recursos públicos: é a de declaração de inidoneidade (art. 46). Ao fazê-lo, não empregou o termo "responsável". O sujeito passivo da sanção de inidoneidade foi identificado como "licitante fraudador". Deixando de lado a discussão quanto à vigência da regra,⁷ o dispositivo mostra que, ao se referir a particulares externos não exercentes de função pública, a lei não recorreu ao termo "responsável".

A leitura sistemática da LOTCU confere sentido unitário e preciso ao termo "responsável". O termo designa quem assume o papel de gestor de recursos públicos federais, podendo ser agente público diretamente vinculado à burocracia estatal ou particular que, por delegação, tenha assumido essa função (agente público delegado). Quem só figura como contratado da administração não é "responsável" por recursos públicos e, nesse sentido, não está sujeito à jurisdição do TCU; é, na linguagem da própria LOTCU, simples "interessado", podendo participar dos processos administrativos, sem se sujeitar, porém, às medidas e sanções previstas para os "responsáveis".⁸

Durante o processo legislativo, houve proposta de inclusão na LOTCU de dispositivo para conferir à Corte de Contas competência para estender eventuais inspeções e auditorias às pessoas jurídicas de direito privado de qualquer forma envolvidas na aplicação de recursos públicos objeto de fiscalização.⁹ Se referida regra houvesse sido incluída na lei haveria base (pelo menos de nível legal) para a competência do TCU para julgar contas de empresas privadas apenas contratadas pela administração pública. Mas a proposta foi rejeitada e a LOTCU jamais chegou a prever atribuição semelhante.

3. Competência para Agir sobre Pessoas Físicas Relacionadas às Empresas Contratadas

O TCU tem adotado decisões incluindo no polo passivo dos processos administrativos, além das empresas causadoras de danos ao erário, também os seus acionistas.¹⁰ Qual seria o fundamento para tanto?

---

⁷ Alguns doutrinadores sustentam ter havido derrogação dessa competência pela Lei n. 8.666, de 1993, que previu a possibilidade de adoção de medida semelhante por parte da administração condutora do certame. Quanto a isso, cf. PELEGRINI (2014, p. 137-138).

⁸ Visão semelhante à deste estudo sobre as atribuições do TCU foi amplamente defendida pelo então Procurador-Geral do Ministério Público junto ao TCU, hoje Ministro da Corte, há mais de 20 anos (RODRIGUES 1998, p. 54-59).

⁹ A proposta foi apresentada durante a tramitação do projeto de lei da LOTCU pelo senador Pedro Simon (Emenda CCJ-26), segundo quem a proposta teria sido resultado de pleito do TCU (ROSILHO, p. 55).

¹⁰ Exemplo: Acórdão 1982/2018.

Dois argumentos buscam legitimar a inclusão. Um deles considera o acionista como responsável solidário pelos danos ao erário, nos termos do art. 16, § 3º, "b", da LOTCU; o acionista seria um "terceiro" responsável pelo dano. Outro se baseia na desconsideração da personalidade jurídica da empresa, justificada pela necessidade de impedir que, por suposta fraude no uso de pessoa jurídica interposta, os beneficiários de ato lesivo ao erário fiquem impunes. Os fundamentos são problemáticos, como se verá a seguir.

3.1. Inexistência de Responsabilidade Solidária do Acionista

A LOTCU prevê que, nas hipóteses de julgamento de contas irregulares, cabe ao tribunal declarar a responsabilidade solidária de terceiro que tenha concorrido para o dano. Mas esse terceiro tem de ser contratante ou parte interessada na prática do ato considerado lesivo. Além disso, a irregularidade deve estar vinculada a hipótese de dano ao erário por ato de gestão ilegítimo ou antieconômico ou a desfalque ou desvio de dinheiros, bens ou valores públicos (art. 16, § 2º, "b", da LOTCU).

A lei não conferiu ao TCU poderes para diretamente imputar débito *contra terceiros*; sua competência é apenas para "fixar" (indicar) a responsabilidade solidária. É atuação declaratória, que constata hipótese de solidariedade de terceiros que tenham concorrido para o ato lesivo. Mas não compete ao TCU adotar medidas diretas contra eles. Fixada a responsabilidade solidária, a Corte de Contas deve providenciar "a imediata remessa de cópia da documentação pertinente ao Ministério Público da União, para ajuizamento das ações civis e penais cabíveis" (art. 16, § 3º da LOTCU). Não lhe foi dada competência para condenar esses "terceiros", de modo que fosse cabível a execução direta dessa decisão (CF, § 3º do art. 71).

A responsabilidade solidária só deve ser fixada se o "terceiro" tiver "de qualquer modo concorrido para a prática do dano apurado". É necessária a demonstração de conduta irregular do "terceiro". A mera condição de acionista é insuficiente. Imputação de responsabilidade não pode ser feita a partir de presunção. Para a responsabilidade solidária ser fixada é imprescindível que o terceiro tenha concorrido para a prática do dano. Trata-se de requisito material previsto em lei, cuja ocorrência demanda comprovação concreta.

Também não é suficiente, para imputação da responsabilidade, alguém ser beneficiário potencial, mediato, indireto ou remoto do ato lesivo. Aí não se terá "terceiro" que seja solidariamente responsável, nos termos do art. 16, § 2º, "b" da LOTCU. A responsabilização supõe a demonstração de que o terceiro foi *parte*, teve participação ativa concorrente no ato danoso. A simples expectativa de benefício indireto por conta da prática lesiva não preenche o requisito legal.

O Regimento Interno do TCU (RITCU), contudo, parece ter ampliado de maneira indevida as atribuições do órgão. Contrariando a lei, tentou alargar a hipótese legal de responsabilidade solidária, passando a considerá-la a partir do mero "recebimento de benefício indevido ou pagamento superfaturado" (art. 209, §§ 5º e 6º do RITCU). Só que a lei não determinou a responsabilidade solidária de quem apenas tenha se beneficiado da despesa irregular, mas sim a do terceiro que tenha *concorrido para a prática do dano*; se não tiver participado, não haverá como responsabilizá-lo.

Constatação final reforça a inaplicabilidade do art. 16, § 2º, "b", da LOTCU. O dispositivo prevê a responsabilidade solidária *de terceiro*. Se o TCU instaura processo administrativo em face de empresa privada, seus acionistas não podem ser considerados "terceiros" em relação a ela. Não seria aplicável a responsabilização solidária "de terceiro", tal como prevista no LOTCU, pois os acionistas são, em certo sentido, parte da própria empresa, sendo onerados indiretamente pela responsabilização desta (que afetaria o valor das participações societárias). Nessa lógica, não podem ser vistos como "terceiros" frente à própria empresa. A responsabilidade solidária da lei não busca atingir sócios da empresa contratada, mas quem, não fazendo parte dela, com ela tenha se associado na ilicitude.

3.2. Impossibilidade de Desconsideração da Personalidade Jurídica pelo TCU

Outra estratégia do TCU para atingir também os acionistas da empresa processada é a desconsideração da personalidade jurídica. Esse tipo de medida tem sido adotada sem demonstração de insolvência da empresa investigada, ou mesmo a indicação de indício de fraude. O TCU tenta alcançar diretamente pessoas físicas apenas com o argumento de que estas poderiam se beneficiar remotamente dos atos ilícitos.

Este argumento também carece de respaldo jurídico.

A desconsideração da personalidade jurídica é medida de extrema gravidade, pois elimina parte dos efeitos gerados com a criação das chamadas entidades morais, as pessoas jurídicas. A personalidade jurídica é uma construção formal para viabilizar, fomentar e proteger a realização de negócios jurídicos. Sua utilidade está em separar as pessoas físicas de outros entes jurídico-formais, vistos assim como sujeitos autônomos de direitos e deveres. Deixar de observar a distinção entre pessoas jurídicas e sócios constitui negação de instituto jurídico fundamental, que só se justifica de modo excepcional, para não pôr em risco os benefícios sociais do sistema de atribuição de personalidade a entes morais.[11]

É com razão que o direito positivo brasileiro é cauteloso e restritivo com a desconsideração da personalidade jurídica. A medida vem disciplinada no Código Civil, que impõe duas ordens de requisitos (art. 50). O primeiro tem a ver com o motivo justificador da desconsideração da personalidade: há de caracterizar "abuso da personalidade jurídica", consubstanciado "pelo desvio de finalidade ou pela confusão patrimonial". O outro requisito é de ordem formal: a medida *depende de processo judicial*, só pode ser decretada pelo Poder Judiciário.[12]

O TCU não pode, com base na suposição de que os recursos oriundos de contratação investigada reverteram diretamente aos acionistas da empresa, desconsiderar, ainda mais preventivamente, a personalidade jurídica da contratada. O TCU não recebeu atribuição constitucional ou legal para isso.

O atual Código de Processo Civil, inclusive, disciplina em procedimento específico a maneira de se promover, sempre pela via judicial, a desconsideração da personalidade jurídica (arts. 133 e seguintes). A medida demanda contraditório e ampla defesa, vedada a decretação de ofício, mesmo pelo Judiciário. A forma pela qual o TCU tem promovido a desconsideração da personalidade jurídica, de maneira inclusive prévia e unilateral, contraria todos os requisitos previstos na legislação.

---

[11] Para o caráter excepcional da medida, cf., por exemplo: STJ, 4ª Turma, REsp 347.524/SP, rel. Ministro Cesar Asfor Rocha, j. em 18/02/2003, v.u.
[12] Duarte (2018, p. 55).

Considerações Finais

A interpretação coerente com o direito positivo sobre as atribuições do TCU, e com a história de sua aplicação, sugere não ter sido conferido a ele poder de ingerência sobre particulares não gestores de recursos públicos, mesmo quando contratados pela administração pública. O universo de jurisdicionados do TCU inclui apenas agentes que gerem recursos públicos federais, seja como integrantes do quadro funcional da administração (servidores públicos e agentes políticos), seja como agentes públicos delegados (como as entidades do Terceiro Setor que gerem recursos públicos federais).

A função do TCU é atuar no controle externo da administração pública federal (arts. 70 e 71 da CF). Não lhe cabe impor medidas restritivas de direitos a particulares externos, mesmo quando decorrentes de ilicitudes envolvendo a administração. O Direito brasileiro não admite a jurisdição administrativa, reservando a função jurisdicional ao Poder Judiciário.

Todavia, o próprio órgão de controle modificou seu entendimento em relação ao tema e passou a se considerar habilitado a julgar contas de empresas contratadas, adotando ainda medidas unilaterais contra seus acionistas. Tudo isso sem mudança no texto dos dispositivos constitucionais e legais delimitadores de suas atribuições.

Está em curso, como demonstrado no presente capítulo, por iniciativa do próprio TCU, um fenômeno de ampliação das suas próprias atribuições, com a absorção de funções até então reservadas ao Poder Judiciário. Se prevalecer esse entendimento, haverá significativa alteração do perfil constitucional dos organismos de estado capazes de intervir diretamente na esfera jurídica dos particulares. O TCU se assemelhará ao Judiciário, constituindo títulos executivos em face de particulares (não gestores de recursos públicos).

Correm perante o STF ações impugnando atos do TCU no exercício dessas novas competências. Mas o guardião maior da Constituição Federal tem evitado adotar decisões definitivas sobre essas matérias, deixando de se pronunciar quanto aos limites constitucionais da atuação do TCU. Afora decisões monocráticas, limitando ou autorizando ações mais heterodoxas, o STF tem assistido quase inerte o desenrolar de uma evidente mutação da Constituição. Isso cria riscos para o ambiente institucional do País. O mais evidente é o de incerteza jurídica.[13]

Corre-se o risco de a Constituição terminar sendo deixada em segundo plano na definição dos contornos das atribuições dos órgãos da República, cedendo espaço para a ocupação voluntarista de espaços. O TCU, nesse cenário, construiria sua própria área de atuação, sedimentando de fato novas competências, com sua assimilação pela sociedade.[14] O senso comum segundo o qual o aumento de fiscalização é sempre benéfico, somado à ideia de que o combate a desvios deve ser o mais abrangente possível, produz tendência de aceitação social que pode vir a consolidar a atuação extravagante. Essa estabilização do cenário pode inibir eventual reversão futura pelo Judiciário.

A ampliação de competências do TCU sem base normativa não é simples problema formal. A ausência de previsão expressa na Constituição e nas leis, além da ofensa à legalidade estrita, induz à falta de legitimidade das medidas, que não encontram respaldo em escolhas dos órgãos democráticos, a quem caberia essa definição. Se nem o Constituinte, tampouco o legislador ordinário, decidiram por conferir poderes ao TCU para julgar "contas de particulares" e lhes impor diretamente restrições de direitos (como bloqueio de bens), a autoproclamação feita pela Corte de Contas é antidemocrática.

Também deve ser levado em consideração aspecto pragmático. O perfil da atuação do TCU não é adequado para avaliar os aspectos factuais e jurídicos que podem justificar esse tipo de atuação em face de particulares. O TCU foi concebido para o controle externo da *administração pública e de seus agentes públicos*. Sua *expertise* é a análise das finanças públicas, da economicidade das ações estatais, bem como de legalidade e da legitimidade dos atos administrativos desta seara.

---

[13] A omissão do STF em decidir em definitivo ações que discutem os limites do TCU é uma das causas da situação de incerteza provocada pela expansão deste órgão de controle. Isso se percebe não só em relação à definição dos jurisdicionados, mas também em outras matérias. Quanto a isso, cf. SUNDFELD (2017, p.1020).
É possível identificar em outros países a intenção das respectivas Cortes de Contas ampliarem sua jurisdição por interpretações extensivas. A experiência internacional revela que, nesses casos, o Judiciário tem sido o veículo de contenção. Para o caso espanhol, cf. TRISTÃO (2019).
[14] Jordão e Ribeiro (2018).

A apuração dos deveres e das atuações de empresas privadas, de seus acionistas e administradores desborda do cerne de atuação de seus técnicos. Além disso, a aferição de eventuais fraudes ou desvios internos da sociedade empresarial privada não é compatível com a lógica de seus processos administrativos. Para a apuração e declaração da desconsideração da personalidade jurídica, por exemplo, são imprescindíveis contraditório prévio, oitiva de testemunhas e outras formas de prova típicas do processo judicial (art. 135 do CPC). O procedimento de tomadas de contas especial não atende a esses requisitos. Sua finalidade está relacionada, como é natural, apenas à fiscalização do poder público.

Referências

BARROSO, Luís Roberto. Tribunais de Contas: algumas incompetências. *Revista de Direito Administrativo*, Rio de Janeiro, v. 203, p. 131-140, jan./mar. 1996.

DEBBASCH, Charles; RICCI, Jean-Claude. *Contentieux administratif.* 6. ed. Paris: Dalloz, 1994.

DUARTE, Nestor. Comentários ao Art. 50. *In*: PELUSO, Ministro Cezar (coord.). *Código Civil comentado*: doutrina e jurisprudência. 12. ed. São Paulo: Manole, 2018.

GOMES, Gilberto Mendes C. O TCU na pauta do Supremo: possibilidades e limites de controle – a relação de ações judiciais no STF consideradas de especial relevância para o Tribunal de Contas. *JOTA*, 12 dez. 2018. Coluna Controle Público. Disponível em: https://bit.ly/2wb7Kpt. Acesso em: 17 dez. 2018.

JORDÃO, Eduardo; RIBEIRO, Maurício Portugal. O TCU atua como gestor público; tratemo-lo como tal! É preciso trazer à luz os erros e acertos das opções administrativas realizadas pelo Tribunal de Contas. *JOTA*, 13 nov. 2018. Coluna Regulação. Disponível em: https://bit.ly/30wX8zj. Acesso em: 16 maio 2019.

PELEGRINI, Marcia. *A competência sancionatória do Tribunal de Contas*. Belo Horizonte: Fórum, 2014.

RODRIGUES, Walton Alencar. O dano causado ao Erário por particular e o instituto da Tomada de Contas Especial. *Revista do TCU*, Brasília, v. 29, n. 77, p. 54-59, 1998. Disponível em: https://bit.ly/2JVWllB. Acesso em: 17 dez. 2018.

ROSILHO, André. *Tribunal de Contas da União*: competências, jurisdição e instrumentos de controle. São Paulo: Quartier Latin, 2019.

SUNDFELD, Carlos Ari. Le droit administratif dans l'incertitude: le contrôle de l'État contractant au Brésil. *In*: BOUSTA, Rhita *et al.* (org.). *Mélanges en l'honneur du Professeur Gérard Marcou*. Paris: IRJS Édition, 2017.

SUNDFELD, Carlos Ari; CÂMARA, Jacintho Arruda. Competências de controle dos Tribunais de Contas – possibilidades e limites. *In*: SUNDFELD, Carlos Ari (org.). *Contratações públicas e seu controle*. São Paulo: Malheiros Editores, 2013. p. 177-220.

SUNDFELD, Carlos Ari; CÂMARA, Jacintho Arruda. Controle das contratações públicas pelos Tribunais de Contas. *Revista de Direito Administrativo*, Rio de Janeiro, v. 257, p. 111-144, maio/ago. 2011.

TRISTÃO, Conrado. Tribunais de Contas têm jurisdição sobre particulares contratados? Para o TCU, sim. Mas o direito comparado sugere se tratar de interpretação inusitada. *JOTA*, 8 maio 2019. Coluna Controle Público. Disponível em: https://bit.ly/2HuDUm6. Acesso em: 16 maio 2019.

Capítulo 3
Limites dos Poderes Cautelares do Tribunal de Contas da União e Indisponibilidade de Bens de Particulares Contratados[1]

André Rosilho

Introdução

O Tribunal de Contas da União (TCU) tem se utilizado de diferentes estratégias para ampliar sua presença e relevância no espaço público. Uma das principais talvez seja a intensificação do controle por meio da adoção de medidas cautelares.[2] O discurso que tem embalado essa tendência é o de que o controle prévio seria mais eficiente no combate a malfeitos do que o controle *a posteriori*.[3]

Um dos tipos de cautelar que a legislação expressamente autoriza o TCU a manejar é a de indisponibilidade de bens de responsáveis. A medida está prevista no § 2º do art. 44 da Lei n. 8.443, de 16 de julho de 1992 – Lei Orgânica do TCU (LOTCU). Por meio dela, os bens do "responsável" ficam congelados, indisponíveis, reservados para eventual e futura necessidade de recompor os cofres da União.

Em tempos recentes, decisões do TCU envolvendo a decretação de indisponibilidade de bens passaram a ocupar lugar de destaque na

---

[1] Uma primeira versão deste texto foi publicada em Cyrino *et al.* (2020).
[2] TCU (2019).
[3] Marques Neto (2009, p. 223).

mídia.[4] Um dos motivos para isso tem a ver com o fato de o Tribunal estar aplicando não só a *agentes públicos* – isto é, a pessoas físicas ou jurídicas que exercem função pública, dentro ou fora da máquina estatal – mas também a *contratados* pelo Estado – pessoas físicas ou jurídicas privadas que, por meio de vínculo contratual, fornecem bens ou serviços ao poder público. Esse movimento teve início após a Operação Lava-Jato revelar a participação de empresas privadas contratadas em amplos esquemas de corrupção.

Partindo das premissas de que a Constituição Federal de 1988 concebeu o TCU para ser, em regra, órgão de controle *a posteriori*[5] e de que arbitrariedades são vedadas pelo Direito brasileiro, o presente capítulo se propõe a responder à seguinte indagação: *tem o TCU competência para aplicar a cautelar de indisponibilidade de bens a pessoas físicas ou jurídicas privadas contratadas pela Administração Pública?*

Para tanto, inicia expondo três casos recentes, cada qual com certas particularidades, nos quais o TCU aplicou a cautelar de indisponibilidade de bens a particulares contratados pela administração pública (Tópico 1).[6] Partindo da análise das normas jurídicas em vigor e da jurisprudência do Supremo Tribunal Federal (STF), o Tópico 2 avalia se o TCU tem, ou não, competência para adotar a cautelar de indisponibilidade de bens a pessoas privadas contratadas pelo poder público. O Tópico 3, tomando por base os casos comentados, procura aferir os critérios que o TCU tem utilizado para aplicar a cautelar de indisponibilidade de bens a contratados privados e testar sua consistência. Por fim, a seção Conclusão condensa reflexões elaboradas a partir dos achados de pesquisa.

---

[4] Por exemplo: "TCU determina bloqueio de R$ 1 bilhão em bens e ativos de Emílio e Marcelo Odebrecht". *O Estado de S. Paulo*, 19 jun. 2019. Disponível em: https://economia.estadao.com.br/noticias/geral,tcu-determina-bloqueio-de-r-1-bilhao-em-bens-e-ativos-de--emilio-e-marcelo-odebrecht,70002880626. Acesso em: 17 dez. 2019.

[5] Rosilho (2019, p. 238 e ss.); Sundfeld e Câmara (2013, p. 196); Jordão (2014).

[6] Os casos que serão expostos foram levantados e estudados pelo Observatório do TCU da FGV Direito SP + Sociedade Brasileira de Direito Público (sbdp), do qual faço parte como coordenador. Os relatórios produzidos pelo Observatório do TCU podem ser consultados em: https://direitosp.fgv.br/grupos/grupo-publico. Acesso em: 23 jun. 2020. Os artigos semanais produzidos pelo Observatório do TCU, analisando a jurisprudência do Tribunal, podem ser acessados na coluna Controle Público, do portal *JOTA* em: https://www.jota.info/opiniao-e-analise/colunas/controle-publico. Acesso em: 23 jun. 2020.

1. Uso da Medida Cautelar de Indisponibilidade de Bens pelo Tribunal de Contas da União em Face de Contratados pela Administração Pública

1.1. Caso da Ferrovia Norte-Sul

Em 21 de fevereiro de 2018, o TCU, em tomada de contas especial, analisou indício de superfaturamento de contrato firmado entre Valec Engenharia, Construções e Ferrovias S.A. (Valec) e empresa privada, cujo objeto foi a construção de lote da Ferrovia Norte-Sul, em trecho compreendido entre o Porto Seco de Anápolis/GO e Campo Limpo/GO (Acórdão 296/2018 – Plenário, rel. Ministro Benjamin Zymler).

Baseado em conclusão da unidade técnica pela existência de débito, o Tribunal, com fundamento no art. 44, § 2º, da LOTCU, combinado com os arts. 273 e 274 do Regimento Interno do TCU de 2015 (RITCU), decidiu decretar, pelo prazo de um ano, a indisponibilidade de bens de gestores públicos da Valec, da pessoa jurídica contratada pela administração pública e de pessoas físicas integrantes de seus quadros.[7]

A medida foi decretada sem oitiva prévia dos sujeitos por ela atingidos. Na avaliação do TCU, conforme voto do relator, eventual realização de oitiva prévia poderia tornar inócua a própria indisponibilidade de bens. As partes poderiam ser ouvidas, ou indicar bens essenciais à manutenção das atividades operacionais da sociedade empresarial ou ao sustento de pessoas físicas, apenas *a posteriori*.

Para justificar sua competência para decretar a indisponibilidade de bens de pessoas contratadas pela Administração Pública – isto é, de fornecedores de bens e serviços –, o TCU se apoiou em jurisprudência do STF.

O relator reconheceu que, em "algumas decisões monocráticas", o STF teria rechaçado a possibilidade de o TCU declarar indisponíveis bens de contratados pela administração – "a exemplo dos MS 34.357, MS 34.392, MS 34.421 e MS 34.410, relatados pelo Excelentíssimo Ministro Marco Aurélio Mello". Frisou, no entanto, que o mesmo STF, em outras decisões, teria afirmado "a possibilidade de aplicação do artigo 44, parágrafo 2º,

---

[7] No presente caso, o entendimento do TCU, no sentido da responsabilização dos empregados de pessoa jurídica contratada por ente estatal, parece destoar de decisões anteriores do próprio Tribunal. No Acórdão 835/2015 – Plenário, por exemplo, a maioria dos ministros sustentou que a jurisprudência majoritária da Corte de Contas seria contrária à responsabilização dos empregados da empresa contratada pelo poder público.

da Lei n. 8.443/1992 aos particulares contratantes com ente integrante da administração pública federal ou de terceiros que, na condição de interessados, possam, em tese, ter concorrido para o desvio de dinheiro público". Para o relator, a Suprema Corte teria reconhecido "ao Tribunal de Contas da União o poder geral de cautela, não havendo qualquer ressalva em relação à medida cautelar de indisponibilidade de bens de particulares sujeitos à jurisdição do TCU".

Desse modo, para que o TCU pudesse manejar a cautelar de indisponibilidade de bens em face de contratados pela administração, bastaria a demonstração do *fumus boni iuris* e *periculum in mora*.

No caso concreto, o TCU considerou estar caracterizado o *fumus boni iuris* "pelo elevado valor atualizado do superfaturamento observado, de mais de R$ 37 milhões, bem como pelo robusto conjunto de evidências sobre a autoria dos fatos considerados irregulares". Quanto ao *periculum in mora*, a jurisprudência da Corte de Contas estaria "consolidada no sentido de que a adoção da aludida medida constritiva, regulada pelo art. 44 da Lei n. 8.443/1992, deve ocorrer em casos em que se evidencie uma conduta, por parte dos responsáveis, especialmente reprovável que apresente riscos significativos de desfazimento de bens de forma a prejudicar o ressarcimento aos cofres públicos". A decretação de indisponibilidade de bens prescindiria "da constatação de indícios concretos de dilapidação do patrimônio por parte dos responsáveis ou de qualquer outra ação tendente a inviabilizar o ressarcimento ao erário".

1.2. Caso Angra 3

O Acórdão 874/2018 – Plenário, rel. Ministro Bruno Dantas, julgado em 25 de abril, versou sobre a fiscalização do contrato de obras civis da usina termonuclear de Angra 3. O relatório apontou sobrepreço e superfaturamento nas obras, gestão fraudulenta do contrato e gestão temerária do empreendimento. Os fatos, segundo a unidade técnica, ensejariam a responsabilização de gestores da Eletronuclear, da empresa privada contratada e de seus dirigentes.

No âmbito das operações Lava Jato e Radioatividade, a empresa, em relação ao mesmo contrato, celebrou acordo de leniência com Ministério Público Federal (MPF) e iniciou tratativas para viabilizar outro acordo junto à Controladoria-Geral da União (CGU). O fato foi levado ao TCU pela própria empresa como justificativa para não fornecer informações abarcadas pelo sigilo dos acordos e de suas negociações, bem como para evitar aplicação de sanções. Para a unidade técnica, a postura da empresa denotaria indisposição em cooperar com as investigações conduzidas pelo TCU.

Em face de rumores de que poderia ser declarada inidônea pelo TCU mesmo tendo firmado acordo de leniência com o MPF, a empresa ingressou com mandado de segurança no STF.[8] O processo corre em segredo de justiça. Em decisão monocrática, o Ministro Gilmar Mendes concedeu a segurança, impedindo o TCU de decretar a inidoneidade no âmbito do processo TC 016.991/2015-0 (MS 35.435 MC/DF).

Por maioria, nos termos do voto do relator, o TCU decidiu, entre outras coisas: 1) decretar, cautelarmente, com base no art. 44, § 2º, da LOTCU c/c os arts. 273 e 274 do RITCU, pelo prazo de um ano, a indisponibilidade de bens da empresa de modo a "garantir o integral ressarcimento do débito em apuração, no valor original de R$ 290.613.598,39 [...], que resulta no montante atualizado de R$ 508.341.306,30"; 2) converter o processo em tomada de contas especial, com fundamento no art. 47 da LOTCU c/c art. 252 do RITCU, visando analisar, "de forma conclusiva, o débito associado à irregularidade" e delimitar "a responsabilização dos agentes e o montante de dano causado ao erário"; e 3) recomendar a comitê interno do TCU que, com o objetivo de viabilizar os acordos de leniência firmados no âmbito da União, "avalie a conveniência de elaborar uma norma interna específica para potencializar as formas de cooperação dos jurisdicionados para o deslinde efetivo e tempestivo dos processos relevantes em curso no Tribunal de Contas, estabelecendo normas e critérios minimamente objetivos [...]".

Segundo o relator, não era o caso de conferir sanção premial à empresa, pois ela não estaria colaborando "satisfatoriamente com a apuração das irregularidades a ela imputadas neste processo". Isso porque não teria "admitido, até o momento, participação nas irregularidades ora tratadas", nem apresentado "documentação fiscal e contábil que comprovasse, com segurança, os custos reais por ela incorridos". A postura não colaborativa da empresa seria "reforçada pela escolha da via judicial para combater

---

[8] Sobre o tema, "TCU quer declarar inidoneidade da Andrade Gutierrez", *O Estado de S. Paulo*, 14 abr. 2018. Disponível em: https://economia.estadao.com.br/noticias/geral,tcu--quer-declarar-inidoneidade-da-andrade,70002267799. Acesso em: 17 dez. 2019.

a atuação do Tribunal, em substituição à via consensual inaugurada no âmbito do Acórdão 483/2017-TCU – Plenário, julgado em 14 de março de 2018, e à qual aderiram as demais empresas favorecidas por aquela decisão".

Representante do Ministério Público junto ao TCU (MPTCU), em parecer, corroborou a viabilidade jurídica de o TCU decretar a indisponibilidade de bens de pessoas contratadas pela administração. O parecer sustentou que "considerado os dispositivos constitucionais e legais aplicáveis à jurisdição e à competência do TCU, em conjunto com o respaldo jurisprudencial que sobressai das decisões colegiadas do STF, assiste ao TCU – na qualidade de órgão incumbido do controle externo da administração pública federal – o direito de declarar a indisponibilidade de bens de pessoas físicas e jurídicas, nesse caso, inclusive as não integrantes da esfera pública, em sede de medida cautelar, resguardadas as condições impostas pela legislação em vigor".

1.3. Caso do Complexo Petroquímico do Rio de Janeiro (Comperj)

O Acórdão 1.639 – Plenário, rel. Ministro Vital do Rêgo, julgado em 18 de julho de 2018, envolvia reanálise do conteúdo da decisão que o TCU proferira no Acórdão 632/2017 – Plenário. Na ocasião, o Tribunal, ante indícios de irregularidades em obras do Comperj, havia determinado a indisponibilidade de bens de um conjunto de empresas privadas contratadas, no valor total de R$ 544 milhões.

A reanálise foi motivada por decisão proferida pelo STF no âmbito do Mandado de Segurança 34.793 (rel. Ministro Edson Fachin, j. 29.06.2017), interposto por Alumini Engenharia S.A., uma das empresas atingidas pela indisponibilidade. O Ministro Fachin, relator da ação, decidiu que, tendo em vista que a empresa se encontrava em recuperação judicial, não caberia ao TCU impor medidas constritivas de patrimônio à impetrante. Tal providência só poderia ser imposta pelo juízo da vara de falências.[9]

---

[9] Confira-se a conclusão do Ministro Fachin no referido MS: "[a]ssim, concedo parcialmente a medida liminar pleiteada, suspendendo em parte a eficácia do ato coator atacado (Acórdão n. 632/2017), para determinar ao Tribunal de Contas da União que, pretendendo efetivar a medida cautelar de indisponibilidade de bens em face da Impetrante, requisite à Advocacia--Geral da União que formule o pedido perante a 2ª Vara de Falências e Recuperações Judiciais do Foro Central Cível da Comarca de São Paulo, competente para apreciar medidas de constrição patrimonial contra a empresa Alumini Engenharia S/A – em recuperação judicial".

Provocada a se manifestar, a unidade técnica do TCU identificou que outras duas empresas envolvidas na investigação de irregularidades em obras do Comperj também se encontravam em situação jurídica similar à da Alumini Engenharia S.A. Assim, conforme o relator, "[c]om o fito de se antecipar a eventuais demandas das outras contratadas, o auditor responsável pela instrução do feito lavrou proposta para estender o cancelamento da indisponibilidade para as empresas Galvão Engenharia S/A e Iesa Óleo & Gás S/A, também em recuperação judicial". A medida "se basearia no aproveitamento de situação peculiar concedida a uma parte para as outras partes envolvidas, já que a motivação demandada guarda similitude de requisitos e propósito". Com base nessas razões, propôs a unidade técnica "o levantamento das cautelares impostas por decisão deste TCU às outras duas empresas" e "a solicitação formal à Advocacia-Geral da União (AGU) para que esta formule pedido de constrição patrimonial ao juízo falimentar competente".

Dirigentes da SeinfraPetróleo aproveitaram o tema em discussão para formular proposta adicional aos ministros do TCU: determinar que medidas cautelares de indisponibilidade de bens incidissem "sobre o patrimônio de cada empresa na proporção da participação dessas pessoas no ambiente contratual, quando se considera a execução da obra sob a formação de consórcios". A preocupação era a de que "imputar o valor integral aos responsáveis nos casos de decretação de indisponibilidade de bens" poderia "acarretar excesso de cautela, uma vez que, a depender do número de solidários, a reserva individual do valor da integralidade do dano pode multiplicar de forma exponencial o valor acautelado, como no caso do Acórdão 1.083/2017-TCU-Plenário, em que o montante indisponibilizado pode alcançar dezessete vezes o valor dos danos em apuração".

Em voto seguido pelos demais ministros do TCU, o relator, em face da decisão do STF, reconheceu a suspensão da eficácia da indisponibilidade de bens da empresa Alumini Engenharia S/A. Anotou, ainda, que a medida constritiva também teria perdido eficácia em relação à Galvão Engenharia S/A – isso porque o STF, em julgado mais recente, decidira que, pelo fato de a companhia estar em recuperação judicial, só a vara de falências poderia decretar o bloqueio de seus bens (MS 35.158, rel. Ministro Edson Fachin, j. 26.10.2017). Diante da relevância dos valores envolvidos, solicitou à AGU que adotasse "as medidas judiciais cabíveis para assegurar, no âmbito dos respectivos juízos de recuperação judicial e falências, a indisponibilidade de bens bastante para garantir o integral ressarcimento do débito apurado nos autos".

No entanto, decidiu não acolher a proposta da unidade técnica de revogar a indisponibilidade de bens da terceira empresa objeto de investigação que estava em recuperação judicial (Iesa Óleo & Gás S/A). Segundo o relator, as decisões liminares proferidas pelo STF em mandado de segurança individual não imporiam "a aplicação automática dos efeitos das liminares deferidas para outras partes não integrantes dos *writs*, já que, em regra, o referido remédio constitucional produz efeitos *inter partes*".

Quanto à proposta dos dirigentes da SeinfraPetróleo, optou por não a acolher. Esclareceu que o tema seria objeto de discussão em grupo de trabalho voltado "a conferir maior efetividade às medidas acautelatórias de indisponibilidade de bens no âmbito do TCU".

2. Tem o Tribunal de Contas da União Competência para Aplicar a Cautelar de Indisponibilidade de Bens a Particulares Contratados pela Administração Pública?

Observa-se a partir dos casos acima que o TCU tem procurado justificar sua competência para decretar a indisponibilidade de bens de particulares contratados pela Administração Pública de duas maneiras distintas. De um lado, invocando o art. 44, § 2º, da LOTCU e os arts. 273 e 274 do RITCU. Ao fazê-lo, contudo, tem se limitado a citar os dispositivos, como se óbvia fosse sua competência para manejar a cautelar de indisponibilidade de bens em face de particulares contratados. De outro lado, invocando decisões do STF que supostamente teriam reconhecido ao TCU poder geral de cautela.

Nos tópicos seguintes, avalio cada um desses fundamentos, procurando testar sua juridicidade e consistência.

2.1. O Direito Não Conferiu ao Tribunal de Contas da União Competência para Aplicar a Cautelar de Indisponibilidade de Bens a Particulares Contratados pela Administração Pública

Segundo se depreende da simples leitura dos arts. 70 e 71 da Constituição, pessoas privadas, externas ao aparelho do Estado, a depender das circunstâncias, realmente podem estar abarcadas pela jurisdição do TCU. De acordo com o parágrafo único do art. 70, "qualquer pessoa física ou jurídica, pública ou privada" – e, portanto, integrante ou não do aparelho do Estado – "que utilize, arrecade, guarde, gerencie ou administre dinheiros, bens e valores públicos ou pelos quais a União responda, ou que, em nome desta, assuma obrigações de natureza pecuniária", estão sujeitas ao controle do Tribunal. Por força desse dispositivo, não há dúvida, por exemplo, de que organizações do Terceiro Setor que recebem repasses de recursos federais têm o dever de prestar contas a órgãos de controle (TCU incluso).

Mas o fato de pessoas não integrantes do Estado, a depender das circunstâncias, estarem abarcadas pela jurisdição do TCU não quer dizer, necessariamente, que: 1) pessoas contratadas pelo poder público (fornecedores de bens e serviços) estejam inseridas na jurisdição do Tribunal – eventual conclusão pela existência dessa competência teria de levar em conta o fato de que os recursos que particulares recebem a título de contraprestação não têm natureza pública (são públicos apenas em sua origem); e 2) o TCU esteja, de modo automático, autorizado a desempenhar qualquer uma de suas competências em face de contratados pelo poder público.

Nem a Constituição nem a LOTCU estabeleceram que as competências do Tribunal (julgar contas, aplicar sanções, sustar atos etc.) incidem em bloco sobre jurisdicionados, de modo uniforme; as possibilidades de controle do TCU variam em função do sujeito, das circunstâncias e do tipo de instrumento de controle manejado pelo Tribunal. Para aferir suas possibilidades de controle, portanto, é preciso atentar para o teor das normas e para as características dos casos concretos.

No que tange à competência do Tribunal para decretar a indisponibilidade de bens de responsáveis, a LOTCU, ao contrário do que quer fazer crer o Tribunal, circunscreveu a medida cautelar apenas a *agentes públicos* – isto é, a pessoas físicas ou jurídicas que, integrando ou não a estrutura do Estado, exercem função pública. No que tange especificamente à declaração de indisponibilidade de bens, pessoas físicas ou jurídicas contratadas pela administração (meros fornecedores de bens e serviços) estão fora do campo de jurisdição direta do Tribunal. Confira-se, abaixo, o teor dos dispositivos da LOTCU e do RITCU:

Lei Orgânica do TCU
Art. 44. No início ou no curso de qualquer apuração, o Tribunal, de ofício ou a requerimento do Ministério Público, determinará, cautelarmente,

o afastamento temporário do responsável, se existirem indícios suficientes de que, prosseguindo no exercício de suas funções, possa retardar ou dificultar a realização de auditoria ou inspeção, causar novos danos ao Erário ou inviabilizar o seu ressarcimento.

§ 1º Estará solidariamente responsável a autoridade superior competente que, no prazo determinado pelo Tribunal, deixar de atender à determinação prevista no *caput* deste artigo.

§ 2º Nas mesmas circunstâncias do *caput* deste artigo e do parágrafo anterior, poderá o Tribunal, sem prejuízo das medidas previstas nos arts. 60 e 61 desta Lei, decretar, por prazo não superior a um ano, a indisponibilidade de bens do responsável, tantos quantos considerados bastantes para garantir o ressarcimento dos danos em apuração.

Regimento Interno do TCU
Art. 273. No início ou no curso de qualquer apuração, o Plenário, de ofício, por sugestão de unidade técnica ou de equipe de fiscalização ou a requerimento do Ministério Público, determinará, cautelarmente, nos termos do art. 44 da Lei nº 8.443, de 1992, o afastamento temporário do responsável, se existirem indícios suficientes de que, prosseguindo no exercício de suas funções, possa retardar ou dificultar a realização de auditoria ou inspeção, causar novos danos ao erário ou inviabilizar o seu ressarcimento.

Parágrafo único. Será solidariamente responsável, conforme o § 1º do art. 44 da Lei nº 8.443, de 1992, a autoridade superior competente que, no prazo fixado pelo Plenário, deixar de atender à determinação prevista no *caput*.

Art. 274. Nas mesmas circunstâncias do artigo anterior, poderá o Plenário, sem prejuízo das medidas previstas nos arts. 270 e 275, decretar, por prazo não superior a um ano, a indisponibilidade de bens do responsável, tantos quantos considerados bastantes para garantir o ressarcimento dos danos em apuração, nos termos do § 2º do art. 44 da Lei no 8.443, de 1992.

Por determinação do § 2º do art. 44, a cautelar de indisponibilidade de bens só pode ser aplicada pelo TCU "nas mesmas circunstâncias do *caput* deste artigo", ou seja, em relação a "responsável" que exerça "funções", sob vigilância de "autoridade superior competente" (§ 1º do art. 44). De acordo com a lei, portanto, o TCU só pode manejar a indisponibilidade de bens nos casos em que também estiver autorizado a aplicar a cautelar de afastamento temporário de responsável. Os dispositivos do RITCU em nada diferem dos da LOTCU.

Ainda que se admitisse que, em abstrato, a expressão "responsável" pudesse ter sentido mais amplo – de modo a abarcar fornecedores de bens e serviços da administração pública (algo no mínimo questionável à luz do art. 70 da Constituição Federal) – não se pode negar que nesse específico contexto ela assume sentido próprio. Afinal, apenas agentes públicos exercem "funções" sob a vigilância de "autoridade superior competente".

O diploma, ao criar a medida, claramente olhou "para dentro" do Estado, para as funções públicas. Quis evitar que o "responsável" – aquele que exerce função pública, o agente público – pudesse, no curso das investigações, se desfazer de bens pessoais que, em caso de condenação, fossem importantes para fins de ressarcimento do erário.

Tivesse o diploma autorizado o TCU usar a cautelar de indisponibilidade em face de qualquer um, sempre que o ressarcimento do erário estivesse em risco, ele não teria expressamente condicionado a medida às "circunstâncias do *caput* deste artigo e do parágrafo anterior", que remetem ao universo do agente público, do gestor de recursos públicos. Ademais, a meu ver, norma legal com esse teor seria inconstitucional – como visto, o parágrafo único do art. 70 da Constituição Federal circunscreve a jurisdição dos tribunais de contas às pessoas físicas e jurídicas, públicas ou privada, que gerenciam recursos públicos.

Seria um equívoco dizer que essa leitura da norma – segundo a qual a medida cautelar de indisponibilidade de bens só seria aplicável a agentes públicos – é restritiva. Afinal, ela não limita algo que fora autorizado por lei – não se extrai do texto do art. 44 da LOTCU a autorização para que o Tribunal decrete a indisponibilidade de bens de particulares contratados pela administração pública.[10]

O mero fato de o TCU não estar autorizado a decretar ele próprio a indisponibilidade de bens de contratados, ao contrário do que se poderia supor, não traz prejuízo à persecução do interesse público. É que o

---

[10] Conrado Tristão, em artigo do Observatório do TCU publicado no portal *JOTA*, demonstra, à luz da experiência internacional, que a interpretação de que o TCU teria jurisdição sobre particulares contratados pela administração pública não é natural, tampouco óbvia (TRISTÃO, 2019).

Tribunal possui ampla competência para representar a outros órgãos de controle (cf. art. 71, XI, da Constituição Federal e art. 1º, VIII, da LOTCU). Por meio do exercício dessa competência, o TCU poderia, por exemplo, solicitar ao Judiciário a adoção das medidas cautelares que julgasse adequadas ao resguardo do erário federal.

A competência para representar, conforme afirmei em outra ocasião, objetiva, de um lado, "impedir a impunidade, garantindo que irregularidades possam ser investigadas e punidas mesmo nos casos em que o Tribunal não tenha jurisdição específica e direta para agir. De outro, visa incentivar a cooperação entre órgãos de controle, permitindo que, via representação, o TCU possa 'dialogar' com diferentes instituições possuidoras de competências e de atribuições complementares. Por meio da representação, o TCU consegue fazer com que as informações que tiver elaborado por meio dos instrumentos que lhe são próprios e da *expertise* que lhe é peculiar possam produzir efeitos concretos por outras vias de controle".[11]

2.2. O STF Não Parece Ter Jurisprudência Consolidada Acerca das Possibilidades e Limites dos Poderes Cautelares do Tribunal de Contas da União

Como visto, o TCU não tem se empenhado em demonstrar, com base em normas jurídicas, sua competência para decretar a indisponibilidade de bens de contratados pela administração – até mesmo porque não teria como fazê-lo, haja vista que o Direito não lhe conferiu essa atribuição. Para justificar essa atuação mais larga, tem se escorado, sobretudo, em decisões do STF que lhe teriam reconhecido poder geral de cautela – isto é, o poder de adotar medidas atípicas sempre que nenhuma outra medida cautelar típica pudesse assegurar a efetividade do processo.

Mas como procurarei demonstrar a seguir: 1) é questionável que o caso citado pelo TCU como paradigma tenha, de fato, reconhecido poder geral de cautela à Corte de Contas; 2) ao longo do tempo, ministros do STF têm proferido decisões monocráticas contraditórias sobre o tema, dificultando falar na existência de uma jurisprudência consolidada do STF; e 3) decisões do STF que parecem reconhecer poder geral de cautela

---

[11] Rosilho (2019, p. 348-349).

ao TCU incidem em erro, pois estendem à Corte de Contas prerrogativa que foi reservada pelo ordenamento ao Poder Judiciário.

O Mandado de Segurança 24.510 (Plenário, rel. Ministra Ellen Gracie), julgado pelo STF em 2003, costuma ser apontado como o caso paradigmático sobre o poder geral de cautela do TCU.

Referido mandado de segurança foi interposto contra decisão do TCU na qual fora determinada a interrupção do curso de licitação. Por maioria de votos, o STF reconheceu que o TCU poderia fiscalizar procedimento licitatório e determinar a suspensão cautelar de certame (com base nos arts. 4º e 113, §§ 1º e 2º, da lei 8.666/1993), examinar editais de licitação publicados e, nos termos do art. 276 do seu regimento interno, expedir medidas cautelares para prevenir lesão ao erário e garantir a efetividade de suas decisões.

O interessante é que, a despeito de realmente constar da decisão do STF que o TCU teria poder geral de cautela, não se pode inferir com segurança que os ministros tenham concordado com atuação cautelar tão ampla do órgão de controle. É que a questão suscitada pelo mandado de segurança era simples, pontual, ensejando pouca ou nenhuma dúvida sobre a legitimidade de o TCU agir cautelarmente naquele caso concreto. A competência do TCU para determinar mudanças em edital e sustar o andamento de licitações é amplamente aceita.

Em um contexto em que o TCU estava claramente legitimado a tomar medida cautelar específica (sustação de edital), era fácil para o STF dizer, com convicção, que o TCU teria "poder geral de cautela" – afinal, a afirmação, mesmo ampla e forte, teria, no caso concreto, pouco efeito prático, pois nada mais faria do que reforçar autorização legal expressa.

Além de haver certa dúvida quanto à amplitude e sentido prático atribuído pelo STF à expressão "poder geral de cautela" no MS 24.510, constata-se, por meio da análise de decisões monocráticas posteriores, que não há unanimidade entre os ministros da Suprema Corte quanto à extensão dos poderes cautelares do TCU.

O Ministro Marco Aurélio, por exemplo, não admite a possibilidade jurídica de o TCU declarar a indisponibilidade de bens de contratados pela administração. Na sua avaliação, ainda que se reconhecesse poder geral de cautela ao Tribunal, ele não alcançaria particulares contratantes com a administração pública. Para o ministro, a legislação não teria conferido ao TCU (um "órgão administrativo", nas suas palavras) a possibilidade de bloquear, "por ato próprio, dotado de autoexecutoriedade, os bens de particulares contratantes com a Administração Pública". É que o art. 44 da LOTCU estaria direcionado a servidores públicos, e não a particulares. Além disso, medida gravosa como essa geraria perigo de mora reverso, pois poderia sujeitar as sociedades empresárias à "morte civil" (MS 34.357/DF).

A Ministra Rosa Weber, por outro lado, tem posição diversa. Ao decidir o MS 34.446/DF, afirmou que a "interpretação restritiva" do § 2º do art. 44 da LOTCU – segundo a qual a indisponibilidade de bens se aplicaria apenas a agentes do Estado – não mereceria guarida. Tal conclusão decorreria de duas "premissas": 1) o poder geral de cautela se destinaria a assegurar o resultado útil das decisões do TCU; e 2) as decisões do TCU poderiam contemplar a condenação de particulares contratantes com entes da administração pública federal. Para a ministra, a Constituição, quando dá os fins, confere, "ainda que de modo não expresso, os meios necessários para o seu efetivo cumprimento".

As dúvidas acerca das possibilidades e dos limites dos poderes cautelares do TCU abarcam outros temas, para além da decretação de indisponibilidade de bens.[12]

A meu ver, as decisões do STF que parecem sustentar que o TCU teria poder geral de cautela incidem em erro. Fazem aproximação indevida entre Poder Judiciário e tribunais de contas, ignorando o que dizem a Constituição e as leis.[13]

O Judiciário, por determinação expressa das normas jurídicas, tem poder geral de cautela. É o que se depreende do art. 5º, XXXV, da Constituição e dos arts. 297 e 300 e ss do Código de Processo Civil. Ao disciplinarem o poder geral de cautela, tais dispositivos aludem a Poder Judiciário, juiz de direito, processo judicial. A legislação não silenciou, tampouco foi lacônica ou ambígua quanto ao tema. Seria incorreto estender para os tribunais de contas, auxiliares do Poder Legislativo, competência que o Direito optou por não lhes dar.

Ademais, a Constituição de 1988 fez dos tribunais de contas, como regra, órgãos de controle *a posteriori* – houve época em que lhes competia,

---

[12] Ver, por exemplo, Rosilho (2017).
[13] Nesse sentido, sobre a diferença do valor das decisões do TCU e de decisões judiciais, cf. SUNDFELD *et al.* (2017, p. 866-890).

como regra, realizar controle prévio.[14] Basta ver o rol de competências do art. 71: apreciar e julgar aplicar sanções etc. A legislação atribuiu ao TCU poderes cautelares em casos específicos, a serem desempenhados em hipóteses bem delimitadas – por exemplo, sustação de ato (art. 71, X, da Constituição), controle de editais de licitação (art. 113 da Lei n. 8.666/1993) e decretação de indisponibilidade de bens de agentes públicos (art. 44, § 2º, da LOTCU). Supor que os tribunais de contas teriam poder geral de cautela seria inverter por completo a lógica do controle de contas desenhado pela Constituição.[15]

Presumir que o TCU teria poder geral de cautela porque "quem dá os fins dá os meios", conforme dito pela Ministra Rosa Weber, importaria em ignorar o Direito, desconsiderar suas nuances e opções. Fosse possível inferir competências contra a lei, não faria sentido que as normas, ao disporem sobre órgãos e entes, se preocupassem em detalhar as específicas circunstâncias em que as medidas tais e quais podem ser tomadas. Regra desse tipo seria inócua, já que poderia ser ignorada pelo intérprete sempre que discordasse da lei.

A própria jurisprudência do TCU fornece exemplos concretos que ajudam a entender, do ponto de vista prático, o porquê de a legislação ter optado por limitar os poderes cautelares do TCU.

Recorde-se que, no citado *Caso do Comperj* (Acórdão 1.639-P), o TCU havia decretado a indisponibilidade de bens de empresas que se encontravam em recuperação judicial – decisão essa que fora em parte revista pelo STF, que concentrou no juiz de direito a possibilidade de declarar medida dessa natureza nessa específica hipótese.

Tivesse o TCU a possibilidade de decretar, de modo totalmente independente do Judiciário, a indisponibilidade de bens de empresa em recuperação judicial, poder-se-ia minar a eficácia desse instrumento jurídico. Afinal, com a indisponibilidade, alguns dos meios legalmente admitidos para se recuperar a saúde financeira da empresa, como a alienação parcial de bens, não podem ser manejados. No limite, a medida constritiva poderia desorganizar o plano de recuperação judicial a ponto

---

[14] Nesse ponto a Constituição de 1988 parece se distanciar de constituições passadas, nas quais a regra era o exercício do controle prévio pelo TCU (SUNDFELD e CÂMARA, 2013, p. 190 e ss.).

[15] Rosilho (2019, p. 238 e ss.); Sundfeld e Câmara (2013, p. 196); Jordão (2014, p. 209-230).

de levar a empresa, já em dificuldade, à falência – algo que a Lei de Falências pretendeu evitar.[16]

3. O Tribunal de Contas da União Não Parece Ter Critérios Claros para Declarar a Indisponibilidade de Bens de Particulares Contratados

O presente texto sustenta que o TCU não tem competência para decretar a indisponibilidade de bens de contratados. Mas o fato é que o Tribunal recorrentemente tem adotado esse tipo de medida contra fornecedores de bens e serviços da administração.

Desse modo, para além de avaliar as possibilidades e os limites de controle, parece fundamental procurar entender os argumentos que o TCU utiliza para manejar a medida constritiva de direitos em face de contratados – e, claro, testar sua consistência. O já mencionado *Caso Angra 3* (Acórdão 874/2018) é bom ponto de partida para esse debate.

De acordo com o relator, "como qualquer medida cautelar, a indisponibilidade dos bens somente pode ser decretada se estiverem presentes os requisitos do *periculum in mora* e do *fumus boni iuris*". Adicionalmente, sustentou ser necessário "que a prática [objeto de investigação] seja altamente reprovável, pois não seria plausível a aplicação de medida tão severa em qualquer tomada de contas especial que tramita nesta Corte".

---

[16] A recuperação judicial foi desenhada pela Lei n. 11.101/2005 (Lei de Falências) para "viabilizar a superação da situação de crise econômico-financeira do devedor, a fim de permitir a manutenção da fonte produtora, do emprego dos trabalhadores e dos interesses dos credores, promovendo, assim, a preservação da empresa, sua função social e o estímulo à atividade econômica" (art. 47). Trata-se de instrumento voltado à consecução não só de interesses individuais da empresa ou do empresário, mas também da coletividade como um todo (haja vista que a empresa gera riquezas e empregos e cumpre função social).
Para viabilizar a recuperação de empresas em dificuldade, a Lei de Falências diz que o devedor deverá apresentar um plano de recuperação judicial (art. 53), que tem de ser aprovado por assembleia-geral de credores (art. 35, I, "a") e por um juiz de direito (art. 3º). As atividades do credor e o cumprimento do plano de recuperação judicial são fiscalizados pelo administrador judicial (art. 22, II, "a"). E, segundo a lei, constituem meios de recuperação judicial, por exemplo, trespasse de estabelecimento, dação em pagamento, venda parcial de bens etc. (art. 50).
A premissa do diploma parece ter sido a de que a superação das dificuldades da empresa passaria pela organização de suas pendências financeiras e pela criação de mecanismo voltado a coordenar estratégias para resolvê-las. Daí a centralização do controle das dívidas e do plano para sua quitação nas figuras do juiz e do administrador judicial.

O curioso é que, para o TCU, o *periculum in mora* pode ser presumido, dispensando, inclusive, a demonstração de indícios concretos de dilapidação do patrimônio ou de qualquer outra ação tendente a inviabilizar o ressarcimento ao erário – esse entendimento encontraria respaldo em outros julgados do Tribunal (Acórdãos 1.601/2017 de 26 de julho de 2017, 2.428/2016 de 21 de setembro de 2016 e 224/2015 de 11 de fevereiro de 2015, todos do plenário). A presunção se daria a partir da "grandiosidade dos montantes estimados, ao lado da gravidade e da robustez dos indícios de comportamento ilícito dos possíveis responsáveis" – a ideia é ilustrada pelo relator por meio de excerto do voto da Ministra Rosa Weber, do STF, no MS 34.446/DF.

Para o TCU, seria impertinente, no caso, falar em *periculum in mora* reverso (risco de a adoção da medida de constrição de bens comprometer a saúde financeira da empresa e, consequentemente, prejudicar o ressarcimento de valores devidos no âmbito de investigações), pois a empresa, mesmo após a indisponibilidade de bens, continuaria apta a contratar com a administração – no ponto, o relator chamou a atenção para a existência decisão do STF que impedira o TCU de decretar a inidoneidade de empresa no processo voltado à investigação do contrato de obras civis da usina termonuclear de Angra 3.

No que tange ao *fumus boni iuris*, este decorreria da gravidade das irregularidades e da reprovabilidade das condutas em apuração. O caráter preliminar dos achados da investigação foi reconhecido pelo próprio TCU, que determinou a instauração de tomada de contas especial para apurar o real valor do débito e individualizar condutas.

A partir dos fatos e dos argumentos utilizados pelo Tribunal para a tomada da medida cautelar no Acórdão 874/2018 – Plenário, seria possível extrair a seguinte *ratio decidendi* para a decretação da indisponibilidade de bens de contratados pela Administração Pública:

> A suspeita de irregularidades graves relacionadas a contratos que envolvam montantes altos gera a indisponibilidade de bens da empresa contratada, salvo se o TCU a houver declarado inidônea.

A regra que emerge do caso concreto é problemática. Fosse ela utilizada para pautar o comportamento futuro do Tribunal, é possível que em quase toda contratação pública sob investigação houvesse a decretação de indisponibilidade de bens da empresa contratada (suspeitas de irregularidades em contratos administrativos quase sempre são graves e com frequência envolvem montantes elevados).

O mais adequado, talvez, teria sido o Tribunal ter seguido as recomendações do MPTCU para o caso.

No parecer que acostou aos autos, o MPTCU afirmou que o momento do processo investigativo não seria o mais adequado para a decretação de indisponibilidade de bens. Isso porque ainda não haveria maturidade suficiente quanto à "quantificação do dano e identificação dos responsáveis", sendo difícil assegurar, "com máxima precisão, o valor devido e a cadeia de responsabilização dos diferentes agentes envolvidos". Para o MPTCU, "tais elementos encerram notável relevo para que se adote uma medida tão severa e impactante como a de indisponibilidade de bens que ultrapassa a cifra de meio bilhão de reais, em valores atualizados".

Na visão do MPTCU, o mais recomendável teria sido a "conversão [do processo] em tomada de contas especial, oportunizando-se à contratada e à Unidade Técnica a que se promova um melhor detalhamento dos débitos imputados, sobretudo elucidando as ponderações apresentadas pela contratada acerca da potencial inadequação de algumas premissas metodológicas utilizadas para balizar o *quantum* devido, a teor da defesa apresentada nestes autos". Isso "sem prejuízo de que preliminarmente ao deslinde do mérito do julgamento das contas especiais a Unidade Técnica venha a provocar a jurisdição do Tribunal quanto à adoção da medida cautelar ora impugnada".

Conclusão

A Constituição de 1988 e a legislação federal previram a possibilidade de a Corte de Contas agir cautelarmente em circunstâncias específicas, mas não transformou o controle prévio em regra. Desde a Constituição de 1967, o TCU é definido pela legislação como órgão de controle *a posteriori*. No entanto, casos concretos demonstram que, valendo-se do discurso de que é preciso evitar a consumação de prejuízo ou ilegalidade de gasto público, com frequência expede ordens cautelares com baixo grau de aderência ao Direito.

Ao tomar decisões, o TCU não parece particularmente preocupado em explicitar e detalhar os fundamentos jurídicos que o autorizariam a exercer poder cautelar. Em havendo constatação de potencial dano ao erário, direto ou indireto, supõe suficiente alegar (às vezes presumindo) a presença de *fumus boni juris* e *periculum in mora* para justificar a adoção da medida que julgar mais ajustada e eficiente para evitar suposta lesão ou ameaça a direito. A impressão é a de que o TCU se vê como imagem e semelhança do Judiciário, a quem a Constituição conferiu de modo expresso poder geral de cautela.

Sustentar que o TCU teria poder geral de cautela – e que, por isso, poderia agir cautelarmente do modo que achar mais adequado para prevenir danos ao erário – implicaria em ignorar opções realizadas pela legislação em nível constitucional e legal.

A observância do texto das normas não é preciosismo acadêmico. É condição necessária para que haja um mínimo de segurança jurídica e previsibilidade, ingredientes indispensáveis ao bom funcionamento das instituições em um Estado de Direito. A deterioração de parâmetros jurídicos pode ter efeitos positivos imediatos, mas à custa da produção de efeitos deletérios de longo prazo e de dimensão impossível de ser mensurada *a priori*. O STF, enquanto guardião da Constituição Federal, precisa estar atento a isso. Em última instância, cabe a ele assegurar o valor do Direito.

Referências

CYRINO, André; MIGUEIS, Anna Carolina; MORGAN, Fernanda (coord.). *Direito Administrativo e corrupção*. Belo Horizonte: Fórum, 2020.

CURY, Teo. TCU determina bloqueio de R$ 1 bilhão em bens e ativos de Emílio e Marcelo Odebrecht. *O Estado de S. Paulo*, São Paulo, 19 jun. 2019. Disponível em: https://economia.estadao.com.br/noticias/geral,tcu-determina-bloqueio-de-r-1--bilhao-em-bens-e-ativos-de-emilio-e-marcelo-odebrecht,70002880626. Acesso em: 17 dez. 2019.

JORDÃO, Eduardo. A intervenção do TCU sobre editais de licitação não publicados – controlador ou administrador? *Revista Brasileira de Direito Público/RBDP*, Belo Horizonte, ano 12, n. 47, p. 209-230, out./dez. 2014.

MARQUES NETO, Floriano de Azevedo. Os grandes desafios do controle da administração pública. *In*: Modesto, Paulo (coord.). *Nova organização administrativa brasileira*. Belo Horizonte: Fórum, 2009. p. 223.

PIRES, Breno. TCU quer declarar inidoneidade da Andrade Gutierrez. *O Estado de S. Paulo*, São Paulo, 14 abr. 2018. Disponível em: https://economia.estadao.com.br/

noticias/geral,tcu-quer-declarar-inidoneidade-da-andrade,70002267799. Acesso em: 14 jun. 2020.

ROSILHO, André. Por cautela, o TCU pode tudo? *JOTA*, 4 dez. 2017. Controle Público. Disponível em: https://www.jota.info/opiniao-e-analise/colunas/controle-publico/por-cautela-o-tcu-pode-tudo-04102017. Acesso em: 17 dez. 2019.

ROSILHO, André. *Tribunal de Contas da União* – Competências, jurisdição e instrumentos de controle. São Paulo: Quartier Latin, 2019.

SUNDFELD, Carlos Ari e CÂMARA, Jacintho Arruda. Competências de controle dos Tribunais de Contas – possibilidades e limites. *In*: SUNDFELD, Carlos Ari (org.). *Contratações públicas e seu controle*. São Paulo: Malheiros, 2013, p. 196.

SUNDFELD, Carlos Ari; CÂMARA, Jacintho Arruda; MONTEIRO, Vera; ROSILHO, André. O valor das decisões do Tribunal de Contas da União sobre irregularidades em contratos. *Revista Direito GV*, São Paulo, v. 13, n. 3, p. 866-890, 2017.

TCU. *Relatório anual de atividades do TCU*: 2018. Brasília: Tribunal de Contas da União, 2019. Disponível em: https://portal.tcu.gov.br/biblioteca-digital/relatorio-anual-de-atividades-do-tcu-2018.htm. Acesso em: 10 dez. 2019.

TRISTÃO, Conrado. Tribunais de contas têm jurisdição sobre particulares contratados? *JOTA*, 8 maio 2019. Controle Público. Disponível em: https://www.jota.info/opiniao-e-analise/colunas/controle-publico/tribunais-de-contas-tem-jurisdicao-sobre-particulares-contratados-08052019. Acesso em: 14 jun. 2020.

Capítulo 4
Tribunais de Contas e Controle Operacional da Administração[1]

Conrado Tristão

Introdução

Por que tantas obras financiadas com recursos federais estão paralisadas? Recentemente o Tribunal de Contas da União (TCU) buscou responder a essa pergunta. A partir de abrangente análise, apreciada pelo plenário no Acórdão 1079/19,[2] o tribunal diagnosticou as principais causas de paralisação das obras, elaborando recomendações sobre como a administração poderia enfrentar o problema.

Esse tipo de controle pelo TCU, mais focado em resultados, foi pavimentado pela Constituição de 1988, que atribuiu ao tribunal competência para realizar "fiscalização operacional" (arts. 70 e 71). Por meio de auditorias operacionais, o TCU avalia o desempenho da administração sob os parâmetros da economicidade, eficiência e efetividade, levantando dados e formulando recomendações.

O TCU ocupa posição privilegiada para realizar esse tipo de controle. Por se tratar de órgão de controle externo, equidistante em relação ao Executivo e Legislativo, e dispor de corpo técnico qualificado e estável,

---

[1] Versão editada do presente capítulo foi submetida como contribuição à consulta pública do Tribunal de Contas da União sobre a quarta versão do seu *Manual de auditoria operacional*, em nome do Observatório do TCU da FGV Direito SP + Sociedade Brasileira de Direito Público (sbdp). O texto enviado como contribuição foi publicado no portal *JOTA* (TRISTÃO, 2019).
[2] Relator Ministro Vital do Rêgo, julgado em 15 de maio de 2019.

o tribunal é capaz de produzir diagnósticos apurados sobre o funcionamento da máquina pública, colaborando para seu aprimoramento.

No entanto, a depender de como a fiscalização operacional é realizada na prática, há o risco de o TCU se transformar em uma espécie de "revisor geral da administração", utilizando seus poderes não só para contribuir com a ação administrativa de modo colaborativo (o que é desejável), mas comandá-la segundo seu próprio juízo de valor (o que pode ser problemático).

Por vezes o TCU parece ver como natural a emissão de comandos à administração no âmbito de fiscalização operacional. Mas um olhar comparativo sobre o uso de auditorias operacionais em outros países parece apontar para o contrário. Há indícios importantes de que, nesse tipo de investigação, o emprego de medidas interventivas por tribunais de contas é algo inusitado.

A partir de tais ideias, o presente capítulo se propõe a responder à seguinte questão: *como os tribunais de contas têm feito uso do controle operacional?* Para responder ao questionamento, o texto inicialmente expõe a relação do TCU com a fiscalização operacional, mostrando a evolução do instituto e aparente postura dúbia do tribunal com relação aos seus limites. A seguir, o texto olha para a experiência estrangeira e propõe uma comparação com os tribunais de contas da Itália, Bélgica e França, mostrando como tais tribunais têm feito uso do controle operacional. Por fim, a partir da comparação entre a experiência brasileira e estrangeira, o capítulo traz algumas conclusões.

1. Tribunal de Contas da União (TCU) e a Fiscalização Operacional

A International Organization of Supreme Audit Institutions (INTOSAI), instituição que reúne entes superiores de fiscalização de diversos países, define auditoria de performance (outro nome para a auditoria operacional) como "análise independente, objetiva e confiável para determinar se empreendimentos, sistemas, operações, programas, atividades ou organizações governamentais estão operando de acordo com os princípios da economicidade, eficiência e efetividade e se há espaço para melhoria".[3]

O TCU, com base na definição da INTOSAI, conceitua a auditoria operacional, de modo mais suscinto, como "o exame independente e

[3] INTOSAI (2019, p. 6, tradução nossa).

objetivo da economicidade, eficiência, eficácia e efetividade de organizações, programas e atividades governamentais, com a finalidade de promover o aperfeiçoamento da gestão pública".[4]

Como fica claro, a característica central desse controle de natureza operacional é o seu foco na *qualidade* dos gastos públicos.

A atenção do tribunal de contas brasileiro com esse tipo de controle não é de hoje. Em 1959, o TCU foi anfitrião do III Congresso Internacional das Entidades Fiscalizadoras Superiores (III INCOSAI), realizado no Rio de Janeiro, e que teve como um dos pontos de discussão os métodos mais adequados de controle sobre os gastos públicos. As discussões resultaram na recomendação de que as entidades de auditoria deveriam analisar os gastos públicos não apenas do ponto de vista formal, mas também a partir de seus resultados.[5]

Atento à nova tendência, o TCU passou a verificar os resultados da administração pública antes mesmo que o ordenamento jurídico lhe tivesse atribuído mandato expresso para efetuar controle operacional.

Com base em sua competência para realizar "inspeções", conferida pela Constituição de 1967,[6] o tribunal passou a fazer exames qualitativos dos gastos públicos, o que foi chamado de "auditorias programáticas".[7]

---

[4] TCU (2010, p. 11).

[5] É o relato feito pela própria INTOSAI, segundo a qual "as discussões e recomendações do III INCOSAI foram um incentivo adicional para a atualização das atividades de auditoria no Brasil e desenvolver a administração financeira e orçamentária. As ideias discutidas colaboraram para a criação de novos mecanismos de auditoria capazes de mensurar não apenas a conformidade legal dos gastos, mas também sua eficiência, eficácia e economia. Como vimos, os resultados do III INCOSAI não se limitaram àquele momento histórico; eles também trouxeram mudanças de longo prazo para a maneira pela qual as auditorias são realizadas no Brasil" (INTOSAI, 2004, p. 42, tradução nossa).

[6] A Constituição de 1967 previu que "a auditoria financeira e orçamentária será exercida sobre as contas das unidades administrativas dos três Poderes da União, que, para esse fim, deverão remeter demonstrações contábeis ao Tribunal de Contas, a quem caberá realizar as *inspeções* que considerar necessárias (art. 71, § 3º). Sobre a atribuição de competência ao TCU para realizar inspeções, cf. SPECK (2000, p. 69).

[7] Artur Adolfo Cotias e Silva sustenta que, "nesse sentido, foram determinantes a Resolução nº 206, de 27 de novembro de 1980, e suas alterações posteriores, que dispôs sobre o exercício da auditoria financeira e orçamentária, e instituiu a auditoria programática, voltada ao exame qualitativo da despesa pública, com vistas à avaliação da eficiência da gestão administrativa. Seguiu-se àquela a Portaria nº 199, de 13 de dezembro de 1982, baixada na

Além disso, o tribunal já começava a se preocupar com a absorção das práticas internacionais mais avançadas em termos de controle operacional, trazendo funcionários de outras entidades de fiscalização para ministrar treinamentos, e enviando seus próprios funcionários para o exterior.[8]

A Constituição de 1988 positivou a competência do TCU para realizar o controle operacional, utilizando a expressão "auditoria operacional". A Constituição prevê que compete ao TCU "realizar, por iniciativa própria, da Câmara dos Deputados, do Senado Federal, de Comissão técnica ou de inquérito, inspeções e *auditorias* de natureza contábil, financeira, orçamentária, *operacional* e patrimonial" (art. 71, IV).[9]

No entanto, a Constituição não delimitou os contornos do instituto, o que, de resto, também não foi feito pela Lei Orgânica do TCU (Lei n. 8.443/1992). Desse modo, questões ficaram em aberto: com base em auditoria operacional, pode o TCU emitir determinações para a administração? Ou deve limitar-se a fazer recomendações? Pode aplicar sanções aos gestores públicos?

---

gestão do ministro Luciano Brandão Alves de Sousa, no sentido da implantação da auditoria programática através dos controles formal e substancial" (COTIAS E SILVA, 1999, p. 131).

[8] Gloria Maria Merola da Costa Bastos conta que o TCU, "em 1985, promoveu treinamento ministrado por dois renomados especialistas do *US General Accounting Office – GAO*, entidade de fiscalização superior (EFS) dos Estados Unidos, com reconhecida liderança nessa modalidade de auditoria. [...]. Ainda na década de 80, dois servidores participaram de treinamento em auditoria operacional promovido pela Auditoria Geral do Canadá" (BASTOS, 2002, p. 28-29).

[9] Sobre a inclusão da "auditoria operacional" dentre as competências do TCU, André Rosilho relata que: "a possibilidade de os tribunais de contas realizarem esse tipo de auditoria não foi objeto de debates — isto é, não foi verbalizado nas subcomissões ou comissões da ANC [Assembleia Nacional Constituinte]. Apareceu de maneira bastante clara, contudo, nos anteprojetos apresentados na Subcomissão do Orçamento e Fiscalização Financeira, responsável pela elaboração do texto base que, após sucessivas modificações promovidas pelas comissões, deu origem aos arts. 70 e ss. da Constituição de 1988. A expressão auditoria operacional surgiu pela primeira vez no anteprojeto apresentado a essa subcomissão pelo TCU. [...], o TCU, ao anunciar o anteprojeto, frisou que ele supostamente representaria o entendimento dos tribunais de contas em geral. Além do mais, é importante destacar a provável influência da Declaração de Lima da INTOSAI na elaboração dessa proposta normativa, que, segundo se depreende do excerto abaixo transcrito, encoraja os países a autorizar suas instituições superiores de controle externo da administração pública a realizar a tal *performance audit*" (ROSILHO, 2019, p. 72).

A literatura tem respondido a tais questionamentos de modo majoritariamente negativo, entendendo o controle operacional como insuscetível de originar comandos (e muito menos sanções) por parte do tribunal.[10] Não obstante, há quem enxergue na competência do TCU para realizar fiscalização operacional margem para maior intervenção por parte do tribunal na administração.[11]

Na prática, parece que o próprio TCU oscila acerca dos contornos exatos da fiscalização operacional, sendo possível a identificação de pelo menos duas posturas distintas com relação a esse instrumento.

De um lado, uma postura mais *cooperativa* parece enxergar a fiscalização operacional como uma ferramenta orientativa, capaz de fornecer insumos (sobretudo dados e recomendações) capazes de auxiliar a administração, em seu espaço de discricionariedade, a aprimorar seu próprio funcionamento.

Do outro lado, uma postura mais *interventiva* parece conceber a fiscalização operacional como instrumento que permite ao controlador atuar diretamente na ação administrativa, modelando-a a partir de atos de comando (determinações) e até da aplicação de sanções.

---

[10] Por exemplo, Carlos Ari Sundfeld e Jacintho Arruda Câmara sustentam que "esse tipo de atuação [a fiscalização operacional] não toma como referência o cumprimento da legislação substantiva (que demandaria a revisão de cada decisão da entidade fiscalizadora), mas, sim, a avaliação da performance da entidade. Como resultado, o Tribunal de Contas edita decisões contendo recomendações para aprimoramento da atuação geral da entidade. Como são recomendações, referidas manifestações do Tribunal não têm caráter cogente nem sujeitam a sanção as autoridades responsáveis, no caso de desatendimento (SUNDFELD e CÂMARA, 2012, p. 188).

[11] Em recente artigo, o Ministro do TCU Bruno Dantas, juntamente com Valdecyr Gomes, sustentou maior intervenção nas agências reguladoras pelo tribunal a partir da fiscalização operacional, argumentando que "para os defensores do poder intervencionista do TCU, a competência para tratar das questões operacionais implica a tomada de medidas que corrijam e reequilibrem as que tenham defeitos dessa natureza e que sejam emanadas pela agência reguladora em sua competência originária. [...]. Assim, partindo do pressuposto de que a 'teoria dos poderes implícitos permite, ao [TCU], adotar as medidas necessárias ao fiel cumprimento de suas funções institucionais e ao pleno exercício das competências que lhe foram outorgadas, diretamente, pela própria Constituição da República' [...] é que se passa a analisar as inspeções realizadas por esse órgão para avaliar as práticas de governança corporativa nas agências reguladoras que atuam no segmento de infraestrutura" (DANTAS e GOMES, 2019, p. 16-17).

Exemplo da primeira postura, mais *cooperativa*, parece estar presente no Acórdão 600/19,[12] no qual o plenário do tribunal analisou pedido de reexame contra acórdão que proferiu determinações em processo de auditoria operacional, que tinha por objetivo avaliar em que medida ações promovidas pela administração nas áreas de redução de consumo próprio de papel, de energia elétrica e de água evoluíram em relação a parâmetros suscitados em julgado anterior (Acórdão 1.752/11 – plenário).

Os recorrentes alegaram que as determinações impostas pelo TCU não estariam previstas em lei, e que por isso o tribunal teria invadido a esfera de discricionariedade do gestor. Com base no argumento de que "quando os atos a serem adotados pelos gestores são discricionários, o Tribunal formula recomendações", o tribunal deu provimento ao recurso, convertendo as determinações em recomendações.

Embora o acórdão não negue a possibilidade de o tribunal emitir determinações no âmbito de fiscalização operacional, parece reconhecer o espaço próprio de decisão do gestor – da qual o controlador participa apenas por meio de recomendações.

Exemplo da segunda postura, mais *interventiva*, parece ser o Acórdão 1704/18,[13] em que o plenário do TCU apreciou relatório de auditoria operacional que teve por objeto os gargalos para liberação de carga conteinerizada na importação nos portos marítimos da região Sudeste. No caso, o tribunal não só determinou à Agência Nacional de Transportes Aquaviários (Antaq) que procedesse à revisão de sua regulação como aplicou multa aos seus dirigentes.

Mais relevante do que o mérito da decisão parece ser o modo pelo qual o TCU exerceu o controle, emitindo atos de comando, e inclusive sancionando, no âmbito de fiscalização operacional. Nesse sentido, o caso parece abrir espaço para que o TCU utilize tal modalidade de controle de modo mais interventivo com relação à administração.

Diante da falta de uma definição normativa acerca do conteúdo da "fiscalização operacional", e da existência de uma postura aparentemente plural dentro do TCU com relação aos limites do instituto,[14] parece útil

---

[12] Relator Ministro Augusto Nardes, julgado em 20 de março de 2019.
[13] Relator Ministro Ana Arraes, julgado em 25 de julho de 2018.
[14] A postura aparentemente plural dentro do TCU com relação à fiscalização operacional também se faz presente nas publicações do tribunal. Cartilha intitulada *Conhecendo o tribunal*,

olharmos para como a fiscalização operacional foi incorporada em outros países. É o que a próxima seção propõe.

2. Auditoria Operacional no Direito Comparado

As entidades superiores de auditoria costumam ser divididas entre controladorias gerais (modelo de Westminster) e tribunais de contas (modelo napoleônico). Embora ambos os tipos, em diferentes países, tenham recebido competência para realizar fiscalização operacional, ficou claro que os desafios impostos a cada um foram distintos, em decorrência de suas próprias características.

Nesse sentido, parece que em países que seguem o modelo de Westminster a lei delimita de modo mais claro os limites da atuação das entidades de fiscalização com relação ao controle da qualidade dos gastos públicos.

Tome-se como exemplo o paradigmático caso dos Estados Unidos, que por meio do Budget and Accounting Act de 1921 criou o General Accounting Office (GAO), posteriormente rebatizado de U.S. Government

---

até sua quinta edição, apresentava o controle operacional do TCU como apto a gerar apenas recomendações à administração: "mediante auditorias de natureza operacional, o Tribunal avalia os padrões de economicidade, eficiência e eficácia empregados no desempenho dos órgãos e entidades jurisdicionados e nos sistemas, ações e programas do governo federal, principalmente em áreas prioritárias, como educação, saneamento, saúde e meio ambiente. As auditorias operacionais buscam encontrar os melhores caminhos para que sejam alcançados os objetivos das ações e programas de governo, contribuindo para a redução das desigualdades sociais e para a ampliação das oportunidades do cidadão. Dessas auditorias resultam recomendações do Tribunal destinadas a aprimorar o gerenciamento dos entes públicos e das ações e programas governamentais implementados" (TCU, 2011, p. 20). Já o *Manual de auditoria operacional*, que reúne diretrizes elaboradas pelo próprio tribunal para a realização de auditorias operacionais, e atualmente está em sua terceira edição, prevê a possibilidade de determinações à administração no âmbito de fiscalização operacional: "as propostas de encaminhamento são recomendações e determinações que a equipe de auditoria demonstra serem necessárias e que contribuirão para sanar alguma deficiência identificada pela auditoria" (TCU, 2010, p. 51). A minuta elaborada pelo tribunal para a quarta versão do *Manual de auditoria operacional*, submetida a consulta pública, apresenta conteúdo semelhante: "as propostas de encaminhamento são deliberações (recomendações ou determinações) que a equipe de auditoria demonstra serem necessárias e que contribuirão para sanar deficiências identificadas pela auditoria" (item 6.4.6 da minuta, disponível em: https://portal.tcu.gov.br/imprensa/noticias/novo-manual-de-auditoria-operacional-esta-em-consulta-publica.htm. Acesso em: 24 jun. 2020).

Accountability Office. O diploma atribuiu à entidade ampla competência para realizar análises com relação aos gastos públicos, prevendo que "o Controlador-Geral [responsável pela direção do GAO] deve investigar [...] todos os assuntos relacionados ao recebimento, desembolso e aplicação de dinheiro público".[15] Mas a possibilidade de atuação do ente está bem delimitada, uma vez que o Controlador-Geral "deve fazer *recomendações* visando prover maior economia ou eficiência nos gastos públicos".[16]

Embora o diploma seja antigo, essa parece ser a sistemática que pauta a atuação do GAO até os dias de hoje. Em documento intitulado "Normas de auditoria do governo", cuja última versão é de julho de 2018, o GAO definiu orientações e procedimentos para sua atividade de auditoria. No capítulo concernente a "Normas para elaboração de relatórios em auditoria operacional", o documento deixa claro que as auditorias só podem originar "recomendações", prevendo que "os auditores devem fornecer *recomendações* para ações corretivas se os achados forem significativos dentro do contexto dos objetivos da auditoria".[17]

De modo diverso, em países que seguem a tradição napoleônica, parece que a lei não definiu com precisão os contornos da competência das cortes de contas para controlar a qualidade dos gastos públicos. Isto é, o ordenamento jurídico não estabeleceu de modo preciso se o controle operacional pode resultar apenas em recomendações ou se também pode originar determinações e até mesmo sanções.

Portanto, parece mais adequado compararmos o Brasil a países que também tenham seguido o modelo napoleônico, verificando, assim, como os tribunais de contas desses países incorporaram a fiscalização operacional. Por esse motivo, foram escolhidos Itália, Bélgica e França.[18]

---

[15] Estados Unidos. *Budget and Accounting Act of 1921*, 312 (a), tradução nossa.

[16] *Idem*. Inicialmente o GAO não realizava propriamente auditoria operacional, pois como explicam Christopher Pollitt e Hilkka Summa "a auditoria operacional, enquanto uma prática distinta, em larga escala e autoconsciente, surgiu no final dos anos setenta" (POLLITT e SUMMA, 2008, p. 25). Não obstante, o GAO representa iniciativa pioneira com relação ao controle da eficiência administrativa e da qualidade dos gastos públicos (para uma descrição da criação do GAO, cf. NORMANTON (1966)).

[17] Estados Unidos (2018, p. 199, tradução nossa).

[18] A escolha de Itália, Bélgica e França se justifica não apenas pela importância de seus tribunais de contas, mas também porque o TCU foi criado com inspiração na experiência desses três países, como expõe Rui Barbosa na exposição de motivos ao decreto 966-A/1890.

2.1. Itália

A *Corte dei Conti* italiana recebeu competência expressa para realizar controle operacional por meio da Lei n. 20 de 1994, que ficou conhecida como a Lei de Reforma do Tribunal de Contas Italiano.

O diploma introduziu o "controle sucessivo sobre a gestão" (*controllo successivo sulla gestione*), por meio do qual a corte "verifica [...] a correspondência do resultado da atividade administrativa com os objetivos estabelecidos pela lei, avaliando comparativamente custo, modo e tempo".[19] A lei previu que "o relatório da Corte deve ser [...] enviado à administração interessada, à qual a Corte formula [...] suas próprias observações", tendo a administração que comunicar "as medidas subsequentemente adotadas".[20]

Apesar de a lei não ter definido com precisão os contornos do instituto, a *Corte Constituzionale* italiana entendeu que o controle sobre a gestão, "por meio de avaliação geral da economicidade e eficiência da ação administrativa e da eficácia dos serviços prestados", tem por objetivo "iniciar processo de 'autocorreção' pela administração pública". Desse modo, "consiste em *atividade essencialmente colaborativa*, da qual não pode derivar nenhuma sanção".[21]

O caráter colaborativo do controle sobre a gestão foi reforçado ainda pelo legislador, a partir do reconhecimento expresso pela Lei n. 244 de 2007 de que a administração pode discordar das observações feitas pela *Corte dei Conti*. Nesse sentido, "a administração que decida não seguir as observações formuladas pela Corte [...] expedirá, dentro de trinta dias do recebimento das observações, ato motivado de comunicação à Presidência das Câmaras, [...] do Conselho de ministros e [...] da Corte de contas".[22] Ao que tudo indica, quis-se diminuir o risco de interferência indevida na função administrativa.

Tal entendimento tem se refletido na atuação da *Corte dei Conti*. Tanto é assim que as "Diretrizes para o exercício do controle sobre a gestão" (*Linee guida per l'esercizio del controllo sulla gestione*),[23] documento elaborado

---

[19] Itália. *Legge 14 gennaio 1994, n. 20*, art. 3, c. 4 (tradução nossa).
[20] *Idem*, art. 3, c. 6 (tradução nossa).
[21] Itália. *Corte Constituzionale. Sentenza n. 29 del 12 gennaio 1995* (tradução nossa).
[22] Itália. *Legge 24 dicembre 2007, n. 244*, art. 3, c. 64 (tradução nossa).
[23] Itália. *Corte dei Conti. Linee guida per l'esercizio del controllo sulla gestione* (2018), capitolo VII, 15, c (tradução nossa).

pelo próprio tribunal de contas para orientar a realização do controle sobre a gestão, e cuja última versão é de julho de 2018, preveem apenas a possibilidade de formulação de *"recomendações"* à administração.

2.2. Bélgica

Na Bélgica, a *Cour des Comptes* recebeu competência para realizar fiscalização operacional por meio da lei de 10 de março de 1998,[24] que modificou a lei de organização do tribunal de contas belga.

A partir da reforma de 1998, a lei de organização passou a prever que "a Corte de contas controla *a posteriori* o bom uso dos recursos públicos; ela garante o respeito aos princípios da economicidade, da eficácia e da eficiência".[25] Além disso, "a Câmara dos representantes pode encarregar a Corte de contas de proceder, nos serviços e órgãos sob seu controle, à análise de gestão".[26]

A lei de fato não especificou o modo pelo qual a *Cour des Comptes* deveria exercer esse novo tipo de controle. No entanto, instado pela Câmara dos Representantes a se pronunciar sobre o projeto da lei que atribuiu à corte competência para controlar o bom uso de recursos públicos, o *Conseil D'Etat* belga auxiliou na delimitação dos contornos do instituto.

Em parecer sobre a lei de 10 de março de 1998, o *Conseil D'Etat* sustentou que "os princípios que governam o equilíbrio de poderes na Bélgica impõem [...] um limite duplo a esse controle da Corte de contas do bom uso dos recursos públicos".[27]

Primeiro, "as observações da Corte sobre a gestão não podem recair sobre a oportunidade das políticas desenvolvidas", uma vez que "considerações sobre a oportunidade se inserem, de fato, no controle parlamentar da ação administrativa". Nesse sentido, "o papel da Corte de contas deve se limitar a fornecer ao Parlamento as informações que permitam efetuar esse controle". Além disso, "o controle da gestão pela Corte só pode ser exercido '*a posteriori*', sob pena de prejudicar excessivamente a liberdade de ação administrativa que é imposta pela separação de poderes".[28]

---

[24] Bélgica. *Loi du 10 mars 1998*.
[25] Bélgica. *Loi du 29 octobre 1846*, art. 5, § 1er (tradução nossa).
[26] *Idem*, art. 5, § 1er (tradução nossa).
[27] Bélgica. *Conseil D'Etat. Avis* 26054/9 *du* 02/03/1997, p. 3 (tradução nossa).
[28] *Idem*, p. 3-4 (tradução nossa).

Ao que tudo indica, tal sistemática foi incorporada pela *Cour des Comptes*, que consignou em sua "Declaração de missão" a previsão de que seus "relatórios de controle elaboram *recomendações* para a consideração das assembleias parlamentares e dos gestores públicos", não havendo qualquer previsão de medidas interventivas.[29]

2.3. França

A *Cour des Comptes* francesa teve seu mandato ampliado para realizar fiscalização operacional por meio da Lei n. 67-483 de 1967.[30] Atualmente tal competência está disciplinada no "Código das jurisdições financeiras" (*Code des juridictions financières*), que organiza o funcionamento do tribunal de contas francês.

O Código dispõe, em sua segunda seção, sobre o "Controle das contas e da gestão" (*Contrôle des comptes et de la gestion*), realizado pela *Cour des Comptes*. Tal controle compreende, entre outros pontos, o papel do tribunal de contas em "assegurar o bom uso dos créditos, fundos e valores administrados pelos serviços e organismos sujeitos à sua competência".[31]

Embora o Código não tenha disciplinado de modo específico essa modalidade de controle, a própria *Cour des Comptes* o fez, em sua "Coletânea de normas profissionais" (*Recueil des normes professionnelles*). O documento, cuja segunda edição é de 2017, estabelece as etapas e os procedimentos para cada tipo de controle exercido pela corte, funcionando como uma espécie de regimento interno.

A coletânea define o "controle da gestão" como o "controle de um ente ou atividade consistente no exame de maneira independente, objetiva e documentada [...] da performance de sua gestão, ou seja, a sua conformidade aos princípios da eficácia, da eficiência e da economicidade".[32]

Com relação às possibilidades de controle, no tocante ao "Controle das contas e da gestão", a Coletânea prevê apenas a formulação de "observações" e "recomendações", não havendo menção a comandos emitidos

---

[29] Bélgica. *Cour des Comptes. Déclaration de mission*, p. 5 (tradução nossa).
[30] França. *Loi n. 67-483 du 22 juin 1967*.
[31] França. *Code des juridictions financières*, art. L111-2 (tradução nossa).
[32] França. *Cour des Comptes. Recueil des normes professionnelles* (2017, p. 1, tradução nossa).

pela corte.[33] Não há, portanto, a previsão de medidas mais interventivas por parte do tribunal de contas francês.

Conclusões

O olhar comparativo sobre os casos da Itália, Bélgica e França nos permite tirar algumas conclusões. A primeira é que nenhum desse países parece fazer uso de determinações no âmbito do controle operacional. Disso não se deve extrair a afirmação de que o Brasil simplesmente tem que fazer igual.

No entanto, em vista da relevância dos tribunais de contas aqui analisados, parece que tais exemplos aumentam o ônus argumentativo do TCU no sentido de justificar que o uso de determinações em fiscalização operacional é algo natural, ou positivo, e que deve ser mantido.

Uma segunda conclusão é que, à semelhança do legislador brasileiro, na Itália, Bélgica e França também não se especificaram em lei os contornos da auditoria operacional. No entanto, os três tribunais europeus acabaram por afastar o uso de determinações em sua fiscalização operacional.

Essa constatação parece relevante para pensarmos na postura mais *interventiva* por vezes adotada pelo TCU, pois indica que não emitir determinações em fiscalização operacional não significa deixar de cumprir com o papel de uma corte de contas.

Por fim, a terceira conclusão é que os casos da Itália, Bélgica e França, em diferentes níveis, apontaram para a preocupação em se preservar a esfera de discricionariedade própria do gestor. Tal preocupação parece querer evitar que o órgão de controle se torne um revisor geral da administração, e dialoga com a postura mais *cooperativa* já existente dentro do próprio TCU.

Um olhar comparativo sobre a atuação do TCU, a partir daquilo que tem sido feito em outros tribunais de contas de grande expressão, parece indicar a necessidade de repensarmos o modo pelo qual o tribunal brasileiro tem exercido seu controle operacional sobre a administração.

---

[33] *Idem*, p. 27 (tradução nossa).

Referências

BASTOS, Gloria Maria Merola da Costa. A experiência do Tribunal de Contas da União em auditoria operacional e avaliação de programas governamentais. *Revista do Tribunal de Contas da União*, Brasília, v. 33, n. 92, p. 28-29, 2002.

COTIAS E SILVA, Artur Adolfo. O Tribunal de Contas da União na história do Brasil: evolução histórica, política e administrativa (1890-1998). *In: Monografias vencedoras do prêmio Serzedello Corrêa 1998*. Brasil: Tribunal de Contas da União, 1999.

DANTAS, Bruno; GOMES, Valdecyr. A governança nas agências reguladoras: uma proposta para o caso de vacância. *Revista de Informação Legislativa*: RIL, Brasília, DF, v. 56, n. 222, p. 11-31, abr./ jun. 2019.

ESTADOS UNIDOS. GAO. *Government Auditing* Standards, 2018.

INTOSAI. *GUID 3910 Central concepts for performance auditing*, 2019. Disponível em: https://www.issai.org/pronouncements/guid-3910-central-concepts-for-performance-auditing/. Acesso em: 10 dez. 2019.

INTOSAI. *INTOSAI: 50 Years (1953-2003)*, 2004. Disponível em https://www.eurosai.org/handle404?exporturi=/export/sites/eurosai/.content/documents/INTOSAI-50-Years-1953-2003.pdf. Acesso em: 10 dez. 2019.

NORMANTON, Elizabeth L. *The accountability and audit of governments*: a comparative study. Manchester: Manchester University Press, 1966.

POLLITT, Christopher; SUMMA, Hilkka. Auditoria operacional e reforma da Administração Pública. *In*: POLLITT, Christopher; GIRRE, Xavier; LONSDALE, Jeremy; MUL, Robert; SUMMA, Hilkka; WAERNESS, Marit. *Desempenho ou legalidade?* Auditoria operacional e de gestão pública em cinco países. Tradução de Pedro Buck. Belo Horizonte: Fórum, 2008.

ROSILHO, André. *Tribunal de Contas da União*: competências, jurisdição e instrumentos de controle. São Paulo: Quartier Latin, 2019.

SPECK, Bruno Wilhelm. *Inovação e rotina no Tribunal de Contas da União*. São Paulo: Fundação Konrad Adenauer, 2000.

SUNDFELD, Carlos Ari; CÂMARA, Jacintho Arruda. Competências de controle dos tribunais de contas. *In*: SUNDFELD, Carlos Ari (org.). *Contratações públicas e seu controle*. São Paulo: Malheiros, 2012.

TCU. *Conhecendo o Tribunal*. 5. ed. Brasília: Tribunal de Contas da União, 2011.

TCU. *Manual de auditoria operacional*. 3. ed. Brasília: Tribunal de Contas da União, 2010.

TRISTÃO, Conrado. *TCU*: órgão de controle externo ou revisor geral da administração? *JOTA*, 14 set. 2019. Controle Público. Disponível em: https://www.jota.info/opiniao-e-analise/colunas/controle-publico/tcu-orgao-de-controle-externo-ou-revisor-geral-da-administracao-14092019. Acesso em: 10 dez. 2019.

Capítulo 5
Particularidades Processuais do Tribunal de Contas da União

Pedro Aurélio Azevedo Lustosa e Vitória Costa Damasceno

Introdução

O Tribunal de Contas da União (TCU), órgão de controle externo encarregado da fiscalização dos gastos públicos, além de não se enquadrar nas estruturas dos Poderes Judiciário ou Executivo, e apesar de ter um processo que em muitos aspectos mimetiza o processo judicial,[1] possui peculiaridades importantes, uma vez que conta com regras processuais próprias – definidas principalmente em sua Lei Orgânica (Lei n. 8.443/1992, ou LOTCU) e em seu Regimento Interno (RI/TCU).[2]

A estrutura processual clássica – aqui entendida como aquela adotada no âmbito judicial – costuma trazer um processo composto por autor, réu e juiz, no qual uma questão é levada ao Estado para que decida a partir dos argumentos que cada parte levar para defender sua perspectiva.

No processo desenvolvido pelo TCU, por outro lado, não se observa a típica relação jurídica processual – formada por autor, réu e juiz –, e não há, propriamente, mais de uma instância de julgamento. Apesar

---

[1] Nesse sentido, por exemplo, traz Bruno Wilhelm Speck: "Essa estrutura processual [que segue sequência análoga a um processo judicial], baseada no princípio do contraditório, conduz os processos de prestação de contas a uma decisão conclusiva a respeito da aprovação ou reprovação do comportamento dos administradores em questão" (SPECK, 2000, p. 85).
[2] Aprovado pela Resolução-TCU n. 246, de 30 de novembro de 2011 (TCU, 2015. p. 1982-2019).

dessas diferenças, há semelhanças e paralelos entre o processo da Corte de Contas e o processo judicial, que inclusive tendem a se alargar com a atual iniciativa do Tribunal para reformulação de seu Regimento Interno considerando os reflexos do Código de Processo Civil de 2015 (CPC).[3]

Nesse cenário, o objetivo deste capítulo foi investigar pontos em que o processo do TCU difere do estabelecido pelo CPC, e quais as repercussões dessas diferenças na prática da Corte de Contas. Tal estudo ganha importância a partir do crescimento da atuação do Tribunal nos últimos anos, especialmente em questões de alta repercussão, como a modelagem de procedimentos concessórios e a apuração de irregularidades averiguadas no âmbito da Operação Lava-Jato.

Para atingir esse fim, é necessário entender que algumas das particularidades processuais do TCU são construídas, ratificadas e modificadas jurisprudencialmente ao longo do tempo, como demonstram decisões proferidas ao longo de 2018 pelo Tribunal. Assim, foram selecionados para análise aspectos que exemplificam essa evolução.

Em primeiro lugar, serão feitas observações acerca do princípio do duplo grau de jurisdição no âmbito da Corte de Contas, com destaque para distinções em relação ao processo judicial regulado pelo CPC.

Em seguida, serão analisados dois temas de destaque que foram objeto de deliberações do TCU ao longo de 2018, quais sejam: (i) o papel do representante e sua capacidade de influir no processo de Representação; e (ii) a distribuição de processos por Listas de Unidades Jurisdicionadas (LUJ).

1. Desenvolvimento
1.1. Duplo Grau de Jurisdição no Tribunal de Contas da União

Uma primeira particularidade do processo que se desenvolve no TCU é referente à apreciação dos recursos interpostos contra decisões do

---

[3] Foi instaurado processo administrativo no âmbito da Comissão de Regimento (TC 033.854/2018-1), sob relatoria do Ministro Benjamin Zymler, versando sobre projeto de resolução que cria novo Regimento Interno para o TCU. Em novembro de 2018, foi aberto prazo para apresentação de emendas ou sugestões pelos demais Ministros e pela Procuradora-Geral, o qual findou no dia 30/05/2019. Atualmente, o processo se encontrar em apreciação do Ministro Relator.

Tribunal, que abre espaço para questionar se estaria atendido o princípio do duplo grau de jurisdição.[4]

Esse princípio, previsto de forma implícita no art. 5º, inciso LV, da Constituição Federal de 1988 (CF/88),[5] garante o acesso ao contraditório e à ampla defesa por meio dos recursos a ela inerentes, isto é, o direito de recorrer de determinada decisão. Acrescente-se, ainda, o texto do art. 56, § 1º, da Lei n. 9.784/1999 (Lei do Processo Administrativo),[6] que prevê o cabimento de recurso das decisões administrativas por motivos de ilegalidade e de mérito, devendo o recurso ser dirigido à autoridade que proferiu a decisão para que, não reconsiderando dela, encaminhe para confirmação de instância superior.

Diante desse contexto, *a priori*, parece razoável afirmar que o ordenamento brasileiro estabelece uma garantia voltada à revisão do caso por entidade superior. Entretanto, a garantia ao duplo grau é prevista de forma implícita no texto constitucional, e não absoluta,[7] o que pode levantar questionamentos a respeito de sua existência no processo administrativo e, mais especificamente, no da Corte de Contas.

Enquanto a Lei do Processo Administrativo determina que o recurso contra determinada decisão seja submetido à confirmação de autoridade hierarquicamente superior, no âmbito do TCU é de cada colegiado – Plenário ou Câmaras – a competência para apreciação de recursos contra

---

[4] Luiz Guilherme Marinoni e Sérgio Arenhart conceituam o duplo grau de jurisdição como "um duplo juízo sobre o mérito", embora entendam que possa ser dispensada a apreciação por autoridade hierarquicamente superior (MARINONI e ARENHART, 2014, p. 498). Por outro lado, esse termo é empregado por Sérgio Ferraz e Adilson Abreu Dallari no sentido de ser o duplo grau um "direito ao recurso sem condicionamentos econômicos e/ou financeiros, com a peculiaridade de se proceder à revisão em nível hierárquico superior" (FERRAZ e DALLARI, 2012, p. 136).

[5] "Art. 5º [...] LV – aos litigantes, em processo judicial ou administrativo, e aos acusados em geral são assegurados o contraditório e ampla defesa, com os meios e recursos a ela inerentes" (BRASIL, 1988).

[6] "Art. 56. Das decisões administrativas cabe recurso, em face de razões de legalidade e de mérito. § 1º O recurso será dirigido à autoridade que proferiu a decisão, a qual, se não a reconsiderar no prazo de cinco dias, o encaminhará à autoridade superior" (BRASIL, 1999). Regula o processo administrativo no âmbito da Administração Pública Federal.

[7] Nery Júnior (2004, p. 211).

suas próprias decisões ou dos ministros que o compõem, conforme previsto no art. 15, incisos II, III e IV, do RI/TCU.[8]

À primeira vista, essa opção pode parecer contraditória ao princípio do duplo grau. Todavia, o Supremo Tribunal Federal (STF), em notória decisão no RE 201297-1,[9] estabeleceu que a Constituição Federal admite a existência de decisões em grau único de jurisdição, tanto de forma específica – como é o caso das ações originárias perante o STF –, quanto de maneira genérica – a exemplo do art. 102, inciso III, alíneas "a", "b" e "c", do texto constitucional.[10]

A Corte de Contas, inclusive, por meio do Acórdão n. 288/2017-Plenário, firmou entendimento no sentido de que a participação do relator *a quo* no julgamento de recurso não ofenderia o duplo grau, sob o entendimento de que essa garantia constitucional implicaria apenas o completo reexame da matéria sob a condução de novo relator – designado para o recurso –, não impedindo a participação do relator original na apreciação em Plenário. Esse julgado resultou em publicação de enunciado por meio do Boletim de Jurisprudência do TCU n. 162, de 25 de abril de 2017.[11]

Esse entendimento encontra resguardo doutrinário nos ensinamentos de Nélson Nery Júnior, que afirma que a CF/88 não atribuiria incidência ilimitada ao princípio do duplo grau de jurisdição, sendo de competência

---

[8] "Art. 15. Compete privativamente ao Plenário, dirigido pelo Presidente do Tribunal: [...] II – deliberar sobre os recursos de reconsideração, os embargos de declaração e os pedidos de reexame apresentados contra suas próprias decisões, bem como os agravos interpostos a despachos decisórios proferidos em processos de sua competência; III – deliberar sobre recursos de revisão; IV – deliberar sobre os recursos contra decisões adotadas pelo Presidente sobre matéria administrativa" (TCU, 2015).

[9] Supremo Tribunal Federal. RE 201297-1, Relator: Ministro Moreira Alves, julgado em 01 de outubro de 1996, publicado em 05 de setembro de 1997.

[10] "Art. 102. Compete ao Supremo Tribunal Federal, precipuamente, a guarda da Constituição, cabendo-lhe: III – julgar, mediante recurso extraordinário, as causas decididas em única ou última instância, quando a decisão recorrida: a) contrariar dispositivo desta Constituição; b) declarar a inconstitucionalidade de tratado ou lei federal; c) julgar válida lei ou ato de governo local contestado em face desta Constituição" (BRASIL, 1988).

[11] "A participação do relator a quo no julgamento do recurso não ofende o princípio do duplo grau de jurisdição, pois a garantia constitucional, aplicada à processualística do TCU, importa o reexame completo do processo sob a condução de novo relator, mas não impede o relator da decisão recorrida de participar da apreciação do recurso" (TCU, 2017).

do legislador infraconstitucional atribuir operabilidade a esse princípio.[12] Dessa forma, inexistindo previsão expressa do princípio do duplo grau no texto constitucional, o Tribunal se ateria a assegurar, dentro de suas capacidades estruturais, a garantia ao devido reexame da matéria e ao alcance da melhor decisão possível.

Esclarecida essa discussão, é preciso considerar a proposta de revisão do RI/TCU (TC 033.854/2018-1), que busca aproximar o Regimento da Corte de Contas do texto consagrado no CPC, de forma a cumprir o disposto no art. 15 deste diploma,[13] que prevê a aplicação supletiva/subsidiária do referido código ao processo administrativo.[14] Nesse sentido, a referida proposta busca introduzir inovações ao RI/TCU, como, por exemplo, a contagem de prazos em dias úteis,[15] o reconhecimento da figura do *amicus curiae*,[16] o estabelecimento de rito para resolução de conflitos de competência,[17] a criação do diário eletrônico do

---

[12] Nery Júnior (2000, p. 36-41).

[13] "Art. 15. Na ausência de normas que regulem processos eleitorais, trabalhistas ou administrativos, as disposições deste Código lhes serão aplicadas supletiva e subsidiariamente" (BRASIL, 2015).

[14] Sobre o tema, Egon Bockmann afirma que sendo sua aplicação compatível com a plausibilidade lógica do processo administrativo, o CPC deve incidir tanto nos casos em que houver omissão legislativa como naqueles "em que o dispositivo a ser aplicado possa ser intensificado, valorizado ou aprimorado no caso concreto" (MOREIRA, 2016, p. 313-334).

[15] "Art. 199. Na contagem de prazo em dias, estabelecido no Regimento, pelo relator ou pelo Tribunal, computar-se-ão somente os dias úteis" (TRIBUNAL DE CONTAS DA UNIÃO. *TC 033.854/2018-1*. Autuado em 17/09/2018. Relator: Ministro Benjamin Zymler. Cópias obtidas pela Lei de Acesso à Informação em 10/12/2018, peça 1).

[16] "Art. 130. O relator ou o Tribunal, considerando a relevância da matéria, a especificidade do tema objeto do processo, ou a repercussão da controvérsia, para o seu próprio esclarecimento, poderá, por decisão irrecorrível, de ofício, ou a requerimento das partes, ou de quem pretenda manifestar-se, solicitar ou admitir a participação de pessoa natural ou jurídica, órgão ou entidade especializada, com representatividade adequada, no prazo de quinze dias de sua intimação, para emitir opinião ou análise isenta da controvérsia" (TRIBUNAL DE CONTAS DA UNIÃO. *TC 033.854/2018-1*. Autuado em 17/09/2018. Relator: Ministro Benjamin Zymler. Cópias obtidas pela Lei de Acesso à Informação em 10/12/2018, peça 1).

[17] "Art. 152. O conflito de competência pode ser suscitado pela parte, pelo Ministério Público, por Ministro ou Ministro-substituto. § 1º O Ministro e o Ministro-substituto suscitarão o conflito por despacho; a parte e o Ministério Público, por petição. § 2º O despacho e a petição serão instruídos com os documentos necessários à prova do conflito. Art. 153. Após a distribuição, o relator determinará a intimação dos Ministros ou Ministros-substitutos em

TCU[18] e o esclarecimento dos critérios para atendimento do requisito de fundamentação nas deliberações do Tribunal.[19]

Apesar da incidência dessas novidades sobre o RI/TCU, a proposta atual mantém a competência do Plenário para deliberar sobre recursos interpostos contra decisões do Tribunal, como previsto no art. 15, inciso I, alíneas "p" até "t", do projeto de revisão do RI/TCU, sem impedimentos à participação do relator *a quo*.[20]

Assim, essa proposta não introduz qualquer previsão no sentido de haver impedimento do relator *a quo* nos moldes do art. 144, inciso II, do

---

conflito ou, se um deles for suscitante, apenas do suscitado. Art. 154. O relator sobrestará o julgamento ou apreciação do processo e designará um dos Ministros ou Ministros-substitutos para resolver, em caráter provisório, as medidas urgentes. Art. 155. Ao decidir o conflito, o Tribunal declarará qual o Ministro ou Ministro-substituto competente. Parágrafo único. Os autos do processo em que se manifestou o conflito serão remetidos ao Ministro ou Ministro-substituto declarado competente" (TRIBUNAL DE CONTAS DA UNIÃO, *TC 033.854/2018-1*. Autuado em 17/09/2018. Relator: Ministro Benjamin Zymler. Cópias obtidas pela Lei de Acesso à Informação em 10/12/2018, peça 1).

[18] "Art. 167. As comunicações processuais serão realizadas: II – por meio de publicação no Diário Eletrônico do TCU" (TRIBUNAL DE CONTAS DA UNIÃO, *TC 033.854/2018-1*. Autuado em 17/09/2018. Relator: Ministro Benjamin Zymler. Cópias obtidas pela Lei de Acesso à Informação em 10/12/2018, peça 1).

[19] "Art. 110. O processo de controle externo será ordenado, disciplinado e interpretado conforme os valores e as normas fundamentais estabelecidos na Constituição da República Federativa do Brasil, observadas as disposições deste Regimento Interno e da Lei Orgânica do Tribunal de Contas da União. Parágrafo único. Na ausência de normas que regulem especificamente os processos de controle externo, as disposições do Código de Processo Civil e da Lei que regula o processo administrativo no âmbito da Administração Pública Federal lhes serão aplicadas supletiva e subsidiariamente" (TRIBUNAL DE CONTAS DA UNIÃO, *TC 033.854/2018-1*. Autuado em 17/09/2018. Relator: Ministro Benjamin Zymler. Cópias obtidas pela Lei de Acesso à Informação em 10/12/2018, peça 1).

[20] "Art. 15. Compete privativamente ao Plenário, dirigido pelo Presidente do Tribunal: I – deliberar sobre: [...] p) suas próprias decisões, bem como agravos interpostos contra decisões interlocutórias proferidas em processos de sua competência; q) recurso de revisão; r) revisão de ofício de atos de pessoal sujeitos a registro; s) contestação e o recurso de que tratam os arts. 302 e 303; t) recurso contra decisão adotada pelo Presidente sobre matéria administrativa" (TRIBUNAL DE CONTAS DA UNIÃO, *TC 033.854/2018-1*. Autuado em 17/09/2018. Relator: Ministro Benjamin Zymler. Cópias obtidas pela Lei de Acesso à Informação em 10/12/2018, peça 1).

CPC.[21] Ou seja, o relator original pode se manifestar e votar normalmente na reapreciação do processo, o que pode levantar questionamentos.

Diante do que foi exposto, até pelo fato de não terem sido proferidas quaisquer decisões da Corte de Contas sobre o tema em 2018, nos parece pacífico o entendimento de que o princípio do duplo grau se manifestaria de forma diversa na jurisdição do TCU, demonstrando particularidade em relação ao processo nos órgãos judiciários, salvo nos casos em que são admitidas decisões em grau único de jurisdição.

1.2. O Representante Perante o TCU e sua Capacidade de Influir no Processo

Outra característica particular do processo da Corte de Contas se observa em sua atuação a partir da iniciativa de terceiros – uma forma entre outras pelas quais exerce sua atividade fiscalizadora –, que noticiam a ocorrência de irregularidades por meio de Denúncias ou Representações.

A Denúncia, inicialmente, está regulamentada pelo art. 53 da LOTCU e pelo art. 234 do RI/TCU,[22] que trazem que "qualquer cidadão, partido político, associação ou sindicato é parte legítima para denunciar irregularidades ou ilegalidades perante o Tribunal de Contas da União".[23]

Enquanto isso, a Representação é disciplinada pelo art. 237 do Regimento Interno do Tribunal,[24] permitindo que agentes públicos diversos noticiem irregularidades à Corte de Contas, assim como, nos termos do inciso VII, "outros órgãos, entidades ou pessoas que detenham essa prerrogativa por força de lei específica".[25] Com base nessa disposição,

---

[21] "Art. 144. Há impedimento do juiz, sendo-lhe vedado exercer suas funções no processo: [...] II – de que conheceu em outro grau de jurisdição, tendo proferido decisão" (BRASIL, 2015).

[22] Na proposta de novo Regimento Interno, a Denúncia seria disciplinada pelo art. 94 e seguintes, mantendo-se a mesma estrutura geral (TRIBUNAL DE CONTAS DA UNIÃO. *TC 033.854/2018-1*. Autuado em 17/09/2018. Relator: Ministro Benjamin Zymler. Cópias obtidas pela Lei de Acesso à Informação em 10/12/2018, peça 1).

[23] BRASIL, 1992; TCU (2015).

[24] Na proposta de novo Regimento Interno, a Representação estaria prevista no art. 98, também, mantendo a mesma estrutura geral (TRIBUNAL DE CONTAS DA UNIÃO. *TC 033.854/2018-1*. Autuado em 17/09/2018. Relator: Ministro Benjamin Zymler. Cópias obtidas pela Lei de Acesso à Informação em 10/12/2018, peça 1).

[25] TCU (2015).

é aberta também a possibilidade de que particulares representem ao Tribunal por disposição legal específica, como é o caso do art. 113, §1º, da Lei de Licitações (Lei n. 8.666/1993), que traz que "qualquer licitante, contratado ou pessoa física ou jurídica poderá representar ao Tribunal de Contas ou aos órgãos integrantes do sistema de controle interno contra irregularidades na aplicação desta Lei".[26]

Observamos ainda que, como ambos os processos se desenvolvem sob o mesmo rito uma vez iniciados, para os fins deste capítulo será adotado o termo "representante" para se referir tanto àquele que relata ocorrência ao TCU por meio de Denúncia quanto ao que o faz por meio de Representação. Exposta a previsão normativa desses processos, podemos passar à análise de seu funcionamento no âmbito da Corte de Contas.

Ao contrário do que ocorre no processo judicial, uma vez que a ocorrência é noticiada ao TCU o próprio Tribunal assume a responsabilidade pelo seu prosseguimento, sendo que o representante não necessariamente terá a capacidade de influir no processo. Na prática, essa situação traz algumas repercussões interessantes, sendo que exploraremos duas delas a partir de decisões proferidas em 2018: os critérios para habilitação do representante como parte processual e a possibilidade de prosseguimento do processo apesar da sua desistência.

No âmbito da Corte de Contas, são considerados partes processuais o responsável e o interessado, isto é, aquele a que se atribui a prática da irregularidade, chamado ao processo a fim de apresentar sua versão dos fatos e se defender, e aquele que "tenha reconhecida, pelo relator ou pelo Tribunal, razão legítima para intervir no processo".[27] É importante notar,

---

[26] BRASIL. *Lei n. 8.666, de 21 de junho de 1993 – Regulamenta o art. 37, inciso XXI, da Constituição Federal, institui normas para licitações e contratos da Administração Pública e dá outras providências.* Publicada no DOU: 22 de junho de 1993.

[27] "Art. 144. São partes no processo o responsável e o interessado. §1º Responsável é aquele assim qualificado, nos termos da Constituição Federal, da Lei Orgânica do Tribunal de Contas da União e respectiva legislação aplicável. §2º Interessado é aquele que, em qualquer etapa do processo, tenha reconhecida, pelo relator ou pelo Tribunal, razão legítima para intervir no processo" (TCU, 2015). Disposições reproduzidas no art. 120 da proposta de novo RI/TCU, com o acréscimo de um §3º, especialmente acerca da habilitação do representante: "Art. 120 [...] § 3º Os autores de representação e denúncia somente serão parte no processo caso tenham reconhecida essa condição pelo relator ou pelo Tribunal, nos termos do parágrafo anterior" (TRIBUNAL DE CONTAS DA UNIÃO. *TC 033.854/2018-1*.

nesse ponto, que a condição de parte possibilita a prática de atos processuais não facultados a terceiros, tais como a juntada de documentos durante a instrução do processo,[28] a interposição de recursos,[29] a obtenção de vista do processo[30] e a produção de sustentação oral.[31]

Como o representante, ao menos a princípio, não é considerado responsável, sua habilitação como parte processual depende de seu ingresso como interessado, que deve ser solicitado ao relator.[32] Caso esse pedido

---

Autuado em 17/09/2018. Relator: Ministro Benjamin Zymler. Cópias obtidas pela Lei de Acesso à Informação em 10/12/2018, peça 1).

[28] "Art. 160. [...] § 1º Desde a constituição do processo até o término da etapa de instrução, é facultada à parte a juntada de documentos novos" (TCU, 2015).

[29] "Art. 282. Cabe ao interessado demonstrar, na peça recursal, em preliminar, o seu interesse em intervir no processo, nos termos do § 1º do art. 146, devendo a questão ser avaliada no juízo de admissibilidade" (TCU, 2015). Disposição reproduzida no art. 292 da proposta de novo RI/TCU (TRIBUNAL DE CONTAS DA UNIÃO. *TC 033.854/2018-1*. Autuado em 17/09/2018. Relator: Ministro Benjamin Zymler. Cópias obtidas pela Lei de Acesso à Informação em 10/12/2018, peça 1).

[30] "Art. 163. As partes poderão pedir vista ou cópia de peça do processo, mediante solicitação dirigida ao relator, segundo os procedimentos previstos neste capítulo" (TCU, 2015). Observa-se, contudo, que a proposta de novo Regimento Interno do TCU confere ao representante essa faculdade, independentemente de sua habilitação como parte: "Art. 97. O denunciante, diretamente ou por seu advogado, tem direito a examinar e obter cópia dos autos, nos termos dos arts. 178 a 182, ainda que não reconhecido como parte, nos termos do § 3º do art. 120" (TRIBUNAL DE CONTAS DA UNIÃO, *TC 033.854/2018-1*. Autuado em 17/09/2018. Relator: Ministro Benjamin Zymler. Cópias obtidas pela Lei de Acesso à Informação em 10/12/2018, peça 1).

[31] "Art. 168. No julgamento ou apreciação de processo, ressalvada a hipótese prevista no § 9º, as partes poderão produzir sustentação oral, após a apresentação, ainda que resumida, do relatório e antes da leitura do voto resumido do relator, pessoalmente ou por procurador devidamente constituído, desde que a tenham requerido ao Presidente do respectivo colegiado até quatro horas antes do início da sessão, cabendo ao referido Presidente autorizar, excepcionalmente, a produção de sustentação oral nos casos em que houver pedido fora do prazo estabelecido" (TCU, 2015). Na proposta de novo RI/TCU: "Art. 356. A parte que desejar proferir sustentação oral, diretamente ou por intermédio de procurador, poderá requerê-la por meio de petição dirigida ao Presidente do colegiado, a partir da publicação da pauta até uma hora antes do início da sessão" (TRIBUNAL DE CONTAS DA UNIÃO. *TC 033.854/2018-1*. Autuado em 17/09/2018. Relator: Ministro Benjamin Zymler. Cópias obtidas pela Lei de Acesso à Informação em 10/12/2018, peça 1).

[32] "Art. 146. A habilitação de interessado em processo será efetivada mediante o deferimento, pelo relator, de pedido de ingresso formulado por escrito e devidamente fundamentado" (TCU, 2015). Disposição reproduzida no art. 122 da proposta de novo RI/TCU (TRIBUNAL

seja deferido, apenas, é possível que o representante participe do processo, praticando atos processuais e buscando influir na decisão final do Tribunal. A razão disso está, principalmente, no entendimento do TCU de que o representante não iria ao Tribunal defender interesses próprios, e sim um interesse público,[33] provocando a atuação fiscalizatória da Corte de Contas.

Em 7 de novembro de 2018, o TCU julgou o TC 034.097/2018-0, processo de Representação apresentado pelo Ministério Público junto ao TCU acerca de possíveis vícios no procedimento eleitoral realizado pela Confederação Nacional do Comércio de Bens, Serviços e Turismo (CNC). As mesmas irregularidades haviam sido relatadas no TC 033.532/2018-4, Representação formulada pela Federação do Comércio de Bens, Serviços e Turismo do Distrito Federal (Fecomércio/DF), de modo que foi reconhecida a conexão entre os dois processos.

Na oportunidade, foi proferido o Acórdão n. 2586/2018-Plenário, que, entre outras questões, apreciou Agravo da Fecomércio/DF contra a decisão do Ministro Bruno Dantas, relator do caso, que havia indeferido seu pedido de habilitação como interessada por entender que a representante não teria direito subjetivo que pudesse ser afetado pela decisão do Tribunal.

A Fecomércio/DF, contudo, defendeu que uma má gestão da CNC lhe seria prejudicial, podendo acarretar perdas patrimoniais por parte da Federação. Sustentou, além disso, que teria um interesse legítimo na matéria por representar a categoria econômica em questão como ente sindical e que poderia apresentar informações que contribuiriam para o desenvolvimento do processo.

Ao apreciar esses argumentos, a Corte de Contas manteve o entendimento do relator, trazendo que a Fecomércio/DF não seria afetada pela decisão do Tribunal, mas sim, somente, por eventuais atos de gestão que não estariam no escopo da Representação julgada.

DE CONTAS DA UNIÃO, *TC 033.854/2018-1*. Autuado em 17/09/2018. Relator: Ministro Benjamin Zymler. Cópias obtidas pela Lei de Acesso à Informação em 10/12/2018, peça 1).

[33] É interessante notar que o TCU possui diversos julgados no sentido de que não é sua competência ou função tutelar interesses particulares, como, por exemplo, o Acórdão 2374/2007-Plenário, o Acórdão 2082/2014-Segunda Câmara e o Acórdão 321/2019-Plenário.

Diante disso, entendeu-se que a mera possibilidade de o representante agregar informações à instrução do caso não seria razão suficiente para ser habilitado como parte, tendo em vista a capacidade do Tribunal de obter por si só os dados necessários. A decisão gerou, inclusive, publicação de enunciado de jurisprudência selecionada[34] pela Corte de Contas.[35]

É importante notar que a decisão analisada não se mostrou inédita, e sim reiterou entendimento do TCU acerca de quais seriam as condições para a habilitação de um representante como parte processual, embora se encontre entre as mais restritivas sobre o tema ao exigir, concomitantemente, razão legítima para intervenção e lesão a direito subjetivo próprio.[36]

O Acórdão é exemplo, também, do controle que o TCU tem sobre o próprio processo e sobre sua instrução, visto que todos os esforços para apurar as ocorrências relatadas são de responsabilidade das unidades técnicas do Tribunal, integradas por auditores especializados nas áreas investigadas.[37]

Essa realidade do TCU, quando comparada à do processo judicial – especialmente ao regulado pelo CPC –, pode causar algum estranhamento, seja porque não é dado ao representante defender seus pontos de vista no processo, seja porque a própria Corte de Contas tem a competência de instruir a Representação para julgamento.

---

[34] O TCU disponibiliza em seu *site* uma Base de Jurisprudência Selecionada, que "permite a pesquisa nos enunciados elaborados pela Diretoria de Jurisprudência da Secretaria das Sessões a partir de deliberações selecionadas, desde 2003, sob o critério de relevância jurisprudencial". Esses enunciados, contudo, não representam necessariamente o posicionamento dominante na Corte de Contas, de modo que não possuem caráter vinculante, e sim informativo (TRIBUNAL DE CONTAS DA UNIÃO. *Dúvidas frequentes – Jurisprudência do TCU*, 2019).

[35] "Eventual contribuição do representante para o deslinde dos autos, mediante apresentação de informações adicionais, não é razão suficiente para habilitá-lo como parte no processo, uma vez que o TCU dispõe de meios próprios para averiguar os fatos, podendo promover diligências ou inspeções nos órgãos e entidades sob a sua jurisdição" (TRIBUNAL DE CONTAS DA UNIÃO. *Acórdão 2586/2018-Plenário*. Relator: Bruno Dantas. Publicado no DOU: 26 de novembro de 2018).

[36] Também se deram nesse sentido, por exemplo, as decisões constantes do Acórdão 1881/2014-Plenário, do Acórdão 1343/2015-Plenário e do Acórdão 1251/2017-Plenário.

[37] Furtado (2013, p. 892).

Antes de passar a uma análise detida dessas particularidades, no entanto, trataremos do outro julgamento de interesse selecionado, também envolvendo as ações de Representação na Corte de Contas. Em 31 de julho 2018, o Tribunal conheceu de Representação que noticiou possíveis irregularidades em pregão eletrônico para a compra de insumos para realização de exames laboratoriais. O processo em questão foi o TC 023.144/2018-1, apreciado pelo Acórdão 6873/2018-Segunda Câmara.

A Representação foi apresentada por uma das empresas licitantes, mas, tendo em vista a revogação da licitação, essa apresentou pedido de desistência do processo. O TCU, contudo, afirmou que, havendo questões de interesse público de sua competência, a referida desistência não obstaria o prosseguimento da fiscalização, tendo também publicado enunciado de jurisprudência selecionada nesse sentido.[38]

Novamente, trata-se de matéria já decidida em outras oportunidades pela Corte de Contas,[39] mas que também suscita reflexões acerca do papel do representante no processo do TCU. Enquanto de acordo com o CPC a desistência é causa de extinção do processo sem resolução do mérito,[40] no âmbito do TCU o processo pode prosseguir independentemente da vontade daquele que lhe deu início.

Ambos os julgados apresentados, portanto, evidenciam situações recorrentes na Corte de Contas, ainda que, a princípio, inusitadas para a lógica do processo civil. É importante notar, aqui, que mesmo no âmbito judicial têm sido proferidas decisões determinando o prosseguimento de processos apesar de pedidos de desistência das partes, caso verificada a transcendência dos direitos discutidos. Nesses casos, contudo, não se

---

[38] "O pedido de desistência de representação formulada ao TCU não obsta o prosseguimento do processo quando forem verificadas questões de interesse público a serem tuteladas pelo Tribunal, ante os princípios do impulso oficial, da verdade material e da indisponibilidade do interesse público" (TRIBUNAL DE CONTAS DA UNIÃO. *Acórdão 6873/2018-Segunda Câmara*. Relator: Augusto Nardes. Publicado no DOU: 06 de agosto de 2018).

[39] O mesmo entendimento foi manifestado, por exemplo, no Acórdão 2813/2004-Primeira Câmara, no Acórdão 283/2014-Primeira Câmara e no Acórdão 2443/2017-Plenário.

[40] "Art. 485. O juiz não resolverá o mérito quando: [...] VIII – homologar a desistência da ação" (BRASIL, *Lei n. 13.105, de 16 de março de 2015 – Código de Processo Civil*. Publicada no DOU: 17 de março de 2015).

pode dizer propriamente que o processo segue apesar da desistência de uma parte, visto que, ao contrário do que ocorre no TCU, costuma haver o indeferimento do pedido de desistência.[41]

Faz-se importante, assim, compreender o que fundamenta as diferenças observadas no processo do TCU, isto é, qual é o interesse tutelado por seu processo e que princípios pautam essa atuação.

No processo civil, aquele que dá início ao processo o faz para defender interesses e direitos próprios, sendo ele mesmo encarregado de provar sua pretensão.[42] Nesse cenário, valeria a verdade formal, ou seja, aquela apresentada ao juiz, e um pedido de desistência significaria o fim da ação pois estão em jogo, via de regra, interesses particulares.

No TCU, por outro lado, a investigação empreendida visa a tutelar um interesse público com a finalidade de evitar danos ao erário. Assim, ainda que a Representação tenha por base direito próprio do representante, seus requisitos de cabimento[43] ultrapassam a defesa desse direito,

---

[41] Nesse sentido, por exemplo, os seguintes julgados: "[...] 1. O Tribunal, por maioria, resolveu questão de ordem no sentido de não se admitir a desistência do mandado de segurança, firmando a tese da impossibilidade de desistência de qualquer recurso ou mesmo de ação após o reconhecimento de repercussão geral da questão constitucional" (STF, 2017); e "[...] 4. Interpretação conforme à Constituição do art. 998, parágrafo único, do CPC/15. Deve prevalecer como regra o direito da parte à desistência, mas verificada a existência de relevante interesse público, o Relator está autorizado, mediante decisão fundamentada, a promover o julgamento do recurso especial para possibilitar a apreciação da respectiva questão de direito, sem prejuízo de, ao final, conforme o caso, considerar prejudicada a sua aplicação à hipótese específica dos autos. Pedido de desistência indeferido, ante as concretas peculiaridades da hipótese em julgamento" (STF, 2018).

[42] "Art. 373. O ônus da prova incumbe: I – ao autor, quanto ao fato constitutivo de seu direito" (BRASIL. *Lei n. 13.105, de 16 de março de 2015 – Código de Processo Civil*. Publicada no DOU: 17 de março de 2015)

[43] Sobre os requisitos de admissibilidade da Denúncia ou Representação, traz o RI/TCU: "Art. 235. A denúncia sobre matéria de competência do Tribunal deverá referir-se a administrador ou responsável sujeito à sua jurisdição, ser redigida em linguagem clara e objetiva, conter o nome legível do denunciante, sua qualificação e endereço, e estar acompanhada de indício concernente à irregularidade ou ilegalidade denunciada. Parágrafo único. O relator ou o Tribunal não conhecerá de denúncia que não observe os requisitos e formalidades prescritos no caput, devendo o respectivo processo ser arquivado após comunicação ao denunciante"; e "Art. 250. Ao apreciar processo relativo à fiscalização de atos e contratos, o relator ou o Tribunal: I – determinará o arquivamento do processo, ou o seu apensamento às contas correspondentes, se útil à apreciação destas, quando não apurada transgressão a

alcançando a própria tutela do interesse público. A Corte de Contas entende, portanto, que o representante não vai ao Tribunal defender seu direito individual, razão pela qual não necessariamente será reconhecido como parte do processo e por que sua desistência não necessariamente implicará a finalização do mesmo.

Nesse ponto, o processo da Corte de Contas se baseia em grande parte em princípios do processo judicial e da Lei do Processo Administrativo, tais como a indisponibilidade do interesse público, a verdade material e o impulso oficial, embora cada um desses princípios ganhe contornos novos no âmbito do TCU.

A indisponibilidade do interesse público, inicialmente, é uma das principais características do regime jurídico administrativo,[44] e consiste na compreensão de que há prerrogativas públicas que prevalecem sobre os interesses privados, por defenderem o interesse da coletividade.[45] Essa diretiva fundamenta, de certa forma, a aplicação dos demais princípios do direito processual administrativo.

Um desses princípios é a verdade material, opondo-se à verdade formal do processo judicial cível. Esse princípio estabelece que as decisões não devem se limitar aos elementos levados nos autos, e sim considerar ao máximo a realidade fática, guardando, aliás, forte relação com o princípio do formalismo moderado.[46] A concepção de formalismo moderado, por sua vez, traz o processo como um meio para o atingimento de um fim, de modo que vícios meramente formais poderiam ser desconsiderados em prol dos objetivos perseguidos.

O impulso oficial, por fim, é um dos princípios que rege o processo judicial, previsto no art. 2º do CPC,[47] estabelecendo que, embora a jurisdição permaneça inerte até que seja provocada, uma vez iniciado o processo segue independentemente da vontade das partes. No caso

---

norma legal ou regulamentar de natureza contábil, financeira, orçamentária, operacional ou patrimonial". O segundo dispositivo é aplicável ao processo de Denúncia por força do art. 234, §4º, e ambos são aplicáveis ao processo de Representação por conta do art. 237, parágrafo único (TCU, 2015).

[44] Furtado (2013, p. 76-77).
[45] Bandeira de Mello (2015, p. 70).
[46] Furtado (2013, p. 981-982).
[47] "Art. 2º O processo começa por iniciativa da parte e se desenvolve por impulso oficial, salvo as exceções previstas em lei" (BRASIL, 2015).

da Corte de Contas, contudo, esse princípio ganha escopo mais amplo, visto que, conforme explorado acima, o TCU objetiva tutelar um interesse público. Assim, por exemplo, o princípio do impulso oficial já foi usado como fundamento para ampliar a abrangência de investigações, indo além das questões levantadas pelo representante:

> A atuação do TCU não está adstrita às questões suscitadas por quem o provocou. O Tribunal, com base no princípio do impulso oficial, pode, por iniciativa própria, circunscrito às suas competências, ampliar o escopo de investigação dos fatos trazidos ao seu conhecimento.[48]

Com base nos princípios acima, a concepção da Corte de Contas acerca do papel do representante fica mais clara. Como se entende que a Representação é apresentada ao Tribunal para tutelar um interesse público, quem a apresenta não é automaticamente aceito como parte do processo, e, considerando os princípios do impulso oficial e da verdade material, o pedido de desistência não impediria o TCU de analisar questões que envolvam esse interesse público.

Cabe questionar, contudo, até mesmo pelo princípio da verdade material, eventual afastamento do representante do trâmite processual caso vá à Corte de Contas em defesa de interesse próprio, ainda que o objeto da Representação alcance um interesse público. Considerando as prerrogativas processuais que advêm da habilitação do representante como parte, e o potencial de apresentação de informações relevantes por aquele que deu início ao processo, pode ser que a postura mais restritiva do Tribunal nesse sentido vá de encontro aos próprios princípios que norteiam sua atuação.

1.3. Distribuição de Processos por Listas de Unidades Jurisdicionadas (LUJ)

Uma última particularidade processual do TCU para a qual chamamos a atenção é referente à distribuição dos processos autuados entre os ministros da Corte de Contas.

---

[48] Esse entendimento foi adotado, por exemplo, no Acórdão 1660/2019-Primeira Câmara e no Acórdão 2278/2016-Plenário.

Na lógica processual civil, a distribuição dos processos para seus respectivos relatores segue o disposto no art. 930 do CPC,[49] isto é, os processos são distribuídos de acordo com o regimento interno do tribunal, respeitando os critérios de alternatividade, sorteio eletrônico e publicidade.[50]

Já a distribuição de processos no âmbito do TCU segue lógica própria. Desde 1993, as unidades jurisdicionadas do Tribunal passaram a ser agrupadas em listas – Listas de Unidades Jurisdicionadas (LUJ) – que são sorteadas a cada dois anos entre os ministros do TCU.[51]

As LUJ são compostas pelo agrupamento de unidades administrativas dos Poderes Legislativo, Executivo e Judiciário, entidades da administração indireta – incluindo as fundações instituídas e mantidas pelo poder público federal – e outras unidades que estejam sujeitas à jurisdição do Tribunal, conforme redação do art. 148 do RI/TCU.[52]

Também são incluídos nas LUJ os processos referentes a repasses de recursos federais, órgãos e entidades governamentais dos estados, do Distrito Federal e dos municípios, assim como aqueles referentes à transferência de recursos federais para entidades privadas ou pessoas físicas domiciliadas na área do respectivo estado ou Distrito Federal, nos moldes do art. 149 do RI/TCU.[53]

---

[49] "Art. 930. Far-se-á a distribuição de acordo com o regimento interno do tribunal, observando-se a alternatividade, o sorteio eletrônico e a publicidade" (BRASIL, 2015).

[50] No âmbito do RI/TCU, o critério de alternatividade é abordado no seu art. 135, § 1º, prevendo que o ministro ou ministro-substituto não poderá receber a mesma lista no biênio subsequente. Já no que diz respeito ao critério de sorteio eletrônico, o regimento do Tribunal, em seu art. 150, *caput*, determina que o Presidente sorteará entre os ministros e os ministros-substitutos o relator de cada LUJ. Por fim, acerca da publicidade, o art. 148, parágrafo único, do RI/TCU determina que as LUJ sejam publicadas no Boletim do Tribunal de Contas da União (TCU, 2015).

[51] TCU (2018).

[52] "Art. 148. Para efeito da realização do sorteio, as unidades administrativas dos Poderes Legislativo, Executivo e Judiciário, as entidades da administração indireta, incluídas as fundações instituídas e mantidas pelo poder público federal, e outras unidades que, por determinação normativa, estejam sujeitas à jurisdição do Tribunal, serão agrupadas em listas de unidades jurisdicionadas" (TCU, 2015).

[53] "Art. 149. Para os fins de distribuição de processos concernentes a recursos federais repassados por força de lei ou mediante convênio, acordo, ajuste ou outros instrumentos congêneres, os órgãos e entidades governamentais dos estados, do Distrito Federal e dos municípios equiparam-se às unidades jurisdicionadas e serão incluídos nas listas de que

A Secretaria de Planejamento, Governança e Gestão (Seplan) do TCU é a unidade responsável por conduzir estudos relativos à elaboração das LUJ e propor eventuais alterações à sua organização.[54]

Assim sendo, conforme previsto no art. 2º da Resolução-TCU n. 175/2005 – que também regula a distribuição de processos na Corte de Contas –,[55] em geral, os processos autuados ou documentos cadastrados no Tribunal serão enquadrados em uma das LUJ e distribuídos para os seus respectivos relatores, respeitando os critérios de alternatividade, sorteio e publicidade, segundo o art. 147 do RI/TCU.[56] Vale notar, também, que o art. 8º da Resolução-TCU n. 175/2005[57] prevê que os processos atribuídos a relator serão por ele relatados, até definitiva deliberação, independente dos sorteios bienais subsequentes.

O efeito prático da distribuição de processo por meio das LUJ é que, durante determinado biênio, os processos autuados no Tribunal que se enquadram em determinada LUJ serão designados para o ministro responsável por ela. Dessa forma, é comum que cada relator tenha sob sua relatoria processos de diversas LUJ.

---

trata o artigo anterior. Parágrafo único. Aplica-se também o critério previsto neste artigo quanto aos processos referentes a recursos federais transferidos a entidade privada ou pessoa física domiciliada, por ocasião da constituição do processo, na área do respectivo estado ou Distrito Federal" (TCU, 2015).

[54] TRIBUNAL DE CONTAS DA UNIÃO, *Acórdão 1818/2018-Plenário*. Relator: Benjamin Zymler. Publicado no DOU: 17 de agosto de 2018.

[55] "Art. 2º Para fins de distribuição, o momento do cadastramento da documentação na Secretaria do Tribunal define o relator" (TRIBUNAL DE CONTAS DA UNIÃO. *Resolução-TCU n. 175, de 25 de maio de 2005. Dispõe sobre normas atinentes à distribuição de processos a ministros e auditores no âmbito do Tribunal de Contas da União*, 2005).

[56] "Art. 147. A distribuição de processos aos ministros e ministros-substitutos obedecerá aos princípios da publicidade, da alternatividade e do sorteio" (TCU, 2015).

[57] "Art. 8º O processo atribuído a relator será por ele relatado, até definitiva deliberação, independentemente dos sorteios bienais subsequentes" (TRIBUNAL DE CONTAS DA UNIÃO. *Resolução-TCU n. 175, de 25 de maio de 2005. Dispõe sob A consequência prática dessa opção pelo RI/TCU é que processos envolvendo determinado assunto costumam ser distribuídos para os mesmos relatores, unificando, assim, a análise técnica e processual, bem como propiciando a uniformidade das decisões sobre o tema, garantindo economia processual e gerando maior interação entre os gabinetes e unidades técnicas especializadas.re normas atinentes à distribuição de processos a ministros e auditores no âmbito do Tribunal de Contas da União*, 2005).

As LUJ, portanto, são uma particularidade do Tribunal que, se por um lado privilegia a especialização dos ministros, por outro parece mitigar a ideia do juiz natural.[58] Além disso, a especialização pretendida, na realidade, se mostra difícil de concretizar.

Em se tratando de decisões envolvendo as LUJ em 2018, na sessão Plenária do TCU do dia 8 de agosto, por meio do Acórdão n. 1.818/2018-Plenário,[59] foi aprovada a Resolução-TCU n. 298, que realizou a distribuição das LUJ para o biênio 2019/2020.

Essa resolução trouxe duas novidades: (i) os processos de atos de pessoal, de Tomada de Contas Especial (TCE), de Denúncias e de Representações ligadas às aquisições logísticas passam a ser distribuídos por meio de sorteio aos ministros e ministros-substitutos; e (ii) os processos de fiscalização dos procedimentos de desestatização realizados pela Administração Pública Federal passaram a ser distribuídos por meio de sorteio aos ministros, não incluindo os substitutos.

Buscou-se, com as alterações, reduzir a aplicação das LUJ pela Corte de Contas. Assim sendo, como esclarecido na sessão de julgamento, trata-se de modelo híbrido, destinado a extinguir as LUJ de forma progressiva. Isso demonstra a preocupação dos próprios ministros do TCU com os efeitos processuais da adoção de listas que unificam sob o mesmo relator processos envolvendo assuntos similares.

A proposta de revisão do RI/TCU, inclusive, aborda essa questão, indicando que a distribuição de processos por LUJ deve ocorrer apenas nos casos em que seja "indispensável garantir visão sistêmica sobre determinados órgãos e entidades jurisdicionados".[60] Essa prática do Tribunal, portanto, tende a desaparecer com o tempo, dando maior abertura para o emprego da lógica do processo judicial.

---

[58] O conceito de "juiz natural" remete ao texto constitucional: "Art. 5º. [...] XXXVII – não haverá juízo ou tribunal de exceção; [...] LIII – ninguém será processado nem sentenciado senão pela autoridade competente" (BRASIL, 1988).

[59] TRIBUNAL DE CONTAS DA UNIÃO. *Acórdão 1818/2018-Plenário*. Relator: Benjamin Zymler. Publicado no DOU: 17 de agosto de 2018.

[60] TRIBUNAL DE CONTAS DA UNIÃO. *TC 033.854/2018-1*. Autuado em 17/09/2018. Relator: Ministro Benjamin Zymler. Cópias obtidas pela Lei de Acesso à Informação em 10/12/2018, peça 5.

Conclusão

Como foi exposto ao longo deste capítulo, o Tribunal de Contas da União é órgão cujo processo possui uma série de particularidades em relação ao que se desenvolve no âmbito judicial, o que, a princípio, pode levar à percepção de incompatibilidade entre os dois.

No que diz respeito à aparente ausência de duplo grau de jurisdição na Corte de Contas, há entendimento pacífico na jurisprudência do Tribunal para concluirmos que esse princípio se manifesta de forma diversa em seu processo. Contudo, isso não significa necessariamente que essa garantia seja violada, uma vez que há o efetivo reexame da matéria por outro ministro.

Em relação à capacidade de o representante influenciar o processo do TCU, reduzida em comparação ao processo judicial, verifica-se que a diferença tem base no interesse público que a Corte de Contas busca tutelar. Assim, como o Tribunal visaria aos direitos da coletividade, aquele que dá início ao processo nem sempre poderá fazer parte de sua tramitação, e a Representação pode prosseguir apesar de sua desistência.

Por fim, quanto às Listas de Unidades Jurisdicionadas, sua adoção estaria de acordo com a lógica do processo judicial, tendo em vista que o CPC conferiu discricionariedade ao órgão no momento de definir sua distribuição processual, contanto que fossem observados os critérios de alternância, sorteio e publicidade. Isso posto, apesar de parecer coerente com o CPC, essa prática vem sendo mitigada pelo Tribunal.

Em todos os casos, verificamos que, em que pese o estranhamento gerado por algumas das características processuais da Corte de Contas, há espaço para argumentar que essas seriam explicadas, de modo geral, pelo seu contexto de atuação, assim como nos princípios que o norteiam.

Por outro lado, existe iniciativa de maior adequação da atividade do Tribunal às normas e à lógica adotada no Código de Processo Civil, que demanda sua aplicação supletiva e/ou subsidiária aos demais diplomas processuais. Nesse contexto, resta acompanhar, com a aprovação do novo Regimento Interno do Tribunal e outras eventuais mudanças normativas, os contornos que o processo do TCU assumirá ao longo do tempo.

Referências

BANDEIRA DE MELLO, Celso Antônio. *Curso de Direito Administrativo* – 32. edição, revista e atualizada até a Emenda Constitucional 84, de 2.12.2014. 32. ed. São Paulo: Malheiros, 2015.

BRASIL. *Constituição (1988)*. *Constituição da República Federativa do Brasil de 1988.*

BRASIL. *Lei n. 8.443, de 16 de julho de 1992* – Dispõe sobre a Lei Orgânica do Tribunal de Contas da União e dá outras providências. Publicada no DOU: 17 de julho de 1992. Disponível em: http://www.planalto.gov.br/ccivil_03/leis/L8443.htm. Acesso em: 20 de maio de 2019.

BRASIL. *Lei n. 9.784, de 29 de janeiro de 1999.* Publicada no DOU: 01 de fevereiro de 1999.

BRASIL. *Lei n. 13.105, de 16 de março de 2015 – Código de Processo Civil.* Publicada no DOU: 17 de março de 2015.

FERRAZ, Sérgio; DALLARI, Adilson Abreu. *Processo administrativo.* 3. ed. São Paulo: Malheiros Editores, 2012.

FURTADO, Lucas Rocha. *Curso de Direito Administrativo.* 4. ed. rev. e atualizada. Belo Horizonte: Fórum, 2013.

MARINONI, Luiz Guilherme; ARENHART, Sérgio Cruz. *Processo de conhecimento.* 12. ed. São Paulo: Revista dos Tribunais. 2014. (Curso de Processo Civil, v. 2).

MOREIRA, Egon Bockmann. O novo Código de Processo Civil e sua aplicação no processo administrativo. *Revista de Direito Administrativo*, Rio de Janeiro, v. 273, p. 313-334, set. 2016. Disponível em: http://bibliotecadigital.fgv.br/ojs/index.php/rda/article/view/66665. Acesso em: 19 maio 2019.

NERY JÚNIOR, Nelson. *Princípios fundamentais*: teoria geral dos recursos. 5. ed. São Paulo: Revista dos Tribunais, 2000.

NERY JÚNIOR. Nelson. *Princípios do Processo Civil na Constituição Federal.* 8. ed. São Paulo: Revista dos Tribunais, 2004.

SPECK, Bruno Wilhelm. *Inovação e rotina no Tribunal de Contas da União*: o papel da instituição superior de controle financeiro no sistema político-administrativo do Brasil. São Paulo: Fundação Konrad Adenauer, 2000.

SUPERIOR TRIBUNAL DE JUSTIÇA. *REsp 1721705/SP*, Rel. Ministra NANCY ANDRIGHI, Terceira Turma, julgado em 28 de agosto de 2018, publicado em 06 de setembro de 2018.

SUPREMO TRIBUNAL FEDERAL. *RE 693456*, Rel. Ministro DIAS TOFFOLI, Tribunal Pleno, julgado em 27 de outubro de 2016, publicado em 19 de outubro de 2017.

TRIBUNAL DE CONTAS DA UNIÃO (TCU). *Ata n. 7, de 13 de março de 2019.* Publicada no DOU: 22 de março de 2019.

TRIBUNAL DE CONTAS DA UNIÃO (TCU). *Boletim de Jurisprudência n. 162*, de 25 de abril de 2017.

TRIBUNAL DE CONTAS DA UNIÃO (TCU). *Listas de unidades jurisdicionadas (LUJ) e sorteio entre relatores*. Brasília/DF, 21 ago. 2018. Disponível em: https://portal.tcu.gov.br/unidades-jurisdicionadas/. Acesso em: 17 set. 2020.

TRIBUNAL DE CONTAS DA UNIÃO (TCU). Regimento Interno do Tribunal de Contas da União, de 2 de janeiro de 2015, Ano XLVIII, n. 1. *Boletim do Tribunal de Contas da União Especial*, v. 1, n. 1 (1982). Brasília: TCU, p. 1982-2019, 2015.

Capítulo 6
O Tempo do Controle: a Prescrição das Demandas de Ressarcimento ao Erário e de Imputação de Multa pelo Tribunal de Contas Da União[1]

CRISTINA TELLES

Introdução

"Cobrança por bagagens 'tende a ser favorável' ao consumidor, diz TCU – Tribunal abriu auditoria para verificar se o preço das passagens aéreas caiu com o início da cobrança pelo despacho de bagagens".[2] "TCU determina que Anatel apresente relação de bens das operadoras de telefonia fixa".[3] "Antes de permitir novos leilões, TCU quer que estatal do pré-sal

---

[1] O presente capítulo foi elaborado em dezembro de 2019, previamente ao julgamento do Recurso Extraordinário n. 636.886 pelo Supremo Tribunal Federal (STF). O tema aqui abordado segue, no entanto, relevante, seja pelo fato de o STF não ter abordado, na tese de repercussão geral fixada no referido RE, o prazo prescricional e os marcos de contagem aplicáveis à prescrição das demandas ressarcitórias do Tribunal de Contas da União (TCU), seja pela resistência que a Corte de Contas segue apresentando à jurisprudência do Supremo, conforme exemplificam seus Acórdãos n. 7.687 (Primeira Câmara) e 6.589 (Segunda Câmara).

[2] Manchete do jornal *O Estado de S. Paulo*. Disponível em: https://economia.estadao.com.br/noticias/ geral,cobranca-por-bagagens-e-favoravel-ao-consumidor-diz-tcu,70002643616. Acesso em: 29 jun. 2020.

[3] Manchete do portal de notícias G1. Disponível em: https://g1.globo.com/economia/noticia/2019/09/11/tcu-determina-que-anatel-apresente-relacao-de-bens-das-operadoras--de-telefonia-fixa.ghtml. Acesso em: 15 dez. 2019.

prove capacidade de comercializar".[4] "TCU apura licença de juíza para presidir associação e entidades reagem – Ministro levou caso ao Plenário da Corte de Contas e chegou a sugerir o retorno da magistrada à sua vara".[5]

Esses e muitos outros exemplos demonstram que o Brasil vive, induvidosamente, a era do controle público: controle sobre a coisa pública, e sobre os agentes públicos e as relações que estes estabelecem entre si e com particulares em razão dos cargos ocupados; controle exercido por diferentes instituições do Estado, nem sempre de forma harmônica entre si, e com especial destaque, nos últimos anos, para o Tribunal de Contas da União (TCU).[6]

O poder de controle em ascensão é, em grande medida, resposta a uma demanda social também crescente por moralidade e eficiência administrativas, e por prevenção, repressão e reparação mais efetivas a atos de corrupção – aqui tomados em sentido amplo.[7] Trata-se, sob essa ótica, de um fenômeno salutar, que deve ser valorizado como sinal do amadurecimento da sociedade brasileira, tradicionalmente vista como apática e pouco engajada em coibir os desvios cometidos por seus governantes.[8]

O poder de controle precisa, no entanto, como qualquer outro poder, de limites. Precisa de balizas legais claramente estabelecidas, que lhe confiram instrumentos de ação, mas também condicionantes, para evitar que a legitimidade de seus fins se transmude em abuso dos meios utilizados.

Inserido nesse contexto de valorização do controle e, ao mesmo tempo, preocupação com a necessidade de sua restrição ou sujeição efetiva a

---

[4] Manchete do portal de notícias G1. Disponível em: https://g1.globo.com/economia/noticia/2019/07/17/antes-de-permitir-novos-leiloes-tcu-quer-que-estatal-do-pre-sal-prove--capacidade-de-comercializar.ghtml. Acesso em: 15 dez. 2019.

[5] Matéria veiculada no *site Jota*. Disponível em: https://www.jota.info/justica/tcu-apura--licenca-de-juiza-para-presidir-associacao-e-entidades-reagem-30072019. Acesso em: 15 dez. 2019.

[6] A ascensão institucional do TCU tem se feito acompanhar do aumento na quantidade e qualidade dos estudos desenvolvidos sobre a Corte. Ver, nesse sentido, entre outros, os seguintes trabalhos: (i) ROSILHO (2019); (ii) WILLEMAN (2017); e (iii) DIONISIO (2019).

[7] Trata-se aqui de qualquer ato de desvio de recursos ou bens públicos, e não apenas do tipo penal corrupção conforme definido, em sua forma ativa e passiva, na legislação brasileira (arts. 317 e 333 do Código Penal). Utiliza-se "corrupção" em seu sentido dicionarizado mais usual, e não em sentido técnico-jurídico.

[8] Nesse sentido, confira-se: BARROSO (2018, p. 35-54).

amarras jurídicas, o presente capítulo procurará enfrentar a temática da prescrição das demandas de ressarcimento e de imputação de multa exercidas pelo TCU. A partir, basicamente, do levantamento e estudo de precedentes judiciais sobre o tema, pretende-se demonstrar a postura reativa que vem sendo adotada pela Corte de Contas em seguir as orientações firmadas pelo Judiciário. A irresignação do TCU, longe de expressar a independência funcional da instituição, parece sintomática de um exercício abusivo de poder, que, embora possa até ser, repita-se, bem-intencionado ou dirigido a finalidades legítimas, viola postulados básicos do Estado Democrático de Direito.

Valendo-se de uma lacunosa lei orgânica, a Lei n. 8.443/1992 (LOTCU), que já não é mais condizente com o tamanho e os papéis assumidos pela Corte ao longo da vigência constitucional, o TCU persiste em interpretações judicialmente rechaçadas acerca da prescrição, para sujeitar agentes públicos e privados a pretensões punitivas e ressarcitórias mais de cinco anos após a ocorrência dos fatos. Não raro, o Tribunal age mais de uma década após a prática do suposto ilícito, em processos que já sequer se voltam contra os agentes do alegado desvio de recursos públicos, atingindo seus herdeiros, quando pessoas naturais, ou seus sucessores, políticos ou empresariais, quando entes públicos ou privados.

Ao assim atuar, o TCU ofende o devido processo legal, o contraditório e a ampla defesa dos acusados, gerando transtornos patrimoniais e morais às pessoas investigadas, as quais, mesmo se culpadas forem – e não se pode presumir que o sejam – merecem do Estado respeito e consideração. O Tribunal viola, ademais, em prejuízo a toda a sociedade, a segurança jurídica, a economicidade e a razoabilidade, gerando dispêndio de recursos em processos com alta chance de desconstituição judicial futura e que são incapazes ou, no mínimo, pouco efetivos na prevenção e até mesmo repressão e reparação de desvios. Um sistema de controle lento, que atinge os supostos praticantes de corrupção (*lato sensu*) anos após o que seria adequado, é comprovadamente falho em atender as finalidades a que se propõe,[9] de modo que o abuso dos meios empregados – que seria, por si só, ilegítimo – se revela também impassível de justificação

---

[9] Acerca, em específico, da baixa efetividade das decisões condenatórias proferidas pelo TCU, confira-se: NASCIMENTO (2012, p. 84-101).

lógica em nome dos objetivos visados. Abusam-se dos meios para sequer se chegar aos fins almejados de maneira eficiente.

Em termos de estruturação textual, o presente capítulo divide-se em cinco tópicos. O primeiro deles destina-se à contextualização da matéria, trazendo considerações sobre as competências de julgamento do TCU. Destacam-se, inicialmente, as duas pretensões básicas titularizadas pelo Tribunal, quais sejam: imputação de débito e imputação de multa.[10] Em seguida, ressaltam-se aspectos processuais da Tomada de Contas Especial (TCE), na condição de instrumento típico de julgamento de contas *não ordinárias* pela Corte de Contas.

A finalidade dessa primeira parte do capítulo consiste em tanto fixar premissas gerais sobre o julgamento de contas pelo TCU, como destacar características dessa competência que influenciam a definição do regime prescricional aplicável. A partir dessas considerações iniciais é que se justifica, inclusive, a divisão subsequente do capítulo, com um item voltado especificamente à prescrição das demandas ressarcitórias do TCU (segundo tópico); e, outro, à prescrição das pretensões punitivas do Tribunal (terceiro tópico).

Em ambos, serão abordados, sobretudo, os argumentos utilizados na jurisprudência da Corte de Contas e dos tribunais de cúpula do Judiciário. Será examinada, com especial destaque, a mudança de orientação do Supremo Tribunal Federal (STF) quanto ao art. 37, §5º, da Constituição de 1988 (CF/1988), inaugurada em 2016, no julgamento com repercussão geral do recurso extraordinário (RE) n. 669.069.[11]

---

[10] Seria possível problematizar a natureza do poder-dever titularizado pelo TCU de busca pela reparação do erário e de punição dos agentes causadores do dano. Com efeito, a consideração usual desses poderes como "pretensões jurídicas", na acepção tradicional e civilista que se costuma dar ao termo, ajuda a confundir a interpretação do regime jurídico prescricional aplicável a eles. Não obstante, tendo em vista ser este o modo quase unânime de abordagem da matéria, será o também adotado no presente trabalho, ainda que com destaque frequente às distinções que marcam a atuação de agentes privados no exercício de suas pretensões jurídicas e o agir estatal em busca da reparação de danos e/ou da punição dos respectivos responsáveis. Acerca do tema, com enfoque civilista, confira-se: NEVES (2019).

[11] STF, RE n. 669.069, Plenário, Rel. Ministro Teori Zavascki, j. 03.02.2016. Tese de julgamento aprovada: "É prescritível a ação de reparação de danos à Fazenda Pública decorrente de ilícito civil".

Essa nova interpretação foi reforçada, embora também parcialmente tumultuada, pelo julgamento, em 2018, do RE n. 852.475, que cuidou especificamente do ressarcimento ao erário oriundo de atos de improbidade administrativa.[12] Aguarda-se, ainda, a apreciação pelo Tribunal de um terceiro RE em regime de repercussão geral, voltado especificamente ao tema da prescritibilidade das demandas de ressarcimento exercidas pelo TCU (RE n. 636.886, Rel. Ministro Alexandre de Moraes). O caso entrou na pauta do STF em 2019, mas não chegou a ter seu julgamento efetivamente iniciado. Apesar disso, conforme se demonstrará nos segundo e terceiro tópicos deste capítulo, a jurisprudência atual do STF já permite questionar-se, em bases bastante sólidas, a tradicional e persistente postura adotada pelo TCU em matéria de prescrição – seja de pretensões ressarcitórias, seja de pretensões punitivas.

Em seguida a tais tópicos, que poderiam ser qualificados como o núcleo ou o centro do capítulo, serão tecidos, a título meramente complementar, breves comentários acerca da contagem dos prazos prescricionais. O tema ainda é pouco debatido em doutrina e jurisprudência, mas possivelmente ganhará relevância tão logo o STF firme precedente vinculante quanto à prescritibilidade das demandas ressarcitória e punitiva do TCU, como se espera que vá ocorrer com o julgamento do RE n. 636.886. A definição dos marcos iniciais de contagem da prescrição, bem como de suas causas de impedimento, interrupção e suspensão tende a ser nova fronteira do debate jurídico acerca da matéria.

1. Competências do Tribunal de Contas da União de Julgamento de Contas e Responsabilização Individual dos Agentes Envolvidos: Demandas de Ressarcimento ao Erário e de Imputação de Multa

A CF/1988 conferiu ao TCU, entre outras competências, a de julgar contas "*dos administradores e demais responsáveis por dinheiros, bens e valores públicos*", assim como "*daqueles que derem causa a perda, extravio ou outra irregularidade de que resulte prejuízo ao erário público*" (art. 71, II). De forma

---

[12] STF, RE n. 852.475, Plenário, Rel. Ministro Alexandre de Moraes, Red. para acórdão Ministro Edson Fachin, j. 08.08.2018. Tese de julgamento aprovada: "São imprescritíveis as ações de ressarcimento ao erário fundadas na prática de ato doloso tipificado na Lei de Improbidade Administrativa".

a complementar tal competência, a Carta concedeu ao Tribunal o poder de imputar, com força de título executivo, "*débito ou multa*" (art. 71, §3º).

A partir desse desenho constitucional, tem-se entendido que a atribuição julgadora do Tribunal de Contas contempla duas modalidades ou espécies principais: (i) um poder-dever *comum* de julgar as contas ordinárias, que todo administrador ou responsável por valores públicos deve apresentar; e (ii) um poder-dever *especial* de julgar aqueles que, seja pela omissão na prestação de suas contas ordinárias, seja por outro fator externo, sejam considerados suspeitos de terem dado causa a alguma irregularidade, em sentido amplo, ensejadora de prejuízo ao erário.[13] No exercício de qualquer dessas competências de julgamento, porém, o TCU pode imputar "*débito ou multa*" ao jurisdicionado,[14] ostentando, em sua decisão final, eficácia executiva.

Considerado o propósito deste capítulo, será enfatizada aqui a segunda das referidas competências julgadoras do Tribunal de Contas – inicialmente sob um viés substantivo ou material, atento ao conteúdo das decisões que podem vir a ser proferidas pelo TCU; e, em seguida, sob um viés processual, focado em seu exercício por meio de TCE.

1.1. Aspectos Materiais da Competência Especial de Julgamento de Contas pelo Tribunal de Contas da União: Pretensão de "Imputação de Débito ou Multa"

Conforme assinalado acima, o art. 71, §3º, da CF complementa as regras de atribuição de competência ao TCU, de modo a deixar expresso o

---

[13] Em doutrina, refere-se, ainda, a uma terceira competência julgadora, que não encontraria substrato normativo diretamente na Constituição: a tomada de contas extraordinária. Em suma, esta seria cabível quando do encerramento de atividade de órgão ou entidade pública. Ver: FERNANDES (2009, p. 27-28).

[14] Em rigor, a palavra "jurisdicionado" não se adequa ao Tribunal de Contas, mas apenas ao Judiciário, no exercício de sua função precípua de resolução de conflitos. Assim como a jurisdição, no sistema brasileiro, é exclusiva do Judiciário, jurisdicionados seriam apenas aqueles que figuram em processos judiciais dessa natureza. Por questões de simplificação terminológica, todavia, a expressão "jurisdicionados" será empregada neste trabalho tal como o próprio TCU a emprega, ou seja, de forma extensível àqueles que são parte em processos administrativos em curso naquela Corte. Serão tidos, portanto, como "jurisdicionados", administradores ou gestores públicos, bem como qualquer pessoa que tenha, alegadamente, dado causa a irregularidade de que resulte prejuízo ao erário, submetendo-se, assim, à competência julgadora da Corte de Contas, nos moldes do art. 71 da CF/1988.

conteúdo decisório central (e, naturalmente, potencial) das causas submetidas a julgamento pela Corte de Contas, a saber: "*imputação de débito ou multa*". Assim, pode-se afirmar que, ao julgar as contas daqueles que tenham dado causa a irregularidade geradora de dano ao erário, o TCU pode, basicamente, condenar o responsável ao pagamento (a) do "débito" apurado e (b) da eventual multa devida.[15]

Essas duas pretensões do Tribunal, por sua vez, costumam ser caracterizadas juridicamente como (a) pretensão de ressarcimento ao erário (em sentido amplo) e (b) pretensão punitiva.[16] Do simples fato de que existem duas pretensões centrais distintas em exercício pelo TCU, no julgamento de contas, já se pode extrair um dado relevante para o presente capítulo, qual seja: a necessidade de examinar a prescrição da atuação do Tribunal de maneira também bipartida. Ou seja, deve-se apreciar, separadamente, a prescrição para a imputação de débito e a prescrição para imputação de multa, uma vez que, por serem diversas, elas podem se sujeitar – e, de fato, se sujeitam, segundo o entendimento jurisprudencial majoritário – a regimes prescricionais diferenciados.

Mas não se encerra aí a importância de analisar a qualificação jurídica das pretensões exercidas pelo TCU no julgamento de contas. Como não há regra específica sobre prescrição na LOTCU, o regime prescricional aplicável à imputação de débito e à imputação de multa acaba sendo definido, em grande medida, pelo enquadramento, direto ou por analogia, dessas atuações da Corte de Contas como expressão de alguma forma de ação que já conte com disciplina prescricional no ordenamento jurídico. Assim, ao se caracterizar a imputação de débito como ressarcimento ao erário, por exemplo, atrai-se para ela toda a discussão acerca da prescritibilidade ou não de demandas dessa natureza decorrentes de ato ilícito, à luz do disposto no art. 37, §5º, da CF/1988. De igual maneira, ao enquadrar-se a imputação de multa como pretensão punitiva, suscitam-se as

---

[15] Há previsão em lei para aplicação, pelo TCU, de outras sanções, notadamente de declaração de inidoneidade (art. 46) e de inabilitação para o exercício de cargo em comissão e função em confiança (art. 60). No entanto, considerando-se a incidência bem mais frequente das sanções de multa, examinarei no presente trabalho apenas esta.

[16] STJ, REsp 894539, Segunda Turma, Rel. Ministro Herman Benjamin, j. 20.08.2009; TRF5, AC578053, Quinta Turma, Rel. J.C. Ivan Lira de Carvalho, j. 22.09.2015; TRF1, Processo 0002430-92.2008.4.01.4101, Sexta Turma, Rel. Des. Daniel Paes Ribeiro, j. 09/03/2015.

discussões sobre os limites temporais para exercício do chamado "poder administrativo sancionador".

É certo que o debate sobre a prescrição, objeto do presente capítulo, ultrapassa as barreiras da qualificação jurídica das pretensões exercidas pelo TCU, envolvendo, por exemplo, a problematização do próprio recurso à analogia para fixação dos prazos prescricionais, diante da existência de normal residual sobre o tema no Código Civil (CC – Lei n. 10.406/2002) (art. 205). De toda maneira, o que se pretende ressaltar nessa fase inicial do capítulo, de contextualização da matéria, é a forte conexão existente entre a natureza jurídica atribuída a cada uma das pretensões exercidas pelo TCU no julgamento de contas e os debates que irão se estabelecer a respeito do regime prescricional aplicável.

Até mesmo por isso, ainda antes de se passar ao exame dos aspectos processuais da chamada "tomada de contas especial", consignam-se breves comentários acerca de cada uma das pretensões aqui referidas. A começar pela pretensão de imputação de débito, vale mencionar que sua caracterização como hipótese de reparação do erário poderia ser questionada à luz do critério literal ou gramatical de interpretação jurídica. Afinal, o texto da CF/1988 tratou da reparação ao erário expressamente, por duas vezes, empregando, para tanto, o termo mais claro possível: "ressarcimento" (art. 37, §§ 4º e 5º). A utilização, no art. 71, §3º, do diploma, de expressão diversa ("imputação de débito") poderia, portanto, ser tomada como indicativo de que esta não ostenta, propriamente, natureza ressarcitória.

Esse não é, no entanto, o entendimento jurisprudencial dominante. Em síntese, seguindo-se a diretriz interpretativa de que não há palavras inúteis nos textos normativos, prevalece a orientação de que a "imputação de débito", prevista o art. 71, §3º, da Constituição, deve significar algo distinto da imputação de multa, ali também referida. Sob essa perspectiva, restaria, a ela, o sentido alusivo a uma competência do Tribunal de Contas para exigir, de seus jurisdicionados, prestação patrimonial não punitiva, que só teria como, logicamente, caracterizar-se como uma pretensão de ressarcimento dos danos causados ao erário.

Essa interpretação da norma constitucional é corroborada, ainda, pelo art. 19 da Lei n. 8.443/1992.[17] Com efeito, em seu *caput*, o preceito

---

[17] A assertiva não representa qualquer inversão da hierarquia normativa entre Constituição e lei. Não se trata, portanto, de uma indevida submissão da Constituição à legislação

estabelece que, *"havendo débito"*, deve se determinar a condenação do responsável pelo pagamento da dívida, podendo ser cominada, ademais, multa de até 100% do valor do dano gerado (art. 57 da Lei). Estatui-se, portanto, claramente, para os casos de *"débito"*, a possibilidade de acumulação do dever de ressarcimento com a imposição de multa. Já para as hipóteses de ausência de débito, o parágrafo único do art. 19 prevê a possibilidade, apenas, de incidência de multa, de valor máximo fixado na própria lei (art. 58, I).

Note-se que a firme compreensão de que o art. 71, §3º, da CF atribuiu ao TCU competência para demandar o ressarcimento de prejuízos causados ao erário não define, de maneira incontroversa, o regime prescricional aplicável à hipótese. Ela apenas se presta a delimitar o escopo da análise jurídica a ser feita acerca do assunto – e que, não fosse isso, permaneceria totalmente em aberto, em decorrência do silêncio da Lei n. 8.443/1992.

De toda forma, vale adiantar que, conforme o Tópico 2 deste capítulo abordará, a prescritibilidade das medidas de ressarcimento ao patrimônio público tem sido alvo de debates doutrinários e divergências jurisprudenciais cada vez mais significativos, que problematizam o sentido e o alcance do disposto no art. 37, §5º, da CF. Assim, a qualificação da imputação de débito como medida ressarcitória talvez levante, atualmente, mais dúvidas do que respostas quanto à prescrição da pretensão exercida pelo TCU.

Passando aos comentários relacionados à imputação de multa pelo TCU, destaca-se não haver dúvida relevante sobre tratar-se de pretensão de natureza punitiva. Acontece que não há norma geral que, expressamente, discipline a prescrição de toda e qualquer ação sancionadora pecuniária do Estado. A Lei n. 9.873/1999, ao menos em sua literalidade, restringe-se às pretensões punitivas decorrentes do exercício de poder de polícia, o que exige que se examine, um pouco mais a fundo, a imputação de multa pelo TCU.

Em resumo, mostra-se relevante saber: (a) se a ação sancionadora do TCU tem natureza de *poder de polícia*, hipótese em que se

---

infraconstitucional, mas do mero reconhecimento de que o legislador infraconstitucional também é agente de interpretação e concretização das normas constitucionais, podendo e, em grande medida, devendo delimitar o sentido e o alcance das expressões empregadas na CF/1988.

submeteria, induvidosamente, de maneira direta, ao prazo quinquenal da Lei n. 9.873/1999; (b) se, embora não seja manifestação de poder de polícia, configura ação sancionadora *administrativa*, cuja regulação pela Lei n. 9.873/1999 mostra-se defensável, por interpretação teleológica do preceito; ou, ainda, (c) se deve ser examinada de forma segregada das demais ações punitivas da Administração, tendo seu prazo prescricional resolvido (c.1) por analogia com outros dispositivos próprios do Direito Administrativo por (c.2) por aplicação da regra residual do art. 205 Código Civil.

Conforme será referido no Tópico 3 deste capítulo, o enquadramento da imputação de multa pelo TCU como poder de polícia não conta com significativo apoio doutrinário ou jurisprudencial. Dessa forma, a discussão acerca do regime prescricional aplicável acaba por envolver ou, ao menos, tangenciar a atribuição de maior ou menor peso à qualificação da atuação punitiva da Corte de Contas como uma faceta de um poder estatal mais amplo, de imposição de sanções de maneira geral.

Em vista disso, mostra-se relevante, nessa parte introdutória do capítulo, voltada à contextualização das competências fiscalizatórias do TCU, apontar pontos de contato e de distinção entre, de um lado, o poder punitivo da mencionada Corte na condição de agente de controle externo, e, de outro, o poder usualmente exercido por órgãos e entes públicos como manifestação do denominado controle interno:

> (i) Como principal *ponto de contato ou semelhança*, destaca-se a acumulação, pela instituição sancionadora, de funções típicas de acusação e de julgamento, ainda que possivelmente segregadas entre diferentes pessoas ou órgãos que a componham. A característica em análise contrapõe-se ao verificado nos processos de natureza judicial, em que o julgador não titulariza, nem pode titularizar, competências acusatórias, tendo, por exemplo, menor poder de impulso processual e de produção de provas.
>
> (ii) Por outro lado, como principais *notas distintivas* entre o poder sancionador do TCU e o exercido pela Administração Pública a título de controle interno, consignam-se: a) a maior tendência da Corte de Contas para realizar julgamentos imparciais, dado que, como regra, seus interesses não são colocados diretamente em jogo durante os processos de fiscalização; e b) a força executiva atribuída, pela própria

Constituição, às decisões proferida pelo TCU. Essas duas distinções podem, no entanto, ser mitigadas: (b.1) em primeiro lugar, porque as instituições de controle interno costumam contar, cada vez mais, com garantias para atuação independente e, assim, imparcial em relação às pessoas por elas fiscalizadas; e, (b.2) em segundo lugar, porque as multas por elas impostas podem, como regra pelo menos, ser inscritas em dívida ativa, passando a ostentar, assim, natureza executória equivalente à outorgada pela CF/1988 às multas do TCU.[18]

1.2. Aspectos Processuais da Competência Especial de Julgamento de Contas pelo Tribunal de Contas da União: Características Básicas da Tomada de Contas Especial

A "tomada de contas especial" constitui processo administrativo voltado, especificamente, ao julgamento, pelo TCU, daqueles que, nos termos do trecho final do art. 71, II, da CF/1988, *"derem causa a perda, extravio ou outra irregularidade de que resulte prejuízo ao erário público"*. Segundo conceito elaborado e normatizado pela própria Corte de Contas, por meio da Instrução Normativa n. 71/2012, trata-se de *"um processo administrativo devidamente formalizado, com rito próprio, para apurar responsabilidade por ocorrência de dano à administração pública federal, com apuração de fatos, quantificação do dano, identificação dos responsáveis e obter o respectivo ressarcimento"* (art. 2º).

Dada a amplitude do próprio texto constitucional ao cuidar da matéria, em princípio pelo menos, qualquer irregularidade ensejadora de dano ao erário pode levar à instauração de TCE.[19] A LOTCU, ao disciplinar

---

[18] A título exemplificativo, veja-se o disposto no art. 13, parágrafo único, da chamada "Lei Anticorrupção", Lei n. 12.846/2013.

[19] A mencionada amplitude do art. 71, II, da CF/1988 é o que tem levado, inclusive, a Corte de Contas a reputar cabível a instauração de TCE visando à reparação de dano gerado ao patrimônio de empresa estatal (*e.g.*, Acórdão 219/2017, Rel. Ministro José Múcio Monteiro, j. 15.02.2017; e Acórdão 630/2017, Rel. Ministro Vital do Rêgo, j. 05.04.2017). Há, até mesmo, precedente do STF nesse sentido (v. MS 25092, Plenário, Rel. Ministro Carlos Velloso, j. 10.11.2005).
Não se insere nas finalidades do presente trabalho discutir o tema, mas vale pontuar que, apesar da importância dos precedentes referidos acima, o cabimento de TCE para apurar dano a estatal mostra-se questionável do ponto de vista jurídico. Não se nega, com isso, a submissão das estatais ao controle externo do TCU. Apenas se coloca em xeque, especificamente, o exercício desse controle por meio de TCE, dado não apenas o rigor do referido instrumento processual, mas também as particularidades práticas ou operacionais que ele

o assunto, manteve a abrangência do processo, viabilizando sua abertura mesmo em casos de mera omissão no dever de prestação de contas ordinárias, sob a premissa de que tal omissão configuraria indício de malversação de recursos públicos, passível de investigação pela aludida via processual.[20]

Por outro lado, possivelmente com a finalidade de evitar a sobrecarga de trabalho do TCU, a Lei n. 8.443/1992 limitou, consideravelmente, a atuação da Corte de Contas no processo, colocando o próprio órgão ou entidade supostamente prejudicado pela prática da irregularidade como primeiro responsável pela apuração dos fatos. Assim, a TCE passou a ser revestida, como regra geral, de duas fases (fase interna e fase externa), sendo que somente na segunda delas o TCU atuaria.

Na chamada fase interna da TCE, o próprio órgão ou ente afetado pela irregularidade deve apurar os fatos, de modo a, ao final, estabelecer e quantificar a ocorrência de dano ao erário, bem como identificar os responsáveis por ele. Não há, tecnicamente, em tal estágio processual, partes, contraditório, ou decisão de julgamento apta a condenar aqueles considerados responsáveis pelo dano. O propósito da fase interna é meramente investigativo,[21] podendo gerar apenas dois resultados: o arquivamento do feito (art. 7º, da IN n. 71/2012),[22] ou seu encaminhamento ao TCU (art. 11),[23] para que este, sim, efetive a fase externa da TCE, julgando, sob o crivo do contraditório, as pessoas inicialmente apontadas como responsáveis pelo dano ao erário.

Isso não significa que, durante a fase interna, ou mesmo antes dela, o órgão ou entidade prejudicado não possa buscar o ressarcimento ao erário. Infere-se da normatização editada pelo próprio TCU que, havendo apuração minimamente adequada dos fatos, a Administração deve pleitear,

---

encerra e que são de difícil compatibilização com o regime jurídico híbrido a que sujeitam empresas públicas e sociedades de economia mista.

[20] Ver, nesse sentido, o previsto no art. 8º da LOTCU.

[21] Cf. FERNANDES (2009).

[22] IN 72/2012 – "*Art. 7 Serão arquivadas as tomadas de contas especiais, antes do encaminhamento ao Tribunal de Contas da União, nas hipóteses de: I – recolhimento do débito; II – comprovação da não ocorrência do dano imputado aos responsáveis; III – subsistência de débito inferior ao limite de R$ 100.000,00, de que trata o inciso I do art. 6º desta Instrução Normativa*".

[23] IN 72/2012 – "*Art. 11. A tomada de contas especial deve ser encaminhada ao Tribunal de Contas da União em até cento e oitenta dias após a sua instauração*".

o quanto antes e da maneira menos onerosa possível, o pagamento da quantia devida a quem de direito, encarando a fase externa da TCE como uma via excepcional ou subsidiária de obtenção desses valores.[24]

Porém, a pretensão *interna* de ressarcimento nem sempre é exitosa. Entre outros problemas, falta liberdade aos agentes públicos envolvidos para negociarem com os responsáveis pelo dano apurado uma solução mais célere e menos custosa a todos. A consensualidade administrativa, tão em voga, parece ainda não ter fincado raízes na seara do controle – interno ou externo –, em que pese os recentes estímulos trazidos pelas alterações promovidas na Lei de Introdução às Normas do Direito Brasileiro (LINDB) (Decreto-lei n. 4.657/1942, com redação alterada, em especial, pela Lei n. 13.655/2018).

Seja como for, a processualidade bipartida da TCE – *i.e.*, sua tramitação, via de regra, em fase interna e eventual fase externa – é relevante para o presente capítulo por ilustrar traço fundamental da atuação do Estado em busca do ressarcimento por prejuízos sofridos. Em suma, o Estado possui múltiplos instrumentos de reparação ao erário, os quais podem se combinar, de maneira a que um deles, por exemplo, seja cabível quando os requisitos de outro já não estejam mais preenchidos.

A instauração de TCE externa, para julgamento pela Corte de Contas, é, nesse sentido, somente uma das medidas à disposição do Poder Público. Trata-se, por um lado, de ferramenta subsidiária à fase interna de apuração do dano, não devendo ser empregada quando o ente público puder resolver "sozinho" a questão. Por outro lado, a TCE externa não configura necessariamente a última oportunidade de reparação assegurada ao Estado. Havendo óbices legais ao julgamento pela Corte de Contas – em razão, por exemplo, do decurso de tempo – poderá ser, ainda assim, viável a busca judicial do ressarcimento, por exemplo.

Note-se, por fim, que a *excepcionalidade* e a *não exclusividade* da TCE externa não configuram ofensa à competência de julgamento destinada constitucionalmente ao TCU. A Corte de Contas, ao disciplinar a TCE como processo subsidiário de reparação do erário, não se furtou a cumprir o determinado no art. 71, II, da CF. De igual modo, os órgãos e entes

---

[24] Desde 1996, quando editada a IN n. 13 do TCI, essa caracterização foi estabelecida, constando, atualmente, do art. 4º da IN n. 72/2012, da Corte. Sobre o tema, confira-se: FERNANDES (2009, p. 34).

públicos que optam por vias alternativas de obtenção dos valores devidos não podem ser acusados de violação ao referido preceito constitucional. O que há é apenas uma priorização – prevista em instrução normativa do próprio Tribunal – de métodos menos custosos de obtenção da reparação de danos, os quais não esvaziam a competência da Corte.

Segundo a regulamentação legal e infralegal da matéria, o Tribunal pode, inclusive, suprir eventual omissão indevida do órgão ou ente público prejudicado em instaurar TCE para obtenção do ressarcimento ao erário. Ou seja, se a Corte considerar que há elementos ensejadores da abertura de TCE, pode garantir que isso ocorra independentemente da anuência da autoridade administrativa afetada, valendo-se, para tanto, de dois instrumentos principais: a TCE de ofício e a TCE por conversão.

Denomina-se "TCE de ofício" aquela em que o TCU identifica alguma irregularidade que, em seu juízo preliminar, justifica a abertura de feito dessa natureza, impondo a medida ao órgão ou ente público prejudicado. Nessas hipóteses, a Administração tem de cumprir a determinação do Tribunal, processando a fase interna da TCE e retornando os autos, ao final desta, para julgamento pela Corte (fase externa).

Já na chamada TCE por conversão, o Tribunal, ao apreciar processo de outra natureza, como auditoria ou inspeção, depara-se com elementos que apontam para a ocorrência de dano ao erário, determinando, então, sua conversão em TCE. Nesses casos, não há a fase interna da tomada de contas, que se instala diretamente perante o TCU para julgamento (fase externa), com base em elementos colhidos em outro processo investigativo ou instrutório, em curso anteriormente na Corte.

Esses dois instrumentos de instauração de TCE por ordem direta do TCU corroboram que a subsidiariedade da atuação do Tribunal, comparativamente ao controle interno da Administração, não implica subordinação, menos ainda esvaziamento da competência constitucional que lhe foi outorgada. A possibilidade de abertura de TCE por ordem direta da Corte de Contas reforça, ademais, outra característica relevante do controle externo, já sinalizada neste capítulo. Cuida-se, em suma, do seu caráter inquisitorial, no sentido de congregar, na figura do órgão julgador, atribuições típicas de acusação.[25] Conforme acaba de se destacar, o Tribunal de Contas pode, inclusive, dar início às TCEs,

---

[25] Fernandes (2009).

acumulando, assim, as funções de agente provocador, investigador, acusador e julgador.

Na mesma linha do que se expôs quanto à excepcionalidade e não exclusividade das TCEs, o reconhecimento de limites temporais à atuação do TCU não esvazia a competência outorgada à Corte, nem deixa sem a devida proteção o patrimônio público.

Limites ao exercício de um poder-dever são usuais e, mais até do que isso, essenciais para sua legitimação no Estado Democrático de Direito, que não comporta absolutismos, ainda que bem-intencionados. É nesse sentido que o presente capítulo prosseguirá, adentrando na temática da prescrição das pretensões de "imputação de débito" e "imputação de multa" pela Corte de Contas.

2. Prescrição da "Imputação de Débito"

A partir das anotações acima, dá-se início, propriamente, ao estudo da prescrição da imputação de débito pelo TCU. O tema envolve duas questões sucessivas. A primeira e mais controvertida delas consiste em saber se há prescrição, ou seja, se a pretensão de reparação do erário por julgamento de contas pelo TCU submete-se, como é a regra geral no ordenamento brasileiro, a algum prazo prescricional, ou se, ao contrário, enquadra-se em um regime excepcional de imprescritibilidade. A segunda questão, por sua vez, diz respeito ao prazo prescricional aplicável, só se colocando se acolhida, na indagação anterior, alguma tese em favor da prescritibilidade.

2.1. Imprescritibilidade vs. Prescritibilidade

Conforme já destacado, tem-se entendido que a *"imputação de débito"*, atribuída ao TCU pelo art. 71, §3º, da CF/1988, corresponde, em linhas gerais, a uma competência para instituir condenações de ressarcimento ao erário. Essa equiparação da atuação da Corte de Contas a uma medida ressarcitória dos cofres públicos tem justificado, por sua vez, o entendimento pela aplicabilidade, ao menos a priori, do art. 37, §5º, da CF à hipótese.

Há, todavia, divergência quanto ao sentido do preceito constitucional, na parte em que cuida das "ações de ressarcimento", bem como quanto ao seu alcance – se realmente amplo a ponto de abarcar, por exemplo, as demandas exercidas pelo TCU, ou não. Discute-se, em síntese, portanto, qual é a regra extraída do art. 37, §5º para as "ações de ressarcimento", e se tal regra deve se estender a toda e qualquer ação estatal que vise ao ressarcimento, incluindo-se, aí, o julgamento de contas pelo TCU.

Analisando-se a jurisprudência do Tribunal de Contas e do Judiciário, encontram-se julgados que, combinando diferentes visões quanto a cada uma das controvérsias indicadas acima, dão suporte, basicamente, a três possíveis teses sobre a prescritibilidade ou não da pretensão de "imputação de débito" atribuída à Corte:

a) Tese da imprescritibilidade, por interpretação tradicional e ampla do art. 37, §5º, da CF/1988.
b) Tese da prescritibilidade, por interpretação tradicional, mas restritiva ou estrita do art. 37, §5º, da CF/1998.
c) Tese da prescritibilidade da imputação de débito, por uma "nova" interpretação do art. 37, §5º, da CF/1988.

A) Tese da Imprescritibilidade, por Interpretação Tradicional e Ampla do Art. 37, §5º, da CF/1988

A nota marcante da tese ora examinada consiste em, além de equiparar a imputação de débito ao ressarcimento ao erário, compreender este último como imprescritível praticamente sempre: *em qualquer caso de ato **ilícito**, apurado em qualquer via processual*. Assim, mais do que assentar uma leitura do art. 37, §5º, da CF como regra que afasta a incidência do instituto da prescrição das ações de ressarcimento, a tese em apreço considera que a ressalva prescricional trazida pelo texto da Constituição protege toda e qualquer pretensão ressarcitória do Estado fundada na prática de ato ilícito, não problematizando, portanto, sua extensão a TCEs ou outras formas de atuação da Corte de Contas.

Segundo a corrente de pensamento ora analisada, condutas ensejadoras de dano ao erário, advindas da prática de ilícitos de *qualquer natureza*, podem ser questionadas a *qualquer tempo* para fins de ressarcimento, mediante ação judicial, administrativa ou de controle externo, também de *qualquer espécie*. Trata-se de compreensão defendida por anos por doutrinadores de renome (como Celso Antonio Bandeira de Mello),[26]

---

[26] Ver: MELLO (2008, p. 1035).

e que até hoje prevalece[27] no âmbito do TCU. Confira-se, nesse sentido, súmula e acórdão de uniformização de jurisprudência editados pelo Tribunal:

> Súmula 282: As ações de ressarcimento movidas pelo Estado contra os agentes causadores de danos ao erário são imprescritíveis.[28]

> **INCIDENTE DE UNIFORMIZAÇÃO DE JURISPRUDÊNCIA. INTERPRETAÇÃO DA PARTE FINAL DO § 5º DO ART. 37 DA CONSTITUIÇÃO FEDERAL. IMPRESCRITIBILIDADE DAS AÇÕES DE RESSARCIMENTO AO ERÁRIO. CONSONÂNCIA COM POSICIONAMENTO RECENTE DO SUPREMO TRIBUNAL FEDERAL. REMESSA DE CÓPIA DO ACÓRDÃO À COMISSÃO DE JURISPRUDÊNCIA DO TCU.**
>
> VISTOS, relatados e discutidos estes autos de incidente de uniformização de jurisprudência suscitado quando do julgamento de recurso de reconsideração interposto pelo ex-Prefeito de Tacaratu/PE contra o Acórdão nº 266/2003-2ª Câmara.
>
> ACORDAM os Ministros do Tribunal de Contas da União, reunidos em Sessão do Plenário, ante as razões expostas pelo Relator, em:
>
> 9.1. *deixar assente no âmbito desta Corte que o art. 37 da Constituição Federal conduz ao entendimento de que as ações de ressarcimento movidas pelo Estado contra os agentes causadores de danos ao erário são imprescritíveis*, ressalvando a possibilidade de dispensa de instauração de tomada de contas especial prevista no §4º do art. 5º da IN TCU nº 56/2007;
>
> 9.2. remeter cópia do presente Acórdão (Relatório, Voto e Parte Dispositiva) à Comissão de Jurisprudência, nos termos do § 3º do art. 91 do Regimento Interno;
>
> 9.3. remeter os autos ao Gabinete do Ministro Benjamin Zymler, nos termos do § 2º do art. 91 do Regimento Interno.[29]

---

[27] De fato, não encontramos, em nossa pesquisa, voto dissidente acerca da imprescritibilidade da pretensão de ressarcimento ao erário, exercida pela Corte mediante "imputação de débito" a quem tenha dado causa ao prejuízo ao patrimônio público.

[28] Súmula n. 282, aprovada pelo Acórdão n. 2.166, Plenário, j. 15.08.2012.

[29] TCU, Acórdão 2709/2008, Plenário, Rel. Ministro Benjamin Zymler, j. 26.11.2008 (grifo nosso).

Para que se compreenda, adequadamente, a orientação da Corte de Contas, convém registrar três breves comentários. Em primeiro lugar, a súmula acima transcrita, embora não indique expressamente a hipótese de tomada de contas especial, foi editada tendo em vista o exercício de pretensão ressarcitória por essa via processual. É, por isso mesmo, recorrentemente citada pelo próprio TCU para fundamentar a instauração e a abertura de TCEs, em que pesem as alegações dos jurisdicionados no sentido de já haver transcorrido longo lapso temporal desde a suposta prática de irregularidade ensejadora de dano ao erário.

Em segundo lugar, em contraponto à firmeza com que assevera a imprescritibilidade teórica da "imputação de débito", o próprio TCU instituiu parâmetro para mitigar, em concreto, a aplicabilidade dessa orientação jurídica. Reconhecendo o impacto negativo da imprescritibilidade sobre direitos e valores constitucionais, como o devido processo legal, o contraditório, a ampla-defesa e a segurança jurídica, a Corte passou a admitir que se *dispense* o exercício da pretensão de ressarcimento por meio de TCE, quando transcorridos mais de dez anos desde a prática do ato supostamente danoso ao erário. Essa era a inteligência do art. 5º, §4º, da IN n. 56/2007 – revogada – e que se expressa, atualmente, pelo art. 6º, II, da IN n. 71/2012:

> **IN 56/2007 (revogada):** Art. 5º [...] § 4º *Salvo determinação em contrário do Tribunal, fica dispensada a instauração de tomada de contas especial após transcorridos dez anos desde o fato gerador*, sem prejuízo de apuração da responsabilidade daqueles que tiverem dado causa ao atraso, nos termos do art. 1º, § 1º.

> **IN 71/2012:** Art. 6º *Salvo determinação em contrário do Tribunal de Contas da União, fica dispensada a instauração da tomada de contas especial*, nas seguintes hipóteses:
> I – o valor do débito for inferior a R$ 100.000,00, considerando o modo de referenciação disposto no § 3º deste artigo (NR)(Instrução Normativa nº 76, de 23/11/2016, DOU de 12/12/2016);
> II – *houver transcorrido prazo superior a dez anos entre a data provável de ocorrência do dano e a primeira notificação dos responsáveis pela autoridade administrativa competente*.

Pode-se discutir, entretanto, se a mitigação instituída pelo TCU basta para conferir aos valores constitucionais prejudicados pela tese da imprescritibilidade a devida proteção. Afinal, as INs acima referidas apenas autorizam que o órgão ou ente administrativo competente deixe de abrir TCE (fase interna), em razão do decurso de mais de dez anos desde a prática do ato ilícito danoso, ficando, no entanto, o próprio Tribunal livre para determinar a instauração do processo (de ofício) e, eventualmente, imputar o débito a quem considerar devido.

Vê-se, assim, que a hipótese de dispensa de instauração de TCE ora comentada não se choca com a tese da imprescritibilidade adotada na jurisprudência do TCU, conforme restou, inclusive, bem esclarecido no acórdão de aprovação da mencionada súmula n. 282 do Tribunal:

> *As observações aduzidas pelo ministro dizem respeito à faculdade deste Tribunal de dispensar a instauração de tomada de contas especial, notadamente em decorrência da baixa materialidade do dano ao Erário ou em face do transcorrer de prazo superior a dez anos. A primeira situação consagra os princípios da economicidade e da racionalidade administrativa, enquanto a segunda a ampla defesa e o contraditório. Estão expressas no art. 11 e no § 4º do art. 5º da Instrução Normativa TCU 56/2007.*
>
> *[...] As exceções indicadas não afetam o caráter de imprescritibilidade dos danos ao Erário, mas apenas traduzem situações em que outros valores e princípios sobrepujam aqueles relacionados ao ressarcimento de prejuízos à Administração Pública.*
>
> Não obstante, o objetivo principal da presente súmula é evidenciar entendimento desta Corte de que, **em face de eventual dano ao Erário, nenhum prazo prescricional extingue o consequente débito**.

Em terceiro e último lugar, observa-se que o TCU não costuma destacar a necessidade de a imputação de débito estar vinculada a um ato ilícito para que adquira a qualidade de imprescritibilidade. Essa é, todavia, uma limitação imposta pelo texto constitucional, de maneira bastante clara até. Em vista disso, a carência de alusões ao requisito da ilicitude, sobretudo nas ementas de julgados do TCU, não deve ser associada a uma compreensão, por parte da Corte de Contas, ainda mais ampliativa do que a própria literalidade do art. 37, §5º, da CF/1988, que pretendesse tornar insubsistente a exigência constitucional e, frisa-se, literal de caracterização do ato danoso ao erário como ilícito.

Não se deve, em outras palavras, enxergar na jurisprudência do TCU uma quarta tese sobre a imprescritibilidade das ações de ressarcimento, que postule a extensão do referido regime jurídico a uma gama ainda maior de casos do que a ora descrita. A leitura da íntegra dos acórdãos proferidos pelo Tribunal permite supor que ele não se manifesta, especificamente, sobre o requisito da ilicitude pela mera "coincidência" de os casos a ele submetidos envolverem ato danoso qualificável, em sua própria percepção – ainda que nem sempre expressada de forma cuidadosa –, como contrário ao Direito.

Essa coincidência quase que total entre os casos apreciados pelo TCU e a presença de ilicitude decorre de uma postura bastante rigorosa da Corte em relação à gestão de recursos públicos, que poderia, inclusive, ser criticada sob o argumento de transformar *"preferências* [do próprio Tribunal] *em deveres jurídicos gerais"*.[30] Seja como for, para os fins do presente capítulo, basta esclarecer que, quando o TCU deixa de aludir expressamente à ilicitude como requisito para a imprescritibilidade, não parece estar, propriamente, dispensando-o, mas, sim, pressupondo sua caracterização, a partir de uma visão bastante rigorosa, quando não excessiva, do Direito e dos parâmetros inscritos no art. 70 da CF/1988.

Partindo para a seara judicial, a maioria dos precedentes localizados, até poucos anos atrás, também seguia a tese da imprescritibilidade da "imputação de débito" em TCE. Veja-se:

> **STF**
> EMENTA: MANDADO DE SEGURANÇA. *TRIBUNAL DE CONTAS DA UNIÃO*. BOLSISTA DO CNPq. DESCUMPRIMENTO DA OBRIGAÇÃO DE RETORNAR AO PAÍS APÓS TÉRMINO DA CONCESSÃO DE BOLSA PARA ESTUDO NO EXTERIOR. *RESSARCIMENTO AO ERÁRIO. INOCORRÊNCIA DE PRESCRIÇÃO*. DENEGAÇÃO DA SEGURANÇA.
>
> I – O beneficiário de bolsa de estudos no exterior patrocinada pelo Poder Público, não pode alegar desconhecimento de obrigação constante no contrato por ele subscrito e nas normas do órgão provedor.
>
> II – Precedente: MS 24.519, Rel. Min. Eros Grau.

---

[30] Nesse sentido, cf. o artigo: ROSILHO (2017).

III – Incidência, na espécie, do disposto no art. 37, § 5º, da Constituição Federal, no tocante à alegada prescrição.
IV – Segurança denegada.[31]

STJ
ADMINISTRATIVO. TOMADA DE CONTAS ESPECIAL. DANO AO ERÁRIO. RESSARCIMENTO. IMPRESCRITIBILIDADE. MULTA. PRESCRIÇÃO QÜINQÜENAL. ART. 1º DA LEI 9.873/1999. INAPLICABILIDADE.
1. *A pretensão de ressarcimento por prejuízo causado ao Erário é imprescritível. Por decorrência lógica, tampouco prescreve a Tomada de Contas Especial no que tange à identificação dos responsáveis por danos causados ao Erário e à determinação do ressarcimento do prejuízo apurado. Precedente do STF.*
2. Diferente solução se aplica ao prazo prescricional para a instauração da Tomada de Contas no que diz respeito à aplicação da multa prevista nos arts. 57 e 58 da Lei 8.443/1992. Em relação à imposição da penalidade, incide, em regra, o prazo qüinqüenal.
[...] 4. Recursos Especiais parcialmente providos para afastar a prescrição relativamente ao ressarcimento por danos causados ao Erário.[32]

TRFs
ADMINISTRATIVO E CONSTITUCIONAL. CONVÊNIO. CONTAS DE EX-PREFEITO. IRREGULARES. *RESSARCIMENTO AO ERÁRIO. ACÓRDÃO DO TRIBUNAL DE CONTAS DA UNIÃO. REVISÃO PELO PODER JUDICIÁRIO. LIMITES. ASPECTOS FORMAIS. CONTRADITÓRIO E AMPLA DEFESA. ILEGALIDADE. INEXISTÊNCIA.* MULTA. PRESCRIÇÃO. INOCORRÊNCIA.
[...] II – Não tendo sido demonstrada qualquer ilegalidade no procedimento adotado pelo Tribunal de Contas da União, não há razão para a desconstituição do Acórdão nº 1300/2008, proferido pelo TCU, que rejeitou as contas apresentadas pelo autor.
III – *"A pretensão de ressarcimento por prejuízo causado ao Erário é imprescritível. Por decorrência lógica, tampouco prescreve a Tomada de Contas Especial no que*

---
[31] STF, MS 26.210, Plenário, Rel. Ministro Ricardo Lewandowski, j.04.09.2008 (grifo nosso).
[32] STJ, REsp 894539, Segunda Turma, Rel. Ministro Herman Benjamin, j. 20.08.2009 (grifo nosso).

tange à identificação dos responsáveis por danos causados ao Erário e à determinação do ressarcimento do prejuízo apurado" (STJ, no Resp 894539/PI).

IV – "Diferente solução se aplica ao prazo prescricional para a instauração da Tomada de Contas no que diz respeito à aplicação da multa prevista nos arts. 57 e 58 da Lei 8.443/1992. Em relação à imposição da penalidade, incide, em regra, o prazo quinquenal" (STJ, no Resp 894539/PI).

V – Na espécie dos autos, não se identifica, na espécie, o transcurso do prazo prescricional quinquenal entre a data da liberação dos recursos e a instaurada da Tomada de Contas Especial, sendo devida a multa aplicada. [...].[33]

ADMINISTRATIVO E PROCESSO CIVIL – EXECUÇÃO FISCAL
TRIBUNAL DE CONTAS DA UNIÃO – TOMADA DE CONTAS ESPECIAL PRESCRIÇÃO.

[...] III – *"O Plenário do STF, no julgamento do MS 26.210, da relatoria do ministro Ricardo Lewandowski, decidiu pela imprescritibilidade de ações de ressarcimento de danos ao erário"* (RE 578.428-AgR, Rel. Min. Ayres Britto, julgamento em 13-9-2011, Segunda Turma, DJE de 14-11-2011.) No mesmo sentido: RE 693.991, rel. min. Carmen Lúcia, decisão monocrática, julgamento em 21-11-2012, DJE de 28-11-2012; AI 712.435-AgR, Rel. Min. Rosa Weber, julgamento em 13-3-2012, Primeira Turma, DJE 12-4-2012". [...].[34]

No âmbito do STF e do STJ, nunca foram muitas, porém, as manifestações colegiadas sobre a matéria. Os acórdãos acima transcritos, proferidos por esses tribunais, respectivamente, no mandado de segurança n. 26.210 e no recurso especial n. 894.536, são, por isso mesmo, invocados à exaustão por julgadores de instâncias inferiores e pelo próprio TCU, quando desejam fundamentar a não submissão da imputação de débito, em TCE, a prazo prescricional.

Há, no entanto, e este ponto deve ser esclarecido desde já, julgados mais recentes tanto do STF como do STJ que rechaçam a interpretação ampliativa do art. 37, §5º, da CF/1988, ora examinada. Dessa forma, pode-se afirmar que a tese da imprescritibilidade de toda e qualquer pretensão

---

[33] TRF1, Processo n. 0004170-29.2010.4.01.4000, Quinta Turma, Rel. Des. Souza Prudente, j. 19.02.2014 (grifo nosso).
[34] TRF2, Processo n. 1900.51.01.713117-1, Oitava Turma, Rel. J.C. Marcello Granado, j. 02.07.2014 (grifo nosso).

de ressarcimento ao erário fundada em ato ilícito não corresponde mais ao entendimento desses tribunais superiores. A presença quantitativamente maior na jurisprudência da tese ora apreciada não lhe confere, portanto, vantagem qualitativa, no sentido de representação do entendimento majoritário *atual* dos órgãos de cúpula do Judiciário.

A título ilustrativo, destaca-se que, no relativamente recente e paradigmático julgamento do RE 669.069 pelo STF (j. 03.02.2016), somente o Ministro Edson Fachin adotou a tese da imprescritibilidade ampla, ora analisada. Propôs, nesse sentido, a fixação, em repercussão geral, do seguinte entendimento, que restou, todavia, vencido: "*A imprescritibilidade da pretensão ao ressarcimento ao erário prevista no art. 37, §5º da Constituição da República, alcança todo e qualquer ilícito, praticado por agente público, ou não, que cause prejuízo ao erário*".

Os dez Ministros restantes do Tribunal discordaram da aludida interpretação, inclusive aqueles que haviam participado do julgamento do MS 26.210, acima referido e que costuma ser apontado como precedente do STF favorável à imprescritibilidade ampla.[35] Conforme será explorado ao longo deste capítulo, não há dúvida de que a apreciação do RE 669.069 representa uma mudança da jurisprudência da Corte sobre a matéria em análise, a recomendar a diminuição do peso dado a manifestações anteriores do Tribunal a propósito do assunto.[36]

---

[35] O Ministro Ricardo Lewandowski e o Ministro Celso de Mello modificaram seu entendimento anterior sobre a matéria, e o Ministro Marco Aurélio já havia votado, no MS 26.210, contrariamente à imprescritibilidade ampla. Os Ministros Gilmar Mendes e Cármen Lúcia, que já compunham o tribunal quando da apreciação do referido MS, nele não votaram.

[36] Leia-se, em reforço à constatação da mudança jurisprudencial no STF, trecho do voto proferido pela Ministra Cármen Lúcia, no mencionado RE 669.069: "[...] *É certo que nós já tivemos, por exemplo, no julgamento do Mandado de Segurança nº 26.210, relatado por Vossa Excelência, Presidente [Ricardo Lewandowski], neste Plenário, a questão na qual ficou assentada, no mandado de segurança do Tribunal de Contas, a tese do que poderia ser considerada a incidência, na espécie, do disposto "tal", no tocante à alegada prescrição. Porém, nós não discutimos a interpretação a ser dada de maneira uniforme e linear, para todos os casos, da prescritibilidade ou não. Então, Presidente, tenho, inclusive, decisões nas quais adotei o que vinha sendo acolhido pela jurisprudência do Tribunal, sem condições de rediscutir a matéria. E se fizermos agora um levantamento, nós vamos encontrar de muitos dos Ministros, de agora, e de Ministros que já não estão mais nas cadeiras, exatamente decisão neste sentido. Entretanto, diante do julgamento trazido, estou negando provimento para assentar exatamente a tese que, quanto a ilícitos civis, na linha do que foi inicialmente preconizado pelo Min. Barroso, não cabe ser cogitada a imprescritibilidade*".

Em endosso a essa leitura da jurisprudência do STF, vale consignar que o próprio Ministro Edson Fachin mitigou, em 2018, seu posicionamento em favor da imprescritibilidade ampla, vindo a aceitar a submissão ao regime prescricional das ações de ressarcimento ao erário fundadas em ato de improbidade administrativa culposos – conforme tese fixada no RE n. 852.475.

B) Tese da Prescritibilidade, por Interpretação Tradicional, mas Restritiva ou Estrita do Art. 37, §5º, da CF/1988

A segunda tese acerca da prescrição de imputação de débito em TCE partilha, com a primeira, as considerações (i) de que a medida se caracteriza como pretensão de ressarcimento ao erário e (ii) de que o art. 37, §5º, da CF estipula a imprescritibilidade de ações dessa natureza. Distingue-se, porém, da anterior por reputar que o citado dispositivo constitucional deve ser interpretado restritiva ou, ao menos, estritamente, de modo a não abarcar toda e qualquer pretensão de ressarcimento titularizada pelo Estado.

À luz da segurança jurídica, do devido processo legal, do contraditório e da ampla-defesa, a prescrição seria a regra no ordenamento jurídico, devendo-se admitir casos de imprescritibilidade somente quando previstos expressamente na Constituição ou em lei. Justamente por configurar exceção, a imprescritibilidade não comportaria interpretação extensiva e, como consequência, o art. 37, §5º, da CF/1988, em análise, precisaria ser lido com cautela.

A partir dessa compreensão limitadora básica, visualizam-se, na jurisprudência, diferentes critérios para identificar as hipóteses de reparação ao erário acobertadas pela imprescritibilidade constitucional e aquelas sujeitas à extinção pelo decurso do tempo. Serão abordados, aqui, três desses critérios, selecionados em virtude de sua adoção em votos proferidos no STJ e/ou no STF, a saber:

(b.1) critério da natureza da pretensão: ação de ressarcimento (pagamento) em sentido estrito X ação para constituição da dívida;

(b.2) critério processual: ação judicial de ressarcimento judicial X tomada de contas especial (ou qualquer outro processo administrativo de constituição de dívida); e (b.3) critério da natureza ou da gravidade do ilícito ensejador do dano: ação de ressarcimento fundada em ato de improbidade administrativa doloso X ação de ressarcimento fundada em ilícito civil ou ato de improbidade culposo.

O *primeiro critério* (b.1) encontra respaldo em acórdão proferido pela Segunda Turma do STJ em 2010, por maioria de votos, bem como em manifestação do Min. Dias Toffoli, do STF, no exame do já comentado RE 669.069. Confira-se, inicialmente, a ementa do julgamento realizado pelo STJ:

PROCESSO CIVIL E ADMINISTRATIVO – RECURSO ESPECIAL – AÇÃO DE COBRANÇA – VIOLAÇÃO AO DL. 201/1967 – VIOLAÇÃO AOS DECRETOS MUNICIPAIS 23.863 E 24.853 DE 1987 – VIOLAÇÃO DE LEI LOCAL – PRESCRIÇÃO.
1. Não se conhece, em recurso especial, de violação a lei local, cabendo ao STF a análise, nos termos do art. 102, III, alínea"b", da CF.
2. O Decreto-lei 201/67, cujos arts. 1º e 4º são apontados como violados, contemplam hipótese de crime de responsabilidade e não de mera cobrança administrativa ao ex-prefeito.
3. *Cobrança de prejuízo causado ao erário depois de quatorze anos, sem apuração devida no an ou no quantum, por mera estimativa não se inclui na categoria das ações de ressarcimento por dano ao erário.* Trata-se de mera ação de cobrança, inteiramente irregular, sem forma ou figura jurídica.
4. Prescrição quinquenal que atinge a ação ajuizada após quase quatorze anos da ocorrência do fato e nove anos depois de falecido o agente político indicado como responsável.
5. Prescrição que se estende ao litisconsorte passivo, condenado solidariamente com o ex-prefeito.
6. Recurso especial de NELSON GUERRA JUNIOR não conhecido recurso especial do ESPÓLIO DE JÂNIO DA SILVA QUADROS conhecido e provido.[37]

---

[37] STJ, REsp 1.105.059, Segunda Turma, Rel. Ministra Eliana Calmon, j. 24.08.2010 (grifo nosso).

Pela leitura da íntegra do acórdão, verifica-se que o STJ se limitou a apreciar o caso concreto ensejador do recurso especial, sem preocupar--se em fixar uma tese geral para aplicação em hipóteses semelhantes. De toda forma, o voto da Ministra Relatora, Eliana Calmon, permite que se depreenda um parâmetro geral para definição do alcance do art. 37, §5º, da CF/1988, segundo o qual, basicamente, seriam imprescritíveis apenas as ações de ressarcimento ao erário em sentido estrito, entendidas como aquelas que se fundamentem em: (a) obrigação legal preestabelecida de pagamento, já claramente definida pelo ordenamento jurídico, ou (b) dever de pagar constituído pela atuação administrativa do Estado, sob o crivo do devido processo legal e dentro do prazo prescricional aplicável.

De acordo com tal parâmetro, a imputação de débito pelo TCU poderia ser tanto imprescritível como prescritível. Teria a primeira dessas naturezas quando a dívida exigida em TCE já pudesse ser extraída, em sua completude, do ordenamento jurídico ou já houvesse sido constituída por atuação administrativa prévia, submetida ao devido processo legal e a prazo prescricional. Por outro lado, se sujeitaria à prescrição quando o processamento no TCU fosse necessário para constituir o responsável, propriamente, em débito, estabelecendo sua dívida perante o Estado – o que, vale salientar, ocorreria na maior parte dos casos.

Conforme já pontuado, o critério em análise apoia-se, ainda, em manifestação do Ministro Dias Toffoli, do STF, no julgamento do RE n. 669.069. Em síntese, na ocasião, o Ministro defendeu que as medidas de identificação do agente responsável pelo ilícito e/ou de precificação do dano causado ao erário seriam, como regra, prescritíveis, ficando, o regime da imprescritibilidade, restrito às demandas que pretendessem executar débito já constituído (administrativa ou judicialmente), com sujeito passivo identificado e valor determinado. Confira-se:

> O SENHOR MINISTRO DIAS TOFFOLI:
> Tanto que o termo usado, na redação final, é "as respectivas ações de ressarcimento", ou seja, como se fosse ação de execução. *Identificou-se quem é o agente responsável. Para entrar com essa ação, existe prazo. Depois de identificado, há o trânsito em julgado, se vai atrás do ressarcimento.* [...]

O SENHOR MIN. TEORI ZAVASCKI (RELATOR)
[...] De qualquer modo, o importante, no meu entender, é que se dê algum sentido à cláusula final do §5º, à ressalva. Algum sentido há de haver. A Constituição está dizendo que algo é imprescritível aqui. Importa saber o que é. De alguma forma, isso tem que ser interpretado.

O SENHOR MINISTRO DIAS TOFFOLI:
É execução do ressarcimento, não a identificação do causador do dano.

A interpretação sustentada pelo Ministro Dias Toffoli não chegou a ser deliberada pelo Tribunal, porque, à época, entendeu-se desnecessário para a resolução do recurso extraordinário e, até mesmo, da repercussão geral em causa. Por ocasião do julgamento do RE n. 852.475, em 2018, o Ministro reiterou, lateralmente, seu entendimento (tese "a" supra), optando, contudo, por acompanhar, para fins deliberativos, uma das duas posições então já consolidadas no Plenário acerca da matéria – todas distintas da por ele originalmente defendida.

Seja como for, as manifestações do Ministro Toffoli nesses dois recursos permitem identificar e compreender a linha interpretativa ora analisada, que diferencia, para fins de aplicação da imprescritibilidade (supostamente) prevista no art. 37, §5º, da CF/1988, as pretensões de constituição do débito e de cobrança do ressarcimento.

Passa-se, com isso, a tratar do *segundo critério (b.2)* extraído da jurisprudência do STJ e do STF para delimitação do sentido e do alcance do referido preceito constitucional. Amparado, sobretudo, em acórdão da Primeira Turma do STJ, tal critério diferencia, basicamente, as ações judiciais de ressarcimento das TCEs, promovidas pelo TCU, concluindo que estas últimas, em razão de determinadas peculiaridades processuais, não estariam abarcadas pela imprescritibilidade constitucional. Leia-se a ementa de julgamento do REsp 1.480.350:

PROCESSUAL CIVIL E ADMINISTRATIVO. RECURSO ESPECIAL. TRIBUNAL DE CONTAS DA UNIÃO. PROCESSO DE TOMADA DE CONTAS ESPECIAL. VIOLAÇÃO A INSTRUÇÃO NORMATIVA. EXAME INCABÍVEL EM SEDE DE APELO ESPECIAL. ARTS. 31 E 57 DA LEI 8.443/92, 471 DO CPC, 884 DO CC, 26, VI, E 27, § 1º, DA LEI 9.784/99. AUSÊNCIA DE PREQUESTIONAMENTO. SÚMULA

211/STJ. TESE DE PRESCRIÇÃO ADMINISTRATIVA. AUSÊNCIA OU FALHA NA PRESTAÇÃO DE CONTAS. IMPUTAÇÃO DO DÉBITO E APLICAÇÃO DE SANÇÃO. NÃO CONFIGURAÇÃO DE HIPÓTESE DE IMPRESCRITIBILIDADE. LACUNA LEGISLATIVA. NECESSIDADE DE INTEGRAÇÃO POR ANALOGIA. APLICAÇÃO DO PRAZO QUINQUENAL. DECURSO. OCORRÊNCIA.

1. As instruções normativas não integram o conceito de lei federal para fins de controle em sede de recurso especial. Precedentes.

2. O Tribunal de origem não emitiu juízo de valor sobre os arts. 31 e 57 da Lei 8.443/92, 471 do CPC, 884 do CC, 26, VI, e 27, § 1º, da Lei 9.784/99, carecendo o recurso especial, no ponto, do requisito do prequestionamento. Incidência da súmula 282/STF.

3. "A lei estabelecerá os prazos de prescrição para ilícitos praticados por qualquer agente, servidor ou não, que causem prejuízos ao erário, ressalvadas as respectivas ações de ressarcimento" (§ 5º do art. 37 da CF).

4. *As "ações de ressarcimento" são imprescritíveis, conforme dispõe expressamente o texto constitucional, o que tem sido observado e reiterado nos julgamentos desta Corte, seja em sede de ação de improbidade com pedido de ressarcimento, seja em ação com o fim exclusivo de ressarcir o erário. No entanto, os autos não versam sobre o exercício do direito de ação, ou seja, de pedir ressarcimento perante o Poder Judiciário. Ao contrário, tratam da imputação de débito e aplicação de multa promovida pelo Tribunal de Contas da União, no exercício do seu poder/dever de velar pelas contas públicas, mediante atuação administrativa, oportunidade em que não há falar em exercício do direito de ação e, consequentemente, em imprescritibilidade.*

5. Eventual desvio de verbas ou qualquer outra ilegalidade que importe prejuízo ao erário poderá ser objeto de ação de ressarcimento, perante o Poder Judiciário, a qualquer tempo, eis que imprescritível, hipótese em que o ônus da prova do efetivo prejuízo e da responsabilidade do seu causador incumbe a quem pleiteia o ressarcimento.

6. *Na tomada de contas especial, diversamente, o ônus da prova incumbe ao responsável pela aplicação dos recursos repassados, que se torna o responsável pelo débito e multa por mera presunção de prejuízo ao erário se ausente ou falha a prestação de contas. Nessas circunstâncias, a atuação administrativa deve encontrar limites temporais, sob pena de sujeitar os responsáveis pela aplicação de repasses de verbas federais a provarem, eles, a qualquer tempo, mesmo que decorridas décadas, a adequada aplicação dos recursos que um dia geriram, em flagrante ofensa a princípios basilares do Estado de Direito, como a segurança jurídica e ampla defesa.*

7. Em virtude da lacuna legislativa, pois não há previsão legal de prazo para a atuação do Tribunal de Contas da União, deve ser-lhe aplicado o prazo quinquenal, por analogia aos arts. 1º do Decreto 20.910/32 e 1º da Lei 9.873/99. Em hipótese similar à presente, porquanto ausente prazo decadencial específico no que concerne ao exercício do poder de polícia pela Administração, antes do advento da Lei 9.873/99, a Primeira Seção desta Corte, no julgamento do REsp 1.105.442/RJ (Rel Min. Hamilton Carvalhido, Primeira Seção, DJe 22/2/2011), sob o rito do art. 543-C do CPC, assentou ser ele de 5 anos, valendo-se da aplicação analógica do art. 1º do Decreto 20.910/32.

8. Recurso especial parcialmente conhecido e, nessa extensão, provido para julgar procedente o pedido inicial, desconstituindo a decisão do Tribunal de Contas da União no processo de tomada de contas especial do Convênio 5013/96, ressalvando-se a via judicial para o pleito de eventual ressarcimento.

Trecho do voto do Min. Relator: Isto posto, *a tomada de contas especial está sujeita ao prazo decadencial de 5 anos desde quando exigível, limite temporal para que irregularidade nas contas gere presunção de prejuízo ao erário e importe na imputação do débito e multa ao responsável.* Expirado esse prazo, ressalva-se a via judicial para eventual ação de ressarcimento, esta imprescritível, oportunidade em que deverá ser provado o efetivo prejuízo ao erário e a responsabilidade do acionado. Assim, na espécie, verifica-se a ocorrência da decadência, tendo em vista que o repasse ocorreu em outubro de 1996, cessando a gestão da verba em 31/12/1996, com o término do mandato de Prefeito, sendo que a sua citação para o processo administrativo somente ocorreu em 16/1/2004.[38]

A compreensão externada pela Primeira Turma do STJ ampara-se em uma interpretação literal (estrita) e sistemática (restritiva) do art. 37, §5º, da CF/1988. Entende-se, em suma, que a imprescritibilidade aludida no preceito deve se limitar às *"ações"* de ressarcimento, tal como textualmente indicado pela Constituição, o que já permitiria colocar em xeque sua extensão a medidas administrativas de reparação do erário, como a TCE.

Adiciona-se a esse argumento, a natureza excepcional da imprescritibilidade no sistema jurídico brasileiro, justificada pela fragilização que

---

[38] STJ, REsp 1.480.350, Primeira Turma, Rel. Ministro Benedito Gonçalves, j. 05.04.2016 (grifo nosso).

tal regime gera a valores constitucionais, como a segurança jurídica e o contraditório. Com isso, conclui-se que a TCE, por guiar-se por regras que conferem reduzida proteção aos jurisdicionados, comparativamente à que eles encontrariam na seara judicial, não pode, mesmo, restar acobertada pelo art. 37, §5º, da CF/1988, sob pena de, nesse específico contexto, tutelar-se de maneira absolutamente insuficiente direitos fundamentais das pessoas investigadas.

Nesse sentido, a Primeira Turma do STJ ressalta que a TCE opera por meio de presunções e inversões de ônus de prova que não seriam admitidas perante o Judiciário.[39] Agregando-se a isso o regime da imprescritibilidade, o particular e até mesmo seus sucessores se veriam obrigados a guardar, eternamente, documentos que demonstrassem, de modo cabal, a não ocorrência de ilícito ensejador de dano ao erário, uma vez que poderiam vir a ser, a qualquer tempo, demandados pelo TCU em tomada de contas, tendo, eles próprios, que constituir prova da regularidade da gestão de recursos públicos, e não o contrário.

Vale destacar que, no julgamento do RE n. 852.475, a tese da distinção processual entre a atuação judicial do Estado e o agir administrativo ou controlador do TCU, embora não tenha sido central no voto de nenhum dos Ministros, se fez presente como reforço à fundamentação desenvolvida por vários deles. Ao longo da deliberação, ficou evidente a preocupação da Suprema Corte em, vindo a (re)admitir, ali, a imprescritibilidade de ações de ressarcimento ao erário, restringir a medida à seara judicial e, mais ainda, ao âmbito de ações propostas com amparo e nos estritos limites da Lei de Improbidade Administrativa. Veja-se:

---

[39] Ver, nesse sentido, o seguinte precedente do próprio Tribunal de Contas: *"A jurisprudência desta Corte de Contas é pacífica em afirmar que constitui ônus do gestor a produção das evidências necessárias para comprovar o adequado uso dos recursos públicos, consoante disposições contidas no artigo 70, parágrafo único, da Constituição Federal e no art. 93 do Decreto-lei n. 200/1967. (Acórdãos n. 1.921/2011-TCU-2ª Câmara, n. 203/2010-TCU-Plenário, n. 276/2010-TCU-Plenário, n. 621/2010-TCU-Plenário, n. 3.975/2010-TCU-1ª Câmara, n. 860/2009-TCU-Plenário, n. 1.007/2008-TCU-2ª Câmara, n. 1.157/2008-TCU-Plenário, n. 1.223/2008-TCU-Plenário, n. 337/2007-TCU-1ª Câmara, n. 1.322/2007-TCU-Plenário, n. 1.495/2007-TCU-1ª Câmara, entre outros)"* (Acórdão n. 1.253/2017, Plenário, Rel. Vital do Rêgo, j. 14.06.2017). Corroborando a atuação inquisitiva do TCU, vale conferir também: Acórdão 259/2016, Plenário, Rel. Ministro Augusto Sherman; e Acórdão 1.721, Plenário, Rel. Ministro Benjamin Zymler.

Debates durante a retificação de voto do Min. Luiz Fux:
O SENHOR MINISTRO ALEXANDRE DE MORAES (RELATOR ORIGINÁRIO):

[...] O que eu indago a Vossa Excelência [Min. Luiz Fux], porque acho importante, e a discussão se reabriu, é, se eventualmente o Plenário entender que é imprescritível, o rito deve ser de ação de improbidade e deve se comprovar o elemento subjetivo previsto nos arts. 9º, 10, 10-A e 11, ou seja, o dolo ou culpa. Não se pode estabelecer só nexo causal.

O SENHOR MIN. EDSON FACHIN (REDATOR DO ACÓRDÃO):
[...] eu sustentei e reitero que entendo que são imprescritíveis as ações de ressarcimento ao erário fundadas em ato de improbidade administrativa.

O SENHOR MINISTRO ALEXANDRE DE MORAES:
Previstos na Lei de Improbidade.

O SENHOR MIN. EDSON FACHIN:
Nos termos da lei.

Em recente parecer anexado aos autos de mandado de segurança em tramitação no STF, também o Ministério Público Federal endossou essa tese – contrariando, inclusive, o entendimento que expusera no âmbito do RE n. 636.886, que cuida especificamente da prescritibilidade das demandas de ressarcimento oriundas do TCU. Leia-se, nessa linha, trecho do parecer da Procuradoria-Geral da República apresentado no MS n. 35.512:[40]

> [...] *é importante destacar que a leitura do artigo 37, §5º, da Constituição da República* [...] *requer a distinção entre, de um lado, as medidas administrativas de apuração de prejuízos e identificação dos responsáveis, como a Tomada de Contas pelo TCU – estas prescritíveis –; e, de outro, das ações judiciais de ressarcimento – estas sim imprescritíveis.* [...]
> *E essa distinção se faz necessária notadamente porque na ação de ressarcimento, perante o Poder Judiciário, o ônus da prova será do Estado, que alega o prejuízo ao erário. Por outro lado, na tomada de contas especial, conduzida administrativamente*

---

[40] STF, MS 35.512, Segunda Turma, Rel. Ministro Ricardo Lewandowski (grifo nosso).

perante o Tribunal de Contas da União, tal ônus incumbirá ao próprio responsável pela gestão dos recursos públicos. Logo, a exigência de que este tenha ao seu alcance os instrumentos que o possibilitem justificar a higidez da aplicação dos recursos que lhe foram disponibilizados deve encontrar um limite temporal (no caso, o prazo quinquenal da Lei 9.873/99), em observância aos princípios da ampla defesa, contraditório, razoabilidade e, especialmente, segurança jurídica. [...]

Que fique claro, pois, que a União poderá ingressar em juízo, se e quando entender ter havido qualquer prejuízo ao erário, com vista ao ressarcimento, direito à indenização, esse que é, reputa-se, segundo disposição constitucional, imprescritível.

Por fim, o *terceiro critério (b.3)* vislumbrado na jurisprudência propugna pela imprescritibilidade, apenas, das demandas de ressarcimento ao erário advindas da prática de ilícitos de especial gravidade. A orientação plenária mais recente do STF sobre o tema seguiu, por maioria, tal critério interpretativo, considerando prescritíveis as demandas de ressarcimento ao erário, salvo *"as ações [...] fundadas na prática de ato doloso tipificado na Lei de Improbidade Administrativa"* (RE n. 852.475, j. 08/08/2018).

Em suma, o entendimento ora examinado sustenta-se em interpretação sistemática do art. 37, §5º, da CF/1988, com o parágrafo anterior do texto, que cuida, especificamente, dos casos de improbidade. No julgamento do RE n. 669.069, em 2016, o Ministro Teori Zavascki já defendera essa leitura do texto constitucional, ainda que adicionando, ao excepcional regime de imprescritibilidade, as ações de ressarcimento fundadas em ilícito penal doloso praticado contra a Administração Pública – modalidade antijurídica que seria, na correta percepção do Ministro, ainda mais gravosa do que os atos dolosos de improbidade referidos no art. 37, §4º, da CF/1988. Confira-se trecho do voto então proferido:

2. No mérito, está em causa controvérsia jurídica a respeito do sentido e do alcance do disposto na parte final do art. 37, § 5o, da Constituição Federal, do seguinte teor: [...]

Essa ressalva final do texto normativo deu margem à instalação de um impasse dogmático a seu respeito. Uma das linhas de entendimento é essa sugerida pelo recurso, que, fundado em interpretação literal, atribui à ressalva constitucional a consequência de tornar imprescritível toda e qualquer ação de ressarcimento movida pelo erário, desde que o dano reclamado decorra de algum ilícito, independentemente da natureza dessa ilicitude. Ocorre, todavia, que ilícito, em sentido amplo, é "tudo quanto a lei não permite que se faça, ou é praticado contra o direito, a justiça, os bons costumes, a moral social ou a ordem pública e suscetível de sanção" (NUNES, Pedro. Dicionário de Tecnologia Jurídica, 12a ed., Livraria Freitas Bastos, p. 478). Para configuração do ilícito, nesse sentido amplo, "o que se exige, a todos, além do ato (e às vezes da culpa), é a contrariedade à lei", explica Pontes de Miranda (Tratado de Direito Privado, Tomo II, SP:RT, 1974, p. 207). *Ora, se fosse nesse amplíssimo sentido o conceito de ilícito anunciado no § 5o do art. 37 da CF, estaria sob a proteção da imprescritibilidade toda e qualquer ação ressarcitória movida pelo Erário, mesmo as fundadas em ilícitos civis que sequer decorrem de dolo ou culpa. A própria execução fiscal seria imprescritível, eis que a não satisfação de tributos ou de outras obrigações fiscais, principais ou acessórias, certamente representa um comportamento contrário ao direito (ilícito, portanto) e causador de dano. Essa visão tão estremada certamente não se mostra compatível com uma interpretação sistemática do ordenamento constitucional.* Mesmo o domínio jurídico específico do art. 37 da Constituição, que trata dos princípios da administração pública, conduz a uma interpretação mais restrita. É o que procuramos demonstrar em voto proferido em julgamento perante o STJ, tratando do prazo prescricional das ações civis públicas, no qual, a propósito da norma constitucional aqui em questão, observamos o seguinte:

'Se a prescritibilidade das ações e pretensões é a regra – pode-se até dizer, o princípio –, a imprescritibilidade é a exceção, e, por isso mesmo, a norma que a contempla deve ser interpretada restritivamente. *Nessa linha de entendimento, merece interpretação restritiva a excepcional hipótese de imprescritibilidade prevista no citado § 5o do art. 37 da Constituição Federal. O alcance desse dispositivo deve ser buscado mediante a sua associação com o do parágrafo anterior, que trata das sanções por ato de improbidade administrativa. Ambos estão se referindo a um mesmo conjunto de bens e valores jurídicos, que são os da preservação da idoneidade da gestão pública e da penalização dos agentes administrativos ímprobos. Assim, ao ressalvar da prescritibilidade "as respectivas ações de ressarcimento", o dispositivo constitucional certamente está se referindo, não a qualquer ação, mas apenas às que busquem ressarcir danos decorrentes de atos de improbidade administrativa de que trata o § 4o do mesmo art. 37. Interpretação que não seja a estrita levaria a resultados incompatíveis com o sistema, como seria o de considerar imprescritíveis ações de ressarcimento fundadas em danos causados por seus agentes por simples atos culposos*' (REsp 764.278, 1a Turma, DJe de 25.5.2008).

> *Pode-se agregar entre as ações de ressarcimento imprescritíveis, sem ofensa a esse entendimento estrito, as que têm por objeto danos decorrentes de ilícitos penais praticados contra a administração pública, até porque tal espécie de ilícito é, teoricamente, mais grave que o de improbidade administrativa.* (grifo nosso)

Na ocasião do julgamento do RE n. 669.069, no entanto, somente os Ministros Rosa Weber e Luiz Fux seguiram essa mesma interpretação restritiva do art. 37, §5º, da CF/1988, ancorada na diferenciação entre atos de improbidade administrativa (e ilícitos penais) dolosos, de um lado, e os demais ilícitos (civis e/ou culposos), de outro. Com base em fundamentos diversos entre si, formou-se larga maioria favorável à prescrição das ações de ressarcimento decorrentes de ilícitos civis (10 a 1),[41] e optou-se por postergar a discussão quanto aos danos gerados por atos de improbidade administrativa.

Em 2018, finalmente, o tema retornou ao Supremo e, então, por maioria bem mais apertada (6 a 5),[42] foi encampado pelo Tribunal o critério interpretativo ora examinado, de restrição do alcance do art. 37, §5º, da CF/1988 com base na gravidade do ilícito praticado (RE n. 852.475). Vale enfatizar que os seis votos favoráveis à imprescritibilidade das ações de ressarcimento fundadas em ato doloso de improbidade administrativa explicitamente mencionaram o compromisso reforçado da Constituição de 1988 com o combate a desvios dessa natureza, invocando, nessa esteira, o art. 37, §4º, e os princípios republicano e da moralidade administrativa.[43] Nenhum dos votos, todavia, retomou a proposta do Ministro

---

[41] Conforme já assinalado neste artigo, apenas o Ministro Edson Fachin votou à época favoravelmente à imprescritibilidade ampla das ações de ressarcimento.

[42] Votaram favoravelmente à imprescritibilidade das ações de ressarcimento oriundas de atos dolosos de improbidade administrativa, os Ministros Edson Fachin, Rosa Weber, Cármen Lúcia e Celso de Mello, e, posteriormente, em reajuste de suas próprias manifestações em assentada anterior, os Ministros Luís Roberto Barroso e Luiz Fux. Ficaram vencidos, portanto, por entenderem que tais ações deveriam se submeter a prazo prescricional, os Ministros Alexandre de Moraes, Dias Toffoli, Ricardo Lewandowski e Gilmar Mendes.

[43] Foi mencionada, ainda, por diversas vezes no julgamento do RE n. 852.475, a imprescritibilidade aquisitiva de propriedade pública, prevista de forma expressa no texto constitucional (art. 183, §3º, da CF/1988), como um elemento que reforçaria a tese pela imprescritibilidade do ressarcimento ao erário decorrente da prática de atos dolosos de improbidade administrativa. O argumento me parece, no entanto, com a devida vênia, equivocado. Por um lado, a insuscetibilidade de usucapião de bem público pode se prestar, em tese, à defesa

Teori Zavascki de extensão da imprescritibilidade às demandas por ressarcimento fundadas em ilícitos penais dolosos praticados contra a Administração Pública.

Se por um lado, tal ampliação tornaria mais coerente o emprego da gravidade do ilícito como critério para a prescrição ou não das ações de ressarcimento; por outro lado, enfraqueceria o argumento de conexão do art. 37, §5º, da CF/1988 com o dispositivo que lhe é imediatamente anterior como justificativa para reduzir-se o alcance da imprescritibilidade prevista (ou lida) na ressalva final da norma. Em outras palavras, se o que permite restringir o escopo da imprescritibilidade estabelecida no art. 37, §5º, da CF/1988 às ações de ressarcimento fundadas em atos dolosos de improbidade é a presunção de que o preceito em tela complementa

da imprescritibilidade de toda e qualquer ação de ressarcimento ao erário (tese "a" deste artigo), e não apenas daquelas decorrentes de atos de improbidade administrativa dolosos, como foi, ao final, delimitado pelo STF na apreciação do recurso. Por outro lado, os fenômenos de (i) aquisição de propriedade pela posse contínua e de boa-fé e (ii) de condenação à restituição de coisa pública supostamente obtida de forma ilícita são suficientemente diversos para tornarem, a meu ver, o paralelo entre eles inadequado, tal como seria a comparação entre maçãs e laranjas.

Com efeito, o usucapião pressupõe conduta lícita do possuidor, enquanto o ressarcimento ao erário aqui enfrentando, um ato ilícito. Nesse sentido, o usucapião seria, sim, menos grave ou menos ofensivo ao bem público do que o ato de subtração ilícita dolosa passível de ressarcimento.

Acontece, todavia, que a desproteção de direitos individuais pela regra (expressa) de insuscetibilidade de usucapião de bem público é também menos grave, ou menos drástica, do que aquela decorrente da tese pela imprescritibilidade de ações de ressarcimento ao erário. Com a impossibilidade de usucapião de bem público, o Estado deixa de ampliar a esfera de direitos do possuidor, em desprestígio à sua boa-fé e à eventual função social dada por ele ao imóvel. Já com a imprescritibilidade das ações de ressarcimento ao erário (ainda que apenas em casos de atos dolosos de improbidade), o Estado intensifica a restrição aos direitos do acusado (e até de seus herdeiros) à ampla defesa e ao contraditório, dada a inevitabilidade de o passar do tempo prejudicar a produção de provas e evidências contrárias à acusação realizada.

Vale lembrar, nesse sentido, que o devido processo legal, com as garantias que lhe são inerentes, serve para tutelar todos, inclusive os agentes sabidamente culpados, porque somente assim se evita (ou, ao menos, se minoram chances) de (pré) julgamentos errôneos que levem à violação de direitos de inocentes. As formalidades processuais e as limitações ao poder acusatório do Estado são, portanto, um preço que toda a sociedade paga para que não haja (tantos) equívocos na atuação repressiva estatal, a qual, justamente pela força que possui, já tende a ser objeto de abusos e desvios.

um regime jurídico constitucional específico, inaugurado no §4º, não faria sentido estender a imprescritibilidade a ações penais não aventadas nessa parte do texto constitucional.

Em que pesem essa e outras dúvidas ou questionamentos que podem ser feitos à deliberação realizada pelo STF no RE n. 852.475, restou esclarecido ao longo do julgamento que os atos dolosos de improbidade administrativa passíveis de não submissão à prescrição seriam "apenas" aqueles devidamente tipificados na Lei n. 8.429/1992,[44] a qual, por sua vez, prevê um modelo *judicial* de reconhecimento ou qualificação do ato de improbidade, precedido ou não de uma etapa administrativa ou extrajudicial de investigação ou apuração inicial dos fatos.

Assim, ainda que por via transversa, pode-se afirmar que a tese de julgamento do RE n. 852.475, ao delimitar a imprescritibilidade aos atos *típicos* de improbidade, corroborou a conclusão pela inviabilidade de o próprio TCU, no âmbito de sua atuação não judicial, valer-se da imprescritibilidade para buscar a reparação ao erário. Não bastassem as características processuais do controle exercido pelo TCU, menos protetivas do contraditório e da ampla defesa, a Lei n. 8.429/1992 não conferiu ao referido Tribunal o poder de qualificar um ato como ímprobo. Não pode o TCU sequer ajuizar demanda judicial nesse sentido. A legitimidade para propositura de ação dessa natureza é, como se sabe, do Ministério Público e da própria Administração Pública prejudicada (cf. art. 17 da Lei), tendo sido, a manifestação do Ministro Edson Fachin, redator do acórdão, enfática em reconhecer que a qualificação de um ato ilícito como improbidade administrativa somente pode se dar pelo Judiciário, no âmbito de ação ajuizada nos termos da Lei n. 8.429/1992.[45] Veja-se:

---

[44] O uso das aspas decorre da notória amplitude dos termos empregados na Lei de Improbidade Administrativa, a qual a torna objeto de severas críticas doutrinárias, inclusive no sentido de sua inconstitucionalidade, alegada, por exemplo, na ADI n. 4295, ainda pendente de apreciação pelo STF. Sobre o debate, confira-se: (i) MUKAI (1999); (ii) CAPEZ (2010); e (iii) OSÓRIO (2007).

[45] O fato de a materialidade típica dos atos de improbidade administrativa ser, nos termos da Lei n. 8.429/1992, bastante aberta reforça a importância de se reduzir ou fechar, mesmo, o escopo subjetivo dos agentes competentes para realizar o enquadramento típico dos atos irregulares ou ilícitos. Em outras palavras, para que sejam válidos, os tipos abertos da Lei de Improbidade precisam se sujeitar a uma espécie de reserva de jurisdição: reconhecimento e a atribuição de consequências a um ato de improbidade administrativa somente podem

Debates durante a retificação de voto do Min. Luiz Fux
O SENHOR MIN. EDSON FACHIN [REDATOR DO ACÓRDÃO]:
[...] Então, eu dizia, Senhora Presidente, para concluir, que [...] a tese que está subjacente ao voto que trouxe à colação é esta: são imprescritíveis as ações de ressarcimento ao erário público fundadas em ato de improbidade administrativa, nos termos da legislação respectiva. [...] ou seja, o Tribunal não está dando nem ao Ministério Público nem a ninguém o poder de definir, sem uma decisão judicial, a existência de improbidade. [...]

A Corte de Contas persiste, no entanto, conforme já acentuado, na defesa da imprescritibilidade de suas pretensões ressarcitórias, sem sequer enfrentar o ônus de qualificar o ilícito causador de dano ao erário, por ela apurado, como ato doloso de improbidade, nos termos da Lei n. 8.429/1992. Vigora, com isso, no país, um modelo de absoluta incoerência jurídica, em que as demandas judiciais de ressarcimento, devidamente formuladas pelo MP ou pela Fazenda, podem prescrever, ao passo que as pretensões inquisitoriais exercidas pelo TCU com base em sua lacunosa Lei Orgânica, não. O Estado-juiz, que confere maiores garantias processuais aos envolvidos, não pode exigir a reparação do erário a qualquer tempo, em qualquer caso; mas o Estado-controlador, que cumula funções investigativas, acusatórias e julgadoras e que presume culpa, pode.

Como já destacado, espera-se que o julgamento do RE n. 636.886 ocorra logo e solucione o impasse, gerado, acima de tudo, pela resistência do TCU em reconhecer os efeitos evidentes dos últimos julgamentos realizados pelo STF acerca do tema da prescrição das ações de ressarcimento ao erário.

C) Tese da Prescritibilidade da Imputação de Débito, por uma "Nova" Interpretação do Art. 37, §5º, da CF/1988

A terceira e última tese acerca da prescritibilidade ou não da imputação de débito pelo TCU diferencia-se, fundamentalmente, das duas anteriores, por não vislumbrar, no art. 37, §5º, da CF/1988 qualquer comando

---

ser realizados por determinação judicial, em processo pautado pelo contraditório e pela ampla defesa, como dispostos na própria Lei n. 8.429/1992.
A propósito da ideia de tipicidade e legalidade no âmbito do direito administrativo sancionador, confira-se: VORONOFF (2018).

de imprescritibilidade. Considera-se que a parte final do preceito indica, apenas, que a prescrição do ressarcimento ao erário deve receber disciplina legal específica, distinta da aplicável para punição do ilícito em si.

Essa interpretação foi expressamente manifestada pelos Ministros Luís Roberto Barroso, Gilmar Mendes e Marco Aurélio no julgamento do RE n. 669.069, sendo certo, todavia, que o primeiro deles modificou sua orientação a respeito do tema no RE n. 852.475. Nesta segunda ocasião, por outro lado, foi possível perceber a adesão à tese da prescritibilidade "ampla" também por parte dos Ministro Alexandre de Moraes – que não integrava a Corte à época do primeiro recurso – e Ricardo Lewandowski.

Tomados em conjunto, as intervenções e os votos desses Ministros permitem afirmar que a tese ora analisada se apoia em três elementos de interpretação constitucional. Pelo elemento literal ou gramatical, enfatiza-se que o art. 37, §5º, da CF/1988 não menciona a imprescritibilidade das ações de ressarcimento, apenas ressalva estas últimas da lei que estabelecerá prazos para prescrição dos ilícitos praticados contra o erário. O contraste da regra com o art. 5º, XLII[46] e XLIV,[47] da CF, reforçaria o entendimento de não estar em jogo qualquer comando de imprescritibilidade.

Já a partir do elemento histórico de interpretação jurídica, ressalta-se que, durante os trabalhos constituintes, a imprescritibilidade foi expressamente proposta para as ações de ressarcimento ao erário, tendo restado, contudo, ao final, suprimida do texto constitucional. Ficaria evidenciado, assim, que o propósito último ou vencedor dentro do processo constituinte originário foi de não estabelecimento da imprescritibilidade para esses casos. Acerca do tema, leia-se trecho do voto do Ministro Luís Roberto Barroso no RE n. 669.069, e do voto do Ministro Alexandre de Moraes no RE n. 852.475:

RE n. 669.069, Ministro Luís Roberto Barroso

Eu pedi uma breve pesquisa histórica para ver se os trabalhos constituintes esclareciam exatamente, o que se quis dizer com esta cláusula. E

---

[46] CF/1988 – "XLII – a prática do racismo constitui crime inafiançável e imprescritível, sujeito à pena de reclusão, nos termos da lei".

[47] CF/1988 – "XLIV – constitui crime inafiançável e imprescritível a ação de grupos armados, civis ou militares, contra a ordem constitucional e o Estado Democrático".

verifiquei, Presidente, que, numa redação anterior, penúltima redação antes da aprovação do texto final, essa cláusula dizia: "Ressalvadas as respectivas ações, que serão imprescritíveis". E, aí, esta locução final caiu, na última versão do texto constitucional, o que aumentou um pouco a perplexidade a ponto de sugerir que talvez a interpretação histórica seja no sentido de que o constituinte não quis tornar essas ações imprescritíveis.

RE n. 852.475, Ministro Alexandre de Moraes

[...] quando da apresentação do Projeto de Constituição (B) da Comissão de Sistematização, foi acolhida a emenda de Plenário 2P02039-9 que excluía essa expressão clara e incisiva – "que serão imprescritíveis" –, tendo sido, consequentemente, expurgada do texto, conforme se verifica da leitura de seu §5º do art. 38 (correspondente ao atual §5º do art. 37).

Antes de ser uma decisão isolada da Assembleia Nacional Constituinte, a exclusão dessa hipótese de imprescritibilidade foi uma clara e consciente opção em privilegiar a segurança jurídica, restringindo ao máximo essas excepcionalidades que causavam grande desconforto nos debates [...].

Por fim, por meio do elemento sistemático de interpretação, destaca-se o caráter excepcional da imprescritibilidade, haja vista os impactos por ela gerados a direitos fundamentais, como a segurança jurídica e o contraditório; e a extrema gravidade dos casos expressamente protegidos pela Constituição por tal regime. A Constituição previu expressamente a imprescritibilidade, mas apenas para crimes gravíssimos – a saber, racismo e ação de grupos armados contra a ordem constitucional e o Estado democrático (art. 5º, XLII e XLIV). Desse modo, não seria harmonioso com o todo constitucional entender-se que, em seu art. 37, §5º, houve extensão dessa excepcional e severa garantia a uma demanda meramente patrimonial, como a de ressarcimento ao erário. Sobre o tema, veja-se trecho do voto do Ministro Marco Aurélio, também no RE n. 669.069:

> Presidente, começo ressaltando que os ares vivenciados em 1988 foram essencialmente democráticos, quando se passou de um regime de exceção para o democrático. *E não se pode conceber, numa interpretação, que se tenha – nessa mesma Carta, que, antes de versar a estruturação do Estado, versou direitos dos cidadãos – dado passo para se quebrar o sistema, lançando-se a imprescritibilidade de ação patrimonial. Seria um passo demasiado e que implicaria até numa visão – pelo*

menos para mim, com todo respeito àqueles que entendem de forma diversa –, fascista, a revelar que o Estado tudo pode e a qualquer tempo. E tudo pode, repita-se, no campo patrimonial.

[...] O que se tem na Constituição Federal? *O constituinte foi explícito quanto às situações jurídicas que afastam a prescrição, instituto voltado a preservar bem maior, a segurança jurídica. Ele o fez – e isso já foi ressaltado nesta assentada, principalmente no voto-vista do ministro Dias Toffoli – nos incisos XLII e XLIV do artigo 5º. E ouso dizer que o fez de forma limitada, apenas no campo penal, não no campo cível,* não no campo patrimonial. E tem-se alusão à imprescritibilidade do crime de racismo, também do crime praticado por grupos armados, civis ou militares, contra a ordem constitucional e o Estado Democrático.

[...] *Teria o Estado o direito eterno, inclusive contra os herdeiros, de a qualquer tempo, mesmo estruturado em termos de representação processual e ciente do prejuízo, ingressar em Juízo para obter a reparação do dano? Não, porque isso implicaria, como dito por Marçal Justen Filho, um direito de ação eterno e, pior, no campo patrimonial.*

O Mestre Celso Antônio, frisou muito bem a ministra Cármen Lúcia, até a 26a edição do *Curso de Direito Administrativo*, como dito por ele de forma desconfortável, endossou a visão da imprescritibilidade, mas veio a evoluir após Congresso realizado nas Minas Gerais, em 2009. Veio a evoluir e dar crédito, na obra Curso de Direito Administrativo, ao autor, não da obra, mas da tese da prescritibilidade, apontando a exposição feita pelo jovem e brilhante professor Emerson Gabardo. Ressaltou que adotar-se a tese, o entendimento da imprescritibilidade, se estará, na via indireta, é certo, inviabilizando-se o direito de defesa. Ninguém guarda eternamente documentos. A Administração ainda pode fazê-lo por um certo período.

[...] Presidente, nego provimento ao recurso, já que está em jogo essa famigerada cláusula final do § 5o do artigo 37 da Constituição Federal. *Observando não só o sistema, como também a ordem natural das coisas; observando, acima de tudo, a segurança jurídica, concluo que nela não está escrita a imprescritibilidade das ações de ressarcimento.* (grifo nosso)

2.2. Prazo Prescricional Aplicável

Examinadas as teses sobre a prescritibilidade ou não da imputação de débito em TCE, verifica-se que, de um lado, a própria Corte de Contas reputa imprescritível sua atuação, baseando-se, para tanto, em interpretação tradicional e ampliativa do art. 37, §5º, da CF/1988 (tese "a" supra). De outro lado, porém, STJ e STF, em seus precedentes mais recentes sobre o tema, adotam fundamentos favoráveis à submissão da imputação de débito, ao menos em algumas hipóteses, a prazo prescricional – seja por interpretação tradicional, mas restritiva ou estrita do preceito constitucional (tese "b" supra), seja por sua completa releitura (tese "c" supra).

Em vista disso, mostra-se relevante analisar qual seria o prazo exigido para exercício da pretensão ressarcitória pelo TCU – se e quando aplicável. A propósito do assunto, vale recordar que a Lei n. 8.443/1992, que disciplina os poderes fiscalizatórios da Corte de Contas, não estabelece qualquer prazo prescricional. A norma é, simplesmente, omissa quanto ao tema. Seu silêncio, todavia, não pode ser interpretado como um (re)estabelecimento da tese da imprescritibilidade do ressarcimento ao erário.

Por tudo o exposto acima, em especial pela ênfase ao caráter excepcional da imprescritibilidade no ordenamento jurídico brasileira, não se pode admitir que esta decorra da mera omissão do legislador em estabelecer um prazo de prescrição. Isso significa que, quando não houver prazo específico determinado em lei, competirá ao intérprete extrair algum a partir da aplicação sistemática do ordenamento, somente se admitindo que conclua pela imprescritibilidade quando encontrar fundamento normativo próprio para tanto.

Retoma-se, assim, a consideração de que, sendo acolhida alguma das recentes manifestações do STJ ou do STF sobre pretensão de ressarcimento ao erário, faz-se preciso identificar – não na Lei n. 8.443/1992, porque silente, mas no ordenamento jurídico como um todo – o prazo aplicável para delimitação da atuação fiscalizadora do TCU. Diante, todavia, do reduzido escopo deste capítulo, que se propõe, basicamente, a examinar jurisprudência, acaba havendo pouco a se agregar na matéria, dado que ainda não são numerosas as decisões judiciais que acolhem tese favorável à prescrição da pretensão ressarcitória, vindo, então, a adentrar nesse segundo ou posterior debate acerca do prazo aplicável.

De toda forma, registra-se que, quando o STJ cuidou do assunto, nos REsp 1.105.059 e 1.480.350 já referidos neste capítulo, indicou o prazo de cinco anos para a prescrição da pretensão ressarcitória do TCU. Já o STF, no RE 669.069, decidiu não tratar da matéria, por considerá-la infraconstitucional.

O acolhimento do prazo quinquenal alinha-se a uma orientação mais ampla do STJ em prol da aplicação, a todas as pretensões administrativas que não contem com prazo específico previsto em lei, do limite de ação em cinco anos. Emprega-se, para tanto, analogia com o Decreto n. 20.910/1932, bem como com outros dispositivos editados ao longo das últimas décadas e que têm adotado o marco de cinco anos para prescrição de diversas pretensões administrativas.[48] Veja-se, nesse sentido, trechos da ementa do mencionado REsp 1.480.350, no ponto em que trata da definição do prazo prescricional aplicável para a "imputação de débito", bem como da correspondente fundamentação adotada pelo Ministro Relator do feito, Benedito Gonçalves:[49]

> PROCESSUAL CIVIL E ADMINISTRATIVO. RECURSO ESPECIAL. TRIBUNAL DE CONTAS DA UNIÃO. PROCESSO DE TOMADA DE CONTAS ESPECIAL. VIOLAÇÃO A INSTRUÇÃO NORMATIVA. EXAME INCABÍVEL EM SEDE DE APELO ESPECIAL. ARTS. 31 E 57 DA LEI 8.443/92, 471 DO CPC, 884 DO CC, 26, VI, E 27, § 1º, DA LEI 9.784/99. AUSÊNCIA DE PREQUESTIONAMENTO. SÚMULA 211/STJ. TESE DE PRESCRIÇÃO ADMINISTRATIVA. AUSÊNCIA OU FALHA NA PRESTAÇÃO DE CONTAS. IMPUTAÇÃO DO DÉBITO E APLICAÇÃO DE SANÇÃO. NÃO CONFIGURAÇÃO DE HIPÓTESE DE IMPRESCRITIBILIDADE. LACUNA LEGISLATIVA. NECESSIDADE DE INTEGRAÇÃO POR ANALOGIA. APLICAÇÃO DO PRAZO QUINQUENAL. DECURSO. OCORRÊNCIA.
> [...] 7. *Em virtude da lacuna legislativa, pois não há previsão legal de prazo para a atuação do Tribunal de Contas da União, deve ser-lhe aplicado o prazo quinquenal, por analogia aos arts. 1º do Decreto 20.910/32 e 1º da Lei 9.873/99. Em hipótese similar à presente, porquanto ausente prazo decadencial específico no que concerne ao exercício do poder de polícia pela Administração, antes do advento da Lei 9.873/99, a Primeira Seção desta Corte, no julgamento do REsp 1.105.442/RJ (Rel Min. Hamilton Carvalhido, Primeira Seção, DJe 22/2/2011), sob o rito do art. 543-C*

---

[48] A adoção de regimes prescricionais diferenciados nas relações de natureza pública, comparativamente àquelas de direito privado, parece ter se consolidado no STJ, até mesmo como ferramenta em prol da isonomia entre os particulares e o Estado, conforme se situem em posições de credor ou devedor um do outro. Vale dizer: o STJ reconhece prazos prescricionais diferenciados tanto contra como a favor da Administração Pública. Ver, nesse sentido: STJ, REsp n. 1.251.993, Primeira Seção, Rel. Ministro Mauro Campbell, j.12.12.2012).
[49] STJ, REsp 1.480.350, Primeira Turma, Rel. Ministro Benedito Gonçalves, j. 05.04.2016 (grifo nosso).

do CPC, assentou ser ele de 5 anos, valendo-se da aplicação analógica do art. 1º do Decreto 20.910/32.

8. Recurso especial parcialmente conhecido e, nessa extensão, provido para julgar procedente o pedido inicial, desconstituindo a decisão do Tribunal de Contas da União no processo de tomada de contas especial do Convênio 5013/96, ressalvando-se a via judicial para o pleito de eventual ressarcimento.

Voto do Ministro Relator:

[...] *Uma vez assentado, conforme entendimento supra, que a atuação do Tribunal de Contas da União deve sujeitar-se a prazo para a tomada de contas especial, incumbe tratar da ausência de prazo previsto na legislação para essa específica atuação administrativa. Afinal, o art. 8º da Lei Orgânica do Tribunal de Contas da União (Lei 8.443/92), ao tratar do aspecto temporal na tomada de contas especial, apenas prevê que* "a autoridade administrativa competente, sob pena de responsabilidade solidária, deverá imediatamente adotar providências com vistas à instauração da tomada de contas especial para apuração de fatos, identificação dos responsáveis e quantificação do dano" *no caso de* "não comprovação da aplicação dos recursos repassados pela União".

Dessa forma, resulta imperativo o uso da analogia, como recurso de integração legislativa, conforme permissivo do art. 4º da LINDB, para o fim de aferir o prazo para o agir da Administração.

Nesse passo, descarto, de pronto, a aplicação das regras gerais de prescrição previstas no Código Civil em virtude da especificidade do Direito Administrativo em face do Direito Privado. No ponto, o ilustre professor Celso Antonio Bandeira de Mello, ao discorrer sobre a prescrição das ações judiciais contra o administrado, assevera que na ausência de especificação legal do prazo (Curso de Direito Administrativo, São Paulo: Malheiros Editores, 2003, p. 906/907):

"[...] o correto não é a analogia com o direito civil, posto que (sic), sendo as razões que o informam tão distintas das que inspiram as relações de Direito Público, nem mesmo em tema de prescrição caberia buscar inspiração em tal fonte. Antes, dever-se-á, pois, indagar do tratamento atribuído ao tema prescricional ou decadencial em regras genéricas de Direito Público. Nestes encontram-se duas orientações com tal caráter: a) a relativa à prescrição em casos inversos, isto é, prescrição de ações do administrado contra o Poder Público. [...]; b) a concernente ao prazo de prescrição para o Poder Público cobrar débitos tributários ou decadencial para constituir o crédito tributário".

Isto posto, *no âmbito do Direito Administrativo, o Decreto 20.910/32 estabeleceu uma regra geral quando o sujeito passivo da relação jurídica for a Fazenda Pública, conforme segue*:

Art. 1º do Decreto 20.910. As dívidas passivas da União, dos Estados e dos Municípios, bem assim todo e qualquer direito ou ação contra a Fazenda federal, estadual ou municipal, seja qual for a sua natureza, prescrevem em cinco anos contados da data do ato ou fato do qual se originarem.

E, na hipótese inversa, quando o sujeito ativo for a Administração, somente previu regras específicas para determinadas ações administrativas, que se assemelham ao direito não-regulado em questão, conforme os seguintes exemplos, em especial o art. 1º da Lei 9.873/99:

Art. 1º da Lei 9.873/99. Prescreve em cinco anos a ação punitiva da Administração Pública Federal, direta e indireta, no exercício do poder de polícia, objetivando apurar infração à legislação em vigor, contados da data da prática do ato ou, no caso de infração permanente ou continuada, do dia em que tiver cessado.

Art. 173, caput, do CTN. O direito de a Fazenda Pública constituir o crédito tributário extingue-se após 5 (cinco) anos, contados: I – do primeiro dia do exercício seguinte àquele em que o lançamento poderia ter sido efetuado; II – da data em que se tornar definitiva a decisão que houver anulado, por vício formal, o lançamento anteriormente efetuado.

Art. 174, caput, do CTN. A ação para a cobrança do crédito tributário prescreve em cinco anos, contados da data da sua constituição definitiva.

Art. 142, caput, da Lei 8.112/90. A ação disciplinar prescreverá: I – em 5 (cinco) anos, quanto às infrações puníveis com demissão, cassação de aposentadoria ou disponibilidade e destituição de cargo em comissão; II – em 2 (dois) anos, quanto à suspensão; III – em 180 (cento e oitenta) dias, quanto à advertência.

Art. 54 da Lei 9.784/99. O direito da Administração de anular os atos administrativos de que decorram efeitos favoráveis para os destinatários decai em cinco anos, contados da data em que foram praticados, salvo comprovada má-fé.

Art. 23 da Lei 8.429/92. As ações destinadas a levar a efeitos as sanções previstas nesta lei podem ser propostas: I – até cinco anos após o término do exercício de mandato, de cargo em comissão ou de função de confiança; II – dentro do prazo prescricional previsto em lei específica para faltas disciplinares puníveis com demissão a bem do serviço público, nos casos de exercício de cargo efetivo ou emprego.

Art. 13, § 1º, da Lei 9.847/99. Prescrevem no prazo de cinco anos, contado da data do cometimento da infração, as sanções administrativas previstas nesta Lei.

Art 1º da Lei 6.838/80. A punibilidade de profissional liberal, por falta sujeita a processo disciplinar, através de órgão em que esteja inscrito, prescreve em 5 (cinco) anos, contados da data de verificação do fato respectivo.

Percebe-se, o prazo máximo de cinco anos é uma constante para as hipóteses de decadência ou prescrição nas relações com o Poder Público, seja por meio de regra geral quando está no pólo passivo da relação, seja por meio de inúmeras regras específicas quando está no pólo ativo da relação jurídica.

Dessa forma, entendo que não há motivo bastante para distiguir a hipótese dos autos ao das regras específicas similares, em que a Administração possui o prazo de 5 anos para apurar infrações, ou mesmo da regra geral que impõe o prazo de 5 anos para as ações dos administrados contra a Administração.

Nesse sentido, segue a *lição de Celso Antonio Bandeira de Mello* (p. 907): "Vê-se, pois, que este prazo de cinco anos é uma constante nas disposições gerais estatuídas em regras de Direito Público, quer quando reportadas ao prazo para o administrado agir, quer quando reportadas ao prazo para a Administração fulminar seus próprios atos. Ademais, salvo disposição legal explícita, não haveria razão prestante para distinguir entre Administração e administrados no que concerne ao prazo ao cabo do qual faleceria o direito de reciprocamente proporem ações".

Aliás, em hipótese similar à presente, porquanto ausente prazo decadencial específico no que concerne ao exercício do poder de polícia pela Administração, antes do advento da Lei 9.873/99, a Primeira Seção desta Corte, no julgamento do REsp 1.105.442/RJ (Rel Min. Hamilton Carvalhido, Primeira Seção, DJe 22/2/2011), sob o rito do art. 543-C do CPC, assentou ser ele de 5 anos, valendo-se da aplicação analógica do art. 1º do Decreto 20.910/32. Segue trecho do voto condutor do acórdão: [...]

Isto posto, a tomada de contas especial está sujeita ao prazo decadencial de 5 anos desde quando exigível, limite temporal para que irregularidade nas contas gere presunção de prejuízo ao erário e importe na imputação do débito e multa ao responsável. Expirado esse prazo, ressalva-se a via judicial para eventual ação de ressarcimento, esta imprescritível, oportunidade em que deverá ser provado o efetivo prejuízo ao erário e a responsabilidade do acionado.

Há, ainda, na jurisprudência daquela Corte, outros casos em que se fez referência à prescrição em cinco anos da imputação de débito em TCE. Mas, como a cognição então exercida pelo STJ era menos abrangente, a matéria da prescrição acabou sendo abordada de maneira lateral, não contando com fundamentação mais detalhada. De todo modo, para fins de registro dos precedentes localizados, confira-se:

PROCESSUAL CIVIL. AGRAVO INTERNO NO RECURSO ESPECIAL. NUNCIADO ADMINISTRATIVO Nº 3/STJ. *EMBARGOS À EXECUÇÃO. ACÓRDÃO DO TCU. TÍTULO EXECUTIVO EXTRAJUDICIAL. OFENSA AO ART. 535 DO CPC/73. NÃO OCORRÊNCIA. ACÓRDÃO SUFICIENTEMENTE FUNDAMENTADO. PRESCRIÇÃO/DECADÊNCIA.* NECESSIDADE DE REEXAME DO CONJUNTO FÁTICO E PROBATÓRIO CONSTANTE DOS AUTOS. INVIABILIDADE NA VIA RECURSAL ELEITA. SÚMULA 7/STJ. JUROS DE MORA. FALTA DE IMPUGNAÇÃO NAS RAZÕES DO RECURSO ESPECIAL. INCIDÊNCIA DA SÚMULA 283/STF POR APLICAÇÃO
ANALÓGICA.
1. Não há falar em violação ao art. 535, do CPC/73. Isso porque o acórdão recorrido está suficientemente fundamentado, tendo analisado todos os pontos essenciais ao deslinde da controvérsia.
2. *A jurisprudência desse Sodalício orienta pela aplicação, por analogia, do prazo quinquenal, por analogia aos arts. 1º do Decreto 20.910/32 e 1º da Lei 9.873/99 na hipótese de atuação do Tribunal de Contas da União. Precedentes do STJ.*
3. No caso em concreto, conforme transcrição extraída do próprio acórdão recorrido, o início o procedimento de Tomadas de Contas Especial se deu dentro do período de cinco anos após o encerramento da vigência do Convênio nº 143/96. A revisão de tais fundamentos, na via recursal eleita, é inviável, tendo em vista a incidência da Súmula 7/STJ.

4. Quanto à incidência do juros de mora, o acórdão recorrido, essencialmente, fundamentou sua conclusão quanto ao juros de mora na incidência das Súmulas 43 e 54, ambas editadas pelo Superior Tribunal de Justiça.

5. Tais fundamentos não foram impugnados nas razões do recurso especial, o que leva à incidência, por analogia, da Súmula 283/STF, a inviabilizar o conhecimento da insurgência. Além do mais, nota-se que não foram devidamente prequestionados o art. 219 do CPC/73, nem o art. 54, da Lei nº 8.383/91, embora opostos embargos de declaração. Incide, assim, a Súmula 211/STJ.

6. Agravo interno não provido.[50]

PROCESSUAL CIVIL. INEXIGIBILIDADE DE TÍTULO EXTRAJUDICIAL. TOMADA DE CONTAS ESPECIAL DO TCU. ALEGAÇÃO DE PRESCRIÇÃO. REVISÃO. IMPOSSIBILIDADE. QUESTÃO ATRELADA AO REEXAME DO CONTEXTO PROBATÓRIO DOS AUTOS. SÚMULA 7/STJ. FUNDAMENTO AUTÔNOMO INATACADO. SÚMULA 283/STF.

1. *Hipótese em que o Tribunal de origem afastou o argumento da prescrição consignando que, "entre a ocorrência dos fatos (nos anos de 2000 a 2002) e o início da sua apuração, não decorreram cinco anos,* uma vez que, já em 2003, as irregularidades passaram a ser investigadas através de sindicância, no âmbito do próprio Hospital Cristo Redentor (Portaria nº 600/2003), a partir de determinação exarada pelo TCU, em 06/08/2003 (Processo TC 011.692/2002-0)" e que, "ainda que instaurada a Tomada de Contas Especial apenas em 22/09/2008, verifica-se que foi ela resultado de averiguações anteriores, inclusive determinadas pelo próprio TCU". A revisão deste entendimento esbarra no óbice da Súmula 7/STJ.

2. A ausência de impugnação específica a fundamento do acórdão recorrido impede a abertura da via especial. Súmula 283/STF.

3. Agravo Regimental não provido.[51]

---

[50] STJ, AgInt no REsp 1412588, Segunda Turma, Rel. Ministro Mauro Campbell, j. 15.12.2016 (grifo nosso).
[51] STJ, AgRg no AREsp 743.221, Segunda Turma, Rel. Ministro Herman Benjamin, j. 04.10.2015 (grifo nosso).

Há, dessa forma, inegável tendência de consolidação no STJ do prazo de cinco anos para que o TCU exerça sua pretensão de imputação de débito. Pode-se supor, inclusive, que o prazo em questão contaria com a chancela do STF, uma vez que também essa Corte tem encarado o decurso de cinco anos como um limite geral e residual aplicável para o exercício de pretensões administrativas.

Embora não haja precedente do Plenário do Supremo especificamente acerca da imputação de débito pelo TCU, há recentes julgados que dizem respeito à imputação de multa. E, neles, o STF tem sido categórico em determinar a observância do prazo quinquenal, com o emprego de fundamentação que poderia ser facilmente estendida para a hipótese de prescrição das demandas ressarcitórias. Tais precedentes serão examinados no Tópico 3 deste capítulo, cabendo, por ora, apenas registrar que, em linhas gerais, adotam a mesma fundamentação utilizada pelo STJ em favor do prazo de cinco anos e que segue resumida no ensinamento doutrinário de Arnoldo Rizzardo, Arnoldo Rizzardo Filho e Carine Ardissone Rizzardo:

> Em regra, na prescrição contra atos administrativos é adotado o prazo máximo de cinco anos, tanto em favor da Administração, como contra ela. A legislação administrativa, em uma grande plêiade de situações, e mais a doutrina, a jurisprudência, e a própria Administração, firmaram-se em torno da prescrição e da decadência nesse lapso de tempo. Citam-se alguns exemplos de expressas previsões legais: [...] Código Tributário Nacional, [...] o Decreto n. 20.910/1932, [...] a Lei n. 8.12/1990, [...] a Lei n. 8.429/1992 [...], a Lei n. 6.838/1980 [...]. Firmou-se consenso na doutrina e na jurisprudência que, na falta de previsão de prazo específico, a prescrição tributária e administrativa se opera em cinco anos.[52]

Nada obstante os precedentes judiciais e o entendimento doutrinário acima destacados, todos em favor do prazo quinquenal, pode-se supor que, dado o comportamento atual do TCU, se este tiver de reconhecer – por força de precedente vinculante do STF, por exemplo – a prescritibilidade de suas demandas ressarcitórias, provavelmente irá defender a incidência de prazo distinto, de dez anos. Isso porque, ao tratar do exercício de

---

[52] Rizzardo *et al.* (2017, p. 303).

pretensões punitivas, a Corte de Contas sustenta a incidência do prazo decenal, em franca contrariedade ao posicionamento judicial consolidado acerca do assunto, com fundamentos extensíveis ao debate ora analisado.

Assim, seria de suma importância que o STF se antecipasse a essa provável resistência do TCU e, no julgamento do RE n. 636.886, definisse, com força vinculante, não apenas a prescritibilidade das pretensões de ressarcimento exercidas ao erário oriundas da Corte de Contas, mas também o prazo prescricional aplicável à hipótese, de cinco anos.

A propósito da defesa, pela Corte de Contas, do prazo decenal para prescrição de praticamente todas as demandas por ela exercidas e que se sujeitem, em seu próprio entender, à extinção pela passagem do tempo, vale resumir aqui o itinerário argumentativo percorrido pelo Tribunal, aprofundado no Tópico 3 deste capítulo. Em síntese, o TCU sustenta que, diante do silêncio da Lei n. 8.443/1992, incide, diretamente, sobre as pretensões por ele titularizadas o art. 205 do Código Civil, o qual teria a força de norma geral residual em matéria de prescrição no ordenamento brasileiro. Dada a aplicabilidade direta do CC, não se faria adequada a invocação, por analogia com dispositivos de Direito Administrativo.

Demonstrando a inclinação da Corte de Contas pelo prazo decenal, inclusive para pretensões de ressarcimento ao erário, vale lembrar que a IN n. 71/2012 do Tribunal dispensa a abertura de TCE *dez anos* após a ocorrência do fato ensejador de dano ao erário. Vale dizer: mesmo sem admitir a prescrição, o TCU reconhece alguma influência do decurso do tempo sobre as pretensões de ressarcimento ao erário, mas pauta essa influência pelo intervalo de dez, e não de cinco anos. Reitera-se, com isso, a importância de a apreciação do RE n. 636.886 pelo STF ocorrer mediante fixação de tese vinculante que, não somente estabeleça a prescritibilidade das demandas ressarcitórias oriundas do TCU, mas já fixe o prazo aplicável, de cinco anos, afastando, assim, a quase certa orientação da Corte de Contas pelo prazo decenal.

3. Prescrição da Imputação de Multa

O debate sobre a prescrição da pretensão punitiva do TCU, notadamente para fins de aplicação de multa, revela-se bem mais simples do que o atinente à pretensão ressarcitória da Corte. Afinal, não há dúvida de que a aplicação de pena pecuniária pelo Tribunal submete-se a um limite temporal de exercício.⁵³ Discute-se, apenas, a extensão desse limite, ou seja, o prazo prescricional aplicável.

Há, basicamente, duas orientações jurisprudenciais sobre o tema. A primeira delas reputa adequado o prazo de cinco anos e prevalece no Judiciário, contando, inclusive, com respaldo de seus órgãos de cúpula (STJ e STF). A segunda orientação, por sua vez, sustenta a incidência do prazo de dez anos, sendo defendida, basicamente, pelo TCU. A seguir, cada uma delas será examinada de modo mais detido.

3.1. Prazo Quinquenal

Há inúmeros precedentes, de TRFs, do STJ e do STF, sobre a incidência do prazo de cinco anos para prescrição da pretensão punitiva do TCU – alguns, inclusive, já referidos neste artigo:

TRFs
PROCESSUAL CIVIL. ADMINISTRATIVO. AGRAVO INTERNO. AGRAVO DE INSTRUMENTO CONTRA DECISÃO QUE REJEITOU EXCEÇÃO DE PRÉ- EXECUTIVIDADE EM EXECUÇÃO POR TÍTULO EXTRAJUDICIAL. ACÓRDÃO DO TCU. MULTA (ARTS. 57 E 58 DA LEI Nº 8.443/92). EFICÁCIA DE TÍTULO EXECUTIVO. COBRANÇA. PRAZO PRESCRICIONAL DE CINCO ANOS. ART. 1º DO DECRETO Nº 20.910/32. TERMO INICIAL. ENCERRAMENTO DO PROCESSO ADMINISTRATIVO. PRINCÍPIOS DA ECONOMIA E DA CELERIDADE PROCESSUAIS.

*I. É quinquenal o prazo para instauração de Tomada de Contas Especial no que diz respeito à multa dos arts. 57 e 58 da Lei nº 8.443/92. O Acórdão do TCU de que resulte a aplicação da referida multa tem eficácia de título executivo (art. 71, § 3º da CF/88 e arts. 19, 23, III, "b" e 24 da Lei nº 8.443/92). Devido à natureza administrativa da sanção, a pretensão executória da multa cominada também prescreve em cinco anos, a teor do art. 1º do Decreto nº 20.910/32. [...].*⁵⁴

---

⁵³ Durante algum tempo, a tese da imprescritibilidade da pretensão sancionatória do TCU chegou a ser aventada por alguns integrantes da Corte, com base em uma extensão do regime (supostamente) aplicável à pretensão de imputação de débito. Esse entendimento, todavia, não chegou a se firmar no Tribunal, em que, como se verá, o debate efetivamente instalado limitou-se a tratar do prazo prescricional a incidir na hipótese.

⁵⁴ TRF2, Processo n. 2015.00.00.007162-1, Vice-Presidência, Rel. Des. Sérgio Schwaitzer, j. 04.12.2015 (grifo nosso).

STJ
ADMINISTRATIVO. *TOMADA DE CONTAS ESPECIAL*. DANO AO ERÁRIO. RESSARCIMENTO. IMPRESCRITIBILIDADE. *MULTA. PRESCRIÇÃO QUINQUENAL*. ART. 1º DA LEI 9.873/1999. INAPLICABILIDADE.

1. A pretensão de ressarcimento por prejuízo causado ao Erário é imprescritível. Por decorrência lógica, tampouco prescreve a Tomada de Contas Especial no que tange à identificação dos responsáveis por danos causados ao Erário e à determinação do ressarcimento do prejuízo apurado. Precedente do STF.

2. *Diferente solução se aplica ao prazo prescricional para a instauração da Tomada de Contas no que diz respeito à aplicação da multa prevista nos arts. 57 e 58 da Lei 8.443/1992. Em relação à imposição da penalidade, incide, em regra, o prazo quinquenal.*

3. Inaplicável à hipótese dos autos o disposto no art. 1º da Lei 9.873/1999, que estabelece que, nos casos em que o fato objeto da ação punitiva da Administração também constituir crime, a prescrição reger-se-á pelo prazo previsto na lei penal. Isso porque a instância de origem apenas consignou que as condutas imputadas ao gestor público não caracterizavam crime, sendo impossível depreender do acórdão recorrido a causa da aplicação da multa. Dessa forma, é inviável, em Recurso Especial, analisar as provas dos autos para verificar se a causa da imputação da multa também constitui crime (Súmula 7/STJ).

4. Recursos Especiais parcialmente providos para afastar a prescrição relativamente ao ressarcimento por danos causados ao Erário.[55]

STF
DIREITO ADMINISTRATIVO. MANDADO DE SEGURANÇA. *MULTAS APLICADAS PELO TCU. PRESCRIÇÃO DA PRETENSÃO PUNITIVA*. EXAME DE LEGALIDADE.

1. *A prescrição da pretensão punitiva do TCU é regulada integralmente pela Lei nº 9.873/1999, seja em razão da interpretação correta e da aplicação direta desta lei, seja por analogia.*

---

[55] STJ, REsp 894539, Segunda Turma, Rel. Ministro Herman Benjamin, j. 20.08.2009 (grifo nosso).

2. Inocorrência da extinção da pretensão punitiva no caso concreto, considerando-se os marcos interruptivos da prescrição previstos em lei.

3. Os argumentos apresentados pelo impetrante não demonstraram qualquer ilegalidade nos fundamentos utilizados pelo TCU para a imposição da multa.

4. Segurança denegada.[56]

AGRAVO REGIMENTAL EM MANDADO DE SEGURANÇA. PRETENSÃO PUNITIVA DO TRIBUNAL DE CONTAS DA UNIÃO. TOMADA DE CONTAS ESPECIAL. PRESCRIÇÃO. OBSERVÂNCIA DA LEI 9.873/1999. SUBSISTÊNCIA DA DECISÃO AGRAVADA. AGRAVO A QUE SE NEGA PROVIMENTO.

I – As razões do agravo regimental são inaptas para desconstituir os fundamentos da decisão agravada, que, por isso, se mantêm hígidos.

II – Excetuados os ressarcimentos de valores perseguidos na esfera judicial decorrentes da ilegalidade de despesa ou da irregularidade de contas, a aplicabilidade de sanções administrativas pelo TCU sofrem os efeitos fulminantes da passagem de tempo, de acordo com os prazos previstos em lei.

III – Agravo regimental a que se nega provimento.

Voto do Ministro Relator:
Sobre o prazo prescricional aplicável, deve ser mencionado que a primeira Turma desta Suprema Corte entendeu que "a prescrição da pretensão punitiva do TCU é regulada integralmente pela Lei n. 9.873/1999" [...]. Nestes termos, aplicando-se a regulamentação da Lei n. 9.873/1999 ao caso concreto, observa-se que a pretensão sancionatória do TCU, em relação aos atos praticados pelo impetrante [...], prescreveu *5 anos* após o término de seu mandato [...].[57]

Os argumentos utilizados pelo Judiciário em favor do prazo quinquenal variam um pouco de julgado para julgado. Em linhas gerais, porém, é

---

[56] STF, MS 32.201, Primeira Turma, Rel. Ministro Luís Roberto Barroso, j. 21.03.2017 (grifo nosso).

[57] STF, AgRg MS 35.512, Segunda Turma, Rel. Ministro Ricardo Lewandowski, j. 04.06.2019 (grifo nosso).

possível afirmar que a fundamentação empregada se insere na seguinte moldura argumentativa:

(i) Diante do silêncio da LOTCU sobre o prazo aplicável, *não se pode concluir pela imprescritibilidade da pretensão punitiva do TCU*, sendo imperioso que se busque, no restante do ordenamento jurídico, norma que, de modo direto ou por analogia, defina um limite temporal para imputação de multa pela Corte de Contas.

(ii) *A Lei n. 9.873/1999 e/ou o Decreto n. 20.910/1932 seriam os diplomas que melhor se amoldariam ao caso*, pois tratam, respectivamente, do exercício de pretensão punitiva pelo Poder Público e de pretensão patrimonial contra a Fazenda Púbica, cuja disciplina se imporia, por isonomia, às demandas em favor do erário.

(iii) Especificamente no que diz respeito à Lei n. 9.873/1999, a previsão literal de sua aplicação às ações punitivas do Estado **"no exercício de poder de polícia"** não deve ser interpretada como uma vedação à sua incidência em outros casos de exercício de pretensão punitiva. Pode-se considerar, ao contrário, que, em uma interpretação sistemática do ordenamento, a disciplina do poder administrativo sancionador deve ser una ou, ao menos, harmônica, sendo defensável, em vista disso, até mesmo a tese de que a Lei n. 9.873/1999 *incide de forma direta, e não por analogia, aos casos de imputação de multa pelo TCU.*

(iv) Mesmo, porém, se não acolhida a tese da aplicação direta da Lei n. 9.873/1999, a hipótese seria de prescrição quinquenal. Isso porque, na definição de prazo prescricional de pretensão administrativa, deve-se preferir o recurso à *analogia com regras próprias do Direito Administrativo* à invocação da regra residual do art. 205 do CC. Desse modo, especialmente o Decreto n. 20.910/1932, mas, também, a própria Lei n. 9.873/1999 poderiam ser empregados para integrar o silêncio deixado em aberto pela Lei n. 8.443/1992, havendo, ademais, outros muitos dispositivos legais que determinam a submissão do Poder Público a prazo prescricional ou decadencial de cinco anos – *e.g.*, Lei n. 5.172/1966 (Código Tributário Nacional), Lei n. 6.868/1980, Lei n. 8.112/1190, Lei n. 8.429/1992, Lei n. 12.529/2001, Lei n. 12.846/2013.

Conforme já assinalado, a orientação jurídica em favor da aplicação do prazo quinquenal de prescrição enfrenta resistências no âmbito do TCU. Cabe, no entanto, ressaltar que, mesmo por lá, a tese encontrou acolhida em votos de alguns Ministros no comentado julgamento proferido pelo Acórdão n. 1.441/2016, a saber: Ministro Benjamin Zymler, Ministro Augusto Nardes e Ministro Raimundo Carreiro. Atualmente, no entanto, todos estes preferem seguir o precedente firmado pela maioria do TCU a reiterar a defesa daquele que é o entendimento judicial absolutamente dominante acerca da matéria. Em nome da colegialidade interna – certamente importante –, os Ministros em questão deixaram, eles próprios, de observar os parâmetros judiciais aplicáveis ao tema em processos de sua relatoria. A coesão interna prevaleceu sobre a coesão externa que o TCU também guardar relativamente aos entendimentos jurídicos firmados pelo Judiciário, notadamente por seus órgãos de cúpula.

3.2. Prazo Decenal

Pois bem, contrapondo-se ao entendimento acima exposto, em favor do prazo quinquenal, já se viu que o TCU considera que a pretensão de imputação de multa, por ele titularizada, deve se submeter ao prazo prescricional de dez anos. O tema foi, durante bastante tempo, controvertido no âmbito daquela Corte, vindo a se pacificar apenas no final de 2016, por meio do julgamento de incidente de uniformização de jurisprudência.

Na ocasião, por seis votos a três, a Corte estabeleceu que o prazo aplicável à hipótese em exame deveria ser o previsto como regra residual geral do ordenamento brasileiro, no art. 205 do CC, e não qualquer outro invocado por analogia, ainda que editado especificamente para disciplina relação jurídica de natureza administrativa. Vejam-se, nesse sentido, os dispositivos conclusivos do acórdão proferido pelo TCU:

> SUMÁRIO: INCIDENTE DE UNIFORMIZAÇÃO DE JURIS-PRUDÊNCIA. *PRAZO PRESCRICIONAL DAS SANÇÕES APLICADAS PELO TCU. SUBORDINAÇÃO AO PRAZO GERAL DE PRESCRIÇÃO INDICADO NO ART. 205 DO CÓDIGO CIVIL*, CONTADO A PARTIR DA DATA DE OCORRÊNCIA DA IRREGULARIDADE SANCIONADA. INTERRUPÇÃO, POR UMA ÚNICA VEZ, COM A AUDIÊNCIA, CITAÇÃO

OU OITIVA VÁLIDA. REINÍCIO DA CONTAGEM LOGO APÓS O ATO QUE INTERROMPEU A PRESCRIÇÃO. SUSPENSÃO DO PROCESSO QUANDO A MORA FOR IMPUTADA AO JURISDICIONADO.

Acórdão

VISTOS, relatados e discutidos estes autos de incidente de uniformização de jurisprudência suscitado quando do julgamento de recurso de reconsideração interposto por Marilene Rodrigues Chang, Paulo César de Lorenzo e Rildo Leite Ribeiro contra o Acórdão 3.298/2011-Plenário (TC 007.822/2005-4);

ACORDAM os Ministros do Tribunal de Contas da União, reunidos em Sessão do Plenário, ante as razões expostas pelo Redator, em:

9.1. deixar assente que:

9.1.1. *a pretensão punitiva do Tribunal de Contas da União subordina-se ao prazo geral de prescrição indicado no art. 205 do Código Civil*;

[...] 9.1.6. a ocorrência desta espécie de prescrição será aferida, independentemente de alegação da parte, em cada processo no qual haja intenção de aplicação das sanções previstas na Lei 8.443/1992;

9.1.7. *o entendimento consubstanciado nos subitens anteriores será aplicado, de imediato, aos processos novos (autuados a partir desta data) bem como àqueles pendentes de decisão de mérito ou de apreciação de recurso por este Tribunal*;

9.2. determinar à Secretaria-Geral Adjunta de Tecnologia da Informação que adote as providências necessárias para que seja desenvolvida, no sistema e-TCU, funcionalidade para o controle da interrupção e suspensões de prazo prescricional de que trata este acórdão;

9.3. encaminhar cópia do acórdão, assim como do relatório e voto que o fundamentam, à Comissão de Jurisprudência, nos termos do art. 91, § 3º, do Regimento Interno;

9.4. remeter os autos do TC 007.822/2005-4 ao Gabinete do Ministro Benjamin Zymler, nos termos do art. 91, § 2º, do Regimento Interno.

Da análise do voto do Ministro redator para acórdão, Walton Alencar Rodrigues, podem se extrair os principais fundamentos utilizados pela Corte de Contas para decidir em favor da incidência do CC na definição do prazo prescricional limitador de sua própria pretensão punitiva. Abaixo, apresenta-se um resumo desses fundamentos:

(i) Se, por um lado, a prescrição deve ser vista como a regra geral do ordenamento brasileiro, para proteção à segurança jurídica; de outro, para que se preserve esse mesmo valor constitucional, deve-se compreender a matéria como reservada, estritamente, à disciplina legislativa. Isso significa que, se determinada pretensão não for contemplada com prazo prescricional específico em lei, não caberá ao intérprete estender-lhe algum por analogia.

(ii) A solução para os casos de omissão de normas prescricional específica consiste na aplicação da regra residual prevista no art. 205 do CC, estabelecida, justamente, para evitar insegurança acerca da matéria – que certamente se instalaria se cada intérprete pudesse adotar, por analogia, o prazo que considerasse mais adequado para as referidas hipóteses de ausência de normatização expressa sobre a prescrição.

(iii) A mera existência de normas que estipulam o prazo de cinco anos para determinadas pretensões administrativas não faz surgir um prazo geral para a limitação temporal das atividades exercidas pelo Poder Público. Não há, em outras palavras, um prazo residual de prescrição próprio para a Administração Pública. O único prazo residual do ordenamento brasileiro é o de dez anos, estipulado pelo CC.

Note-se que o voto condutor, do Ministro Walton Alencar Rodrigues, não cogita aplicar, de modo direto – e não por analogia –, a Lei n. 9.873/1999, como feito pela Primeira Turma do STF no julgamento do MS 32.210. Em algumas passagens de sua manifestação, fica clara, inclusive, sua discordância quanto à construção de um regramento geral para o denominado "direito administrativo sancionador", entre outros motivos, porque os ilícitos puníveis pelo Direito Administrativo poderiam ter gravidades bastante distintas entre si, merecendo, portanto, normatização também diferenciada.

4. A Nova Fronteira do Debate: Contagem dos Prazos Prescricionais
Com os tópicos anteriores, esgota-se a finalidade principal deste capítulo, que era de identificação das orientações jurisprudenciais básicas sobre prescrição das imputações de débito e de multa, exercitadas pelo TCU em

sede, sobretudo, de tomadas de contas especiais. A título complementar, considera-se relevante, porém, desenvolver breves comentários acerca da contagem dos prazos prescricionais antes examinados.

Basicamente, quatro são as questões que se colocam a respeito do assunto: (i) "qual é o termo inicial da prescrição?"; (ii) "quais são e como operam as causas de impedimento da prescrição?"; e (iii) "quais são e como operam as causas de interrupção da prescrição?"; e (iv) "quais são e como operam as causas de suspensão da prescrição".

Nenhuma dessas indagações conta, porém, com referenciais jurisprudenciais sólidos advindos do Judiciário. Diferentemente do que se viu quanto à (im)prescritibilidade e ao prazo aplicável, as "novas" questões aqui colocadas parecem não chegar a magistrados e cortes judiciais com frequência e destaque, não contando, por exemplo, com repercussão geral expressamente reconhecida pelo STF.

Verifica-se, ademais, que, quando o Judiciário, em especial os tribunais superiores, apreciam alguma das matérias ora examinadas, fazem-no de forma individualizada – isto é, caso a caso –, o que dificulta a extração de parâmetros representativos de uma orientação jurisprudencial segura e ampla, apta a guiar a atuação dos jurisdicionados.

Exemplificando esse ponto, acentua-se que, no julgamento do MS 32.210, a Primeira Turma do STF reconheceu, expressamente, que, enquanto o prazo prescricional aplicável às pretensões administrativas sancionadoras caminha para uma uniformização normativa, os demais aspectos relativos ao tema seguiriam, ainda, sendo objeto de regras (e, pode-se acrescentar, aqui, orientações judiciais) próprias e diferenciadas entre si.[58] Em vista disso, o próprio Tribunal esquivou-se da definição

---

[58] Leia-se, a propósito dessa ausência de maior uniformidade entre as normas prescricionais aplicáveis à Administração, trecho do voto do Ministro Luís Roberto Barroso, relator do acórdão: *"A larga uniformidade encontrada nas referidas normas a respeito do prazo de cinco anos, entretanto, não se repete quanto a outros aspectos da regulação da prescrição. 26. Assim, por exemplo, quanto ao termo inicial, o prazo para a aplicação da sanção aos servidores públicos civis federais pela prática de infrações funcionais começa a correr 'da data em que o fato se tornou conhecido' (Lei nº 8.112/1990, art. 142, p. ún.); para os advogados, o prazo para a aplicação de sanção disciplinar se conta 'da data da constatação oficial do fato' (Lei nº 8.906/1994, art. 43); para os demais profissionais liberais, o prazo prescricional é contado 'da data da verificação do fato respectivo' (Lei nº 6.838/1980, art. 1º). O mesmo se diga em relação às causas interruptivas e suspensivas da prescrição, à previsão de prescrição intercorrente etc"*.

de um termo inicial de prescrição com status de critério geral a ser adotado em outros casos de limitação temporal da atuação administrativa.

No âmbito do TCU, por sua vez, até houve recente enfrentamento e sistematização das questões ora pontuadas. Contudo, em rigor, a decisão proferida pelo Tribunal – no aqui já citado Acórdão n. 1.441/2016 – aplica-se apenas, aos casos de imputação de multa. Afinal, para as hipóteses de imputação de débito, a Corte de Contas sequer cogita de contagem de prazo prescricional, por acolher a tese da imprescritibilidade da pretensão.

Sendo, todavia, o referido Acórdão n. 1.441/2016 o precedente que, de maneira mais organizada, aborda as questões suscitadas no presente capítulo, passa-se, abaixo, a resumir suas considerações, deixando-se, desde já, transcritos os trechos pertinentes de seu dispositivo de julgamento:

SUMÁRIO: INCIDENTE DE UNIFORMIZAÇÃO DE JURISPRUDÊNCIA. *PRAZO PRESCRICIONAL DAS SANÇÕES APLICADAS PELO TCU.* SUBORDINAÇÃO AO PRAZO GERAL DE PRESCRIÇÃO INDICADO NO ART. 205 DO CÓDIGO CIVIL, *CONTADO A PARTIR DA DATA DE OCORRÊNCIA DA IRREGULARIDADE SANCIONADA. INTERRUPÇÃO, POR UMA ÚNICA VEZ, COM A AUDIÊNCIA, CITAÇÃO OU OITIVA VÁLIDA. REINÍCIO DA CONTAGEM LOGO APÓS O ATO QUE INTERROMPEU A PRESCRIÇÃO. SUSPENSÃO DO PROCESSO QUANDO A MORA FOR IMPUTADA AO JURISDICIONADO.*

Acórdão

VISTOS, relatados e discutidos estes autos de incidente de uniformização de jurisprudência suscitado quando do julgamento de recurso de reconsideração interposto por Marilene Rodrigues Chang, Paulo César de Lorenzo e Rildo Leite Ribeiro contra o Acórdão 3.298/2011-Plenário (TC 007.822/2005-4);

ACORDAM os Ministros do Tribunal de Contas da União, reunidos em Sessão do Plenário, ante as razões expostas pelo Redator, em:

9.1. deixar assente que:

9.1.1. a pretensão punitiva do Tribunal de Contas da União subordina-se ao prazo geral de prescrição indicado no art. 205 do Código Civil;

9.1.2. *a prescrição a que se refere o subitem anterior é contada a partir da data de ocorrência da irregularidade sancionada, nos termos do art. 189 do Código Civil;*

9.1.3. *o ato que ordenar a citação, a audiência ou oitiva da parte interrompe a prescrição* de que trata o subitem 9.1.1, nos termos do art. 202, inciso I, do Código Civil;

9.1.4. *a prescrição interrompida recomeça a correr da data em que for ordenada a citação, a audiência ou oitiva da parte*, nos termos do art. 202, parágrafo único, parte inicial, do Código Civil;

9.1.5. *haverá a suspensão da prescrição toda vez que o responsável apresentar elementos adicionais de defesa, ou mesmo quando forem necessárias diligências causadas por conta de algum fato novo trazido pelos jurisdicionados*, não suficientemente documentado nas manifestações processuais, *sendo que a paralisação da contagem do prazo ocorrerá no período compreendido entre a juntada dos elementos adicionais de defesa ou da peça contendo o fato novo e a análise dos referidos elementos ou da resposta da diligência*, nos termos do art. 160, §2º, do Regimento Interno; [...] (grifo nosso)

4.1. Termo Inicial

No que diz respeito ao termo inicial da prescrição, prevaleceu no TCU a orientação de que este deveria ser a data de ocorrência do ilícito ensejador de dano ao erário, e não a data de ciência, pelo próprio Tribunal ou pela autoridade administrativa competente, da prática do ato. Considerou-se, em suma, que "*o titular do direito de punir* [e o mesmo se poderia alegar para o direito de obter o ressarcimento] *é o Estado, enquanto o Tribunal* [TCU] *é apenas um instrumento para o exercício de tal pretensão*".[59] Por isso, não faria sentido aguardar-se a ciência da Corte de Contas – ou de qualquer outra autoridade estatal específica – para se iniciar a fluência do prazo prescricional contra o Estado.

De certo modo, subjacente ao entendimento acolhido pelo TCU, está a consideração de que não há como se definir, exatamente, o momento em que nasce a pretensão punitiva (e, podemos acrescentar, ressarcitória) para o Estado, dado que a ciência de qualquer órgão ou entidade pública quanto ao ato ilícito danoso poderia prestar-se a tal fim. Mas há mais: diante da natureza da atuação fiscalizatória estatal, que constitui, não apenas um poder, mas um dever do Estado, pode-se considerar que

---

[59] Trecho do voto do Ministro Bruno Dantas, citado, ainda, no voto do Ministro Walton Alencar Rodrigues, redator do Acórdão (n. 1.441/2016).

caberia a ele – ampla e impessoalmente considerado – obter ciência das irregularidades praticadas, sempre, de forma concomitante aos fatos.

Com efeito, se na esfera civil há discussões sobre o termo inicial de prescrição dever ser subjetivado ou abrandado conforme as possibilidades reais de ação do credor;[60] no âmbito público, outras formas de pretensão estão em jogo, reclamando compreensões diversas acerca do termo inicial da prescrição. Não há, por exemplo, como se aceitar a inércia estatal em investigar um fato ilícito ou gerador de dano ao erário. Quaisquer dificuldades que possam existir para a ação persecutória devem ser pelo próprio Estado resolvidas, não se qualificando como empecilho absoluto ao exercício da pretensão ou, melhor, do poder-dever punitivo ou ressarcitório a ele atribuído.

Conclui-se, assim, que a fixação do termo inicial para contagem da prescrição na data – objetiva e de fácil constatação – de ocorrência do próprio ato danoso se justifica para evitar insegurança jurídica; para assegurar o caráter uno e impessoal da atuação estatal; mas, também, em razão da peculiar natureza das pretensões exercidas pelo TCU.[61]

Note-se, por fim, que, ao apreciar o MS 32.210, a Primeira Turma do STF também adotou a data do fato como marco inicial da prescrição punitiva do TCU. O Supremo não precisou, todavia, despender toda a argumentação acima exposta e que complementa o Acórdão n. 1.441/2016 da Corte de Contas. Isso porque, adotada como premissa, não a sujeição ao CC, mas à legislação administrativa, a contagem do prazo prescricional desde a data do fato, ao menos para fins de pretensão punitiva, conta com preceitos claros e expressos. A exigência de fundamentação reforçada quanto ao tema coloca-se, portanto, se e apenas se contemplado o viés civilista de regramento da matéria, atualmente encampado pelo TCU.

Nessa linha, destaca-se que o art. 1º, da Lei n. 9.873/1999 expressamente estabelece a contagem do prazo prescricional punitivo desde a *"data da prática do ato ou, no caso de infração permanente ou continuada, do dia*

---

[60] Ver: (i) MARTINS-COSTA (2013, p. 291-304); e (ii) SAAB (2019, p. 113-147).

[61] Registra-se haver acórdão do STJ admitindo orientação diversa, isto é, a contagem da prescrição administrativa apenas quando cientificada a autoridade administrativa competente para a tomada de medidas tendentes a punir o servidor público, e não desde a prática do ato ilícito (MS 20162, Primeira Seção, Rel. Ministro Arnaldo Esteves Lima, j. 12.02.2014). No caso, porém, estava em jogo sanção disciplinar, que possui normatização expressa na Lei n. 8.112/1990 nesse sentido.

em que tiver cessado". Idêntico critério guia a atuação persecutória penal do Estado, disciplinada pelo art. 111 do Código Penal.

4.2. Causas Impeditivas, Interruptivas e Suspensivas da Prescrição

Tradicionalmente, no âmbito do direito civil, entende-se que causas impeditivas da prescrição são aquelas que impossibilitam o início da contagem do prazo prescricional. Já as causas interruptivas paralisam a contagem já iniciada e a fazem, em seguida, retornar desde o princípio, reabrindo, portanto, todo o prazo prescricional aplicável. Contrapõem-se, nesse sentido, às causas suspensivas, que paralisam o fluxo do prazo, mas o retomam, depois, de onde haviam parado.[62]

No Acórdão n. 1.441/2016, o TCU nada dispôs sobre causas de impedimento da prescrição, tratando apenas das causas interruptivas e suspensivas do fluxo prescricional. Acerca das primeiras, a Corte basicamente seguiu o disposto no Código Civil, definindo os seguintes parâmetros para contagem da prescrição de sua pretensão punitiva:

(i) o ato que ordenar a citação, a audiência ou a oitiva da parte interrompe, com base no art. 202, I, do CC, a prescrição punitiva;
(ii) a interrupção do fluxo prescricional ocorre uma única vez, nos termos do art. 202 do CC;
(iii) o prazo de prescrição volta a ocorrer da data do ato que havia o interrompido, ou seja, da data do ato ordenador da citação, audiência ou oitiva da parte, conforme também previsto no art. 202, parágrafo único do CC.

A orientação fixada pelo TCU quanto às causas interruptivas, embora criticável sob outros ângulos, mostra-se coerente com a jurisprudência da Corte em prol da incidência do prazo residual de dez anos, previsto no CC, para delimitação de sua pretensão punitiva.

A mesma coerência não foi, todavia, observada pelo Tribunal quando da abordagem das causas suspensivas da prescrição no mesmíssimo Acórdão n. 1.441/2016. Com efeito, sem que houvesse qualquer dispositivo similar no Código Civil, o TCU estabeleceu no referido precedente

---

[62] Ver arts. 197 a 204 do CC. Em doutrina, ler: VAZ (2019, p. 149-184).

de uniformização de sua jurisprudência que a prescrição em TCE suspende-se nas seguintes situações:

> *toda vez que o responsável apresentar elementos adicionais de defesa, ou mesmo quando forem necessárias diligências causadas por conta de algum fato novo trazido pelos jurisdicionados, não suficientemente documentado nas manifestações processuais, sendo que a paralisação da contagem do prazo ocorrerá no período compreendido entre a juntada dos elementos adicionais de defesa ou da peça contendo o fato novo e a análise dos referidos elementos ou da resposta da diligência, nos termos do art. 160, §2º, do Regimento Interno; [...]*

Necessário, pois que o Tribunal reconheça a possibilidade de suspensão do processo e, por consequência do fluxo prescricional, em face das peculiaridades do processo de controle externo, notadamente por se ele dirigido pelo princípio da verdade material, situação que acaba por dilatar o exercício do contraditório e da ampla defesa dos interessados.

Imperativo que os adicionais prazos de defesa conferidos aos responsáveis, assim como o tempo necessário ao exame, pela unidade técnica, pelo Ministério Público e pelo relator, dos elementos adicionais de defesa, sejam tratados como períodos de suspensão da prescrição, com fundamento no art. 265, IV, alínea "b", do Código de Processo Civil, porque, nesses casos, não há inércia do Tribunal, mas ampliação do exercício do contraditória e da ampla-defesa.

Com isso, o Tribunal tornou o fluxo da prescrição durante a tramitação de TCE ainda mais inseguro e precário do que já se mostrava em razão (i) da persistente aplicação do prazo prescricional de dez anos, rechaçado judicialmente, para imputações de multa; e (ii) da contínua defesa da imprescritibilidade das imputações de débito, nada obstante os fundamentos empregados nos acórdãos mais recentes do STJ e do STF sinalizarem compreensão oposta. É que, mesmo quando vislumbrada *alguma* prescrição pelo TCU, esta se suspende a cada novo elemento de defesa trazido aos autos, ou a cada nova diligência feita para apurar os fatos investigados no processo.

A propósito do entendimento firmado pelo TCU sobre a matéria, cabe indagar: como se justifica que o exercício de garantias inerentes ao contraditório inviabilizem o fluxo da prescrição? Deve, o acusado, ter que optar entre produzir provas, para se defender; ou não acrescentar elementos novos aos autos, a fim de viabilizar o transcurso da prescrição?

Não fosse bastante, ainda que fora do âmbito do Acórdão n. 1.441/2016, encontra-se na jurisprudência do Tribunal outro entendimento desestabilizador do fluxo do prazo prescricional. Em suma, em processos envolvendo o Banco Nacional de Desenvolvimento Econômico e Social (BNDES),[63] o TCU tem invocado a ocorrência de *impedimento* ao transcurso de sua pretensão punitiva, em face de agentes públicos e privados, pelo fato de até 2015 ter havido controvérsia jurídica quanto à oponibilidade de sigilo bancário pela aludida empresa estatal à Corte de Contas.[64] Em outras palavras, uma celeuma jurídica razoável,[65] alimentada pela própria postura do TCU de aceitação ou inércia, ao longo de anos, do sigilo alegado pelo BNDES, passou a ser empregada para afetar a esfera de direitos das pessoas naturais e jurídicas envolvidas nas operações financeiras investigadas pela Corte.

Operações realizadas muito antes de 2015 e que por vezes não foram sequer objeto de interesse investigativo do TCU durante o período, poderão ser agora investigadas pela Corte para fins de punição dos agentes envolvidos, sob o argumento de que, desde a data do fato até o aludido ano, o Tribunal sofreu óbice intransponível à sua atuação. A tese em questão ignora que, se apenas em 2015 o Tribunal passou a ter acesso à íntegra dos dados requeridos do BNDES, foi porque o próprio TCU somente àquela época os exigiu de maneira cogente, levando

---

[63] Por todos, confira-se o Acórdão n. 2.154/2018, de relatoria do Ministro Augusto Scherman Cavalcanti.

[64] Em 2015, a Primeira Turma do STF apreciou o MS n. 33.340, e determinou que o sigilo bancário de operações do BNDES poderia ser transferido ao TCU para fins de fiscalização dos recursos públicos eventualmente envolvidos (Primeira Turma, Rel. Ministro Luiz Fux, j. 26.05.2015).

[65] Tanto havia razoabilidade na tese de sigilo bancário que, não apenas o TCU, por anos, a acatou, como o próprio STF, ao apreciá-la no MS n. 33.340 acima referido, contou com divergências internas. Vale dizer: a decisão pela transferência do sigilo bancário foi tomada por maioria de votos na Turma, e não pela unanimidade dos Ministros. Não ostentou, ademais, caráter absoluta, ou seja, não se referiu a toda e qualquer operação realizada pelo BNDES, mas somente aquelas financiadas com recursos públicos.

à judicialização da matéria – que, aliás, poderia ter sido inaugurada pela própria Corte muito antes disso.

A criação de um impedimento ao fluxo da prescrição punitiva, que irá afetar todas as pessoas envolvidas nas operações, mas se vincula apenas comportamento do ente estatal fiscalizado, acarreta, ainda, problemas de "socialização" da prescrição – instituto tradicional e justificadamente tido como personalíssimo.[66] E, acima de tudo, para os fins deste capítulo, cumpre ressaltar que o entendimento do TCU nesses precedentes envolvendo o BNDES reforça a nefasta subjetivação da contagem dos prazos prescricionais, que transparecera no Acórdão n. 1.441/2016 por meio das causas suspensivas abertas então contempladas.

Em substituição a marcos temporais objetivos, vinculados à relação específica havida entre o Tribunal e a pessoa investigada, a prescrição punitiva é impedida ou suspensa com base em critérios subjetivamente aferidos pela Corte, caso a caso, que podem, inclusive, se fundamentar em fato imputável ao ente público fiscalizado, e não à pessoa diretamente sujeita à pretensão punitiva do Tribunal. Mais uma vez, portanto, a Corte transmuda uma categoria jurídica voltada à estabilização das relações sociais em um instrumento de incertezas, que mais causa do que soluciona insegurança jurídica.

Cabe observar, nessa linha, que, se a finalidade subjacente do Tribunal com esses mecanismos "inovadores" de contagem prescricional for ampliar suas possibilidades de imputação de multa, talvez seja melhor que reconheça, com fundamento na Lei n. 9.873/1999, que a prescrição não corre no curso da TCE, salvo se esta restar paralisada por mais de três anos. Haveria no modelo proposto, certamente quebra à coerência

---

[66] Sobre o tema, confira-se precedente do STJ: "*O instituto da prescrição, que extingue a pretensão, em face da violação de um direito (art. 189 – Cód. Civil), tem caráter personalíssimo e, por isso, deve ser visto dentro das condições subjetivas de cada partícipe da relação processual. Não faz sentido, em face da ordem jurídica, a "socialização" na contagem da prescrição. 4. Tendo sido o demandado exonerado do cargo que ocupava ao tempo dos atos apontados como ímprobos, desse momento teve curso o seu prazo prescricional, ainda que ele integre a relação processual em litisconsórcio com outro réu, cuja condição de ocupante de cargo eletivo, somente enseja a contagem do seu prazo prescricional após o término do mandato*" (STJ, AgRg no AREsp 472.062/RJ, Rel. Des. Conv. Olindo Menezes, j. 08.09.2015) (grifo nosso). No mesmo sentido, confira-se: REsp 1.185.461/PR, Rel. Ministra Eliana Calmon, j. 01.06.2010 e REsp 1.088.247/PR, Rel. Ministro Herman Benjamin, j. 19.03.2009.

interna da tese de adoção do CC como diploma disciplinador da prescrição, mas essa quebra, de certo modo, já ocorre com a criação, pelo TCU, de marcos suspensivos e impeditivos abertos, totalmente alheios à sistematização trazida pela legislação civil, e que são aferidos subjetivamente pelo próprio Tribunal.

Não custa lembrar, ademais, que a aplicação do regime civilista à matéria é amplamente rechaçada pelo Judiciário. Dessa forma, enquanto não reformada a LOTCU para suprir a omissão hoje existente sobre o tema, seria mais condizente com os fundamentos empregados pelo Judiciário, por meio, inclusive, de seu órgão de cúpula (STF), que o TCU (i) não apenas reconhecesse a prescrição, tanto de sua pretensão punitiva como de sua pretensão ressarcitória – uma vez que não detém atribuição legal para qualificar atos como improbidade administrativa dolosa –, com a incidência, em ambos os casos, do prazo quinquenal de prescrição, (ii) como sujeitasse a contagem de tais prazos ao regime da Lei n. 9.873/1999 e outros diplomas de direito público.

Ficaria afastada, assim, a criatividade hermenêutica do Tribunal para instituir marcos suspensivos e impeditivos da prescrição com base, apenas, em concepções subjetivas sobre quando e como os obstáculos naturais ao exercício do controle externo se qualificariam como óbices intransponíveis ao agir estatal. Reitera-se, nessa esteira, que a prescrição existe para trazer segurança jurídica, devendo contar, por isso mesmo, ela própria, com o regramento mais objetivo e previsível possível. Prazos prescricionais incertos, que transcorrem de maneira imprevisível para as partes envolvidas, não geram a segurança visada, nem protegem adequadamente as garantias inerentes ao devido processo legal.

Diante dessas considerações, em encerramento ao presente capítulo, passa-se a tratar brevemente do disposto na Lei n. 9.873/1999 sobre a contagem dos prazos de prescrição:

> Art. 1º [...]
> § 1º Incide a prescrição no procedimento administrativo paralisado por mais de três anos, pendente de julgamento ou despacho, cujos autos serão arquivados de ofício ou mediante requerimento da parte interessada, sem prejuízo da apuração da responsabilidade funcional decorrente da paralisação, se for o caso.

Art. 2º Interrompe-se a prescrição da ação punitiva: (Redação dada pela Lei nº 11.941, de 2009)

I – pela notificação ou citação do indiciado ou acusado, inclusive por meio de edital; (Redação dada pela Lei nº 11.941, de 2009)

II – por qualquer ato inequívoco, que importe apuração do fato;

III – pela decisão condenatória recorrível.

IV – por qualquer ato inequívoco que importe em manifestação expressa de tentativa de solução conciliatória no âmbito interno da administração pública federal. (Incluído pela Lei nº 11.941, de 2009)

[...]

Art. 3º Suspende-se a prescrição durante a vigência:

I – dos compromissos de cessação ou de desempenho, respectivamente, previstos nos arts. 53 e 58 da Lei nº 8.884, de 11 de junho de 1994.

As compreensões de impedimento, interrupção e suspensão do fluxo prescricional previstas na referida lei são diversas daquelas adotadas no ordenamento civil. Em suma, a Lei n. 9.873/1999 estabelece um rol mais amplo de atos hábeis a gerar a interrupção da prescrição e, enfatizando a natureza processual da apuração do ilícito pela Administração, não determina o retorno da contagem do prazo prescricional logo após a prática do ato interruptivo; mas, sim, três anos após esse marco temporal e apenas se houver, nesse ínterim, paralisação do processo administrativo.

Explicitando o modo de apuração da prescrição determinado pela Lei n. 9.873/199, confira-se o ensinamento do professor Alexandre Santos de Aragão:

> A pretensão para a Administração Pública Federal exercer o seu poder de polícia sancionatório sobre os particulares é sujeita ao prazo de cinco anos (Lei n. 9.873/99). *Iniciado o processo administrativo sancionador, a prescrição é interrompida, mas volta a correr após três anos de paralisação do processo, admitindo-se, portanto, a prescrição intercorrente.* Não basta para evitar o retorno do curso da prescrição meros despachos ordinatórios emitidos apenas para evitar que se completem os três anos.[67]

[67] Aragão (2012, p. 588-589).

Em tese, a aplicação do regime da Lei n. 9.873/1999 para fins de interrupção da prescrição em TCE tende a favorecer a manutenção das condições de exercício das pretensões do Tribunal de Contas, prejudicando, portanto, na mão inversa, os particulares investigados. Afinal, de acordo com a lei em apreço, o prazo prescricional, em vez de voltar a correr logo após a citação do jurisdicionado, como ocorreria pelo regime civilista, permanece interrompido durante o transcurso da TCE, salvo paralisação desta por mais de três anos.

Essa vantagem ao TCU, gerada por uma eventual aplicação da Lei n. 9.873/1999, perde, todavia, seu diferencial quando examinado, não o regime prescricional do CC, mas aquele que, com base no CC, a Corte de Contas definiu para si, de maneira bastante criativa ou inovadora no que diz respeito à previsão de causas suspensivas e impeditivas da prescrição.

Conclusão

Vivemos o tempo do controle e, em grande medida, é bom que assim seja. O país precisa de fiscalização sobre agentes públicos e privados que lidam com recursos públicos; e a sociedade demanda melhorias nos sistemas de prevenção, repressão e reparação de ilícitos praticados contra o erário.

O tempo do controle não pode ser, todavia, sinônimo de controle a qualquer tempo. A era da fiscalização não pode ser a era da insegurança jurídica e do abandono de garantias históricas, fundamentais para o Estado Democrático de Direito.

A máxima popular "antes tarde do que nunca" não constitui diretriz válida para atuação das instituições de controle estatais, até porque, quanto mais tarde o controle exercido pelo Estado, mais suscetível a erros ele se mostra, além de menos efetivo na geração dos fins visados. Não à toa, a discussão jurídica mais pujante no país nos últimos anos diz respeito à antecipação dos efeitos do controle judicial exercido em âmbito penal; ou, em outras palavras, à viabilidade constitucional de se permitir o cumprimento da prisão condenatória determinada pelo Judiciário ainda antes do trânsito em julgado da ação. Fosse indiferente o momento do controle, não haveria tamanha – e legítima – indignação com a demora na conclusão de processos penais e na efetivação de decisões condenatórias neles proferidas.[68]

---

[68] Sobre o tema da possibilidade de prisão após condenação em segunda instância, destacam-se a seguir os principais processos julgados pelo STF sobre o tema desde 2016:

Seja como for, no que diz respeito, especificamente, ao tema abordado neste capítulo, a imposição de limites temporais, mais sérios e efetivos, à imputação de débito e de multa pelo TCU sequer prejudica, fundamentalmente, a possiblidade de controle estatal de atos lesivos ao patrimônio público. Reconhecer a incidência de prazos prescricionais menores, com contagem mais objetiva, para as pretensões exercidas pela Corte de Contas não impede que o Estado brasileiro, por meio de outras instituições, siga investigando e, nesse sentido, controlando agentes suspeitos da prática de atos ilícitos.

O que precisa se encerrar, em prazo mais curto e menos maleável, é a possibilidade de atuação específica da Corte de Contas, haja vista, sobretudo: (i) as peculiaridades inquisitoriais dos procedimentos que tramitam junto a ela; e (ii) a exigência de coerência no sistema de controle brasileiro. Recorda-se, quanto a esse último ponto, que o STF já não mais admite a imprescritibilidade de demandas judiciais de ressarcimento ao erário, salvo tipificação de ato de improbidade administrativa dolosa, o que, por força da própria Lei n. 8.429/1992, somente pode se dar em juízo. Ademais, o prazo quinquenal para atuação punitiva do Estado-administrador ou controlador também vigora, como regra geral, no ordenamento brasileiro, contando com amplo respaldo jurisprudencial de nossos tribunais superiores.

Não há nada, portanto, que justifique a persistência do TCU em aplicar, a si próprio, regime prescricional absolutamente atípico, amparado em interpretação superada do art. 37, §5º, da CF/1988, em normas do Código Civil inadequadas ao regime público, e em marcos suspensivos e impeditivos de prescrição consagrados apenas pela própria Corte. O Tribunal não precisa aguardar o julgamento do RE n. 636.886 pelo STF para se curvar ao que um mero levantamento jurisprudencial evidencia já ser o entendimento dominante acerca da matéria. Controle legítimo e efetivo é aquele exercido dentro dos limites impostos pelo ordenamento jurídico, em bases que confiram segurança jurídica a todos os envolvidos. Quem tudo quer controlar, a qualquer tempo e sob quaisquer

---

(i) HC n. 126.292, Plenário, Rel. Ministro Teori Zavascki, j. 17.02.2016; (ii) ARE n. 964.246, Plenário, Rel. Ministro Teori Zavascki, j. 11.11.2017; (iii) HC n. 152.752, Plenário, Rel. Ministro Edson Fachin, j. 05.04.2018; e (iv) ADCs n. 43, 44 e 54, Plenário, Rel. Ministro Marco Aurélio, j. 07.11.2019.

condições, não mais age em nome do Estado de Direito, mas contra ele. E, certamente, não é esse o papel que o TCU deseja ocupar no quadro político-institucional brasileiro.

Referências

ARAGÃO, Alexandre Santos de. *Curso de Direito Administrativo*. Rio de Janeiro: Forense, 2012.

BARROSO, Luís Roberto. Trinta anos da Constituição: a República que ainda não foi. *In*: BARROSO, Luís Roberto; MELLO, Patrícia Perrone Campos (coord.). *A República que ainda não foi*: trinta anos da Constituição de 1988 na visão da escola de Direito Constitucional da UERJ. Belo Horizonte: Fórum, 2018. p. 35-54.

CAPEZ, Fernando. *Limites constitucionais à lei de improbidade*. São Paulo: Saraiva, 2010.

DIONISIO, Pedro de Hollanda. *O Direito ao erro do administrador público no Brasil* – contexto, fundamentos e parâmetros. Rio de Janeiro: GZ Editora, 2019.

FERNANDES, Jorge Ulisses Jacoby. *Tomada de Contas Especial* – Processo e procedimento na Administração Pública e nos Tribunais de Contas. 4. ed. Belo Horizonte: Fórum, 2009.

MARTINS-COSTA, Judith. Notas sobre o dies a quo do prazo prescricional. *In*: MIRANDA, Daniel Gomes; CUNHA, Leonardo Carneiro da; ALBUQUERQUE JÚNIOR, Roberto Paulino (coord.). *Prescrição e decadência*: estudos em homenagem a Agnelo Amorim Filho. Salvador: JusPodivm, 2013. p. 291-304.

MELLO, Celso Antônio Bandeira de. *Curso de Direito Administrativo*. 25. ed. São Paulo: Malheiros, 2008.

MUKAI, Toshio. A inconstitucionalidade da lei de improbidade administrativa. *Boletim de Direito Administrativo*, São Paulo, ano XV, n. 11, nov. 1999.

NASCIMENTO, Rodrigo Melo do. A execução judicial das decisões proferidas pelos Tribunais de Contas. *Revista do TC*, Brasília, n. 125, p. 84-101, set./dez. 2012.

NEVES, Julio Gonzaga Andrade. *A prescrição no Direito Civil brasileiro*: natureza jurídica e eficácia. 2019. Tese (Doutorado) – Universidade de São Paulo, São Paulo, 2019.

OSÓRIO, Fábio Medina. *Teoria da improbidade administrativa*. São Paulo: Revista dos Tribunais, 2007.

RIZZARDO, Arnaldo; RIZZARDO FILHO, Arnaldo; RIZZARDO, Carine Ardissone. *Prescrição e decadência*. 2. ed. Rio de Janeiro: Forense, 2017.

ROSILHO, André. O Direito também tem que valer para o TCU. *JOTA*, 19 abr. 2017. Disponível em: https://jota.info/colunas/controle-publico/o-direito-tambem-tem--de-valer-para-o-tcu-19042017. Acesso em: 14 dez. 2019.

ROSILHO, André. *Tribunal de Contas da União* – Competências, jurisdição e instrumentos de controle. São Paulo: Quartier Latin, 2019.

SAAB, Rachel. Análise funcional do termo inicial da prescrição. *In*: MORAES, Maria Celina Bodin de; GUEDES, Gisela Sampaio da Cruz; SOUZA, Eduardo Nunes de (coord.) *A juízo do tempo* – Estudos atuais sobre prescrição. Rio de Janeiro: Processo, 2019. p. 113-147.

VAZ, Marcela Campinho; LEITE, Marina Duque Moura. Causas suspensivas e interruptivas da prescrição no Código Civil. *In*: MORAES, Maria Celina Bodin de; GUEDES, Gisela Sampaio da Cruz; SOUZA, Eduardo Nunes de (coord.). *A juízo do tempo* – Estudos atuais sobre prescrição. Rio de Janeiro: Processo, 2019. p. 149-184.

VORONOFF, Alice. *Direito Administrativo sancionador no Brasil* – Justificação, interpretação e aplicação. Belo Horizonte: Fórum, 2018.

WILLEMAN, Mariana Montebello. *Accountability democrática e o desenho institucional dos Tribunais de Contas no Brasil*. Belo Horizonte: Forum, 2017.

PARTE 2

TRIBUNAL DE CONTAS DA UNIÃO E O CONTROLE DA REGULAÇÃO

Capítulo 7
O Tribunal de Contas da União e a Interpretação Conforme de Normas Regulatórias

Daniel Bogéa

Introdução

O controle da regulação estatal está na ordem do dia do Tribunal de Contas da União (TCU). O repertório de teses para enquadrar, justificar e/ou criticar o papel do TCU é variado: fala-se em controle de segunda ordem ou de segundo grau sobre reguladores e delegatários,[1-2] motiva-se a intensidade do controle a partir dos níveis de governança de reguladores,[3]

---

[1] Essa talvez seja a tese mais antiga e influente em julgados e escritos sobre o papel do TCU na regulação, em particular no que diz respeito à interação com agências reguladoras e seu espaço de discricionariedade. Ganhou proeminência a partir de escritos do Ministro Benjamin Zymler e, apesar de seus limites não serem consensuais, assumiu a seguinte forma na jurisprudência recente da Corte: A competência do TCU para fiscalizar as atividades-fim das agências reguladoras caracteriza-se como controle de segunda ordem, cabendo respeitar a discricionariedade das agências quanto à escolha da estratégia e das metodologias utilizadas para o alcance dos objetivos delineados. Isso não impede, todavia, que o TCU determine a adoção de medidas corretivas a ato praticado na esfera discricionária dessas entidades, quando houver violação ao ordenamento jurídico, do qual fazem parte os princípios da finalidade, da economicidade e da modicidade tarifária na prestação dos serviços públicos. (Acórdão 1.166/2019-TCU-Plenário). Cf. ZYMLER (2005).

[2] ALBUQUERQUE (2011, p. 83-112).

[3] É nesse sentido que o Ministro Bruno Dantas justifica níveis mais intensos do controle exercido pelo TCU sobre a regulação. Entrevista disponível em: https://www1.folha.uol.com.br/mercado/2018/08/tcu-interfere-mais-em-agencias-com-governanca-pobre-diz-ministro-do-tribunal.shtml. Acesso em: 29 jun. 2020.

aponta-se risco de substituição do regulador pelo controlador em sua atividade fim,[4] o potencial do controle em proteger usuários de serviços,[5] a possibilidade de atuação de caráter cooperativo ou suplementar do controlador (Acórdão n. 1.756/2004-Plenário), ou mesmo a caracterização do TCU como metarregulador.[6]

Nesse contexto, a literatura sobre a interface entre controle e regulação tem direcionado atenção aos limites entre o papel do Tribunal de Contas e a autonomia de agências reguladoras.[7] No entanto, o tema ainda comporta abordagens subexploradas quanto a um conjunto mais amplo de reguladores. Neste capítulo, indico como foco o controle sobre a atividade regulatória enquanto *exercício de função normativa de regulação administrativa*,[8] a qual é realizada, no sistema jurídico brasileiro, não apenas por agências reguladoras, mas também por uma série de órgãos do Poder Executivo.[9]

Monteiro e Rosilho (2017) indicam que o TCU dispõe de duas espécies distintas de mecanismos para exercer o controle sobre órgãos reguladores.[10] De um lado, a Corte pode exercer um *controle de tipo amplo* sobre

---

[4] Barroso (2006).
[5] Menezes (2012, p. 107-125).
[6] Lodge *et al.* (2017).
[7] Marques Neto *et al.* (2019); Monteiro e Rosilho (2017, p. 27-64).
[8] Adoto a definição de Lessa Mattos, para quem a *regulação administrativa* deve ser compreendida "como um conjunto de normas decorrentes de normas *secundárias* e de normas *terciárias*". Segundo o autor, "as normas *secundárias* seriam todas aquelas que, com fundamento legal em normas *primárias* – normas que estabelecem obrigações – ou em outra norma *secundária* (no caso do *direito brasileiro, um decreto presidencial, por exemplo*), preveem direitos e deveres, mas, especialmente, alterando e especificando condicionamentos e restrições já previstos em normas primárias editadas pelo Poder Legislativo. Tais normas permitem a adaptação e a especificação, por meio de *delegação legislativa* [...]" (MATTOS, 2017).
[9] Nesse sentido, o próprio TCU atua, por vezes, como regulador. Isso ocorre, por exemplo, quando exerce poder regulamentar para editar instruções normativas que tenham impacto sobre o jurisdicionado, com apoio no art. 3º da LOTCU (para crítica aos limites desse poder regulamentar, ver ROSILHO (2019, 131 e ss.). Esse foi o caso quando o TCU editou a recente IN 81, estabelecendo nova obrigação de submissão prévia ao Tribunal de toda e qualquer prorrogação de contrato de desestatização a ser celebrada por parte do Poder Concedente (BOGÉA, 2019).
[10] Os autores tratam especificamente das agências reguladoras, ainda que, neste artigo, o tema seja abordado de forma mais ampla, compreendendo outros entes da administração pública que exercem a regulação de mercados.

esses entes, a partir de inspeções ou auditorias de natureza contábil, financeira, orçamentária, operacional e/ou patrimonial. De outro, pode desempenhar um *controle de tipo específico* sobre contratações públicas celebradas e geridas pelo regulador. À primeira vista, portanto, o controle seria direcionado às atividades do regulador enquanto *fiscalizador* de setores regulados e *gerenciador* de contratações públicas. Logo, não disporia, *a priori*, de ferramenta voltada à *atividade normativa* propriamente dita, compreendida como o poder detido por reguladores para editar normas infralegais abstratas que conformam marcos regulatórios setoriais.

Esse flanco é apenas aparente. Não raro, o TCU aprecia concretamente atos da administração para concluir pela existência de falhas regulatórias que demandariam ação normativa. Ou seja, o TCU não apenas aprecia o papel normativo de reguladores, como muitas vezes funciona como um dos principais formuladores ou reformadores da agenda regulatória[11]. Isso ocorre no âmbito das mencionadas auditorias operacionais, que ordinariamente ampliam seu alcance, determinando *o que*, *quando* e *como* deve-se regular.

Nesse sentido, precedente recente afirmou que seria "possível a expedição de determinação pelo TCU para a correção de ato normativo elaborado por agência reguladora quando verificada ineficácia nas ações de regulação ou omissão no tratamento concedido à matéria sob sua tutela, sem que isso caracterize intromissão na autonomia funcional da agência". Essa possibilidade, contudo, ficaria circunscrita a hipóteses de fiscalização sobre atos concretos de órgãos reguladores em que fosse constada "ineficácia nas ações de regulação ou omissão no tratamento concedido à matéria sob sua tutela" (Acórdão n. 1.704/2018-TCU-Plenário). Ou seja, estaria dentro de seu espaço de competência do TCU a tarefa de correção de falhas regulatórias, inclusive mediante o redirecionamento dos poderes normativos, desde que em decorrência de fiscalização exercida sobre atos concretos do regulador de primeira ordem.[12]

---

[11] Coglianese & Walters, 2016; Bogéa, 2019.
[12] Essa competência também é passível de questionamentos do ponto jurídico, porém não se cuida de objeto do presente artigo.

Neste capítulo, discuto uma faceta diferente do controle sobre o poder normativo de reguladores, que diz respeito ao exercício do controle abstrato de legalidade de normas regulatórias. Coloco em evidência uma nova *estratégia decisória*[13] adotada pelo TCU para dar conta dessa questão. Cuida-se de hipótese em que a Corte de Contas se esquiva do debate jurídico acerca de sua competência para o exercício do controle abstrato de legalidade, porém impõe restrições interpretativas ao regulador responsável pela edição e aplicação de regras. Chamo essa estratégia de *interpretação conforme de normas regulatórias*, tendo em vista sua estrutura metodológica convergente com o cânone interpretativo da *interpretação conforme a Constituição*. Por fim, coloco em escrutínio essa inovação controladora a partir de caso concreto em que o TCU determinou limites interpretativos a dispositivos do decreto regulamentador da Lei n. 12.815/2013, conhecida como Lei dos Portos.

1. O Controle sobre o Poder Normativo de Reguladores

Se o controle exercido pelo TCU, do ponto de vista descritivo, alcança o poder normativo de reguladores, deve-se distinguir as diferentes formas em que isso ocorre. De plano, classifico esse tipo de controle como suplementar à tipologia de Monteiro e Rosilho (2017). Não se cuida propriamente de um *controle de tipo amplo* sobre entes reguladores a partir de inspeções ou auditorias, tampouco um *controle de tipo específico* sobre contratações públicas, visto que ambos são direcionados para a atuação em concreto de reguladores. Trata-se de um *controle de tipo abstrato* sobre o conteúdo de normas gerais editadas pelos entes responsáveis pela regulação setorial.

Este tópico propõe, de forma esquemática e não exaustiva, uma classificação das formas que esse terceiro tipo de controle pode assumir, destacando suas principais características e limites jurídicos. Essas formas são (i) o controle de constitucionalidade de normas regulatórias; (ii) a resposta a consultas acerca da interpretação de normas regulatórias; (iii) a emissão de atos de comando sobre a agenda regulatória; e (iv) o controle abstrato de legalidade de normas regulatórias.

---

[13] Tomo emprestado conceito de *estratégias decisórias* para tratar das ações de controle do TCU sobre a regulação da dissertação de Pereira (2019).

1.1. Controle de Constitucionalidade

Em primeiro lugar, uma determinada norma regulatória poderia ser apreciada pelo TCU a partir de um exercício de controle de constitucionalidade.[14] O controle de constitucionalidade de normas e atos normativos é reservado pela Constituição de 1988 a órgãos do Poder Judiciário, porém o Tribunal de Contas tem avocado para si esse poder a partir do teor da Súmula 347 do Supremo Tribunal Federal (STF). Dispõe o entendimento sumulado da Suprema Corte que "O Tribunal de Contas, no exercício de suas atribuições, pode apreciar a constitucionalidade das leis e dos atos do Poder Público".

Em casos de ampla repercussão, o TCU avocou para si o poder de controlar a constitucionalidade de leis e atos normativos para, por exemplo, afastar decreto do Poder Executivo que instituía um regime de contratações específico para a Petrobras e fiscalizar suas licitações a partir da Lei n. 8.666/1993 (Acórdão n. 039/2006-Plenário, entre outros) e afastar a aplicação de dispositivo legal que estabelecia bônus de eficiência a auditores inativos (Acórdão n. 2.000/2017-Plenário).

Ocorre que tais tentativas têm sido frustradas de forma reiterada por decisões liminares do STF que colocam em questão justamente a competência da Corte de Contas para o exercício do controle de constitucionalidade. O primeiro desses casos, relacionado à declaração de inconstitucionalidade de decreto que instituiu regime de contratações na Petrobras, ensejou a materialização de uma série de liminares monocráticas. A primeira dessas decisões ocorreu no MS 25.888, em que o Ministro Relator Gilmar Mendes colocou em questão a competência do TCU, afirmando que a "própria evolução do sistema de controle de constitucionalidade no Brasil, verificada desde então, está a demonstrar a necessidade de se reavaliar a subsistência da Súmula 347 em face da ordem constitucional instaurada com a Constituição de 1988".

Em outro exemplo mais recentemente, liminares prolatadas pelo Ministro Alexandre de Moraes nos Mandados de Segurança 35490,

---

[14] Essa possibilidade não se restringe a normas regulatórias, aqui compreendidas como normas infralegais de lavra do Poder Executivo. O cerne do debate sobre controle de constitucionalidade pelo TCU diz respeito a normas legais propriamente ditas, enquanto decisões emanadas do Poder Legislativo e sancionadas pelo Poder Executivo.

35494, 35500, 35498 e 35836 afirmaram que a tentativa de o TCU declarar a inconstitucionalidade de lei ou ato normativo do poder público, de forma incidental, em seus procedimentos administrativos, "atentaria frontalmente contra os mecanismos recíprocos de freios e contrapesos (*check and balances*), estabelecidos no texto constitucional como pilares à separação de Poderes e protegidos por cláusula pétrea, nos termos do artigo 60, parágrafo 4º, inciso III, da Constituição Federal". As decisões monocráticas endereçam de forma específica as competências declinadas ao TCU, afirmando que:

> Dentro da perspectiva constitucional inaugurada em 1988, o Tribunal de Contas da União é órgão técnico de fiscalização contábil, financeira, orçamentária, operacional e patrimonial, cuja competência é delimitada pelo artigo 71 do texto constitucional. Sendo inconcebível, portanto, que o Tribunal de Contas da União, órgão sem qualquer função jurisdicional, exerça controle difuso de constitucionalidade nos processos sob sua análise, ao pretenso argumento que lhe seja atribuída tal competência em virtude do conteúdo da Súmula 347/STF, editada em 1963, cuja subsistência ficou comprometida pela promulgação da Constituição Federal de 1988.

Assim, ainda que a controvérsia jurídica não tenha se esgotado na doutrina,[15] tampouco haja decisão de plenário do STF que pacifique definitivamente o afastamento da Súmula 347 e consolide a jurisprudência que vem tomando corpo, o TCU demonstra cautela cada vez maior em

---

[15] Para defesa ampla do controle de constitucionalidade pelo TCU, ver Fajardo (2008). Para um argumento contrário, ver ROSILHO (2019). Em precedente que também pode indicar um outro sentido para o debate, aponta Juliana Palma que "recentemente o STF reconheceu que CNJ, CNMP e TCU podem deixar de aplicar leis que considerarem inconstitucionais. Se a declaração de inconstitucionalidade é privativa do Judiciário, a defesa da ordem constitucional não o é. Assim, chefe do Poder Executivo e 'órgãos administrativos autônomos' podem afastar leis inconstitucionais, segundo o STF. Como fundamento, indica-se o poder implícito que lhes seria conferido para exercerem suas atribuições (cf. Pet. 4.656/2016 e MS 34.987 MC/2017). O Supremo, contudo, não reconheceu ampla e genérica competência para CNJ, CNMP e TCU apreciarem a constitucionalidade de leis formais" (PALMA, 2018).

exercer o controle de constitucionalidade,[16] ainda que na modalidade difusa, em processos sob a jurisdição de contas.

1.2. Consulta

Se o controle de constitucionalidade pelo TCU é objeto de controvérsia, o mesmo não se pode dizer do instrumento da consulta, previsto no artigo 1º, inciso XVII, da Lei Orgânica do TCU. Cuida-se de ferramenta que confere ao Tribunal oportunidade para indicar, "em abstrato, a interpretação que considera correta de dispositivos *legais e regulamentares* [...] aplicados no contexto e nas circunstâncias suscitadas pelo autor da consulta". Tal instrumento pode ser direcionado a quaisquer "matérias 'de sua competência', conferindo à sua resposta caráter *normativo* – isto é, geral, abstrato e vinculante".[17]

Cuida-se, porém, de ferramenta de acesso restrito a grupo seleto de autoridades públicas listadas pelo artigo 264 do Regimento Interno. Se o texto constitucional deixou em aberto a legitimidade para submissão de consulta, a própria Corte optou por limitar seu acesso ao Presidente da República, aos presidentes do Senado Federal, da Câmara dos Deputados e do STF, ao Procurador-Geral da República, ao Advogado-Geral da União, a presidentes de Comissão do Congresso Nacional ou de suas casas, a presidentes de tribunais superiores, a ministros de Estado ou autoridades do Poder Executivo federal de nível hierárquico equivalente e comandantes das Forças Armadas.

O propósito da consulta justifica esse acesso restrito. O TCU deve fazer prevalecer seu entendimento em abstrato apenas *quando* e *se* houver manifesto interesse de ente legitimado, a se esperar na hipótese de incerteza jurídica acerca de qual interpretação seria mais consistente com o interesse público. Aqui, por conseguinte, a atuação da Corte assume um papel *colaborativo* com a administração, sem que realize um tipo de controle sobre o regulador de contornos impositivos, como no caso de atos de comando emanados em auditorias operacionais. Nessa medida,

---

[16] A jurisprudência recente tem evitado adentrar na controvérsia, como o estudo de caso deste artigo demonstra. Um outro exemplo é extraído do Acórdão n. 2.000/2017-P, em que a Corte entendeu não ser competente para a realização de controle de constitucionalidade em abstrato e reafirmou sua competência apenas para o controle incidental.

[17] Rosilho (2019, p. 137).

ainda que possa ser acusado de "ativista" na apreciação de consultas,[18] o TCU somente age por provocação de autoridade competente que verifica, na prática, incerteza quanto à aplicação de determinada norma e aciona o Tribunal de Contas com o intuito de gerar maior segurança jurídica.[19] Isto é, não se tem, propriamente, um controle sobre o poder normativo, mas antes uma *gestão cooperativa de incertezas jurídicas* compartilhada por regulador e controlador.

1.3. Controle da Agenda Regulatória

O controle do TCU sobre o poder normativo de reguladores também pode ocorrer de forma indireta, mediante sugestão ou imposição que impacte a formulação e implementação de agendas regulatórias. Esse tipo de medida não ocorre a partir de uma ferramenta específica, podendo se dar tanto em processos que exercem o controle de tipo amplo, como naqueles que se vertem ao controle de tipo específico. Nessas ocasiões, essencialmente, o TCU comanda *o que*, *como*, e *quando* o regulador deve/pode ou não normatizar.

Coglianese e Walters (2016) destacam que o tema da formação da agenda de reguladores segue sendo sistematicamente negligenciado pela literatura. Estamos a tratar de conjunto de temas tidos por reguladores como prioridades para normatização, tarefa que, no Brasil, constitui obrigação formal de agências, nos termos do artigo 21 da Lei n. 13.848/2019. Se é presente na literatura internacional a possibilidade de a agenda regulatória ser "fortemente influenciada pelo trabalho de atores e instituições externas às agências"[20], não há pesquisa acadêmica que tenha se dedicado a estudar o papel do TCU na formação de agendas setoriais.[21]

---

[18] Araújo (2013, p. 152-171).

[19] André Rosilho destaca que a ausência de disciplina sobre os limites materiais, os procedimentos e os efeitos de consultas pode atrapalhar, na prática, a realização desse fim, porém reconhece que o instrumento serviria para "dar mais conforto e segurança aos jurisdicionados ao viabilizar a consolidação de entendimentos gerais sobre a aplicação de normas legais e regulamentares conectadas à sua esfera de atuação" (ROSILHO, 2019, p. 131).

[20] Coglianese & Walters, 2016, p. 875.

[21] Em outra oportunidade, apontei que esse controle da agenda regulatória pelo TCU pode gerar distorções (BOGÉA, 2019). É de se reforçar que "as agencies become beleaguered and overwhelmed by a variety of pressures and constraints in their day-to-day work, they

Em todo caso, ao dispor de atos de comando como as determinações e recomendações,[22] o TCU pode realizar um controle direto sobre a agenda regulatória. Por tomar corpo de formas e intensidades variadas, o controle da agenda regulatória pelo TCU pode ser considerado o mecanismo de maior amplitude para intervir sobre o poder normativo de reguladores. Alguns exemplos são pertinentes.

O Acórdão n. 716/2019-Plenário cuidou de representação para apurar possíveis irregularidades na potencial celebração de Termos de Compromisso de Ajustamento de Conduta pela Agência Nacional de Telecomunicações (Anatel). O TCU decidiu recomendar à agência "exercer seu dever de regulamentar o compartilhamento de redes de infraestrutura a serem construídas em função da celebração de termos de ajustamento de conduta, previstas no Decreto 9.612/2018, previamente à celebração de qualquer TAC". Assim, condicionou o exercício da competência para firmar termos de ajustamento ao endereçamento de determinadas questões em regulamento a ser editado.[23]

---

are unable to initiate many major new rulemakings" (COGLIANESE e WALTERS, 2016, p. 872). Assim, uma influência demasiada do TCU sobre a agenda regulatória incentiva um viés meramente reativo do regulador, do qual resulta verdadeira erosão do processo de normatização que deveria ser orientado pelo interesse público. Vale apontar que Marques Neto et al. tangenciam o tema, ao falar que parte das recomendações do TCU a agências voltam-se à "introdução de elementos na agenda regulatória" (MARQUES NETO et al., 2019, p. 47).

[22] Nesse contexto específico, assume ainda mais força a percepção de Monteiro e Rosilho no sentido de que "Olhar cauteloso para a jurisprudência revela que as categorias 'determinações' e 'recomendações', em si consideradas, não são tão diferentes assim e potencialmente produzem efeitos muito similares (ou até mesmo idênticos) no tal 'jogo regulatório'. O que se quer dizer é que o TCU talvez não siga à risca suas próprias regras ao rotular as diretrizes que expede e que, independentemente do rótulo por ele utilizado, sua ação possivelmente gera impactos significativos no espaço regulatório" (MONTEIRO e ROSILHO, 2017, p. 47). No mesmo sentido, Floriano de Azevedo Marques Neto et al. constataram, em pesquisa empírica sobre o controle de agências reguladoras, que "recomendações têm caráter mandatório, pois tanto o TCU tem a expectativa de que elas sejam observadas pelas Agências quanto estas se sentem vinculadas, tanto que não raro as referem como *determinações*" (MARQUES NETO et al., 2019, p. 42).

[23] O seguinte trecho do acórdão exprime a atuação do controlador: "Quanto aos mecanismos de execução e controle dos TACs, foi recomendado que a Anatel normatize o rito do processo administrativo de apuração de descumprimento de TAC da Agência previsto nos arts. 27 e 31 do RTAC, inclusive mediante fixação de prazos internos de tramitação, de

O Acórdão n. 1.704/2018-Plenário tratou da questão sobre outro viés: *como* deveria o regulador normatizar? Na ocasião, o Tribunal de Contas endereçou tema sobre o qual a agência reguladora já havia editado norma (Resolução Antaq 2.389/2012), porém a considerou malfeita.[24] Assim, determinou que a Agência Nacional de Transportes Aquaviários (Antaq) regulasse *de outra forma* a possibilidade de operadores portuários cobrarem recintos alfandegados para remunerar serviços de segregação de contêineres em operações de importação de cargas, diante da presença de preocupações de ordem concorrencial. Para o TCU, "deixar a cobrança sob livre negociação entre os terminais portuários e os recintos alfandegados" não seria a melhor opção regulatória para normatizar o setor.

O Tribunal não apenas determinou revisão da regulação, mas também responsabilizou a diretoria responsável pelo texto questionado. A intensidade do controle assumiu contornos agudos. Aqui, a intervenção foi ainda mais forte do que o controle abstrato de legalidade da norma, visto que o TCU impôs aquela que considerava a melhor solução regulatória, apesar de não considerar a opção original do regulador ilegal. Foram apontadas apenas divergências quanto ao mérito.[25]

---

forma a mitigar os riscos de que eventual apuração de descumprimento prejudique a célere execução judicial do instrumento, com vistas a garantir a efetividade das sanções previstas. [...] Ademais, acatou-se proposta de se determinar à Anatel que motive, com base em pareceres que indiquem os critérios técnicos e objetivos, o ato que admitir a concessão parcial ou total de descontos previstos nos arts. 19 e 20 da Resolução-Anatel 629/2013 (RTAC), ou outro normativo que regulamente o tema, nos TAC que futuramente aprovar e celebrar. Na mesma linha, decidiu-se recomendar à Anatel que avalie a oportunidade e conveniência de estabelecer, nas normas atinentes ao TAC, critérios ou parâmetros objetivos para concessão dos descontos previstos nos arts. 19 e 20 do RTAC, de forma a assegurar aos diferentes compromissários a isonomia de tratamento".

[24] Para uma análise completa do julgado, ver Grupo Público da FGV DIREITO SP/sbdp (2018a, p. 15-22).

[25] Os seguintes trechos do voto relator evidenciam essa característica da análise do TCU: "a legalidade da Resolução 2.389/2012 não é a questão de relevo enfrentada nas audiências, mas, sim, a incapacidade da norma em "minimizar as falhas de mercado decorrentes de concorrência imperfeita e de impedir a ocorrência de infrações da ordem econômica" (peças 208, 209 e 217), o que foi feito sem qualquer fundamentação. [...] Quanto à questão inicial de ilegalidade da Resolução 2.389/2012, suscitada pela auditoria, considero não

Já em auditoria operacional destinada à apuração de gargalos do setor portuário, o Acórdão n. 2.310/2018-Plenário apresentou dois itens que impactaram diretamente a agenda normativa da Antaq. De um lado, deu ciência à Agência de que uma resolução em vigor não estaria se mostrando "efetiva para assegurar um dos principais objetivos de regulação setorial a [seu] cargo", sem, contudo, expedir qualquer ato de comando a esse respeito. De outro lado, determinou que, em prazo de 180 dias, a agência exercesse seu poder regulamentador para obter determinadas informações de mercado.[26]

Note-se que a intensidade do controle variou desde mera ciência sem qualquer tipo de sanção prevista pelo descumprimento, passando pela emissão de recomendações e chegando até determinações combinadas com ameaças de responsabilização do regulador. De forma geral, também vale pontuar que, mesmo quando exerce o controle da agenda regulatória, o TCU o faz a partir de processos que se vertem à análise de atos concretos.

1.4. Controle abstrato de legalidade de norma regulatória

Por fim, o TCU poderia interferir sobre o poder normativo de reguladores a partir do controle de legalidade em abstrato das normas regulamentares.

---

estar configurada infringência por parte do texto normativo produzido pela Antaq, que se mostrou ineficaz para ações de regulação, mas não caracterizou afronta ao ordenamento jurídico, pois não há ilegalidade aparente frente à Lei dos Portos.

[26] "9.1. determinar à Agência Nacional de Transportes Aquaviários (Antaq), com fulcro no art. 43, inciso I, da Lei 8.443/1992 c/c o art. 250, inciso II, do Regimento Interno do TCU, que: [...] 9.1.2. no prazo de 180 dias, regulamente processo para a obtenção sistemática dos custos relativos à movimentação de contêineres, com vistas a subsidiar as análises de abusividade de preços e tarifas de terminais e operadores portuários, definindo referenciais de eficiência, nos termos do inciso IV do art. 11 da Lei 10.233/2001;
[...] 9.4. dar ciência à Agência Nacional de Transportes Aquaviários e, no que respeita à supervisão ministerial, ao Ministério dos Transportes, Portos e Aviação Civil, que a Resolução-Antaq 2.389/2012 não tem se mostrado efetiva para assegurar um dos principais objetivos de regulação setorial a cargo da Agência, em desatenção à Lei 10.233/2011, art. 20, inc. II, alíneas "a" e "b", especialmente no que respeita à modicidade das tarifas, ao cumprimento de padrões de eficiência e à harmonização dos objetivos dos usuários, das empresas concessionárias, permissionárias, autorizadas e arrendatárias, de forma a arbitrar conflitos de interesses e impedir situações que configurem competição imperfeita ou infração da ordem econômica".

Ocorre que não há, seja na Constituição, Lei Orgânica ou Regimento Interno, qualquer dispositivo do qual se possa extrair essa competência, tampouco mecanismo processual correspondente. Nessa medida, o próprio Tribunal de Contas firmou jurisprudência reiterada no sentido de que não lhe compete realizar um exercício de controle abstrato de legalidade de normas infralegais.

Não são poucos os julgados que evidenciam essa orientação histórica do Tribunal, valendo citar algumas das razões que a fundamentam:

> **Acórdão 990/2017-Plenário. Ministro Relator Benjamin Zymler:**
> Embora o processo tenha sido autuado por determinação deste Tribunal, entendo, em evolução ao entendimento esposado naquela oportunidade, que não é possível o seguimento do presente feito, pois o TCU não tem competência constitucional para promover o controle formal e material da legalidade e constitucionalidade de atos normativos infralegais.

> **Acórdão 1388/2003-Plenário. Ministro Relator Benjamin Zymler:**
> Denúncia sobre supostas ilegalidades no Decreto nº 4.304/2002, vis a vis a Lei nº 10.180/2001, e de irregularidade nas nomeações para cargo em comissão no âmbito da CGU. Não conhecimento da denúncia no que se refere à existência de ilegalidades no Decreto nº 4.304/2002, por falta de competência desta Corte para o controle, in abstrato, de atos normativos. Conhecimento da denúncia quanto ao segundo ponto. Improcedência. Retirada da chancela de sigiloso, exceto quanto à pessoa do denunciante. Arquivamento.

> **Acórdão 2305/2007-Plenário. Ministro Relator Marcos Bemquerer:**
> Considerando que a competência do TCU para apreciar a conformidade de leis e atos à Constituição Federal (Súmula do STF n. 347) pressupõe o exame in concretu de um caso sujeito à sua apreciação, não legitimando, de conseguinte, a impugnação em tese dos regulamentos adotados pelos serviços sociais autônomos para disciplinar os procedimentos de seleção do seu pessoal, ao fundamento da sua incompatibilidade com os princípios constitucionais regentes da atividade administrativa do Estado.

Em que pese o amplo conjunto decisório em sentido contrário, em ao menos uma ocasião o TCU resolveu por exercer essa questionável competência. O Acórdão 2.062/2006-Plenário cuidou de avaliar achados de auditoria sobre órgãos e entidades da Administração Pública Federal na área de publicidade e propaganda. Na ocasião, o Tribunal seguiu sugestão da auditoria técnica para considerar ilegal decreto e instrução normativa, por suposta violação do poder regulamentar. Tratou-se, portanto, de controle abstrato de legalidade de normas infralegais, não obstante sua ocorrência no bojo de uma auditoria sobre atos concretos. Como consequência, a Corte emitiu ato de comando, determinando que a Secretaria-Geral da Presidência da República se abstivesse de aplicar as normas consideradas ilegais.

Pela leitura do inteiro teor da decisão, fica evidente sua fragilidade jurídica, visto que, apesar de entender pela ilegalidade do decreto, o TCU não detinha competência para revogá-lo[27] ou sustá-lo.[28] A estratégia da Corte, então, partiu para a ameaça direta de responsabilização, nos seguintes termos: "9.3. alertar a Secretaria-Geral da Presidência da República de que os atos doravante praticados com base no Decreto 4.563/2002 serão considerados como irregulares por esta Corte e implicarão a responsabilização pessoal dos agentes que lhes derem causa". Já em face da Instrução Normativa que também considerou ilegal, o TCU foi além, declarando negar "eficácia ao disposto no artigo 1º da Instrução Normativa Secom-SG/PR 2/2006".

Em face do conjunto mais amplo de decisões do TCU, este caso parece constituir ponto fora da curva.[29] Nada obstante, em oportunidade recente

---

[27] Na forma do acórdão, optou-se por "9.2. dar ciência à Presidência da República de que esta Corte considerou ilegal o Decreto 4.563/2002, recomendando-se a sua revogação".

[28] Na forma do acórdão, optou-se por "9.4. dar ciência ao Congresso Nacional das conclusões desta Corte de Contas no sentido da ilegalidade do Decreto 4.563/2002, para que, se assim também entender, suste-o, nos termos do artigo 49, inciso V, da Constituição Federal".

[29] Mais recentemente, o Acórdão 380/2018 fixou nova excepcionalidade jurisprudencial, apreciando a legalidade em abstrato de norma regulatória pela via de representação. O TCU decidiu cautelarmente que há indícios de irregularidade na Resolução Normativa – Antaq 1/2015, determinando que a agência deixe de aplicar dispositivo infralegal até que aprecie o mérito do processo. Como ainda não houve julgamento definitivo do caso, contudo,

o Tribunal defrontou-se mais uma vez com a possibilidade de analisar norma infralegal em abstrato. E foi desse processo que emergiu uma nova *estratégia decisória* da Corte, que chamo de *interpretação conforme* de normas regulatórias.

2. Estudo de Caso: Acórdão n. 1.446/2018-Plenário

Em meados de 2018, o plenário do Tribunal de Contas da União apreciou processo que cuidava de fiscalização iniciada para acompanhar a implementação e a aplicação de novas normas contidas no Decreto 9.048/2017, que reformou o decreto regulamentador da Lei dos Portos. Além de se debruçar sobre atos concretos de gestores em decorrência da implementação das normas regulatórias previamente editadas, a equipe de auditoria declarou seu propósito de "analisar os fundamentos que justificaram a adoção das inovações normativas, as premissas técnicas e jurídicas que fomentaram as discussões eventualmente ocorridas no âmbito do referido Grupo de Trabalho e também as análises que embasaram a redação final do novo decreto".

considera-se que ainda é possível a aderência à jurisprudência da Corte de Contas sobre a matéria. Em acórdão que apreciou agravo da agência reguladora, o Ministro relator destacou que o processo discute apenas a extrapolação de poder regulamentar para além do que permite a lei, não se confundindo com controle abstrato de mérito de norma regulatória (Acórdão 775/2018-Plenário; houve dois votos vencidos dos Ministros Andre Luis de Carvalho e Weder de Oliviera). Sobre o tema, vale citar as ponderações contidas em relatório do Observatório do TCU da FGV Direito SP e da sociedade brasileira de direito público:
O art. 45, § 1º, I, da LOTCU, repetindo o teor do art. 71, X, da Constituição, disse que o TCU poderá sustar "a execução do ato impugnado" caso a ilegalidade que tiver identificado não for sanada. Mas o ato a que a legislação se referiu foi o de efeitos concretos. Ato normativo geral e abstrato só poderia ter seus efeitos sustados pelo Judiciário. Pode até ser que a resolução contenha vícios de ilegalidade. O problema é que a via de controle eleita pelo Tribunal (sustação da norma) não parece encontrar respaldo no ordenamento. Ainda com relação ao caso do Acórdão 380/2018 – Plenário, é interessante observar que nem a unidade técnica nem o Plenário do Tribunal expuseram, de forma clara, o fundamento da competência do TCU para determinar a suspensão dos efeitos de uma norma. No acórdão, consta apenas o argumento do Min. Benjamin Zymler no sentido de que "a natureza jurídica de serviço público de transporte aquaviário atrai a incidência do Direito Administrativo e a competência do TCU" (Grupo Público da FGV DIREITO SP/sbdp, 2018b).

O itinerário do processo evidencia o apetite inicial da equipe técnica da Corte de Contas em apreciar a constitucionalidade e a legalidade, em abstrato, da norma regulatória. Uma primeira instrução da SeinfraPortoFerrovia resultou em proposta de medida cautelar para sustar os efeitos da norma por conta de supostos indícios de inconstitucionalidade e ilegalidade. Apesar de tal proposta ter sido rejeitada pelo relator, diante da informação prestada pelo Poder Concedente no sentido de que o Executivo aguardaria a apreciação final do TCU para adotar qualquer ação, não se contestou o propósito de análise abstrata da norma regulatória naquela ocasião.

A unidade técnica voltou a se manifestar, registrando que o processo de fiscalização não estaria "examinando nenhum caso concreto, mas tão somente analisa-se a legalidade de pontos do Decreto 9.048/2017, em tese". Ainda nessa segunda oportunidade, modificando seu entendimento originário, indicou que o processo não objetivava realizar controle de constitucionalidade, mas antes *controle de legalidade*.[30] Mais precisamente, tratar-se-ia "de típico caso de controle de legalidade efetuado pelo TCU no âmbito de sua competência de atuação, que exige verificação comparativa entre o conteúdo da norma infralegal (Decreto 9.048/2017) com as leis que regulamenta, com as normas que regem o setor portuário e os contratos administrativos".

Segundo o argumento, o controle de legalidade em abstrato seria cabível ao TCU "no exercício de sua função fiscalizatória e com respeito aos ditames do art. 70, caput, da CF/1988, que confere à Corte de Contas mandato constitucional no que tange ao controle de legalidade dos atos da administração direta e indireta". Não foram mencionados, contudo, precedentes do próprio Tribunal contrários a esse entendimento. Como visto, salvo na hipótese de consulta, em que o TCU é provocado pelo jurisdicionado para se manifestar em caráter *colaborativo* sobre interpretação de norma em abstrato, não consta do repertório procedimental

---

[30] Nos termos do relatório de auditoria: "Cumpre destacar que, no presente caso, a atuação do TCU não objetiva promover controle de constitucionalidade abstrato de ato normativo federal, mesmo porque não caberia a esta Corte de Contas tal competência. Pelo contrário, a atuação do Tribunal nesta fiscalização restringe-se à observância dos critérios legais, para fins de fiscalizar a aplicação da nova norma (Decreto 9.048/2017) pelo MTPA, que se encontra em vias de implementar alterações substanciais em contratos de arrendamento portuário vigentes. Trata-se, portanto, de um controle de legalidade e não de constitucionalidade".

do TCU outro mecanismo, de cunho fiscalizatório e impositivo, para dar conta de controle abstrato de legalidade. Além disso, a competência para tanto não é extraível de forma automática do dispositivo constitucional invocado. Ao contrário, o texto da Constituição faz crer que o controle de legalidade deve se operar apenas sobre *atos concretos* da administração.

Em seu posicionamento derradeiro no processo, a área técnica emitiu parecer sobre três indícios de ilegalidade em dispositivos do Decreto 9.048/2017. As normas cuja legalidade foi contestada versavam sobre inovações relacionadas à repactuação de contratos de arrendamento portuário vigentes, seja (i) para adaptá-los ao novo marco e possibilitar a ampliação do prazo máximo originário do arrendamento; (ii) para possibilitar a realização de investimentos fora da área arrendada com obrigatoriedade de reequilíbrio econômico-financeiro do contrato; ou (iii) para possibilitar a substituição de área arrendada em hipóteses de interesse da política pública setorial.

Opinou-se pela necessidade de ato de comando ao Poder Executivo, determinando que se adotassem as devidas providências em face de "impossibilidade jurídica" de ampliação de prazo nos termos regulamentares "por afronta ao princípio da vinculação ao instrumento convocatório e ao princípio da isonomia, ambos consubstanciados no art. 14 da Lei 8.987/1995 e no art. 3º da Lei 8.666/1993", além da ausência de previsão legal para dar conta do instituto de substituição de área arrendada. Na prática, a sugestão da unidade técnica seria equivalente à decretação de ilegalidade de dois dos três dispositivos analisados no âmbito do Decreto 9.048/2017, exigindo providências do Executivo para dar solução ao problema. Ou seja, ainda que a proposta de encaminhamento não configurasse declaração direta de nulidade da norma, continha nítido caráter impositivo, não apresentando alternativa que possibilitasse a permanência dos dispositivos questionados no ordenamento jurídico.

Ao chegar ao plenário da Corte de Contas, o caso assumiu nova feição.[31] O ministro relator submeteu voto registrando, logo de início, que "não se

---

[31] Como observam Marques Neto *et al.*, é especialmente marcante no caso do controle de agências reguladoras as diferenças entre área técnica e plenário do TCU, sendo relevante notar que, mesmo quando acolhe os encaminhamentos da unidade técnica, o plenário muitas

está aqui a examinar normas regulamentadoras em caráter abstrato, mas sim analisar as medidas adotadas pelos órgãos e entidades encarregadas de dar cumprimento às disposições do novel regulamento". Em sentido contrário ao parecer que instruiu o caso, o relator enfatizou que seu foco se voltaria unicamente aos atos concretos de implementação do decreto, com o propósito "de prevenir riscos na aplicação das modificações introduzidas pelo novel regulamento".

Essa introdução do voto relator transparece uma intenção de contornar o debate acerca da competência do TCU para o controle de constitucionalidade e de legalidade em abstrato de normas regulatórias. Ainda assim, o ministro indicou que as observações de mérito que deram fundamento ao relatório opinativo da SeinfraPortoFerrovia seriam integralmente consideradas para a fiscalização da atuação concreta da administração, em cada contrato de arrendamento. Ou seja, em um aparente juízo de moderação, foi proposto um *meio do caminho* a partir de abordagem que "não afasta em abstrato a eficácia dos dispositivos questionados, mas também não impede que, ao avaliar determinada prorrogação, o Tribunal constate que as medidas adotadas naquela situação particular em relação àquele contrato específico levaram a uma solução que ofende de forma flagrante as normas constitucionais".

Mas seria esse um *meio do caminho* juridicamente viável e aceitável? Ele exprimiria algo semelhante ao controle de legalidade a que fez referência a unidade técnica, ou seria um controle de tipo diferente? Sua aplicação, na prática, representou a utilização de uma estratégia decisória comum a outros casos de controle da regulação, ou representou inovação no repertório do Tribunal que poderia ser replicada em outros casos?

Conforme declarado pelo voto relator, que guiou a deliberação de plenário, propunha-se uma avaliação de possíveis interpretações da norma analisada com o objetivo de declinar aquela interpretação mais compatível com a legislação vigente. Nos termos do voto:

> Ao esquadrinhar a juridicidade do regulamento, contudo, deve-se ter certa deferência ao princípio de presunção de validade das normas e, mais ainda, de conservação das normas. Dito de outra maneira, existindo uma

vezes o faz a partir de votos cuja motivação "é, em geral, altamente discrepante da fundamentação exposta no relatório da unidade técnica" (MARQUES NETO *et al.*, 2019, p. 68).

interpretação possível e regular para certos institutos previstos na norma, essa interpretação deve prevalecer e as medidas administrativas a serem adotadas devem garantir esse sentido para a norma, no intuito de preservá-la. Nesse sentido, o esforço desta decisão é extrair de cada dispositivo questionado a interpretação que melhor o compatibilize com o ordenamento jurídico.

Nota-se, de plano, a semelhança do formato decisório adotado com o primeiro precedente da jurisprudência do STF que explicita a técnica da interpretação conforme a Constituição, em voto do Ministro Moreira Alves na Rep 1417/1987:

> A interpretação da norma sujeita a controle deve partir de uma hipótese de trabalho, a chamada presunção de constitucionalidade, da qual se extrai que, entre dois entendimentos possíveis do preceito impugnado, deve prevalecer o que seja conforme à Constituição.

Em termos objetivos, a apreciação em plenário verteu-se a delimitar o conjunto de interpretações possíveis do novo decreto, de modo a decidir quais dessas interpretações seriam compatíveis com algum critério preestabelecido que serviria de parâmetro de controle. Duas constatações iniciais podem ser extraídas: (i) não foram confrontados atos concretos da administração, que ainda não se colocavam no plano da realidade em face da não aplicação do decreto, nem foi feita uma tentativa de antecipação de hipóteses específicas; e (ii) a técnica proposta, ainda que apresentada sob nova roupagem, verteu-se a uma avaliação da juridicidade do decreto em termos próximos àqueles que ensejaram a instauração do processo pela unidade técnica, inclusive com o aproveitamento integral das razões de mérito trazidas pela auditoria a partir daquela premissa de análise.

Ao confrontarmos o teor do decreto com o acórdão do TCU, percebe-se o caráter restritivo da decisão controladora sobre o conteúdo da norma regulatória (Quadro 1).

Quadro 1 – Decreto n. 9.048/2017 *vs.* Acordão n. 1.446/2018-TCU-P

Decreto n. 9.048/2017	Acórdão n. 1.446/2018-TCU-P
Art. 2º Os arrendatários cujos contratos estejam em vigor na data de publicação deste Decreto poderão, no prazo de cento e oitenta dias, manifestar seu interesse na adaptação de seus contratos aos termos da Lei nº 12.815, de 5 de junho de 2013, e de seus regulamentos, por meio de termo aditivo ao contratual. § 1º *A adaptação de que trata o caput permitirá a adoção de cláusulas contratuais que estabeleçam, entre outras disposições, a possibilidade de prorrogação da outorga, nos termos estabelecidos pelo art. 19 do Decreto nº 8.033, de 2013, inclusive para os arrendatários que tenham prorrogado os seus contratos nos termos da Lei nº 12.815, de 2013.* § 2º O disposto no art. 19-A do Decreto nº 8.033, de 2013, *se aplica às prorrogações de contratos adaptados na forma do § 1º, ainda que a prorrogação seja feita no último quinquênio de vigência dos contratos.* Art. 19. Os contratos de concessão e de arrendamento terão **prazo determinado de até trinta e cinco anos, prorrogável por sucessivas vezes**, a critério do poder concedente, até o limite máximo de setenta anos, incluídos o prazo de vigência original e todas as prorrogações.	Determinar ao Ministério dos Transportes, Portos e Aviação Civil **que se abstenha de celebrar termos aditivos de adaptação** ou, conforme o caso, termos aditivos de prorrogação, dos contratos de arrendamento vigentes às regras do Decreto 8.033/2013, com a redação conferida pelo Decreto 9.048/2017, **contendo cláusulas que possibilitem:** 9.1.1. a ampliação da vigência máxima dos atuais contratos, nas hipóteses de prorrogação ordinária e antecipada, desprovida de análise que considere como parâmetros o prazo original do contrato de arrendamento e a possibilidade de prorrogá-lo, uma única vez, por um período igual ou inferior a esse prazo; 9.1.2. a extensão do prazo de vigência máximo originalmente previsto, mediante prorrogação para fins de reequilíbrio econômico-financeiro, desprovida de análise que demonstre que a alternativa da licitação comprovadamente não se mostra a mais vantajosa, bem como o cumprimento dos seguintes requisitos, cumulativamente, para cada contrato de arrendamento: [...]

Fonte: Elaboração do autor.

Alguns esclarecimentos de ordem técnico-jurídica são relevantes para a compreensão do alcance do item 9.1.1 do acórdão:

a) O artigo 2º do decreto estabelecia um modelo de adaptação de contratos vigentes às inovações regulatórias ali inscritas. Os detentores de arrendamentos portuários interessados deveriam submeter pedido ao Poder Concedente em um prazo de 180 dias;
b) A adaptação de contrato de arrendamento vigente ao decreto possibilitaria, dentre outras inovações, a repactuação de prazos contratuais em dois aspectos: (i) a ampliação da vigência máxima ao novo prazo de 70 anos; e (ii) a possibilidade de prorrogações sucessivas, desde que limitadas ao novo limite máximo;
c) Tais matérias – *i.e.* delimitação de prazo contratual máximo e número de renovações (única ou sucessivas) – não são tratadas pela Lei dos Portos ou qualquer outro diploma legal;
d) O decreto regulamentador trata apenas de prorrogações ordinárias e antecipadas, sendo esse o escopo da decisão do TCU em conflito com a norma regulatória. A possibilidade de reequilíbrio econômico-financeiro por prazo não consta do decreto e independe de normativo específico, como registrou a própria unidade técnica do Tribunal em sua instrução.

3. Interpretação Conforme de Normas Regulatórias

Ao restringir eventuais prorrogações ordinárias ou antecipadas de modo que se "considere como parâmetros o prazo original do contrato de arrendamento e a possibilidade de prorrogá-lo, uma única vez, por um período igual ou inferior a esse prazo", o TCU limitou objetivamente os efeitos do art. 2º c/c com art. 19 do Decreto 9.048/18. Aparentemente, o julgado tentou restringir a aplicabilidade do dispositivo quanto à possibilidade de extensão de prazo de contratos vigentes, que é justamente o oposto do que dispôs a norma regulatória.[32]

---

[32] Aqui, parece que se caiu na dificuldade apontada por Mendes e Branco na interpretação conforme à Constituição pelo STF. Como apontam os doutrinadores, "Ao se analisar detidamente a jurisprudência do Tribunal, no entanto, é possível verificar que, em muitos casos, a Corte não atenta para os limites, sempre imprecisos, entre a interpretação conforme delimitada negativamente pelos sentidos literais do texto e a decisão interpretativa modificativa desses sentidos originais postos pelo legislador" (MENDES e BRANCO, 2017, p. 1415).

Se, na prática, a decisão teve efeito de controle direto de legalidade em abstrato, sua roupagem foi nitidamente diferente. O que o ministro relator propôs em seu voto foi uma *interpretação conforme* da norma regulatória, impondo ao regulador determinados parâmetros interpretativos para a aplicação das regras. Assim, o plenário apresentou sua decisão como algo diferente da análise de legalidade que pautou a instrução da equipe de auditoria. Ao se valer de um tipo de *interpretação conforme*, o TCU teria reforçado a presunção de legalidade da norma analisada, sinalizando que assim teria aberto um *grau de deferência* mais elevado em relação ao regulador que editou o normativo. Isso fica explicitado no seguinte trecho do voto:

> Ao esquadrinhar a juridicidade do regulamento, contudo, deve-se ter certa deferência ao princípio de presunção de validade das normas e, mais ainda, de conservação das normas. Dito de outra maneira, existindo uma interpretação possível e regular para certos institutos previstos na norma, essa interpretação deve prevalecer e as medidas administrativas a serem adotadas devem garantir esse sentido para a norma, no intuito de preservá-la. Nesse sentido, o esforço desta decisão é extrair de cada dispositivo questionado a interpretação que melhor o compatibilize com o ordenamento jurídico.

Como visto acima, contudo, o efeito prático dessa estratégia não difere, quanto ao seu tipo, de um controle abstrato de legalidade. Seria apenas um modo de controle supostamente menos interventivo, como é, igualmente, a promessa da *interpretação conforme* a Constituição. Essa é a técnica pela qual órgão judicial competente para o exercício do controle de constitucionalidade em abstrato "não declara a inconstitucionalidade da norma impugnada, mas indica, dentre as várias possíveis interpretações da norma, aquela(s) que deve(m) ser seguida(s), sendo compatível(eis) com a Constituição. Dessa maneira, o Tribunal preserva o dispositivo e especifica as interpretações condizentes com a Constituição".[33]

Apesar de poder exprimir alguma trivialidade, "quando se fala em interpretação conforme a constituição, quer-se com isso dizer que, quando há mais de uma interpretação possível para um dispositivo legal, deve

---

[33] Dimoulis e Lunardi (2017, p. 267).

ser dada preferência àquela que seja conforme a constituição".[34] Em todo caso, a utilização da técnica não descaracteriza um exercício de controle abstrato de normas, constituindo apenas uma forma de controle que enfatiza a presunção de constitucionalidade de leis. Por isso, fala-se que ela é "apenas admissível se não configurar violência contra a expressão literal do texto e não alterar o significado do texto normativo, com mudança radical da própria concepção original do legislador".[35]

A *estratégia decisória* da Corte de Contas reveste-se de ineditismo claro. Ao avançar sobre a possibilidade de exercer uma *interpretação conforme* de normas regulatórias, apresenta-se não propriamente um novo tipo de controle sobre a regulação, mas uma *tentativa de legitimação da competência para controle abstrato de legalidade a partir de roupagem menos invasiva.*

Para que se confirme essa maior deferência, contudo, outro aspecto relevante deve ser enfrentado: se é verdade que o TCU adotou a técnica da *interpretação conforme*, qual teria sido o parâmetro de controle adotado? Em outras palavras, interpretação conforme *o quê*? Aparentemente, o parâmetro de controle não foi a Constituição, tampouco uma norma legal específica, mas antes a interpretação que a jurisprudência do próprio TCU faz de determinados princípios. Como efeito, teríamos, ao contrário da *deferência* prometida por essa estratégia, uma forma de controle ainda mais invasiva sobre o espaço de atuação do regulador.

Por tudo isso, a nova estratégia (i) não é suficiente para transpor o debate jurídico acerca da competência do TCU para controle abstrato de legalidade de normas infralegais; e (ii) tampouco garante maior deferência ao espaço do regulador.

Conclusão

O controle da regulação estatal pelo TCU constitui agenda central de pesquisa sobre o controle externo. Seja no que diz respeito aos limites da competência declinados pela Constituição a Tribunais de Contas, aos tipos de controle disponíveis, ou mesmo aos níveis de deferência que devem ser declinados ao regulador, estamos longe de consenso na literatura e tampouco encontramos solução clara na legislação regente. As fronteiras do controle continuam em aberto.

---

[34] Da Silva (2006, p. 192).
[35] Mendes e Branco (2017, p. 1415).

Neste capítulo, busquei demonstrar que, para além de controles de tipo amplo realizados a partir de inspeções ou auditorias e controles de tipo específico sobre contratações públicas sob sua gestão, o TCU também dá mostras de que avança cada vez mais na tentativa de exercício de controle de tipo abstrato sobre a legalidade de normas editadas por órgãos reguladores. A partir dessa constatação e da realização de estudo de caso, desenvolvi os seguintes pontos:

1. Existem objeções jurídicas ao controle abstrato de normas legais e infralegais pelo TCU que não podem ser solucionadas por mera remissão a súmula do STF cuja validade é colocada em questão por precedentes recentes do próprio Supremo, tampouco a dispositivo constitucional que versa genericamente sobre a competência do Tribunal de Contas para análise de legalidade de atos da administração (aparentemente focada no controle de atos concretos).
2. O fato de que o TCU dispõe da ferramenta da consulta para, mediante provocação por um conjunto restrito de autoridades, *cooperar* com o sistema regulatório e reduzir níveis de insegurança jurídica, esclarecendo quais seriam, em abstrato, os parâmetros de aplicação de normas, não se confunde e não gera automaticamente competência para controlar e fiscalizar abstratamente, *de forma impositiva*, órgãos reguladores pelas normas que editam, tampouco para suscitar ilegalidades e exigir sua correção por parte do Poder Executivo.
3. Caso o TCU de fato avance para o controle de legalidade em abstrato de normas regulatórias, deve deixar claro que o faz. Isso se aplica mesmo quando a estratégia decisória adotada for a *interpretação conforme*, que promete grau de deferência superior ao órgão regulador que editou a norma questionada.
4. Caso o TCU explore a estratégia decisória da *interpretação conforme*, deve explicitar de forma clara qual é o parâmetro de controle adotado. No caso específico de normas regulatórias, que se situam no plano infralegal, o parâmetro de controle seria o texto constitucional, uma norma legal ou a própria jurisprudência do Tribunal de Contas?
5. A adoção da própria jurisprudência do TCU como parâmetro de controle e, em especial, da leitura que a Corte de Contas faz de

princípios abstratos, é ainda mais problemática do ponto de vista jurídico que o exercício de controle de constitucionalidade e pode tornar falsa a promessa de maior deferência decorrente da *interpretação conforme*, representando estratégia decisória potencialmente mais invasiva sobre o espaço do regulador.

6. Para além do debate jurídico acerca das competências do TCU, o exercício de controle abstrato de normas regulatórias envolve a necessidade de prognoses e antecipação de hipóteses de atos concretos para os quais, em tese, o órgão regulador teria maior *capacidade institucional* comparativa em relação à equipe de auditoria de Tribunais de Contas, por uma questão de expertise técnica e assimetria informacional.

Por tudo isso, concluo, do ponto de vista descritivo, que a interpretação conforme surge como nova *estratégia decisória* da Corte de Contas para exercer um *tipo de controle* que não é novo, mas é juridicamente questionável: o controle abstrato da legalidade de normas regulatórias. Essa nova estratégia, enquanto técnica decisória, faz três promessas que são problemáticas:

(i) A possibilidade de controle abstrato sem invasão de competência de órgãos jurisdicionais – *problema de competência*;

(ii) A possibilidade de controle anterior à aplicação efetiva da norma (nova modalidade de controle prévio), supostamente evitando efeitos práticos perniciosos – *problema de capacidade institucional para prognoses*;

(iii) A possibilidade de controle da regulação com maior deferência ao regulador a partir de presunção de legalidade de suas normas – *problema de parâmetro de controle*, especialmente quando esse parâmetro é a leitura que a própria jurisprudência do TCU faz de regras e princípios.

Conclui-se, do ponto de vista normativo, não apenas por razões de competência jurídico-constitucional, mas também pela necessidade de preservação do papel institucional dos órgãos reguladores, que o controle do TCU deve verter seu papel de aperfeiçoamento regulatório sobre atos concretos, evitando adentrar em avaliações de legalidade do conteúdo abstrato de normas regulatórias. Uma análise institucional comparativa sugere que reguladores são dotados de maior capacidade para a realização de prognoses necessárias à edição de normas regulatórias. Assim, a restrição *a priori* ao controle de legalidade pelo TCU é mandatória não apenas por conta da necessidade de preservação de autonomia dos reguladores e dos limites impostos pela Constituição aos Tribunais de Contas, mas também para preservar a segurança jurídica dos mercados regulados.

Referências

ALBUQUERQUE, Márcio. O papel do Tribunal de Contas da União no controle dos serviços públicos delegados. *Revista Brasileira de Políticas Públicas*, Brasília, v. 1, n. 1, p. 83-112, jan./jun. 2011.

ARAÚJO, Carlos Maurício Lociks. Ativismo na jurisprudência do Tribunal de Contas da União. *In*: BRANCO, Paulo Gustavo Gonet (org.). *Jurisprudência constitucional*. Brasília: Instituto Brasiliense de Direito Público (IDP), 2013.

BARROSO, Luís Roberto. Agências reguladoras: constituição, transformação do Estado e legitimidade democrática. *In*: BINENBOJM, Gustavo. *Agências reguladoras e democracia*. Rio de Janeiro: Lumen Juris, 2006.

BOGÉA, Daniel. Quem dá as cartas da regulação? Os riscos e benefícios do poder de agenda do TCU. *JOTA*, 15 maio 2019. Controle Público. Disponível em: https://www.jota.info/opiniao-e-analise/colunas/controle-publico/quem-da-as-cartas-na-regulacao-15052019. Acesso em: 17 dez. 2019.

COGLIANESE, Cary; WALTERS, Daniel. Agenda-setting in the Regulatory State: theory and evidence. *Administrative Law Review*, v. 68, n. 1, p. 865-890, 2016.

DA SILVA, Virgílio Afonso. Interpretação conforme a Constituição: entre a trivialidade e a centralização judicial. *Revista Direito GV*, São Paulo, v. 2, n. 1, p. 191-210, 2006.

DANTAS, Bruno; GOMES, Valdecyr. A governança nas agências reguladoras: uma proposta para o caso de vacância. *Revista de Informação Legislativa*: RIL, Brasília, DF, v. 56, n. 222, p. 11-31, abr./jun. 2019.

DIMOULIS, Dimitri; LUNARDI, Soraya. *Curso de Processo Constitucional*: controle de constitucionalidade e remédios constitucionais. São Paulo: Editora Atlas, 2017.

FAJARDO, Cláudio. Súmula STF n. 347: uma nova abordagem sobre a competência do TCU para apreciar a constitucionalidade de leis e de atos normativos do Poder Público. *Revista do TCU*, Brasília, p. 17-34, jan./abr. 2008.

FALCÃO, Valdirene. O Tribunal de Contas e o controle de constitucionalidade: uma releitura da súmula 347 do Supremo Tribunal Federal. *In*: PEREZ, Marcos; PAGANI, Rodrigo (org.). *Controle da administração pública*. Belo Horizonte: Fórum, 2017. p. 197-216.

GRUPO PÚBLICO DA FGV DIREITO SP/sbdp. *Observatório do TCU*: julgamentos de julho e agosto de 2018. São Paulo, SP, 2018a. Disponível em: https://direitosp.fgv.br/grupos/grupo-publico. Acesso em: 14 jun. 2020.

GRUPO PÚBLICO DA FGV DIREITO SP/sbdp. *Observatório do TCU*: julgamentos de janeiro e fevereiro de 2018. São Paulo, SP, 2018b. Disponível em: https://direitosp.fgv.br/grupos/grupo-publico. Acesso em: 14 jun. 2020.

LODGE, Martin; STOLK, Christian Van; BATISTELLA-MACHADO, Julia; SCHWEPPENSTEDDE, Daniel; STEPANEK, Martin. *Regulation of logistics infrastructure in Brazil*. Santa Monica: RAND Corporation, 2017.

MARQUES NETO, Floriano de Azevedo; PALMA, Juliana; REHEM, Danilo; MERLOTTO, Nara; GABRIEL, Yasser. Reputação institucional e o controle das agências reguladoras pelo TCU. *Revista de Direito Administrativo – RDA*, Rio de Janeiro, v. 278, n. 2, p. 37-70, maio/ago. 2019.

MATTOS, Paulo Todescan Lessa. *O novo estado regulador no Brasil*: eficiência e legitimidade. 2. ed. São Paulo: Revista dos Tribunais, 2017.

MENDES, Gilmar; BRANCO, Paulo. *Curso de Direito Constitucional*. 12. ed. São Paulo: Saraiva, 2017.

MENEZES, Monique. O Tribunal de Contas da União, controle horizontal de Agências Reguladoras e impacto sobre usuários dos serviços. *Revista de Sociologia e Política*, Curitiba, v. 20, n. 23, p. 107-125, out. 2012.

MONTEIRO, Vera; ROSILHO, André. Agências reguladoras e o controle da regulação pelo Tribunal de Contas da União. *In*: PEREIRA NETO, Caio; PINHEIRO, Luís Felipe. *Direito da infraestrutura*. São Paulo: Saraiva, 2017. p. 27-64. v. 2.

PALMA, Juliana. Órgãos de controle podem afastar leis inconstitucionais? *JOTA*, 6 fev. 2018. TCU. Disponível em: https://www.jota.info/opiniao-e-analise/colunas/controle-publico/orgaos-de-controle-podem-afastar-leis-inconstitucionais-06022018. Acesso em: 10 dez. 2019.

PEREIRA, Gustavo. *O TCU e o controle das agências reguladoras de infraestrutura*: controlador ou regulador? 2019. Dissertação (Mestrado) – Escola de Direito de São Paulo da Fundação Getulio Vargas, São Paulo, 2019.

ROSILHO, André. *Tribunal de Contas da União*: competências, jurisdição e instrumentos de controle. São Paulo: Quartier Latin, 2019.

ZYMLER, Benjamin; ALMEIDA, Guilherme. *O controle externo das concessões de serviços públicos e das parcerias público-privadas*. Belo Horizonte: Fórum, 2005.

Capítulo 8
O Tribunal de Contas da União como Regulador de Segunda Ordem: um Estudo de Casos sobre o Controle da Regulação de Infraestrutura

Gustavo Leonardo Maia Pereira

Introdução

O modelo de agências dotadas de autonomia reforçada foi o escolhido no Brasil para lidar com o desafio de implementar uma nova estratégia de atuação do Estado, que passaria a ser cada vez menos produtor e cada vez mais regulador,[1] o que significou, em grande medida, a contratualização de uma série de atividades públicas.[2]

A adoção de um novo arranjo administrativo impôs relevantes desafios no campo do controle. A eficácia do novo modelo de intervenção do Estado na economia, especialmente no que diz respeito à provisão de infraestrutura, depende do funcionamento de toda uma engrenagem

---

[1] Recomendação de 31 de maio de 1996 do Conselho de Reforma do Estado: "O projeto de reforma do Estado visa substituir o antigo estatismo pelo moderno Estado regulador. O aparato regulatório existente é enorme, obsoleto, burocratizante e, em essência, intervencionista, sendo necessário primeiro desregular para, a seguir, regular por novos critérios e formatos mais democráticos, menos intervencionistas e burocratizados".
[2] Certas atividades econômicas, cuja titularidade ou dever de executar eram atribuídas com exclusividade ao Poder Público, passaram a ser desempenhadas mediante parcerias (contratos) com agentes privados, sujeitos a intensa supervisão e regulação.

institucional, merecendo atenção especial as interações entre as agências reguladoras e os mecanismos de controle.[3]

Entre os variados tipos de controle a que estão sujeitas as agências reguladoras de infraestrutura, a fiscalização exercida pelo Tribunal de Contas da União (TCU) tem ganhado enorme importância no cenário político-institucional brasileiro. Daí a impactante afirmação de José Vicente Mendonça (2017), no sentido de que "a Corte de Contas é o maior regulador brasileiro",[4] denotando a proeminência que o TCU vem assumindo na conformação das políticas públicas, inclusive regulatórias.

O TCU, embora exista desde 1893,[5] tem na Constituição de 1988 um marco de desenvolvimento institucional, sobretudo em virtude da ampliação de suas competências na direção do controle de *performance* da Administração.

As agências, por sua vez, têm como linha central de seu desenho institucional a *autonomia reforçada*, assegurada por meio de decisões colegiadas, especialização técnica, estabilidade dos dirigentes, certo grau de independência financeira, participação pública nos processos decisórios e sujeição a variados mecanismos de controle.

Tomando como referência as funções constitucionais do TCU, centralmente relacionadas à verificação da conformidade da atividade financeira do Estado, causa certa dúvida de compatibilidade jurídica ver a intensidade do controle exercido pelo Tribunal sobre as ações finalísticas das agências reguladoras, já que estas, além de serem dotadas de autonomia, de maneira geral operam a intervenção *indireta* do Estado, ou seja, não executam o orçamento público em sua atividade-fim.

Na doutrina, eram comuns as posições antagônicas: alguns autores defendendo que não haveria nada que diferenciasse o controle a ser

---

[3] De acordo com a Organização para a Cooperação e Desenvolvimento Econômico (OCDE), "o modo como as agências são estruturadas, dirigidas, controladas, dispõem de recursos e prestam contas – incluindo a natureza das relações entre o tomador de decisão regulatória, atores políticos, o legislador, a administração executiva, os processos judiciais e as entidades reguladas – constrói a confiança no regulador e é crucial para a efetividade da regulação".

[4] Mendonça (2017).

[5] O TCU foi idealizado por Rui Barbosa e criado, em 1890, por meio do Decreto n. 966-A, de 7 de novembro de 1890, mas só foi efetivamente instalado em 1893, após a edição do Decreto Provisório n. 1.166, de 12 de dezembro de 1892, que disciplinou a organização do Tribunal, fruto de iniciativa do Ministro da Fazenda da época, Innocêncio Serzedello Corrêa.

exercido sobre as agências daquele que incide sobre os demais órgãos e entidades da Administração Pública;[6] e outros entendendo ser bastante restritos os limites e as possibilidades dos órgãos de controle externo em relação às atividades finalísticas das agências.[7]

Atualmente, já há um certo consenso em torno da ideia de que existe sim um espaço relevante de interação entre o TCU e as agências, mas que este seria, em alguma medida, moldado, diferenciado, pelas peculiaridades envolvidas na regulação e pelo regime de autonomia das entidades reguladoras, além de delimitado pelas normas de competência do órgão controlador.

O TCU possui um discurso consistente no sentido de que o Tribunal não pode substituir o regulador, devendo fazer um controle de *segunda ordem*,[8] com isso querendo dizer que a fiscalização deve recair sobre a atividade das agências, e não sobre o conteúdo da regulação em si. A questão é que a teoria e o discurso, em um tema tão sensível e complexo, precisam ser testados na prática, daí a relevância da pesquisa empírica sobre a prática e a dinâmica do controle.

Passarei, a seguir, a refletir sobre quais são as possibilidades – e os limites – de controle do TCU em relação às agências reguladoras, a partir de uma análise acerca das normas que definem as competências do órgão de controle.

Em seguida, apresentarei três casos julgados pelo TCU em 2018 que envolveram ações finalísticas de agências reguladoras e que foram objeto de análise do Observatório do TCU.[9]

Ao final, com base nos casos discutidos, testarei a consistência do discurso do TCU que diz ser de *segunda ordem* o controle exercido sobre as agências, e procurarei traçar um perfil da atuação do órgão de controle na matéria, sistematizando algumas das maneiras por meio das quais a Corte interfere na regulação de infraestrutura.

---

[6] Di Pietro (2002, p. 53-65).
[7] Barroso (1996, p. 131-140).
[8] No Acórdão n. 1.703/2004, considerado um *leading case* na matéria, o TCU afirmou que o controle realizado pela Corte sobre as agências é de *segunda ordem*, "sendo seu objeto a atuação das agências reguladoras como agentes estabilizadores e mediadores do jogo regulatório, e não o jogo regulatório em si".
[9] Projeto de pesquisa desenvolvido no âmbito do Grupo Público da FGV DIREITO SP + sbdp, do qual participo como pesquisador.

1. As Possibilidades – e os Limites – da Interação entre o Tribunal de Contas da União e as Agências Reguladoras
1.1. Considerações Gerais

A Corte de Contas, enquanto órgão de controle externo da Administração Pública, vê a si própria como um importante ator no aprimoramento da regulação no Brasil.[10] O Ministro Benjamin Zymler, do TCU, em obra doutrinária, já chegou a enfatizar que "a Corte é o órgão com melhores condições potenciais para desenvolver uma visão sistêmica do modelo regulatório brasileiro".[11]

Há na doutrina, contudo, uma crescente preocupação com o avanço do TCU sobre as competências regulatórias, o que representaria uma substituição indevida do regulador pelo controlador, gerando insegurança jurídica e até mesmo paralisia decisória. Vitor Schirato, por exemplo, afirma que distorções no sistema de controle, como a substituição do regulador pelo controlador, têm contribuído para a "deterioração do sistema regulatório".[12]

Parece, assim, especialmente interessante compreender como se dá, à luz do arranjo de competências posto no Direito vigente, a interação entre as agências reguladoras de infraestrutura – entidades dotadas de autonomia reforçada, que, apesar de organicamente integrarem o Executivo, não são a ele hierarquicamente subordinadas – e o ramo controlador independente do Estado.

Não há, em nenhum lugar do mundo, outra instituição superior de controle com poderes tão abrangentes quanto o Tribunal de Contas brasileiro.[13] O órgão de controle de conformidade das contas públicas do Brasil, inspirado na tradição francesa das *Cour de Comptes*, encarnou também, em alguma medida, a função de auditor de performance, típica dos *National Audit Offices* da tradição anglo-saxã.

É inquestionável, no entanto, que a expansão de competências e poderes do TCU encontra limites no Direito. São bem extensos e amplos os objetos, parâmetros e produtos do controle exercido pelo TCU. Mas as possibilidades de combinação entre eles não são totalmente livres; são, na verdade, bem delimitadas pela Constituição.

---

[10] Monteiro e Rosilho (2017).
[11] Zymler e Almeida (2008).
[12] Schirato (2013).
[13] Willeman (2017).

Carlos Ari Sundfeld e Jacintho Arruda Câmara (2013) chamam a atenção para o fato de que o TCU não é instância revisora da atividade administrativa, que seja competente para corrigir ilegalidades em toda e qualquer decisão tomada no âmbito da Administração Pública. São categóricos ao enfatizar que "Corte de Contas não é Conselho de Estado".[14]

Há quem entenda, contudo, que o controle de legalidade exercido pelo TCU se estenderia sobre qualquer atividade administrativa desempenhada pelas entidades sujeitas à jurisdição da Corte de Contas.[15] O TCU parece compartilhar dessa visão. Para o Tribunal, os limites de sua atuação não estariam adstritos à matéria financeira propriamente dita, mas, sim, a qualquer questão inerente à atuação administrativa.

Essa posição mais *expansiva* acerca das competências do TCU não parece ter amparo no texto constitucional. Em sua tese de doutoramento, André Rosilho (2019, p. 231) demonstrou que:

> Apesar de a Constituição ter genericamente autorizado o Tribunal a proceder a fiscalizações dos mais variados tipos e capazes de abarcar os mais variados objetos (art. 71, IV, da Constituição), só aquelas que envolvam matérias financeiras, orçamentárias, contábeis e patrimoniais é que o autorizarão a agir impositivamente, via edição de atos sancionatórios ou via edição de atos de comando. É que as atribuições e competências do TCU que envolvem a prática de atos impositivos (sanções ou atos de comando) foram desenhadas (inclusive historicamente) para serem desempenhadas em um específico campo de atuação (o financeiro), e não no ambiente mais amplo em que o TCU, com o tempo, passou a ser legitimado a atuar.

De acordo, então, com uma interpretação mais *restritiva*,[16] pode-se dizer que as competências impositivas, ou seja, para dar ordens e aplicar sanções, são restritas à atividade financeira – em sentido amplo – da Administração (aspectos orçamentário, financeiro – em sentido estrito –, contábil e patrimonial) e devem ser orientadas pelo parâmetro da

---

[14] Sundfeld e Câmara (2013).
[15] Fidalgo (2011).
[16] Utilizo a expressão *restritiva* para contrastar com *expansiva*, mas entendo que é uma interpretação *estrita* da Constituição e coerente com a evolução histórica do TCU no Brasil e com suas características institucionais.

legalidade. Basta ver que os dispositivos da Constituição que tratam de atos impositivos, associam sempre *atividade financeira* e *legalidade*. É o caso do inciso VIII, que dispõe sobre a aplicação de sanção em caso de *ilegalidade de despesa*; prossegue no inciso IX, com a possibilidade de o TCU assinar prazo (determinar, portanto) para que o órgão ou a entidade adote as providências necessárias, em caso de *ilegalidade*; e do inciso X, que prevê a sustação do ato, caso não seja atendida a determinação prevista no inciso IX.

Já no âmbito de sua atuação indireta, ou seja, não impositiva, o TCU tem amplo espectro de ação, podendo analisar a *performance* da Administração – dimensão *operacional* (ou gerencial) da atividade estatal –, à luz da *legitimidade* e *economicidade*, e levantar dados e informações, emitir orientações e sugestões, a fim de colaborar com a gestão pública. Em outras searas, que não sejam financeiras, a Corte de Contas poderá agir de outra maneira – não impositivamente –, apoiada em outras competências e atribuições.[17]

Para rebater o argumento de que o TCU não poderia exercer fiscalização que não tenha caráter contábil, financeiro ou orçamentário, Benjamin Zymler e Guilherme Almeida (2008, p. 231) argumentam que a competência mais ampla do TCU, para fiscalizar inclusive atividades-fim das agências reguladoras, decorreria de sua atribuição constitucional para empreender auditorias operacionais:

> Esse poder-dever deflui das competências constitucionais da Corte de Contas Federal, especialmente daquela que autoriza a realização de auditorias operacionais (art. 71, IV, da Carta Magna). [...]
>
> Assim, a afirmação do Professor Luís Roberto Barroso de que o TCU possui competência apenas para realizar fiscalizações de caráter contábil, financeiro ou orçamentário, apesar do justo prestígio angariado por seu autor, não merece prosperar.

A competência para realizar auditorias operacionais é invocada, assim, como verdadeiro "guarda-chuva" para o TCU se debruçar sobre todas as atividades finalísticas das agências; seja por meio da análise ampla (não apenas de aspectos financeiros) de editais e contratos, da supervisão e

---

[17] Rosilho (2019).

revisão de normas regulatórias, bem como de regras e estrutura de funcionamento dessas entidades. É o que enfatizam Vera Monteiro e André Rosilho (2017, p. 55): "é a competência constitucionalmente prevista para a realização de auditorias *operacionais* que tem servido de base para a fiscalização sobre a atividade reguladora em si".

Associando (i) a compreensão de que possui competência para fazer um controle de legalidade de toda a atividade administrativa com (ii) o "guarda-chuva" do controle operacional, o TCU entende ser competente para fazer uma fiscalização ampla, que abrange todas as atividades regulatórias.

1.2. O Discurso do Controle de Segunda Ordem

Apesar da compreensão *expansiva* acerca de seus poderes, o TCU (ministros e servidores, seja nos processos de fiscalização ou em trabalhos acadêmicos) tem um *discurso* consistente no sentido de que o Tribunal não pode se substituir às agências, devendo, assim, respeitar a autonomia e discricionariedade do regulador.

Talvez a expressão mais encontrada nos acórdãos referentes à fiscalização de atividades finalísticas das agências seja a que diz que o controle exercido pelo Tribunal é de *segunda ordem*, "sendo seu objeto a atuação das agências reguladoras como agentes estabilizadores e mediadores do jogo regulatório, e não o jogo regulatório em si".[18]

O Acórdão n. 1.703/2004, de relatoria do Ministro Benjamin Zymler, é considerado um marco da reflexão do TCU sobre suas competências em relação ao controle das agências. Vera Monteiro e André Rosilho (2017), ao comentarem o acórdão, apontam que "o leitor tem a sensação de que o ministro utilizou o caso concreto como "veículo" para desenvolver uma espécie de "roteiro" ou "guia" que pudesse, no futuro, balizar o TCU quando do controle dos atos praticados e das atividades desenvolvidas pelas agências reguladoras". Segundo esses autores, "as regras de etiqueta do controle do ambiente regulatório" são estipuladas pelo próprio TCU.

E a diretriz central desse "roteiro" é justamente a de que o controle não deve recair sobre a regulação em si, mas apenas sobre a atuação das agências, sendo, pois, de *segunda ordem*.

---

[18] Trecho do Acórdão n. 1.703/2004, rel. Min. Benjamin Zymler.

O discurso de que o controle é de *segunda ordem* foi reforçado ao longo do tempo e se mantém até os dias atuais. Veja-se, por exemplo, o Acórdão n. 2.302/2012, referente à concessão rodoviária conduzida pela Agência Nacional de Transportes Terrestres (ANTT):

> O TCU há muito vem afirmando seu entendimento de fiscalização de segunda ordem nas agências reguladoras, ou seja, cabe aos entes reguladores a fiscalização de primeira ordem, bem como as escolhas regulatórias, cabendo ao Tribunal verificar se não houve ilegalidade ou irregularidade na atuação dessas autarquias especiais.

O Ministro Bruno Dantas, recentemente, também tornou pública uma reflexão sobre os limites do controle do TCU em relação às agências, defendendo a diretriz de autocontenção:[19]

> O TCU tem se esmerado em realizar auditorias operacionais que identificam fragilidades, riscos e oportunidades de aperfeiçoamento na gestão governamental. Justamente por navegar nos mares da eficiência, e não no controle estrito da legalidade, é preciso resistir à tentação de substituir o gestor público nas escolhas que cabem ao Poder Executivo, e é essa a autocontenção que defendo.

É importante enfatizar, no entanto, que, nem mesmo o discurso do TCU alinha-se à posição segundo a qual o controle de legalidade seria restrito à atividade financeira do Estado. Embora ao dizer que a fiscalização incidirá apenas sobre a atuação das agências, e não sobre o conteúdo, o TCU pareça transmitir a ideia de que faria apenas um controle de performance (desempenho) das agências, ao mesmo tempo, o Tribunal é bem enfático em defender a sua competência para fazer o controle de legalidade de toda a atividade regulatória.

1.3. O Poder para Aplicar Sanções
A Constituição atribuiu ao TCU competência para realizar, além do controle objetivo – sobre o conteúdo dos atos administrativos –, o controle subjetivo – sobre a conduta dos agentes –, ou seja, apurar infrações

---

[19] Dantas (2018).

e aplicar, ele próprio, sanção em face dos responsáveis. É diferente do que ocorre em outras instituições superiores de controle, como o *Bundesrechnungshof*, da Alemanha, e o *General Accounting Office*, dos EUA, que se limitam a detectar as falhas, identificar os responsáveis e informar aos órgãos competentes para que processem essas informações e adotem as medidas cabíveis.[20]

A competência sancionatória do TCU, de extrema relevância para incentivar os administradores a gerirem os recursos públicos em conformidade com os ditames legais, é, da mesma forma como o poder para emitir comandos, limitada pelas normas. É o que se extrai do inciso VIII do art. 71 da CF/1988, norma habilitadora da competência sancionatória do TCU:

> **Constituição Federal**
> Art. 71. O controle externo, a cargo do Congresso Nacional, será exercido com o auxílio do Tribunal de Contas da União, ao qual compete:
> [...]
> VIII – aplicar aos responsáveis, em caso de ilegalidade de despesa ou irregularidade de contas, as sanções previstas em lei, que estabelecerá, entre outras cominações, multa proporcional ao dano causado ao erário.

A Constituição previu, assim, a possibilidade de o TCU aplicar sanções, a serem disciplinadas pela lei, em caso de (i) irregularidade de contas; e (ii) ilegalidade de despesa. A única sanção já prevista pelo constituinte foi a *multa proporcional ao dano causado ao erário*, cabendo ao legislador estipular outras penalidades.

A irregularidade de contas deve ser apurada em sede de julgamento de contas, competência prevista no inciso II do mesmo dispositivo constitucional. A ilegalidade de despesa, por sua vez, pode ser apurada em quaisquer das modalidades de fiscalização do Tribunal, conforme competências descritas nos demais incisos do art. 71, seja na apreciação de atos de pessoal (inciso III), na realização de inspeções e auditorias (inciso IV), o que abrange a fiscalização de atos e contratos administrativos, ou na fiscalização de repasses realizados mediante convênio (inciso V).

---

[20] Speck (2000).

De acordo com o texto constitucional, da mesma forma como ocorre em relação aos atos de comando, o TCU só pode aplicar sanções caso verifique ilegalidade praticada na atividade financeira do Estado.[21]

A Lei Orgânica do TCU, porém, além de estipular as penalidades que podem ser aplicadas pelo Tribunal (multa; inabilitação para ocupar cargo em comissão; e declaração de inidoneidade para contratar com o Poder Público), ampliou, em desarmonia com a Constituição, a meu ver, as possibilidades de aplicação de sanções pelo TCU, reforçando a concepção *expansiva* acerca das competências do Tribunal.

Em seu art. 16, alínea "b", a LOTCU previu a possibilidade de as contas serem julgadas irregulares em virtude da *prática de ato de gestão ilegal, ilegítimo ou antieconômico,* bem como por *infração à norma de natureza contábil, financeira, orçamentária, operacional ou patrimonial.* Tanto a possibilidade de reprovação das contas em virtude de o TCU considerar o ato *ilegítimo* ou *antieconômico,* como por infração à norma de natureza *operacional* parecem transbordar da moldura constitucional. Da mesma forma, o art. 58, ao prever a possibilidade de aplicação de multa quando o TCU constatar a prática de ato que infrinja norma de natureza *operacional* (inciso II), ou de ato de gestão *ilegítimo* ou *antieconômico* (inciso III).

No controle exercido sobre a atividade-fim das agências reguladoras, comumente fundamentado na competência do Tribunal para fiscalizar a dimensão operacional (desempenho) da atuação das entidades, o TCU tem privilegiado o controle objetivo, ou seja, debruça-se sobre os atos e procedimentos, sem, contudo, focar na conduta dos agentes e, consequentemente, na aplicação de sanções. O controle subjetivo de reguladores é, segundo o TCU, excepcional. De fato, faz sentido ser exceção, já que, em regra, o objeto da fiscalização não se insere no âmbito da atividade financeira do Estado, o que afastaria, segundo uma interpretação estrita da Constituição, a competência sancionatória do TCU.

Contudo, poderemos observar, a partir da análise dos casos pesquisados, que o TCU, embora não privilegie o controle subjetivo, eventualmente aplica sanções a reguladores mesmo quando não está diante de ilegalidades.

---

[21] Rosilho (2019, p. 187).

1.4. Uso de Medidas Cautelares

A análise do texto da Constituição revela que o Poder Constituinte atribuiu ao TCU competência para adotar medidas cautelares. Mas a habilitação constitucional é bastante restrita, limitada a hipóteses bem específicas. Para André Rosilho (2019, p. 278):

> O Tribunal de Contas, mesmo sendo responsável pela preservação da legalidade dos gastos públicos, não recebeu a função de intervir diretamente na atividade administrativa sempre que, na sua avaliação, ocorresse prática contrária à lei ou à eficiência na gestão pública.
>
> Tratou-se, pois, de uma escolha do constituinte dar ao TCU poderes cautelares específicos, mas não lhe conferir amplo poder de cautela (como fez em relação ao Judiciário).

Veja-se que o único poder cautelar previsto na Constituição diz respeito à possibilidade de sustação de ato administrativo em relação ao qual seja constatada *ilegalidade*, e, mesmo assim, apenas depois de assinado o prazo para que o órgão ou a entidade responsável adote as providências necessárias para sanar a ilegalidade. É o que consta dos incisos IX e X do art. 71:

> **Constituição Federal**
> Art. 71. O controle externo, a cargo do Congresso Nacional, será exercido com o auxílio do Tribunal de Contas da União, ao qual compete:
> [...]
> IX – assinar prazo para que o órgão ou entidade adote as providências necessárias ao exato cumprimento da lei, se verificada ilegalidade;
> X – sustar, se não atendido, a execução do ato impugnado, comunicando a decisão à Câmara dos Deputados e ao Senado Federal.

A LOTCU previu duas hipóteses adicionais de adoção de medida cautelar: a) determinar o afastamento temporário de responsáveis pela gestão de recursos federais (art. 44, *caput*); e b) decretar a indisponibilidade de bens (art. 44, § 2º).

O Regimento Interno, por sua vez, editado pelo próprio TCU, traz dispositivo que visa assegurar verdadeiro poder geral de cautela ao Tribunal:

Regimento Interno do TCU
Art. 276. O Plenário, o relator, ou, na hipótese do art. 28, inciso XVI, o Presidente, em caso de urgência, de fundado receio de grave lesão ao erário, ao interesse público, ou de risco de ineficácia da decisão de mérito, poderá, de ofício ou mediante provocação, adotar medida cautelar, com ou sem a prévia oitiva da parte, determinando, entre outras providências, a suspensão do ato ou do procedimento impugnado, até que o Tribunal decida sobre o mérito da questão suscitada, nos termos do art. 45 da Lei nº 8.443, de 1992.

A norma regimental parece, pois, ir bem além do que foi delimitado pela Constituição e pela Lei Orgânica, sendo, assim, conforme opinião de André Rosilho (2019, p. 264 e ss.), inconstitucional. Para o autor, o poder conferido ao TCU abrangeria tão somente a sustação de atos, e não de procedimentos; alcançaria apenas as práticas inseridas no campo da atuação financeira do Estado; em que sejam verificadas ilegalidades; e quando, após a abertura de prazo para a regularização, a Administração permanecer inerte.

Desse modo, fora das hipóteses previstas expressamente no ordenamento jurídico, em situações de urgência e de risco, caberia ao TCU representar as instâncias competentes para adotar as medidas cabíveis, papel eminentemente colaborativo, portanto; não de interventor direto.

De acordo com interpretação dada pelo próprio TCU às suas competências, por meio de seu Regimento Interno, o Tribunal pode utilizar medidas cautelares para tutelar o *interesse público*, considerado de maneira ampla, e não apenas lesões ao erário provocadas pela gestão ilegal de recursos, além de poder determinar, de imediato, até mesmo sem ouvir a Administração, a suspensão de atos e procedimentos, bem como a adoção de *outras providências*.[22]

---

[22] A ideia de que o TCU gozaria de poder geral de cautela acabou se consolidando na prática do Tribunal com o apoio de duas decisões do STF, proferidas no MS n. 24.510 (Plenário, rel. Min. Ellen Gracie, julgado em 19.11.2003) e no MS n. 33.092 (2ª Turma, rel. Min. Gilmar Mendes, julgado em 24.03.2015), em que a Corte Suprema chancelou medidas cautelares tomadas pelo TCU. Rosilho (2019, p. 255-256), porém, em análise minuciosa das decisões, demonstra que as hipóteses discutidas perante o STF se enquadravam rigorosamente nos limites previstos na legislação, de maneira que não havia justificativa, ou mesmo necessidade,

A possibilidade de adotar medidas cautelares, então, é uma das ferramentas mais poderosas do TCU para interferir na gestão pública. Sempre que vislumbra receio de lesão ao erário ou ao interesse público, o TCU entende possuir amplos poderes para determinar a suspensão de atos e procedimentos, bem como a adoção de outras providências. É, como se vê, um poder geral, sem limitações muito claras, para intervir na atividade administrativa, inclusive regulatória, já que o Tribunal não parece fazer distinção quando o ato emana de agências reguladoras.

1.5. Revisão de Normas Regulatórias

Não há dúvida quanto à necessidade de que as normas editadas pelas agências observem rigorosamente os limites constitucionais e legais, assim como é de se supor que muitas normas são editadas sem observá-los. A dúvida reside, porém, em saber se o TCU dispõe de competência para fazer o controle de juridicidade dos atos normativos das agências.

Marianna Willeman (2017, p. 304) é taxativa ao afirmar que "não há espaço para intervenção do TCU em caso de atos regulatórios normativos, cabendo apenas ao Poder Legislativo". O Congresso Nacional pode atuar por meio da sua competência para *sustar atos normativos do Poder Executivo que exorbitem do poder regulamentar ou dos limites da delegação legislativa*, prevista no art. 49, V, da CF/1988.

É bem clara na Constituição a dimensão liberal do controle realizado pelo TCU, mas uma questão parece também bastante específica e focada: a legalidade da atividade financeira do Estado. O controle liberal amplo dos atos praticados pelas agências reguladoras, a fim de evitar violações a direitos, cabe tipicamente ao Poder Judiciário.

Sobre o tema, Floriano Marques Neto e Rafael Véras (2018) defendem que "da mesma forma que o TCU não pode sindicar constitucionalidade ou adequação de lei em sentido estrito, não tem competência para expedir comando vinculante ao regulador para desfazer ou refazer ato normativo".

Seria, assim, exclusiva da função jurisdicional, a competência para afastar a aplicação de uma norma em razão de sua incompatibilidade com a Constituição. Tem sido, nesse sentido, inclusive, a sinalização do

para o STF, naqueles julgamentos, afirmar que o TCU possuía poder geral de cautela. Segundo o autor, a decisão do STF, "para acertar no alvo, acabou usando munição em excesso".

STF, ainda por meio de decisões monocráticas,[23] em relação à incompatibilidade da Súmula 347 do STF[24] com a Constituição.

1.6. Timing do Controle

Quanto ao momento da fiscalização, a Constituição estabeleceu, como regra, o controle posterior, delimitando expressamente as hipóteses de controle prévio. Este foi previsto apenas nos casos de registro de admissão de atos de pessoal e de aposentadorias e pensões, conforme inciso III do art. 71.

O TCU, no entanto, tem se debruçado sobre projetos – de desestatização – conduzidos por agências reguladoras – cujos editais de licitação não foram sequer publicados.[25]

Acontece que, da mesma forma que a Constituição, a legislação infraconstitucional não concedeu poderes ao TCU para fiscalizar previamente editais e contratos. Pelo menos não explicitamente.[26]

---

[23] Por exemplo, a decisão do Ministro Alexandre de Moraes, no MS n. 35.410, segundo a qual "é inconcebível que o Tribunal de Contas da União, órgão sem qualquer função jurisdicional, exerça controle difuso de constitucionalidade nos processos sob sua análise". O ministro considerou que a competência para declarar, ainda que em caráter difuso, a inconstitucionalidade de uma norma, é exclusiva da função jurisdicional, e considerou superada pela nova ordem constitucional a Súmula 347.

[24] De acordo com a Súmula 347, "o Tribunal de Contas, no exercício de suas atribuições, pode apreciar a constitucionalidade das leis e dos atos do Poder Público".

[25] Com a finalidade de regulamentar a atuação do Tribunal no acompanhamento das concessões públicas, foi editada, em 22 de novembro de 1995, a Instrução Normativa n. 10, substituída três anos depois pela Instrução Normativa n. 27/1998, que disciplinou, por muitos anos, o controle de referidas outorgas de diversos setores de infraestrutura. Recentemente, em 20 de junho de 2018, o TCU fez relevantes alterações referentes ao acompanhamento de concessões e privatizações, ao editar a Instrução Normativa n. 81/2018, que passará a disciplinar a fiscalização dos procedimentos de desestatização cujos editais sejam publicados a partir de 01 de janeiro de 2019, revogando as normas anteriores.

[26] No julgamento do Recurso Extraordinário n. 547.063 (rel. Min. Menezes Direito, julgado em 07.10.2008), o STF entendeu não existir na legislação brasileira norma que autorize o controle prévio de editais de licitações pelos Tribunais de Contas. No caso, agente público do Estado do Rio de Janeiro havia sido multado pelo Tribunal de Contas estadual por não ter remetido à Corte, antes de sua publicação, edital de licitação na modalidade concorrência, descumprindo, assim, norma editada pelo TCE que impunha a prévia aprovação dos editais pelo Plenário do Tribunal. Nos debates, o Ministro Marco Aurélio enfatizou que

Conforme observação de Marianna Willeman (2017, p. 251), a atuação prévia do TCU coloca em evidência o papel de *veto player* assumido pela Corte de Contas, mitigando a concepção constituinte que inegavelmente prestigiou, quanto ao *timing*, o controle concomitante e *a posteriori*. Na CF/1988, a atuação prévia é excepcional, dizendo respeito apenas à concessão de aposentadorias e à admissão de pessoal no serviço público.

A Corte costuma invocar razões eminentemente práticas – sem lastro jurídico-normativo – para justificar a sua atuação prévia. Em publicação do TCU sobre regulação de serviços públicos, integrantes do Tribunal argumentam em favor do controle prévio dos editais de concessão:[27]

> Em razão de que os atos delegatórios da prestação de serviços públicos implicam a celebração de contratos de longo prazo, de valor econômico elevado e cujo objeto não pode ser descontinuado, é fundamental à eficácia do controle que este seja concomitante aos procedimentos de outorga ou de execução contratual, a fim de que qualquer irregularidade detectada possa ser corrigida previamente à assinatura do contrato. Do contrário, as determinações e recomendações do TCU com vistas à correção de falhas poderão ser inócuas, inoportunas ou de alto custo para a sociedade.

Eduardo Jordão (2016) considera que esse tipo de argumento é construído com base em uma concepção idealizada do órgão controlador, pois cogita apenas a possibilidade de o TCU contribuir para o aperfeiçoamento do projeto, deixando, assim, de levar em conta o risco de que sejam também ampliadas as chances de intervenções indevidas do órgão na esfera de discricionariedade do gestor público.

Na visão de André Rosilho (2019, p. 259), as normas editadas pelo próprio TCU, sem colher fundamento de validade na Constituição ou em lei, alargaram o campo de controle preventivo exercido pelo Tribunal, transformando-o em uma espécie de segunda instância do Executivo federal em processos de desestatização.

O que se observa, portanto, é que a sistemática de acompanhamento dos processos de desestatização pelo TCU reveste-se de aspectos bastante

---

"a submissão prévia de editais ao Tribunal de Contas significaria a substituição do administrador pelo controlador".

[27] TRIBUNAL DE CONTAS DA UNIÃO (2008).

peculiares, especialmente porque é estruturada com base em normas editadas pelo próprio TCU para impor obrigações à Administração Pública e estipular fases e etapas não previstas em lei, visando a celebração de parcerias.

2. Análise de Casos
2.1. Setor Rodoviário: Caso Rodovia de Integração do Sul (RIS)

No Acórdão n. 1.174/2018, de 23 de maio de 2018, o Plenário do TCU, sob a relatoria do Ministro Bruno Dantas, analisou o primeiro estágio do acompanhamento da concessão[28] do lote rodoviário denominado Rodovia de Integração do Sul (RIS),[29] em conformidade com o rito da Instrução Normativa n. 46/2004.

O processo de desestatização, conduzido pela ANTT, com participação do Ministério dos Transportes, Portos e Aviação Civil e da Secretaria do Programa de Parcerias de Investimentos (PPI), foi instruído no âmbito do TCU pela SeinfraRodoviaAviação.

De acordo com a sistemática prevista nas Instruções Normativas n. 27/98 e n. 46/2004, o primeiro estágio de acompanhamento é centrado na análise dos estudos de viabilidade do empreendimento, tendo se tornado uma praxe também a análise das minutas de edital e do contrato de concessão.

No caso, a unidade técnica do TCU, argumentando que a análise dos estudos de viabilidade, focada na redução de eventuais excessos de custos de serviços estimados para a concessão, tem revelado baixa efetividade,[30] justifica porque optou por privilegiar, na fiscalização da concessão da Rodovia de Integração do Sul, "os elementos estruturantes da minuta

---

[28] O processo de desestatização, conduzido pela ANTT, com participação do Ministério dos Transportes, Portos e Aviação Civil e da Secretaria do PPI, foi instruído no âmbito do TCU pela SeinfraRodoviaAviação.

[29] Composto pelas rodovias BR-101/RS, BR-290/RS, BR-386/RS e BR-448/RS.

[30] Isso porque as empresas vencedoras dos últimos leilões ofereceram deságios muito significativos em relação ao valor da tarifa, da ordem de 40% a 50%, tornando praticamente inócuos os apontamentos do TCU quanto às inconsistências de custos. Destaca-se que, de outro lado, é durante a fase de execução contratual que têm sido verificados os problemas mais graves, como o inadimplemento contratual pelas concessionárias, a inserção de novas obras nos contratos e problemas relacionados ao equilíbrio econômico-financeiro das concessões.

contratual que têm proporcionado, direta ou indiretamente, uma baixa eficiência do serviço público".

Pode-se resumir os riscos identificados pela unidade técnica nos seguintes aspectos: (a) procedimento de inclusão de novas obras e obrigações durante a execução contratual; (b) condições para prorrogação contratual; (c) critérios para recomposição do equilíbrio econômico-financeiro; (d) penalidades contratuais; (e) restrição à competitividade e óbice à obtenção da proposta mais vantajosa (mediante o mecanismo de aporte adicional ao capital social previsto na minuta do edital); (e) incorreções nos investimentos previstos nos estudos de viabilidade; (f) falhas em estimativas dos custos operacionais; (g) inconsistências em parâmetros do programa de exploração rodoviária (PER); e (h) inobservância de determinações e recomendações anteriores do TCU.

Para endereçar esses riscos, a SeinfraRodoviaAviação propôs ao Plenário a adoção de 32 determinações e 1 recomendação, bem como que fosse proibida a realização da licitação enquanto a ANTT não implementasse todas as determinações.

Paralelamente, fez uma proposição ainda mais contundente, no sentido de que o Tribunal impedisse a ANTT de celebrar qualquer contrato de concessão enquanto não se estruturasse de forma adequada e compatível.[31]

Considerando que várias das correções que viriam a ser determinadas pelo TCU, tanto nesse caso como em outros, são baseadas em cláusulas abertas, como o *interesse público*, e princípios jurídicos, como a *supremacia do interesse público*, a *moralidade*, a *impessoalidade*, a *eficiência*, a *modicidade tarifária*, na introdução de seu voto o Ministro Bruno Dantas fez uma defesa do manuseio de princípios pelo TCU:

> Outro ponto de relevo é que, de forma geral, os riscos apontados residem exatamente nas situações em que a legislação é omissa e os mecanismos atualmente postos, seja em contratos ou editais, têm se mostrado insatisfatórios

---

[31] Dessa proposta da unidade técnica depreende-se a visão que o Tribunal, ou pelo menos parte dele, tem do alcance das competências e do poder do TCU. A unidade técnica do Tribunal encarregada da fiscalização das ações de infraestrutura dos setores rodoviário e aeroportuário julgou que o órgão de controle externo poderia impedir o Poder Executivo de celebrar qualquer contrato de concessão rodoviária. A proposta, como se verá, não foi acolhida pelo Plenário.

em assegurar a execução a contento das avenças. Logo, é válido invocar os princípios de direito para buscar a solução mais consentânea com o interesse público, desde que aplicáveis ao problema concreto em exame.

A despeito de ter enaltecido bastante o trabalho da unidade técnica, o ministro relator, no que foi seguido pelos demais ministros, afastou algumas das *determinações* propostas pela SeinfraRodoviaAviação, e converteu outras em *recomendação*, como se verá adiante.

A unidade técnica verificou que a modelagem da concessão da RIS manteve algumas características das três etapas anteriores de concessões rodoviárias que teriam contribuído, na visão do órgão, para os problemas enfrentados pelas concessões vigentes.

O TCU tem entendido que um dos problemas centrais das concessões rodoviárias diz respeito ao elevado índice de inexecução contratual por parte das concessionárias[32]. Soma-se a isso o fato de serem frequentemente incluídos novos investimentos nos contratos, que acarretam os reajustes das tarifas de pedágio, a despeito do inadimplemento de obrigações previstas originalmente.

Diante da previsão de que a inclusão de novas obras ensejaria o reequilíbrio econômico-financeiro por meio da aplicação do "fluxo de caixa marginal",[33] os técnicos do TCU deixaram consignado que "a metodologia preconizada pela ANTT conduz, invariavelmente, a um notável desequilíbrio da avença em desfavor dos usuários".

A lógica que orientou o raciocínio da unidade técnica é a de que os valores das novas obras, incluídas posteriormente, não seriam

---

[32] O quadro de inexecuções das obrigações contratuais assumidas pelas concessionárias da 1ª e 2ª etapas de concessões, no tocante às obras de ampliação de capacidade e melhorias, foi apresentado nos votos condutores dos Acórdãos n. 283/2016-Plenário e n. 943/2016-Plenário, ambos de relatoria do Min. Augusto Nardes.

[33] Conforme descrição contida no Acórdão n. 2.759/2012, "o fluxo de caixa marginal é metodologia aprovada pela Resolução ANTT 3.651/2011 para recomposição do equilíbrio econômico-financeiro dos contratos de concessão de rodovias federais quando forem incluídos novas obras e serviços não previstos originalmente no PER. Decorreu de representação formulada no TCU, no âmbito do TC 026.335/2007-4, em que foram arguidos prejuízos aos usuários em razão das elevadas taxas de rentabilidade das concessionárias da 1ª etapa do Programa de Concessões Rodoviárias e o impacto sobre as tarifas básicas de pedágio dos novos investimentos a serem incluídos no PER".

alcançados pelos descontos propiciados pela competitividade da licitação, o que violaria o art. 37, XXI, da CF/1988 (obrigação de manter o equilíbrio econômico-financeiro original dos contratos firmados com a Administração).

É interessante notar, contudo, que a metodologia do fluxo de caixa marginal foi desenvolvida pela ANTT e disciplinada por meio da Resolução ANTT n. 3.651/2011, que, inclusive, foi avaliada positivamente pelo TCU.[34] Assim, conforme observação de Maurício Ribeiro Portugal (2018), "pode-se dizer que o TCU foi partícipe da decisão que levou à utilização do fluxo de caixa marginal no caso da RIS". Ainda assim, a unidade técnica responsável pelo caso opôs-se à adoção da sistemática.

Assim, com visão restritiva acerca da possibilidade de inclusão de novos investimentos durante a execução do contrato, a unidade técnica propôs que o Tribunal expedisse *determinação* dirigida à ANTT para que "aprimore as regras da minuta de contrato concernentes a inclusão de obras, investimentos e obrigações, de forma a melhor aproveitar as condições vantajosas estabelecidas pela proposta vencedora, em atendimento ao disposto no art. 37, XXI, da CF/88, no art. 9º, § 4º, da Lei n. 8.987/95 e no art. 65, § 1º, da Lei n. 8.666/93".

Além da proposta de determinação genérica, no sentido de que sejam aprimoradas as regras contratuais para inclusão de novos investimentos, a Seinfra sugeriu que o Tribunal determinasse à ANTT o estabelecimento de limites e condições para a inserção e exclusão de obras ou obrigações do contrato de concessão, "incluindo objetos que não poderão ser incluídos ou excluídos posteriormente", e apontou como fundamento os princípios da *licitação*, da *impessoalidade*, *moralidade* e *eficiência*.

A unidade técnica opôs-se, ainda, à possibilidade de prorrogação contratual por prazo idêntico ao da concessão; à metodologia de aplicação do Fator D[35] para fins de reequilíbrio econômico-financeiro; à exigência de adicional de capital social em caso de deságio superior a 10%;

---

[34] Vide Acórdão n. 2.759/2012-Plenário, rel. Min. José Múcio Monteiro.
[35] Conforme descrição do TCU, "o Fator D é um percentual fixo, estabelecido antes da licitação, com base nos valores das obras e dos serviços que constaram do estudo de viabilidade em relação à tarifa-teto, calculada para o certame; posto de outra maneira, o Fator D é uma estimativa da representatividade (percentual) de determinada obrigação contratual em relação ao conjunto de todas as obrigações contratuais assumidas pela concessionária ao longo de trinta anos".

à possibilidade de implantação de contornos urbanos como alternativa à execução de obras de manutenção de nível de serviço; às regras sobre penalidades, inclusive quanto à permissão para conversão de multas em novos investimentos; dentre outras.

Antes da apreciação pelo Plenário, a ANTT, embora tivesse, em um primeiro momento, rebatido os apontamentos feitos pela unidade técnica, passou pragmaticamente a aceitar parte das proposições[36] e apresentou uma série de medidas destinadas a endereçar os riscos apontados pela Seinfra. A agência não concordou, contudo, com a obrigação de estipular no contrato os objetos que não poderiam vir a ser incluídos ou excluídos posteriormente, tendo em vista a impossibilidade de se fazer essa previsão em relação a um contrato de longo prazo, tendo em vista o caráter dinâmico das necessidades da rodovia. Com base nesse argumento, defendeu a flexibilidade e mutabilidade dos contratos de concessão, afastando, assim, o tratamento que se costuma conferir aos contratos administrativos comuns.

O ministro relator, no que foi seguido pelo Plenário, com fundamento no parecer lançado pelo representante do MP, embora tenha concordado com a necessidade de aprimoramento das regras contratuais, entendeu que não se deveria obrigar o concessionário, por ocasião da inclusão de novas obras, a vincular-se ao desconto oferecido na proposta vencedora, "isso porque não se poderia transferir para o concessionário o risco de se ver obrigado a realizar investimentos que não foram previstos inicialmente no contrato, comprometendo sua remuneração com a vinculação ao desconto oferecido".

Da mesma maneira, o Plenário deixou de acolher a proposta de estipulação dos objetos que não poderão ser incluídos ou excluídos posteriormente, justamente por entender que "uma regulamentação demasiadamente exaustiva poderia atribuir rigidez excessiva a um contrato de longo prazo".

Foram, então, expedidas determinações genéricas em relação à inclusão e exclusão de obras e obrigações, no sentido de "aprimorar as regras da minuta de contrato concernentes à inclusão de obras, investimentos

---

[36] Nota Técnica n. 01/2018/COOUT/SEUINF, da Superintendência de Exploração da Infraestrutura Rodoviária/ANTT, exarada em 11/04/2018, no Processo n. 50500.352371/2017-68.

e obrigações", e "estabelecer no edital e na minuta de contrato limites e condições para a inserção e exclusão de obras ou obrigações do contrato de concessão".

Quanto aos mecanismos de recomposição do reequilíbrio econômico-financeiro, o Plenário afastou as propostas de *determinação* formuladas pela unidade técnica, dizendo que as soluções estavam inseridas na esfera de discricionariedade do regulador. Da leitura do voto condutor, contudo, o que parece é que o Plenário na verdade concordou com a posição da agência e discordou da unidade técnica do Tribunal.

No que tange à exigência de capital social adicional nos casos de deságio superior a 10%, em relação à qual unidade técnica se opôs veementemente, o Plenário entendeu que a posição do regulador estava fundamentada na tentativa de lidar com um problema concreto, concernente às propostas aventureiras, e limitou-se a *recomendar* o monitoramento da efetividade da regra.

Com relação às penalidades contratuais, depois de a ANTT concordar em não prever no contrato os acordos substitutivos de sanção, o Plenário afastou a proposta de *determinação* formulada pela Seinfra e *recomendou* à ANTT avaliar a conveniência de elevar os valores das multas.

É interessante notar, por fim, que o Plenário, ao analisar a proposta radical da unidade técnica, no sentido de que a ANTT fosse impedida de celebrar contratos de concessão até que estivesse melhor estruturada, embora não tenha acolhido a sugestão, não disse que o Tribunal não teria poderes para adotar medida dessa magnitude. Limitou-se a ponderar o impacto concreto da medida e a argumentar que faltariam elementos que a justificassem.

2.2. Setor de Petróleo: Caso Saturno

No Acórdão n. 672/2018-Plenário, julgado em 28 de março de 2018, sob a relatoria do Ministro Aroldo Cedraz, o Tribunal apreciou e adotou proposta de medida cautelar elaborada pela Secretaria de Fiscalização de Infraestrutura de Petróleo e Gás Natural (SeinfraPetróleo).

No caso, a SeinfraPetróleo analisou a 15ª Rodada de Concessão de blocos terrestres e marítimos, com vistas à outorga de contratos de concessão para atividades de exploração e produção de petróleo e gás natural, realizada pela Agência Nacional do Petróleo, Gás Natural e Biocombustíveis (ANP).

Segundo a SeinfraPetróleo, as informações técnicas disponíveis indicariam que os Blocos S-M-534, S-M-645 e Saturno comporiam um mesmo reservatório de petróleo, de modo que a sua licitação em separado traria o risco de futura unitização (celebração de Acordos de Individualização da Produção).[37] Desse modo, a decisão de ofertar os blocos em separado contrariaria as melhores práticas da indústria do petróleo, e poderia depreciar economicamente as respectivas áreas para os processos licitatórios.

Por ocasião da oitiva dos órgãos envolvidos, ANP e CNPE sustentaram que uma possível unitização não seria um problema, pois a subdivisão de áreas propiciaria maior competitividade e atratividade nas licitações. Alegaram, ainda, que, com os dados até então obtidos, não se poderia inferir, com razoável certeza, os limites dos blocos em questão – sendo, portanto, incerto o risco de unitização.

Mesmo assim, a SeinfraPetróleo manteve sua posição quanto à insuficiência de fundamentação, e, com a proximidade do certame, o Plenário do TCU determinou cautelarmente, na véspera do leilão, a suspensão dos procedimentos de oferta pública dos Blocos S-M-645 e S-M-534.

Embora as manifestações da unidade técnica tragam muitos elementos e argumentos que questionam diretamente as escolhas da Administração no caso, o relator, em seu voto, buscou enfatizar mais as deficiências procedimentais e de fundamentação, o que justificaria, na sua visão, a suspensão do leilão, na véspera de sua realização, por entender que não haveria elementos que permitissem se chegar a uma conclusão segura acerca do acerto e da vantajosidade da modelagem, além de ter a ANP descumprido o procedimento previsto na IN n. 27/98, ao deixar de submeter previamente toda a documentação da licitação para aprovação do TCU.

Segue trecho do voto do Ministro Relator Aroldo Cedraz, em que ele procura dizer que não está a questionar a escolha administrativa:

> Verifico que em momento algum se questionou a opção adotada pelo CNPE, mas tão somente se apontou a ausência de justificativas para a decisão tomada [...]. Não é demais lembrar que, a despeito de a decisão de se

---

[37] Discussões sobre a individualização da produção (unitização) surgem quando uma jazida de petróleo ou gás natural se estende por dois ou mais blocos contíguos, cujos direitos de exploração e produção pertencem a concessionários diferentes.

outorgar determinado bloco de petróleo se encontrar na esfera de discricionariedade do Poder Concedente, isso não o exime da observância ao princípio da motivação dos atos administrativos.

A intervenção do TCU, com a suspensão do leilão na véspera de sua realização, com inegáveis impactos sobre as expectativas do mercado, foi orientada, em grande medida, pela ideia de que a opção do administrador não era a melhor, segundo a ótica do Tribunal, ainda que não fosse rigorosamente ilegal.

2.3. Setor Portuário: Caso THC 2

Por meio do Acórdão n. 1.704/2018, de relatoria da Ministra Ana Arraes, o TCU analisou a Resolução Antaq n. 2.389/2012, que dispõe sobre a possibilidade de operadores (terminais) portuários cobrarem a THC2[38] dos recintos alfandegados (terminais retroportuários) pelos serviços de segregação de contêineres, nas operações de importação.

O TCU reconheceu que se trata de tema bastante controvertido[39] no setor portuário, noticiando a existência de decisões judiciais em sentidos diferentes e de posições divergentes no âmbito da agência ao longo da última década.

---

[38] Os terminais portuários fazem jus ao recolhimento da *Terminal Handling Charge* (THC), que se trata de um preço cobrado em função dos serviços de movimentação horizontal de contêineres. Já a THC2 constitui uma denominação extraoficial de uma taxa adicional exigida por esses terminais para efetuar a segregação e a liberação de contêineres quando estes se destinam a recintos alfandegados independentes, nas operações de importação. Embora o início de sua cobrança remonte a um momento anterior às concessões de arrendamento portuário para empresas privadas, a THC2 tem sido questionada nas relações entre os terminais arrendados e os recintos alfandegados. Argumenta-se contra a cobrança que os serviços de segregação e de liberação de contêineres não representam custos adicionais ou que tais custos estariam abarcados pela THC.

[39] A controvérsia diz respeito a uma distinção conceitual, referente à definição dos serviços que seriam, de fato, incluídos na cesta de serviços, ou *Box Rate*, e aqueles que seriam realizados à parte pelos terminais portuários, merecendo remuneração própria. Isto é, a questão jurídica fundamental reside na dúvida sobre o que exatamente é remunerado pela THC, se toda a movimentação da carga, inclusive a segregação e entrega a terminais retroportuários – caso assim deseje o importador, hipótese em que não faria sentido a cobrança da chamada THC2 –, ou se apenas a retirada da embarcação e o empilhamento no terminal, havendo, assim, um serviço adicional não remunerado pela THC. Tal controvérsia, no entanto, não foi solucionada pela recente decisão do Tribunal de Contas.

Sem entrar no mérito acerca do tema tratado pela Resolução que foi objeto da análise do TCU, pode-se dizer, em resumo, que a Agência Nacional de Transportes Aquaviários (Antaq), ao regular a matéria, reconheceu expressamente que os serviços de segregação e entrega a terminais retroportuários, por ocasião da importação, não são remunerados pela THC, e autorizou sua cobrança à parte. Além disso, a regulação optou por permitir que o valor da tarifa fosse definido por livre negociação entre os agentes de mercado envolvidos – no caso, os terminais portuários e os recintos alfandegados independentes, também chamados de terminais retroportuários. Além disso, previu a possibilidade de fixação de um teto tarifário para a THC2 pelas autoridades portuárias.

Da análise do extenso acórdão, verifica-se que o Plenário do Tribunal, seguindo a posição defendida pelo Ministério Público de Contas, entendeu que a resolução não conteria qualquer ilegalidade específica.[40] A linha seguida pelo MP e pela ministra relatora foi a de que a Antaq teria regulado mal, ou seja, não teria cumprido adequadamente as finalidades para as quais foi criada. O TCU considerou que a Antaq, ao optar deliberadamente por "deixar a cobrança sob livre negociação entre os terminais portuários e os recintos alfandegados", não cumpriu seu mandato legal de regular adequadamente o setor.[41]

Um argumento central utilizado pela ministra relatora no TCU foi o de que o modelo de liberdade contratual adotado pela regulação da Antaq daria margem a eventuais condutas anticoncorrenciais, tendo em vista a posição dominante do operador portuário em face do recinto alfandegado.

---

[40] Nesse sentido, esse foi o voto condutor do acórdão: "De igual forma, concordei com o MPTCU no sentido de que a Resolução 2.389/2012 não é ilegal – em que pese sua incapacidade para regular o conflito instaurado –, porque seus dispositivos não afrontam regras do ordenamento jurídico nacional".

[41] Conforme trecho da decisão: "Essa atitude configura patente descumprimento do art. 20, inciso II, da Lei n. 10.233/2001 e do art. 2º, inciso II, do Decreto n. 4.122/2002, porquanto a Antaq foi criada tendo como finalidade regular o mercado de transporte aquaviário e de exploração de infraestrutura portuária; harmonizar os interesses de usuários e de arrendatárias; arbitrar conflitos de interesse e impedir situações que configurem competição imperfeita ou infração à ordem econômica e garantir a modicidade das tarifas. Com essa Resolução, a agência reguladora permanece esquivando-se de regular um mercado de concorrência nitidamente imperfeita, em que se instalou um conflito há mais de uma década e que ainda não obteve solução satisfatória. Essas características são impeditivas para que o agente regulador faça a opção por não regular".

Além de determinar que a Antaq apresentasse a composição de custos dos serviços prestados pelos terminais portuários, a fim de que se tenha insumos para avaliar a pertinência da THC2, o TCU, ao concluir pela existência de omissão regulatória e atribuir responsabilidade pessoal aos dirigentes da agência, expediu determinação de tom mais genérico, no sentido de que a Antaq "proceda à revisão da regulamentação concernente à cobrança do serviço de segregação e entrega de contêiner (SSE ou THC 2), de modo a adequá-la ao novo arcabouço jurídico-institucional estabelecido pela Lei n. 12.815/2013 e pela Lei n. 12.529/2011, com vistas a dar cumprimento à sua obrigação legal de harmonizar e arbitrar conflitos de interesse entre terminais portuários e recintos alfandegados independentes".

É interessante notar que o Tribunal deixou bem claro que não vislumbrou qualquer ilegalidade na norma da Antaq. Considerou problemática a redação supostamente mais vaga e imprecisa, e que isso configuraria uma grave omissão regulatória, apta a justificar a intervenção do Tribunal,[42] na visão dos ministros.

O Ministro Benjamin Zymler, em seu voto revisor, enfatizou a relevância do caso, chamando-o inclusive de *leading case*, e chamou a atenção para o fato de a solução proposta pela ministra relatora significar uma alteração em relação à praxe do Tribunal:

> Ao longo das últimas duas décadas, o TCU tem avaliado a atuação das diversas agências reguladoras. Nessas ocasiões, o Tribunal tem detectado irregularidades e determinado as respectivas correções, no exercício do controle objetivo anteriormente mencionado neste voto.
>
> Entretanto, não é praxe a aplicação de sanções aos responsáveis por eventuais irregularidades, uma vez que o controle objetivo tem sido privilegiado em relação ao subjetivo. Assim sendo, tem se buscado precipuamente solucionar os problemas e afastar as irregularidades.

---

[42] Conforme trecho da decisão: "Neste ponto, destaco a necessidade de atuação do TCU, já mencionada no início deste voto. Em típica fiscalização de segunda ordem, é dever do Tribunal identificar se as agências estão a cumprir adequadamente seus objetivos institucionais, entre os quais o de fiscalizar e regular as atividades sob sua esfera de competência. De igual forma, concordei com o MPTCU no sentido de que a Resolução 2.389/2012 não é ilegal – em que pese sua incapacidade para regular o conflito instaurado –, porque seus dispositivos não afrontam regras do ordenamento jurídico nacional".

Assim sendo, por se tratar de um *leading case*, avalio que este processo, no que concerne à aplicação de multas aos dirigentes de agências reguladoras, deve ser avaliado com uma atenção ainda maior.

Defendeu o ministro, contudo, por uma questão de coerência, que fosse avaliada a responsabilidade de todos os ex-dirigentes da Antaq, desde 2001, quando começaram os conflitos na matéria, até 2012, quando foi editada a resolução. O Ministro Zymler demonstrou entender que a conduta daqueles dirigentes que permaneceram efetivamente omissos nesse período seria potencialmente mais grave do que a postura dos diretores que, pelo menos, tentaram regular a matéria ao editar a resolução em questão. A proposta apresentada pelo ministro, de realização de diligências pela unidade técnica, a fim de que fosse apurada eventual responsabilidade dos ex-dirigentes, foi acolhida pelo Plenário.

Conclusões

O TCU tem uma visão peculiar – *expansiva* – acerca dos limites de seus poderes. Além de dizer expressamente que possui competência para realizar um controle de legalidade amplo, sobre todas as atividades da Administração, também emite atos de comando orientados por critérios de *legitimidade* e *economicidade*.

O que se observa é uma ação controladora que não se restringe à fiscalização da atividade financeira, nem ao controle de legalidade como parâmetro justificador de atos de comando. O controle, portanto, é horizontalmente amplo – ou seja, abrange todas as atividades regulatórias – e verticalmente profundo, pois são avaliadas e eventualmente substituídas as escolhas regulatórias.

A análise de casos revela que o TCU, manuseando ferramentas típicas do controle externo, mas muitas vezes com base em interpretações que tangenciam ou extrapolam os limites de suas competências, atua diretamente sobre a regulação, conformando o seu conteúdo.

É possível identificar, a partir da análise dos casos selecionados, algumas das estratégias adotadas pela Corte de Contas no controle exercido sobre a regulação:[43] (i) controle prévio dos editais e modelagens das lici-

---

[43] Desenvolvo melhor a apresentação dessas estratégias em minha dissertação de mestrado, publicada em 2019, cujo título é "O TCU e o controle das agências reguladoras de

tações e contratos de concessões; (ii) questionamento da motivação das decisões e dos atos regulatórios; (iii) a instrumentalização de princípios e valores abstratos, como a noção de interesse público, para afastar opções regulatórias; (iv) a revisão de normas editadas pelas agências; (v) aplicação de sanções pessoais a reguladores; e (vi) adoção de medidas cautelares.

No "caso RIS", o TCU fez uma revisão microscópica de todos os detalhes da modelagem, inclusive de sua estrutura contratual, antes da publicação do edital, e suas opiniões impactaram de maneira substancial as características finais da concessão.

No "caso Saturno", o TCU repreendeu a ANP justamente por não lhe ter submetido previamente toda a documentação e modelagem da licitação, apesar de essa obrigação não estar prevista na Constituição ou mesmo em lei.

A análise do "caso Saturno" parece evidenciar que o Tribunal, na verdade, decidiu sustar a licitação não por considerar que as escolhas regulatórias não tinham motivação, mas por não concordar com a opção da administração, por considerá-la antieconômica. Basta ver que a decisão foi dedicada a explicar a razão pela qual a opção da administração por licitar os blocos em separado seria menos vantajosa para a União, em termos econômicos, do que a opção vislumbrada pela unidade técnica de licitar os blocos em conjunto. A posição da Corte, portanto, parece ter sido orientada mais pela noção de *economicidade* do que propriamente pela *legalidade*.

Não raras vezes, como aconteceu no "caso Saturno", o TCU não concorda com a motivação do gestor e, por consequência, com a própria decisão administrativa e, a pretexto de exigir que os atos sejam devidamente motivados, bloqueia ações sob o argumento de que não teria havido motivação adequada.

Embora em várias ocasiões o TCU diga que, ao examinar a regulação, só deve expedir atos de comando diante de violações à legalidade estrita, na prática, o Tribunal afasta ou barra opções regulatórias sob o argumento de que algum princípio jurídico, ou mesmo o *interesse público*, não estaria sendo observado.

infraestrutura: controlador ou regulador?". Disponível em: https://bibliotecadigital.fgv.br/dspace/bitstream/handle/ 10438/27366/Disserta%C3%A7%C3%A3o%20-%20Gustavo%20Maia%20-%20Vers%C3%A3o%20Biblioteca.pdf.

É o que aconteceu, por exemplo, no "caso RIS", em que o ministro relator defendeu, com apoio do Plenário, as intervenções do Tribunal baseadas em princípios justamente nos casos em que não houvesse resposta legal específica. Essa posição contrasta com aquela firmada no Acórdão n. 1.703/2004 – o julgamento considerado um marco no discurso do *controle de segunda ordem* –, em que ficou decidido que deveria ser preservada a posição da agência por ela não contrariar nenhuma determinação legal expressa, por mais que o TCU entendesse que outra solução seria mais adequada.

No exercício de seu poder sancionatório, foi possível observar que o TCU aplicou multa a dirigentes de agência reguladora mesmo reconhecendo que não havia nenhuma ilegalidade no caso, contrariando, inclusive, a orientação predominante no Tribunal de privilegiar o controle objetivo da regulação.

Há, na verdade, a ausência de parâmetros claros que orientem a aplicação de sanções. Ao entender que pode controlar todos os objetos sob todos os parâmetros, há sempre o risco potencial de o TCU aplicar sanção. É o que aconteceu no "caso THC2", em que o TCU, em sede de auditoria operacional, disse expressamente não vislumbrar nenhuma ilegalidade na norma da Antaq, mas sancionou, mediante a aplicação de multa, os dirigentes da agência responsáveis pela edição da resolução e ainda mandou apurar a responsabilidade de todos os dirigentes que, segundo o Tribunal, permaneceram omissos de 2000 a 2012.[44]

Ainda no "caso THC2", o TCU barrou a aplicação de uma norma regulatória, a resolução da Antaq que dispunha sobre a cobrança de uma tarifa (THC2) no setor portuário. A Corte de Contas determinou que a Antaq procedesse à revisão da norma, a fim de regular adequadamente o conflito setorial.

No caso, o Tribunal não questionou a competência da agência para disciplinar a matéria. Entendeu, na verdade, que a entidade havia regulado mal, de maneira inadequada, deixando, assim, de cumprir sua missão institucional. O que se verifica no caso é uma análise minuciosa do TCU

---

[44] Veja-se que, além de não ter apontado nenhuma ilegalidade, a penalidade no caso referido foi aplicada sem levar em consideração a ideia, veiculada pelo inciso VIII do art. 71 da CF/1988, de que a multa deve ser *proporcional ao dano causado ao erário*. Sem dano ao erário, parece-me que não haveria que se falar em multa.

acerca de conflito verificado entre agentes de mercado de um setor regulado e a rejeição, pelo órgão de controle externo, da solução construída pela agência reguladora.

Como se vê, embora em seu discurso o TCU não questione a autonomia reforçada das agências, nem o poder normativo que lhes foi conferido por lei, na prática do controle o Tribunal acaba revisando a regulação setorial, seja com base em argumentos jurídicos – de inconstitucionalidade ou ilegalidade – ou por simplesmente não concordar com as soluções normatizadas pelas agências.

A análise de casos revela um Tribunal de Contas que manuseia suas competências de maneira a funcionar como um *revisor-geral* da regulação, destoando, assim, do arranjo normativo de competências previsto no ordenamento jurídico vigente[45] e até mesmo do seu próprio discurso, segundo o qual seria deferente ao regulador – suas intervenções seriam limitadas a casos de ilegalidade estrita – e realizaria controle de *segunda ordem*.

A fiscalização do TCU, como pudemos observar, recai primariamente sobre os atos regulatórios em si, e não sobre os processos decisórios ou sobre a atividade das agências. Ao revisar (e, portanto, controlar) todos os atos regulatórios, sem observar delimitações específicas quanto ao objeto (nem quanto ao parâmetro) de fiscalização, o TCU debruça-se sobre o conteúdo da regulação, e não sobre os processos formativos das decisões.

Basta ver que o Tribunal faz uma análise microscópica de toda a modelagem e estrutura contratual das concessões, assim como do conteúdo de normas regulatórias, e decide, ponto a ponto, se "aceita" ou não a opção do regulador. Mesmo quando diz manifestar deferência à posição do regulador, o que faz, na prática, é ratificar a opção regulatória, por concordar com esta, ou, eventualmente, por não possuir uma convicção formada em sentido contrário.

Verifica-se que a autonomia reforçada das agências reguladoras pouco tem impactado o controle. Isso porque há relevantes sinais de substituição do regulador pelo controlador, o que ocorre à margem da lei e representa verdadeira derrogação do regime de autonomia instituído pelas leis que criaram as agências reguladoras.

---

[45] Nesse sentido, recomenda-se a leitura de Sundfeld e Câmara (2013).

Portanto, embora o TCU tenha um discurso consistente de que realiza um controle de *segunda ordem*, querendo, com isso, dizer que sua fiscalização recai apenas sobre a atuação das agências, e não sobre a regulação em si, o que se vê é que o Tribunal atua diretamente sobre os instrumentos regulatórios, tais como normas, editais e contratos. Dessa forma, a prática do controle não se amolda muito bem ao discurso do controlador. A expressão *controle de segunda ordem* parece, então, dizer bem menos sobre o que o TCU efetivamente faz. Em vez de figurar como controlador de segunda ordem, a Corte de Contas acaba fazendo as vezes de um *regulador de segunda ordem*.

Referências

BRASIL. Constituição (1988). *Constituição da República Federativa do Brasil*. Brasília: Senado Federal, 1988.

BARROSO, Luís Roberto. *Tribunais de Contas*: algumas incompetências. *Revista de Direito Administrativo*, Rio de Janeiro, v. 203, p. 131-140, jan./mar. 1996.

DANTAS, Bruno. O risco de infantilizar a gestão pública. *O Globo*, Rio de Janeiro, 06 jan. 2018. Disponível em: https://oglobo.globo.com/opiniao/o-risco-de-infantilizar-gestao-publica-22258401. Acesso em: 10 dez. 2019.

DI PIETRO, Maria Sylvia Zanella. O equilíbrio econômico-financeiro e o controle das agências reguladoras. *In*: *O controle externo na regulação de serviços públicos*. Brasília: Tribunal de Contas da União, 2002. p. 53-65.

FIDALGO, Carolina Barros. O controle do TCU sobre as agências reguladoras independentes: análise de alguns casos concretos e definição de possíveis limites. *In*: *Regulação Jurídica do Setor Elétrico:* Tomo II. Rio de Janeiro: Lumen Juris, 2011.

JORDÃO, Eduardo. A intervenção do TCU sobre editais de licitação não publicados: controlador ou administrador? *In*: LEAL, Fernando; MENDONÇA, José Vicente Santos de (org.). *Transformações do Direito Administrativo:* consequencialismo e estratégias regulatórias. Rio de Janeiro: Escola de Direito do Rio de Janeiro da Fundação Getúlio Vargas, 2016.

MARQUES NETO, Floriano de Azevedo; FREITAS, Rafale Véras de. Decisão do Tribunal de Contas da União consagra "indeferencia" à regulação. *Conjur*, 17 ago. 2018. Disponível em: https://www.conjur.com.br/2018-ago-17/opiniao-decisao-tcu-consagra-indeferencia-regulacao. Acesso em: 10 dez. 2019.

MENDONÇA, José Vicente. PL das Agências: quando o possível ainda é pouco. *JOTA*, São Paulo, 15 maio 2017. Disponível em: https://www.jota.info/opiniao-e-analise/colunas/reg/pl-das-agencias-quando-o-possivel-ainda-e-pouco-16052017. Acesso em: 10 dez. 2019.

MONTEIRO, Vera; ROSILHO, André. Agências reguladoras e o controle da regulação pelo Tribunal de Contas da União. *In*: PEREIRA NETO, Caio Mário da Silva; PINHEIRO, Luís Felipe Valerim (org.). *Direito da Infraestrutura*: vol. II. São Paulo: Saraiva, 2017.

RIBEIRO, Maurício Portugal. INFRADebate: Unidade Técnica do TCU pretende impedir concessões de rodovias. *Agenciainfra.com*, 27 fev. 2018. Disponível em: http://www.agenciainfra.com/blog/infradebate-unidade-tecnica-do-tcu-pretende-impedir-concessoes-de-rodovias/. Acesso em: 10 dez. 2019.

ROSILHO, André. *Tribunal de Contas da União*: competências, jurisdição e instrumentos de controle. São Paulo: Quartier Latin, 2019.

SCHIRATO, Vitor Rhein. A deterioração do sistema regulatório brasileiro. *Revista de Direito Público da Economia*, Belo Horizonte, ano 11, n. 44, p. 249-274, out./dez. 2013.

SPECK, Bruno Wilhem. *Inovação e rotina no Tribunal de Contas da União*. São Paulo: Fundação Konrad Adenauer, 2000.

SUNDFELD, Carlos Ari; CÂMARA, Jacintho Arruda. Competências de controle dos Tribunais de Contas: possibilidades e limites. *In*: SUNDFELD, Carlos Ari (org.). *Contratações públicas e seu controle*. São Paulo: Malheiros, 2013.

TRIBUNAL DE CONTAS DA UNIÃO – TCU. *Regulação de serviços públicos e controle externo*. Brasília: Tribunal de Contas da União, 2008.

WILLEMAN, Marianna Montebello. *Accountability democrática e o desenho institucional dos Tribunais de Contas no Brasil*. Belo Horizonte: Fórum, 2017.

ZYMLER, Benjamin; ALMEIDA, Guilherme Henrique de La Rocque. *O controle externo das concessões de serviços públicos e das parcerias público-privadas*. 2. ed. Belo Horizonte: Fórum, 2008.

Capítulo 9
Substituição do Regulador pelo Controlador?
A Fiscalização do Tribunal de Contas da União nos Contratos de Concessão Rodoviária

ALEXANDRE AROEIRA SALLES e LUÍS HENRIQUE BAETA FUNGHI

Introdução
O papel das agências reguladoras de infraestrutura e sua autonomia no exercício de suas competências regulatórias estão no centro do debate para garantir o lançamento de importantes projetos de infraestrutura em parceria com a iniciativa privada, o que é essencial para a retomada do crescimento econômico nacional.

Com o início de um novo governo federal, discutiu-se uma possível reestruturação das agências reguladoras de infraestrutura, com a fusão, ao menos, da Agência Nacional de Transportes Terrestres (ANTT) e da Agência Nacional de Transportes Aquaviários (Antaq), bem como a redução parcial de suas competências, transferindo-as aos respectivos ministérios. Recentemente foi editada a Lei n. 13.848/2019, que estabeleceu regras gerais sobre a gestão, o processo decisório e o controle social das agências reguladoras.

Todavia, uma das discussões mais relevantes sobre a atividade regulatória no setor de infraestrutura ainda se situa no controle das atividades finalísticas das agências reguladoras pelo Tribunal de Contas da União (TCU), especificamente quanto aos limites, condições e impactos desse controle no setor, na economia nacional e nos serviços públicos disponibilizados aos usuários.

Fundamentando-se em uma competência fiscalizatória de segunda ordem em relação às atividades-fim das agências reguladoras, a prática tem demonstrado que o TCU tem se desvinculado dessa competência, imiscuindo-se cada vez mais em matérias e assuntos inerentes à atividade de regulação setorial e à esfera discricionária das agências. O controle das atividades-fim das agências reguladoras de infraestrutura pelo TCU tem sido intenso e merece a análise por parte da sociedade civil e da academia, como ora proposto neste capítulo e na série desenvolvida pela Sociedade Brasileira de Direito Público (sbdp) e pela Escola de Direito de São Paulo da Fundação Getulio Vargas (FGV DIREITO SP) – projeto "Observatório do TCU".

Considerando esse contexto, o presente trabalho buscará traçar um histórico a respeito do controle realizado pelo TCU em relação à atividade-fim das agências reguladoras, focando-se no setor de concessões de rodovias federais, especificamente quanto à execução de novos investimentos não previstos originalmente nos contratos de concessão, tema este que permeia há anos as análises do Tribunal e foi pano de fundo para o desenvolvimento e aprofundamento das suas análises desenvolvidas em matéria de regulação setorial.

Será analisada a origem e evolução dos fundamentos apresentados pelo TCU para justificar essa atividade de controle em matéria de regulação, avaliando os principais aspectos de cada julgado e extraindo os elementos que possam indicar os fundamentos manejados pelo Tribunal para justificar suas análises, conclusões e determinações, avaliando-se criticamente a atuação da Corte de Contas à luz de suas competências constitucionais e legais, propondo-se para debate, ao fim, sugestões de medidas para aprimoramento da fiscalização pelo Tribunal.

Tendo em mente esse objetivo, serão analisados os principais julgados do TCU sobre o tema desde o início do Programa de Concessão de Rodovias Federais (Procofe) nos anos 1990, perpassando pelas demais etapas do programa até os dias atuais, com a realização da licitação pelo Poder Público (Rodovia de Integração do Sul – RIS), o que permitirá a avaliação da evolução dos argumentos, das análises e de intervenções do Tribunal na atividade regulatória desempenhada pela ANTT em relação à inclusão de novos investimentos em contratos de concessão rodoviária.

Esclareça-se que o presente trabalho não avaliará o controle externo exercido pelo TCU nas atividades-fim das agências reguladoras à luz da autonomia dessas entidades e da falta de respaldo normativo para essa atuação, o que já foi amplamente debatido pela doutrina especializada.[1]

1. O Controle de Segunda Ordem do Tribunal de Contas da União das Atividades-Fim das Agências Reguladoras

As agências reguladoras federais são, como notório, autarquias especiais, integrantes da Administração Pública Federal indireta, submetidas aos princípios e regras de direito público contidos na Constituição da República Federativa do Brasil de 1988, e entre tantos, para fins deste capítulo, salientam-se as normas dos arts. 37, 70 e 71. Assim, submetem-se, indiscutivelmente, à atividade de controle externo, ao cargo do Congresso Nacional e do Tribunal de Contas da União.

Com a ampliação do programa de desestatização e de concessões do governo federal na segunda metade da década de 1990, o Tribunal de Contas da União começou a se estruturar melhor para poder fiscalizá-lo, conforme expressa determinação da Lei n. 9.491/1997, em seu art. 18, inciso VIII. Para mais bem exercer a fiscalização da legalidade dos atos de desestatização, de privatização, de concessão e de permissão, o TCU expediu a Instrução Normativa n. 27/1998, que delimitava o conteúdo da referida fiscalização para as atividades preparatórias de cada uma das atividades mencionadas, bem como para as respectivas fases de execução contratual, assim sintetizadas: observar "o fiel cumprimento das normas pertinentes e das cláusulas contidas no contrato e nos respectivos termos aditivos firmados com a concessionária ou com a permissionária [...]" (arts. 11 e 12 da IN/TCU n. 27/1998). Em linhas gerais, o próprio TCU, em dezembro de 1998, delimitou a sua competência para avaliação do correto cumprimento dos contratos de concessão, verificando se a respectiva agência reguladora estaria fiscalizando adequadamente a prestação dos serviços e se as tais atividades estariam se desenvolvendo em consonância com o ordenamento jurídico.

Tratava-se, então, de "uma atividade fiscalizatória de segundo grau", que não poderia afastar as competências originárias da agência reguladora previstas no art. 3º da Lei n. 8.987/1995, nem a elas se sobrepor:

---

[1] Sundfeld e Câmara (2015, p. 32-37).

Entretanto, fica claro que o TCU exerce uma atividade fiscalizatória de segundo grau, que busca identificar se as agências estão bem e fielmente cumprindo seus objetivos institucionais, dentre os quais o de fiscalizar a prestação de serviços públicos. Deve a Corte de Contas, no desempenho de sua competência constitucional, atestar a correção da execução destes contratos. Ressalte-se, todavia, que esta ação não visa a controlar a empresa concessionária em si, mas apenas examinar se as agências estão fiscalizando de forma adequada os contratos por elas firmados.[2]

O controle de segunda ordem, pelo TCU, das atividades finalísticas das agências reguladoras se formou a partir do Acórdão n. 1.756/2004-Plenário, nos termos do voto do Ministro Benjamin Zymler. Segundo o ministro, apesar de o Tribunal deter a competência para atuar de forma complementar às agências no que concerne ao acompanhamento da outorga e execução do contrato de concessão, não poderia substituir a agência e versar sobre o jogo regulatório em si mesmo considerado, devendo ainda considerar os limites inerentes aos atos vinculados e discricionários praticados pelas agências:

> Finalmente, ressalto que, no exercício do controle externo das concessões de serviços públicos, o TCU se defronta com dois tipos de atos praticados pelas agências reguladoras: os vinculados e os discricionários. Quando os atos supostamente irregulares forem do primeiro tipo, ou seja, quando as entidades reguladoras tiverem violado expressa disposição legal, o Tribunal pode determinar a esses entes que adotem as providências necessárias à correção das irregularidades detectadas. Por outro lado, quando se tratar de atos discricionários, praticados de forma motivada e visando satisfazer o interesse público, esta Corte de Contas pode unicamente recomendar a adoção de providências consideradas por ela mais adequadas. Afinal, nessa última hipótese, a lei conferiu ao administrador uma margem de liberdade, a qual não pode ser eliminada pelo TCU.
> Contudo, se o ato discricionário sob enfoque contiver vício de ilegalidade ou se tiver sido praticado por autoridade incompetente, se não tiver sido observada a forma devida, se o motivo determinante e declarado de sua

[2] Zymler (2002).

prática não existir ou, ainda, se estiver configurado desvio de finalidade, esta Corte de Contas será competente para avaliá-lo e para determinar a adoção das providências necessárias ao respectivo saneamento, podendo, inclusive, determinar a anulação do ato em questão. Assim sendo, será sempre necessária uma análise caso a caso para determinar a existência de um desses vícios ensejadores da ação corretiva do TCU. (Voto do Acórdão n. 1.756/2004-Plenário)

O Ministro Benjamin Zymler sustentou no referido acórdão que o TCU não poderia invadir o âmbito de competência discricionária das agências reguladoras, ainda que movido pela busca do interesse público, sob pena de contribuir para "[...] o incremento da 'incerteza jurisdicional', que gera o receio de que os contratos não serão cumpridos na forma em que foram celebrados, implicando o incremento do custo indireto de transação dos investimentos internacionais e a consequente necessidade de manutenção de elevadas taxas de juros".

Dando contornos à fiscalização de segunda ordem exercida pelo TCU em contratos de concessão, esclareceu o Ministro Augusto Nardes, em seu voto no Acórdão n. 575/2007-Plenário, que "[...] a atuação do TCU não pode substituir a atividade de regulação e adentrar em matéria de mérito afeta ao exercício das competências discricionárias do órgão regulador". A atuação imediata do Tribunal deveria, portanto, cingir-se a atuações em que houvesse omissões por parte da agência no cumprimento de suas competências legais, não podendo jamais substitui-la e adentrar em matéria de mérito afeta ao exercício de suas competências discricionárias.

Esse entendimento consolidou-se na jurisprudência do TCU,[3] que recorrentemente reconhecia a **incompetência** da atividade de controle externo para substituir o órgão regulador no papel de gestor do contrato de concessão e executor das políticas regulatórias setoriais.

---

[3] Nesse sentido, refere-se aos Acórdãos n. 2.302/2012, n. 2.241/2013 e n. 2.314/2014, todos do Plenário do TCU.

2. Avaliação Crítica da Atividade de Controle do TCU em Matéria de Novos Investimentos em Contratos de Concessão Rodoviária

2.1. As Análises do Tribunal de Contas da União em sua Origem

Os primeiros contratos de concessão de rodovias federais foram licitados e contratados pelo Poder Público entre os anos de 1994 e 1998,[4] representando as primeiras experiências de parcerias com a iniciativa privada na área de concessões. Essas concessões integraram a 1ª Etapa do Procofe, que envolviam serviços de recuperação, melhoria e ampliação da capacidade, manutenção, conservação e operação das rodovias concedidas.

Essas concessões foram licitadas e acompanhadas sob a égide das Instruções Normativas n. 10/1995[5] e n. 27/1998 do TCU, as quais, em síntese, estabeleceram a competência do Tribunal para examinar as concessões quanto aos aspectos da legalidade, legitimidade e economicidade envolvendo o processo de outorga e sua execução contratual.

Em relação ao processo de outorga, a fiscalização do TCU foi realizada em estágios e objetivava, resumidamente, analisar na seguinte ordem (art. 7º da Instrução Normativa n. 27/1998): i) os estudos de viabilidade técnica, econômica, financeira e ambiental do empreendimento, seus levantamentos e projetos; ii) as minutas do edital e contrato; iii) o processo licitatório, envolvendo as atas e relatórios de julgamento da habilitação e propostas, eventuais recursos administrativos e respectivas decisões; iv) os atos de outorga e contratos de concessão celebrados. Nos termos do art. 11 da Instrução Normativa n. 27/1998, a fiscalização da execução contratual observaria o cumprimento das normas pertinentes e das cláusulas contratuais e dos respectivos termos aditivos.

Considerando essas premissas, o TCU deveria realizar suas fiscalizações quanto aos processos de concessão de rodovias federais e

---

[4] A Ponte Rio-Niterói (BR-101/RJ – Trecho Rio-Niterói) teve seu contrato de concessão celebrado em 29/12/1994; a BR-040/MG/RJ (trecho Juiz de Fora/MG-Rio de Janeiro/RJ) e a BR-116/RJ/SP (Trecho Rio de Janeiro-São Paulo) tiveram seus contratos celebrados em 31/10/1995; o contrato de concessão da BR-116/RJ (trecho Além Paraíba-Teresópolis) foi firmado em 22/11/1995; o contrato de concessão da BR-290/RS (Trecho Osório-Porto Alegre) foi celebrado 04/03/1997; a BR-116/RS e BR-392/RS teve seu contrato celebrado em 15/07/1998.

[5] Dispõe sobre a fiscalização do TCU, no âmbito da Administração Pública Federal, das concessões, permissões e autorizações de serviços públicos.

respectivos contratos, fiscalizando a atuação, a gestão e o cumprimento dos objetivos institucionais dos órgãos reguladores – originalmente o extinto Departamento Nacional de Estradas e Rodagem (DNER) e, em seguida, a ANTT, sem substitui-los no exercício de suas competências legais (atividades-fim).

Cumprindo tais missões, o TCU acompanhou e fiscalizou, no âmbito do Processo n. 016.243/2000-0, o primeiro e o segundo estágios do processo de concessão de trechos das rodovias da BR-153/SP, BR-116/PR/SC, BR-393/RJ e BR-101/RJ, englobando os estudos de viabilidade técnica, econômica, financeira e ambiental e as minutas dos editais e contratos de concessão.

Avaliando as disposições contratuais quanto à possibilidade de inclusão de novos investimentos no fluxo de caixa da concessão, por meio da Decisão n. 587/2001-Plenário, o TCU firmou o entendimento de que, somente em situações excepcionais, esses novos investimentos poderiam ser executados, utilizando-se a taxa interna de retorno (TIR)[6] da proposta contratada para ajuste das receitas e cálculo da tarifa reequilibrada. Em qualquer outra hipótese, seja para incluir investimentos não previstos na proposta originalmente contratada ou para aumentar quantitativos de serviços previstos, a fim de atender ao nível de serviço exigido pelo contrato, o Tribunal se posicionou pela impossibilidade de introdução desses novos encargos no fluxo de caixa da concessão, os quais seriam riscos da concessionária:

---

[6] Como esclarece Gitman (2010, p. 371), a TIR é "uma técnica sofisticada de orçamento de capital; é a taxa de desconto que iguala o VPL de uma oportunidade de investimento a zero (isso porque o valor presente das entradas de caixa iguala-se ao investimento inicial). É a taxa de retorno anual composta que a empresa obterá, se aplicar recursos em um projeto e receber as entradas de caixa previstas". Para uma explicação conceitual para não financistas, conforme Ribeiro (2011, p. 116), "a taxa interna de retorno do projeto lançada no plano de negócios mede a rentabilidade que se espera do valor investido no projeto. Isto é, ela espelha o que, além dos valores investidos no projeto, o concessionário receberá, por ter colocado em risco o montante investido". Primordialmente, a TIR tem por finalidade avaliar a rentabilidade de empreendimentos, "[...] segundo projeções realizadas num determinado momento e tomando em vista uma estimativa quanto às variações produzidas pelo decurso do tempo. A comparação da TIR de empreendimentos distintos permite avaliações simples e fáceis sobre a rentabilidade de cada qual e justifica a escolha por uma delas" (JUSTEN FILHO, 2017, p. 425).

[...] 93. A taxa interna de retorno – TIR representa a rentabilidade média anual dos investimentos realizados, correspondendo à taxa de desconto que torna o valor presente do fluxo de caixa futuro igual a zero. Nas concessões rodoviárias, o indicador é usado para verificar se o empreendimento tem condições de garantir financiamentos para o programa de investimentos, além de demonstrar ao empreendedor suas possibilidades de lucro. A TIR tem a vantagem de ser calculada apenas com os valores do fluxo de caixa líquido, sem depender de variáveis externas, o que a torna principal parâmetro a ser observado quando das alterações contratuais a fim de preservar o equilíbrio econômico-financeiro das condições inicialmente pactuadas, garantindo a rentabilidade inicialmente prevista.

94. Acrescente-se que, ante a modelagem adotada, somente nas situações excepcionais em que se fizer necessária a inclusão de novos investimentos no fluxo de caixa, utilizar-se-á a TIR da proposta para ajuste das receitas e novo cálculo das tarifas. Qualquer outra situação será considerada como risco da concessionária, a qual deverá comprometer-se com a proposta de investimentos formulada. Em resumo, caso a concessionária tenha de realizar investimentos não previstos em sua proposta inicial ou venha a aumentar os montantes já previstos, a fim de cumprir o nível de serviço exigido no edital, não poderá introduzir esses novos encargos no fluxo de caixa para, dessa forma, arguir o desequilíbrio contratual e a revisão de tarifas. (Relatório da Decisão n. 587/2001-Plenário)

Verificada a possibilidade de inclusão de novos e excepcionais investimentos, o Tribunal concluiu que o reequilíbrio econômico-financeiro do contrato de concessão teria como parâmetro a TIR contratada, por preservar a rentabilidade média dos investimentos realizados e não depender de variáveis externas. Dessa forma, ainda no ano de 2001, o TCU determinou ao extinto DNER que promovesse a alteração da minuta do contrato de concessão para definir que, para a manutenção do equilíbrio contratual, fosse utilizada, tão somente, a TIR apresentada na proposta comercial contratada (item 8.1.7.6 da Decisão n. 587/2001-Plenário).

Já no ano de 2007, a Corte de Contas, no Processo n. 014.824/2000-8, ao avaliar a regularidade do desmembramento da praça de pedágio de Parateí e a criação de nova praça de pedágio em Jacareí, no âmbito do contrato de concessão da BR-116/RJ/SP, novamente reconheceu a possibilidade de alterações em contratos de concessão desde que fundamentadas por motivo público, visando igualmente uma finalidade pública. Comprovando-se a vinculação, necessidade, razoabilidade e utilidade de novas obras e/ou melhorias na prestação do serviço de assistência ao usuário, exige-se o reequilíbrio econômico-financeiro do contrato de concessão, de forma a não impor perdas ou prejuízos à concessionária, conforme se depreende do voto do Ministro Relator Augusto Sherman no Acórdão n. 575/2007-Plenário:

> [...] d) quando o interesse público fundamenta a alteração contratual, impõe-se que tanto a motivação da alteração como o resultado que se espera alcançar com ela estejam permeados pelo interesse público; ou seja, a alteração do contrato deve ser fundamentada em um motivo público e visar a uma finalidade pública;
> e) como é o interesse público que prevalece no fundamento e na finalidade da modificação do contrato em tela, então o que se deve alcançar são benefícios exclusivamente públicos; portanto, as referidas alterações contratuais, conquanto não devam impor perdas ou prejuízos ao particular contratado, também pela mesma razão, não lhe deveriam propiciar vantagens econômicas, salvo se estas, no caso concreto, configurarem o interesse público a ser atendido;
> [...]
> g) o benefício público pode abranger providências como a redução do valor da tarifa, a realização de obras de melhoria na rodovia e a prestação de serviços de assistência ao usuário, entre outras possibilidades, que tornem o serviço adequado nos termos do art. 6º da Lei 8.987/95, conforme o motivo público e a finalidade pública presentes no fundamento da alteração, observada estrita necessidade, utilidade e razoabilidade na destinação da receita adicional e assegurado que, caso não seja aplicada na redução tarifária, as ações que vierem a custear não devem ter sido previstas originalmente no PER;
> h) não havendo comprovação da vinculação, necessidade, razoabilidade e utilidade de novas obras e/ou melhorias na prestação de serviço de assistência ao usuário, então a receita adicional gerada em decorrência das alterações deverá ser integralmente destinada para a redução tarifária; [...]. (Voto do Acórdão n. 575/2007-Plenário)

Ainda que o TCU tenha se posicionado a respeito da possibilidade de inclusão de novos investimentos em contratos de concessão, desde que comprovada sua motivação e finalidade públicas, o Ministro Augusto Nardes, em seu voto revisor, destacou que não caberia ao TCU atuar diretamente, em substituição à ANTT, na avaliação da adequação da alteração contratual promovida, incumbindo à agência atuar primariamente sobre a matéria,[7] devendo o Tribunal exercer sua função de controle – de segunda ordem – para aferir os fundamentos de legalidade, legitimidade e economicidade dos atos da agência, não de administração do contrato de concessão, exercendo atos tipicamente de gestão, de competência exclusiva do Poder Concedente. Como destacado pelo ministro, "a atuação do TCU não pode substituir a atividade de regulação e adentrar em matéria de mérito afeta ao exercício das competências discricionárias do órgão regulador".

O TCU também reafirmou sua competência fiscalizatória de segunda ordem em relação às agências reguladoras ao proferir o Acórdão n. 391/2008-Plenário,[8] referente à auditoria realizada na execução do contrato de concessão da BR-290/RS, que acompanhou a execução de investimentos adicionais, não previstos originalmente no contrato de concessão, para minimizar congestionamentos e aumentar a capacidade da rodovia, especialmente em razão de condições supervenientes e imprevistas, não informadas na época da licitação, em relação à estrutura do pavimento da rodovia.

---

[7] No caso concreto, entendeu o Ministro Revisor que incumbiria, prioritariamente, à ANTT avaliar e se manifestar, prévia e conclusivamente, sobre a existência ou não de receitas adicionais à Concessionária advindas das mudanças de configuração nas cabines das praças de pedágio – inclusive, o montante dessa eventual receita adicional, adotando as providências cabíveis, caso necessário.

[8] Conforme destacado pelo voto do Ministro Relator Marcos Vilaça: "[...] o que ainda não é bem compreendido, e vem sendo objeto de contestações, é a fiscalização do TCU diretamente sobre a concessão outorgada à empresa concessionária. É claro que não cabe ao Tribunal de Contas, em seu papel fiscalizador, substituir as agências reguladoras. A ação do Tribunal de Contas deve recair primordialmente sobre a gestão e a identificação do cumprimento dos objetivos institucionais das agências (atividades-fim), como autarquias especiais que são, sendo, portanto, jurisdicionadas de forma direta ao controle externo exercido por essa Corte de Contas".

Na referida auditoria da BR-290/RS, o TCU analisou a revisão contratual realizada para inclusão dos novos investimentos, as motivações e finalidades apresentadas pela ANTT, implementando apontamentos materiais a partir das motivações e do conteúdo dos atos de revisão, sem exceder seu plexo de competências, respeitando a atuação prioritária da agência e não adentrando no juízo de mérito da matéria.

Como se viu, em sua origem, a jurisprudência do TCU quanto à possibilidade e análise da inclusão de novos investimentos em contratos de concessão de rodovias se formou no sentido de anuir com tais alterações contratuais desde que devidamente motivadas e fundamentadas no interesse público e dos usuários, cabendo ao Tribunal apenas fiscalizar a legalidade, legitimidade e economicidade dessas alterações contratuais, sem substituir o juízo discricionário da ANTT para decidir pela inclusão ou não desses novos investimentos. Firmou-se a atuação limitada de segunda ordem do TCU em relação à matéria, restrita às atividades de controle e fiscalização, e não de regulação em si mesma, atribuível exclusivamente à ANTT.

2.2. O Aumento da Interferência do Tribunal de Contas da União e a Utilização da Metodologia do Fluxo de Caixa Marginal

Posteriormente à realização da licitação da 2ª Etapa do Procofe, no ano de 2007, o Tribunal passou a discutir possível desequilíbrio econômico-financeiro nos contratos de concessão da 1ª Etapa do Procofe, mesmo que anteriormente tivesse reconhecido a adequação de se utilizar a TIR contratual como parâmetro para aferição do equilíbrio econômico-financeiro dos contratos de concessão, conforme destacado nos julgados anteriormente citados.[9] Essa mudança de posição instaurou uma nova fase de fiscalização pelo TCU e acabou por resultar em um novo instrumento regulatório da ANTT para recomposição do equilíbrio contratual decorrente da inclusão de novos investimentos, conforme mais bem se detalhará a seguir.

No ano de 2007, a ANTT realizou licitação para a concessão de sete lotes de rodovias federais referentes à 2ª Etapa do Procofe, a qual foi acompanhada e fiscalizada pelo TCU. Após a realização de modificações

---

[9] No mesmo sentido, tem-se a Decisão n. 1.648/2002-Plenário e o Acórdão n. 988/2004-Plenário.

nos estudos de viabilidade e documentos da licitação, as contratações das novas concessões foram aprovadas com uma TIR de 8,95% a.a. A extinta Secretaria de Fiscalização de Desestatização (Sefid) do TCU comparou as taxas de rentabilidade (TIR) das concessões da 1ª Etapa do Procofe – contratadas entre 17% a.a. e 24% a.a. –, com as da 2ª Etapa pactuadas em patamar bastante inferior (8,95% a.a.) e apontou que essa diferença indicaria um suposto desequilíbrio econômico-financeiro dos contratos de concessão da 1ª Etapa, o que foi objeto de representação junto ao TCU no Processo n. 026.335/2007-4.

Segundo a Unidade Técnica, esse desequilíbrio econômico-financeiro decorreria de alegada redução do custo de oportunidade das concessões da 1ª Etapa, de forma que, como os encargos financeiros das concessionárias teriam sido minorados, as empresas estariam auferindo rendimentos desproporcionais, acarretando a cobrança de tarifas de pedágios sobrevalorizadas, já que as taxas de retorno das concessões da 1ª Etapa do Procofe não seriam adequadas ao atual cenário de estabilidade política e econômica e deveriam ser corrigidas, conforme se depreende do relatório do Acórdão n. 2.154/2007-Plenário:

> [...] Essas concessões foram outorgadas na primeira metade da década passada, quando o Brasil vivia uma situação de instabilidade econômica e de incertezas quanto ao futuro. A conjuntura desfavorável, aliada a outros fatores, fizeram que os então licitantes exigissem uma taxa de retorno do investimento (TIR) que refletisse as mencionadas incertezas econômicas. Dessa forma, as rentabilidades pactuadas se situaram em cerca de 17 a 24% (taxa não alavancada, ou seja, sem considerar os financiamentos e juros). Frise-se que essas rentabilidades significam ganhos acima da inflação, pois há o reajuste anual previstos nos contratos de concessão para corrigir a perda do valor monetário. No dia de ontem (09/10/2007), o Governo Federal licitou sete novos trechos de rodovias federais, que compõem a 2ª etapa do Programa de Concessões de Rodovias Federais inseridas no Programa Nacional de Desestatização, entre as quais estão a Fernão Dias e a Régis Bittencourt. O resultado do leilão, realizado na BOVESPA, comprovou que o Tribunal de Contas da União atuou de forma tempestiva e esteve no caminho correto ao exigir correções e ajustes nos estudos de avaliação econômico-financeira que embasaram a fixação das tarifas máximas de pedágio. Mesmo após os ajustes efetuados, que reduziram o valor médio das tarifas

para os sete lotes em cerca de 28 % – redução de 43,06% para a Fernão Dias e de 43,48% para a Régis Bittencourt – e a Taxa Interna de Retorno de aproximadamente 18% para 8,95%, houve intensa concorrência e deságios expressivos em todos os trechos. Neste ponto, especificamente sobre o valor da taxa de desconto desses novos trechos licitados, 8,95%, comparado às constantes das concessões já em andamento, é que se justifica a presente representação.

O fundamento do alegado desequilíbrio contratual decorreria, no entendimento da Unidade Técnica, do modelo de concessão adotado na 1ª Etapa tido como "estático", no qual as rubricas que compõem o fluxo de caixa das concessões não se alteraram ao longo da execução contratual, o que garantiria às concessionárias auferirem rentabilidades que variavam de 17% a.a. a 27% a.a., em pleno cenário de estabilidade econômica nacional, em que a realidade de então permitiria novas concessões com TIR de 8,95% a.a.

Como efeito, o TCU, por meio do Acórdão n. 2.154/2007-Plenário, determinou que a ANTT promovesse estudos com o objetivo de avaliar se as concessões da 1ª Etapa do Procofe estavam desequilibradas, considerando a rentabilidade contratual (TIR) destas. Cumprindo tal recomendação, a ANTT promoveu os estudos requeridos pelo Tribunal e concluiu que os contratos da 1ª Etapa do Procofe estavam em equilíbrio econômico-financeiro, por serem objeto de revisão e de reajuste tarifário anualmente.[10] Além disso, respondendo a questionamento da Sefid, a ANTT indicou sua pretensão de aplicar a metodologia do fluxo de caixa marginal, prevista no contrato de concessão da BR116/324-BA, para todas as demais concessões, como mecanismo de recomposição do equilíbrio econômico-financeiro nos casos de inclusão de novos investimentos não previstos originalmente no contrato de concessão.[11]

Em síntese, essa nova metodologia proposta pela ANTT

> [...] consistia basicamente em recompor o equilíbrio contratual nas hipóteses de inclusão de novos investimentos não previstos na proposta inicial por meio de um "Fluxo de Caixa Marginal", projetado em razão do novo evento,

---

[10] Nota Técnica n. 004/2008/SUREF/SUINF, de 29/08/2008.
[11] Nota Técnica n. 155/2009/GEROR/SUINF, de 08/10/2009.

considerando os "fluxos dos dispêndios marginais", devidos ao evento, e os "fluxos das receitas marginais", resultantes da recomposição do equilíbrio econômico-financeiro.[12]

A utilização do fluxo de caixa marginal, segundo Ribeiro (2011, p. 121-122),

> "[...] implica em – todas as vezes que se realizar evento cujo risco não seja do parceiro privado e que cause desequilíbrio do contrato – o Poder Concedente gerar um fluxo de caixa paralelo para o parceiro privado que compense o desvio criado pelo evento causador do desequilíbrio econômico-financeiro".

Conforme relatório do Acórdão n. 1.055/2011-Plenário, em sua instrução, a Sefid concluiu que grande parte do alegado desequilíbrio econômico-financeiro dos contratos da 1ª Etapa do Procofe decorreria de revisões contratuais para a inclusão de novos investimentos ou alteração nos cronogramas de execução, o que indicaria possíveis falhas nos projetos e estudos de viabilidade das concessões. Segundo a Unidade Técnica, essas revisões poderiam gerar ganhos desproporcionais às concessionárias, pois os novos investimentos eram ajustados de acordo com o fluxo de caixa original das concessões, que em relação aos contratos da 1ª Etapa do Procofe gerariam ganhos desproporcionais em razão das elevadas taxas de rentabilidade das concessões e da mudança das condições macroeconômicas nacionais.

Apesar disso, a Unidade Técnica manteve sua posição crítica quanto à utilização da manutenção da TIR contratual ao longo do contrato de concessão como mecanismo de aferição do equilíbrio contratual, considerando as alterações do cenário econômico nacional, confirmada pela taxa de rentabilidade pactuada nas concessões da 2ª Etapa. Segundo a Sefid, a metodologia do fluxo de caixa marginal somente atingiria os acréscimos e supressões impostas ao objeto inicial dos contratos, não resolvendo o alegado desequilíbrio nos contratos originais, de forma que manteve sua proposta para que a ANTT promovesse o reequilíbrio dos contratos de concessão da 1ª Etapa do Procofe para ajustar as taxas

---

[12] Relatório do Acórdão n. 1.055/2011-Plenário do TCU.

de rentabilidade praticadas a percentuais compatíveis com o custo de oportunidade do negócio.

Após oitiva das concessionárias da 1ª Etapa do Procofe, o TCU, por meio do Acórdão n. 2.927/2011-Plenário, esclareceu que não seria sua intenção alterar os fluxos de caixa das concessionárias, indicando que os parâmetros e quantitativos iniciais de investimentos contratados não deveriam ser alterados, já que nortearam a montagem dos fluxos de caixa e as estratégias de financiamento das concessionárias. A proposta do TCU seria somente no sentido de que as inclusões, supressões, remanejamentos ou adequações dos contratos tivessem como parâmetro a situação econômica, financeira e de custos reais das datas de suas ocorrências, refletindo o custo de oportunidade fidedigno.[13] Ou seja, o TCU defendeu que deveriam ser aplicadas nas concessões as condições de mercado à época da realização dos investimentos não previstos originalmente, suprimidos e/ou remanejados ou, ainda, oriundos de adequação.

Por meio do referido Acórdão, o TCU determinou à ANTT que adotasse nas recomposições dos contratos de concessão da 1ª Etapa do Procofe a metodologia do fluxo de caixa marginal, aprovada pela Resolução n. 3.651/2011, ou outra que entendesse mais adequada, para os eventos decorrentes de inserções de investimentos não previstos originalmente nos contratos, bem como nos casos de remanejamento ou adequação, com aumento de valor, de investimentos previstos originalmente.

Cumprindo a determinação, a ANTT incluiu nos contratos de concessão a previsão de aplicação da metodologia do fluxo de caixa marginal prevista na citada resolução para os casos de inserção de obras e serviços

---

[13] Nesse sentido, de acordo com o relatório do Acórdão n. 2.927/2011-Plenário: "[...] 18. Primeiramente, não há intenção desta Corte de Contas de alterar os fluxos de caixa das concessionárias em comento originalmente propostos pelas empresas, aceitos pelo Poder Público e firmados em contrato. Os parâmetros e quantitativos iniciais de investimentos estabelecidos em contrato não devem ser alterados, pois norteou a montagem dos fluxos de caixa e as estratégias de financiamento das concessionárias. [...] 20. A proposta da Sefid não fere os direitos das concessionárias, muito menos a legislação ou os princípios constitucionais invocados pelos respondentes, visto não alterar o acordo primitivo celebrado entre as partes. Pretende-se somente que as modificações realizadas nos PER/PEP (inclusões, supressões e remanejamentos, ou adequações) tenham como parâmetro a situação econômica, financeira e de custos reais das datas de suas ocorrências, refletindo o custo de oportunidade fidedigno".

não acordados quando da pactuação do contrato (art. 1º). De acordo com o art. 3º da citada resolução, os dispêndios marginais deveriam ser determinados mediante orçamento elaborado com base na composição de custos do Sistema de Custos Rodoviários (SICRO), sob gestão do Departamento Nacional de Infraestrutura de Transportes (DNIT). Caso o orçamento apresentasse itens que não pudessem ser orçados com base no SICRO, deveriam ser utilizados outros sistemas oficiais de composição de custos, ou, na impossibilidade de utilização de tais sistemas, deveriam ser apresentadas três cotações de mercado.

Consequentemente, quando da inclusão de novos investimentos no contrato de concessão por determinação da ANTT, os contratos de concessão não seriam reequilibrados considerando as taxas de rentabilidade originalmente previstas para os empreendimentos, mas sim as taxas de retorno distintas, aderentes ao cenário macroeconômico vigente.

Nesse contexto, verifica-se que o TCU acabou por, paulatinamente, alterar sua jurisprudência sobre a inclusão de novos investimentos em contratos de concessão de rodovias, ampliando sua esfera de controle, em conflito com as competências legais regulatórias da ANTT. O Tribunal, além de avaliar a motivação e adequação da inclusão dos novos investimentos, passou a questionar o impacto de tais alterações no equilíbrio econômico-financeiro dos contratos, considerando especificamente as condições originalmente contratadas e as modificações do cenário macroeconômico nacional, objetivando que as melhorias das condições macroeconômicas do país fossem refletidas nos novos investimentos a serem inseridos nos contratos de concessão celebrados na segunda metade da década de 1990, que possuíam taxas de rentabilidade mais elevadas do que as concessões da 2ª Etapa do Procofe.

Ainda que a ANTT acabasse por desenvolver e utilizar metodologia própria para a recomposição do equilíbrio contratual decorrente da inclusão de novos investimentos, o TCU, por meio de sua fiscalização, teve papel relevante na indução dessa proposta regulatória, que resultou por alterar completamente os mecanismos de manutenção do equilíbrio econômico-financeiro de contratos de concessão celebrados há mais de uma década.

Questiona-se se, de fato, a atividade de controle desempenhada pelo TCU nesse caso foi de segunda ordem, pois, ainda que a ANTT tivesse defendido o equilíbrio contratual das concessões da 1ª Etapa do Procofe, à luz das disposições contratuais sobre a matéria e das revisões e reajuste tarifários realizados ao longo dos anos, a fiscalização do Tribunal se posicionou a todo momento quanto à necessidade de se alterar os contratos de concessão para incluir determinada metodologia para recomposição do equilíbrio contratual no caso da inclusão de novos investimentos,[14] modificando contratos pactuados há longa data. Mesmo adotando uma postura de indução, foi efetiva a interferência do TCU na regulação setorial quanto ao tema.

Tanto é que, em resposta à consulta feita pelo Ministério dos Transportes sobre a possibilidade de utilização da metodologia do fluxo de caixa marginal para manutenção do equilíbrio econômico-financeiro, o TCU referendou essa metodologia para recomposição do equilíbrio contratual nos casos de inclusão de novos investimentos nos contratos de concessão, conforme se verifica do relatório do Acórdão n. 2.759/2012-Plenário:

> [...] 48. Ademais, como mencionado anteriormente, a metodologia adotada veio ao encontro da preocupação real quanto ao impacto de novos investimentos, especialmente significativos no caso das concessões resultantes da 1ª Etapa do Programa de Concessões Rodoviárias, nas tarifas básicas de pedágio vigentes. Ao passo que dá solução para essa questão, a metodologia preserva a rentabilidade originalmente pactuada com os concessionários. (Relatório do Acórdão n. 2.759/2012-Plenário)

A metodologia do fluxo de caixa marginal para recomposição do equilíbrio contratual, em decorrência da inclusão de novos investimentos, também foi referendada pelo TCU no Acórdão n. 2.573/2012-Plenário, no qual o Tribunal acompanhou o processo de outorga da concessão da rodovia BR-101/ES/BA.

2.3. Maiores Interferências e Ingerências do TCU na Atuação da ANTT

No ano de 2011, após as discussões empreendidas pelo TCU em relação ao alegado desequilíbrio dos contratos de concessão da 1ª Etapa do

---

[14] Conforme visto a partir das instruções realizadas pela Sefid no processo, a proposta original da Unidade Técnica era de que as taxas de rentabilidade das concessões fossem constantemente revisadas, com base nas reais condições econômicas do país, instaurando um modelo dinâmico de aferição do equilíbrio econômico-financeiro dos contratos de concessão.

Procofe, comparando com as taxas de rentabilidade das concessões da 2ª Etapa, resultando na Resolução n. 3.651/2011 (fluxo de caixa marginal), o que se verificou foi uma gradativa maior interferência e ingerência do Tribunal no exercício das competências regulatórias da ANTT, passando a questionar a própria motivação dos atos sustentados pela agência para a inclusão de novos investimentos em contratos de concessão rodoviária, imiscuindo-se no juízo discricionário da ANTT, ao invés de realizar a atividade de controle de segunda ordem quanto ao aspecto da legalidade, legitimidade e economicidade dos atos.

São emblemáticos dois casos de interferência do TCU no juízo discricionário da ANTT quanto à motivação para inclusão de novos investimentos, referentes aos contratos de concessão da BR-040/MG/RJ e da BR-116/RJ/SP, nos quais o Tribunal impugnou os motivos e fundamentos apresentados pela agência.

No Processo n. 014.689/2014-6, o TCU realizou auditoria na execução do contrato de concessão da BR-040/MG/RJ, especificamente quanto à conformidade do processo de aprovação da execução da nova pista de subida da Serra de Petrópolis, objeto do Termo Aditivo n. 12. A obra da nova pista de subida da Serra de Petrópolis foi prevista no programa de exploração da rodovia como uma verba, a ser executada a partir do projeto a ser desenvolvido pela concessionária. Eventuais diferenças entre o valor real da obra seriam objeto de negociação com o Poder Concedente, de forma que o contrato de concessão apenas estabeleceu um provisionamento de recursos para posteriores ajustes. O projeto desse empreendimento foi aprovado em 2011 pela ANTT e resultou em custos adicionais à concessionária, ensejando o respectivo reequilíbrio contratual. Após discussões e análises administrativas, a ANTT concluiu pela inviabilidade de se reequilibrar o contrato de concessão mediante aumento tarifário, considerando que a tarifa deveria ser elevada em mais de 50%, de modo que, no 12º Termo Aditivo, a agência definiu pelo reequilíbrio do contrato mediante aporte de recursos públicos federais, os quais, caso eventualmente não fossem realizados, poderiam ser substituídos pela prorrogação do prazo da concessão.

A Secretaria de Fiscalização de Infraestrutura Rodoviária do TCU (SeinfraRodovia) elaborou relatório de acompanhamento do processo de aprovação da execução da obra em questão e apontou uma série de irregularidades, conforme se observa no relatório do Acórdão n. 738/2017-Plenário, as quais não serão analisadas por não se relacionarem com a finalidade do presente trabalho. No Acórdão n. 738/2017-Plenário, verifica-se que o Tribunal adentrou no mérito administrativo quanto à execução do empreendimento em questão, concluindo que a obra e eventual prorrogação do contrato de concessão **não atenderiam ao interesse público e poderia ser licitada separadamente, como uma obra pública regida pela Lei n. 8.666/1993**, ou incluída como obrigação de futura e nova concessão:

> [...] 371. Por fim, o interesse público não coincide com a concretização da obra da NSS sob quaisquer custos ou condições e à revelia dos princípios constitucionais, legais que regem a Administração Pública, sobretudo, o interesse público, a economicidade, a eficiência, a atualidade e a modicidade tarifária do serviço público. Ademais, a obra poderia ter sido executada, sim, por meio de procedimento licitatório ou leiloada juntamente com a próxima concessão. Entretanto, somente com as obras em andamento, a Suinf avaliou a hipótese de transferência da obra para o DNIT (peça 15, p. 163-4). Similarmente, ficou demonstrado que a hipótese de prorrogação contratual foi consequência do risco de indisponibilidade de recursos acarretadas pelas irregularidades apresentadas nos achados I.1; I.2; e II.1. Diante do exposto, deve-se afastar a tese da responsável de que a prorrogação é legítima e legal, de que o voto do Acórdão 2.927/2011 não proíbe a prorrogação dos contratos da 1ª Etapa do Procrofe e de que o interesse público coincide com a conclusão da obra. [...]

Bem verdade que cabe à legislação ordinária estabelecer exceções ao dever de licitar, nos casos em que a competição é inviável ou a realização do certame não se mostra conveniente e oportuna para a Administração, à luz do interesse público. Destaco, todavia, que o custeio da monumental obra da Nova Subida da Serra, subavaliada no PER original da concessão, decerto não se inclui entre elas. Até porque a realização de licitação pública para contratação de construtora ou inclusão no plano de investimentos de futura concessão, após exclusão do remanescente da obra do PER, é lícita, viável e apresenta custo mais baixo que o aporte de recursos públicos na concessão, conforme detalhado nos segmentos V e IX deste voto.

A partir dos motivos expostos nos segmentos IX e X deste voto, defendo que a ampliação expressiva dos investimentos, previstos no plano de investimentos da concessão de serviço público bem assim o aporte de recursos orçamentários para custeio de obras atreladas à exploração de serviços públicos concedidos são contrários à legislação e ao interesse público.

[...]

No caso concreto, a ANTT não apenas deixou de comprovar que a prorrogação do contrato de concessão era a opção que melhor atenderia ao interesse público, como sequer apresentou, à época, a motivação precisa para a inclusão da cláusula correspondente no termo de aditamento.

[...]

Não procede o argumento de que a prorrogação se justificaria por viabilizar obra imprescindível ao desenvolvimento regional e à segurança dos usuários. O poder público dispunha de alternativas para viabilizar a conclusão da obra que não a dilação contratual com empresa problemática, a exemplo do aporte de recursos públicos na concessão, da execução direta, da contratação de construtora mediante licitação pública e da inclusão da obra no plano de investimentos da concessionária sucessora da Concer. (Relatório e voto do Acórdão n. 738/2017-Plenário)

Avaliando a instrução realizada pela SeinfraRodovia e os votos apresentados no Acórdão n. 738/2017-Plenário, a par das discussões sobre a devida motivação da realização dos novos investimentos e seu reequilíbrio por meio de aportes públicos federais ou, subsidiariamente, de prorrogação do prazo contratual, o TCU teceu diversas críticas ao modelo dos contratos de concessão da 1ª Etapa do Procofe como fundamento para inviabilizar a execução da nova pista na região de Petrópolis.

Nesse sentido, o Tribunal comparou as concessões da 1ª Etapa com aquelas recentemente contratadas na 3ª Etapa em relação aos valores das tarifas, dos modelos, do volume de investimentos em obras de ampliação da capacidade e melhorias, dos parâmetros de desempenho, independentemente das claras distinções entre essas concessões, seus modelos e obrigações.

No Acórdão n. 738/2017-Plenário se verificou uma mudança nas análises desenvolvidas pelo TCU quanto à inclusão de novos investimentos nos contratos de concessão rodoviária, passando o Tribunal a se posicionar de forma restritiva a tais modificações contratuais. Além de adentrar no mérito administrativo, contrariamente à inclusão de novos investimentos, o Tribunal apontou que tal medida poderia desvirtuar o objeto da concessão e burlar o procedimento licitatório; a inclusão de novas obras na concessão, custeadas por aumento da tarifa ou aporte de recursos públicos, tenderia a incentivar a concessionária a propor soluções de engenharia mais complexas e dispendiosas do que as que adotaria caso as obras já estivessem previstas originalmente no contrato de concessão; a ampliação ou inclusão de novos investimentos durante o contrato de concessão alteraria a distribuição dos riscos do negócio a favor da concessionária, pois o custo dessas novas obras é assumido integralmente pelo Poder Concedente – retorno do regime de regulação pelo custo, e não por incentivo, como previsto no art. 9º da Lei n. 8.987/1995; aumento do risco de omissão proposital de investimentos no plano original da concessão, já que os novos investimentos seriam custeados integralmente pelo Poder Concedente, aumentando a margem de lucro das concessionárias:

> [...] A execução da obra da Nova Subida da Serra pela Concer, nos moldes autorizados pela ANTT, acarreta profundas mudanças nas relações contratuais, estabelecidas por ocasião do procedimento licitatório, transformando o contrato, que era primordialmente de operação rodoviária, em preponderantemente de execução de obras públicas, fato este não previsto, nem previsível, dentro de um quadro estável de operação.
> [...]
> Quarto, projeto executado por concessionária, como foi o caso da Concer, na NSS, tende a ser superdimensionado. A inclusão de novas obras, no plano de investimentos – portanto obras custeadas por aumento de tarifas ou aportes públicos – incentiva a concessionária a propor soluções de engenharia muito mais complexas e dispendiosas do que as que adotaria, caso as obras estivessem previstas no plano de investimentos original e fossem por ela custeadas.
> [...]
> No caso da NSS, o risco do custo da obra é integralmente assumido pelo Poder Concedente – seria assumido pelo usuário, caso a ANTT tivesse optado por aumento da tarifa básica, não existindo o risco de demanda e sendo assegurada à concessionária a taxa de retorno predeterminada, desvirtuando a natureza da delegação de serviços públicos à inciativa privada e afrontando o inciso II do art. 2º da Lei n. 8.987/1995.
> [...]
> Sétimo, aumenta o risco de omissão proposital de investimentos no plano de investimentos original da concessão.

Em sendo os novos investimentos custeados, integralmente, pelo Poder Concedente, abre-se espaço para que agentes públicos inescrupulosos, em conluio com particulares, fraudem o procedimento licitatório, omitindo deliberadamente do objeto licitado obras e serviços de engenharia sabidamente necessários, para incluí-los posteriormente por meio de aditivos.

Uma vez que as novas obras serão custeadas pelo preço teto do Sicro e existe a possibilidade de que as quantidades/soluções venham a ser majoradas, a margem de lucro da concessionária será indubitavelmente maior. Dessa forma, o particular, com conhecimento da omissão, pode propor tarifas mais baixas no leilão, sabendo que as compensará logo depois com os ganhos indevidamente auferidos com futuras obras, viciando a competição. (Voto do Acórdão n. 738/2017-Plenário)

Assim como ocorreu com a auditoria realizada em relação à inclusão de novos investimentos no contrato de concessão da BR-040/MG/RJ, o TCU também fiscalizou as discussões administrativas travadas pela ANTT quanto à realização dos novos investimentos na BR-116/RJ/SP[15] – especificamente em relação à execução da nova pista da Serra das Araras –, questionando também a inexistência de fundamento legal e contratual para a prorrogação do contrato originalmente avaliada pela ANTT como forma de reequilíbrio econômico-financeiro do contrato de concessão.

Essa fiscalização resultou no Acórdão n. 2.247/2018-Plenário, no qual o TCU realizou os mesmos apontamentos anteriormente feitos em relação às alterações contratuais pretendidas na concessão da BR-040/MG/RJ, **adentrando também no juízo discricionário da ANTT** quanto à definição da pertinência da execução dos novos investimentos, ao argumento de que estaria apenas analisando a motivação apresentada pela agência – a qual, na visão do Tribunal, seria falha.

Analisando a instrução desenvolvida pela Unidade Técnica do TCU quanto ao assunto, **verifica-se que o Tribunal substituiu a agência em seu juízo discricionário quanto ao mérito da inclusão e execução da nova pista na Serra das Araras**, sustentando, por exemplo, que existiriam outros segmentos da rodovia com níveis de serviço inferiores aos do trecho da serra e que os dados referentes ao número e gravidade dos acidentes, alegados como justificativa para imprescindibilidade da obra,

---

[15] Processo n. 031.581/2015-3.

não teriam sido capazes de demonstrar a criticidade do trecho no tange à segurança viária em comparação com outros segmentos da rodovia – muito embora a ANTT tenha apresentado as justificativas para a realização desse novo investimento com fundamento em estudos técnicos:

> 5.4. "[...] falhas na motivação apresentada para a realização dos novos investimentos, em desacordo com o princípio do interesse público (art. 20, II, "b", da Lei 10.233/2001; art. 2º da Lei n. 9.784/1999) e da motivação dos atos administrativos (arts. 2º e 50 da Lei n. 9.784/1999), particularmente as inconsistências nas premissas adotadas pela ANTT quanto":
>
> 5.4.1. "[...] ao nível de serviço, mencionado para justificar a imprescindibilidade da obra da 'Nova Pista de Subida da Serra das Araras', tendo em vista a utilização de dados superestimados para a evolução do tráfego, bem como a desconsideração da existência de outros trechos com níveis de serviço inferiores";
>
> 5.4.2. "[...] ao número e à gravidade dos acidentes, alegadas justificativas para imprescindibilidade da obra da 'Nova Pista de Subida da Serra das Araras', considerando-se que os dados não foram capazes de demonstrar que a situação no trecho em questão, no que tange à segurança viária, é especialmente crítica ao ser comparada com outros segmentos da rodovia;" [...].
> (Voto do Acórdão n. 2.247/2018-Plenário)

Justamente em razão da fiscalização e dos apontamentos feitos pelo TCU, a ANTT desistiu de seguir com as discussões para inclusão dos novos investimentos em relação à Serra das Araras, como reconhecido no voto do Acórdão n. 2.247/2018-Plenário.

Esses dois casos exemplificam o indevido aumento das interferências e ingerências do TCU na atuação da ANTT em relação à inclusão de novos investimentos em contratos de concessão rodoviária. Não se nega a relevância da fiscalização realizada pelo TCU no controle de legalidade, legitimidade e economicidade dos atos praticados pela agência em relação à matéria, contudo, não parece correto frente à melhor hermenêutica que a Corte de Contas, com fundamento em alegado controle da motivação dos atos da ANTT, interfira indevidamente nas atividades-fim da agência, sobrepondo-se às próprias análises e justificativas de mérito utilizadas pela entidade para justificar a realização de novos investimentos nos contratos de concessão rodoviária.

De fato, tendo a ANTT justificado a conveniência, oportunidade, atendimento à finalidade pública e benefícios aos usuários decorrentes desses novos investimentos, com base em estudos técnicos e jurídicos, em um devido processo administrativo, não deveria caber ao TCU questionar a atuação da agência e propor outras soluções, em clara substituição funcional.

O mérito dos atos administrativos praticados pela ANTT para inclusão de novos investimentos em contratos de concessão não representa uma liberdade irrestrita e insindicável; pelo contrário. Nas lições de Celso Antônio Bandeira de Mello (2008, p. 82), "o 'mérito' do ato administrativo não pode ser mais que o círculo de liberdade indispensável para avaliar, no caso concreto, o que é conveniente e oportuno à luz do escopo da lei. Nunca será liberdade para decidir em dissonância com este escopo".

Assim, cabe analisar se os atos da ANTT extrapolaram o mérito, considerando a finalidade legal pretendida e os motivos alegados para a prática dos atos. É sobre esses aspectos que deve se limitar a atuação e o controle exercido pelo TCU, não cabendo ao Tribunal, por exemplo, decidir se determinada obra nova deve ou não ser executada em um contrato de concessão rodoviária, ao juízo que existiriam outras obras em trechos distintos que também seriam igualmente necessárias, substituindo a própria ANTT no exercício da regulação setorial. Ao atuar dessa forma, o TCU se distancia completamente da fiscalização de segunda ordem que fundamentou, na origem, sua competência, passando diretamente a ditar os próprios rumos da política do setor de concessões rodoviárias, inviabilizando a realização pelo Poder Concedente – ANTT – da possível execução de investimentos relevantes ao interesse público e aos usuários.

2.4. O TCU como "Regulador de Segunda Ordem"?[16]

Como visto anteriormente, a metodologia do fluxo de caixa marginal, antes referendada pela Corte de Contas como um mecanismo adequado para a recomposição do equilíbrio contratual decorrente da inclusão de novos investimentos, passou a ser, casuisticamente, criticada pelo TCU, que transpareceu buscar a redução dos custos envolvidos na execução

---

[16] Expressão citada por Gustavo Leonardo Maia Pereira no Capítulo 8 desta obra, intitulado "Tribunal de Contas de União como regulador de segunda ordem: um estudo de casos sobre o controle da regulação de infraestrutura".

desses novos investimentos, ainda que contrariamente às disposições legais, contratuais e regulamentares.

No ano de 2014, por meio da Resolução n. 4.339/2014, a ANTT ampliou a abrangência da metodologia do fluxo de caixa marginal para abarcar todos os demais contratos de concessão (art. 1º, IV, da Resolução n. 3.651/2011). Além disso, a ANTT aumentou o número de hipóteses de aplicação da metodologia, passando a abarcar, além das obras e dos serviços não previstos/existentes no PER, também o incremento de valores dos itens existentes no PER (art. 3º, § 5º, da Resolução n. 3.651/2011). Para o TCU, essas alterações trouxeram efeitos deletérios à administração dos contratos de concessão.

O Tribunal constatou reiteradas propostas de alteração e inclusão de obras nos contratos de concessão, em valores significativos, o que estaria gerando uma situação contraditória e danosa aos usuários, pois haveria

> "[...] nos contratos de concessão vigentes, uma situação onde os encargos do concessionário previstos inicialmente são precificados na tarifa proposta na licitação, e qualquer outra modificação contratual que tenha impactos no equilíbrio econômico-financeiro é precificada, pela ANTT, a partir de novos custos (mesmo nas situações onde estes custos já estejam apresentados na proposta de negócios ou possam ser aferidos por outros mecanismos). [...] com isso, tem-se um modelo contratual *sui generis* na Administração Pública, com a existência de preços diferentes para um mesmo serviço".[17]

Não obstante o TCU tivesse defendido a necessidade de que os novos investimentos nos contratos de concessão rodoviária fossem orçados a partir de custos de mercado, que refletissem a realidade econômica vigente, ao invés de se utilizar os custos, as taxas e condições originalmente previstas nas propostas contratadas (fluxo de caixa original), o Tribunal, **modificando completamente o seu reiterado posicionamento anterior,** passou a questionar a utilização dessa metodologia de reequilíbrio ao argumento de que esta não levaria em conta as vantagens e os descontos obtidos pelo Poder Concedente durante os procedimentos licitatórios:

---

[17] Relatório do Acórdão n. 290/2018-Plenário.

115. Como a precificação das modificações contratuais é feita sempre a partir de preços de referência da Administração, ou seja, aqueles considerados como limite para as contratações públicas, estes novos investimentos possuem condições mais vantajosas para os concessionários, razão pela qual são reiterados os pedidos de inclusão destes novos investimentos. Verifica-se que a ANTT não tem levado em conta a vantagem conseguida durante o procedimento licitatório, bem como quaisquer limites para tais inclusões. (Relatório do Acórdão n. 290/2018-Plenário)

Esse apontamento foi feito no âmbito do Processo n. 012.831/2017-4, no qual o TCU questionou o reequilíbrio contratual promovido pela ANTT no contrato de concessão da BR-101/BA/ES em decorrência dos impactos do art. 16 da Lei n. 13.103/2015 (Lei dos Caminhoneiros), que aumentou a tolerância dos limites de peso bruto transmitido por eixo de veículos à superfície das vias públicas, elevando os custos de manutenção do pavimento das concessionárias. No caso concreto, o TCU questionou a aplicação da Resolução n. 3.651/2011, pois o contrato de concessão já teria precificado os custos de manutenção do pavimento no plano de negócios apresentado pela concessionária, representando um critério de mercado, o que afastaria a utilização do SICRO para recomposição do equilíbrio contratual.

Em relação aos contratos de concessão da 1ª Etapa do Procofe, o Tribunal questionou a utilização dos custos previstos nos planos de negócios contratados para precificação de novos investimentos por entender que eles não refletiriam a realidade de mercado, considerando a melhoria das condições econômicas nacionais desde a realização dos procedimentos licitatórios nos anos 1990.

Já em relação aos contratos da 2ª Etapa do Procofe, celebrados em um momento de relativa estabilidade econômica, com perspectivas de crescimento nacional e com deságios relevantes em relação às tarifas básicas de pedágio, o Tribunal passou a sustentar a necessidade de utilização dos custos previstos nos planos de negócios contratados para precificar os novos investimentos, em substituição ao SICRO, considerando que eles poderiam resultar em reequilíbrios contratuais mais benéficos ao Poder Concedente e usuários em termos de valores (menor aumento das tarifas).

Verifica-se, portanto, mais uma alteração de posicionamento do TCU sobre a matéria, divergente de seu entendimento anterior quanto à adequação e relevância da utilização da metodologia do fluxo de caixa marginal no caso da inclusão de novos investimentos nos contratos de concessão rodoviária.

Esse posicionamento do TCU, além de desconsiderar completamente a regulamentação estabelecida pela ANTT, subverteu a alocação de riscos contratuais ao impor às Concessionárias que executassem obras adicionais, supervenientes e imprevistas, a partir dos custos considerados em suas propostas para realidades distintas.[18] O entendimento da doutrina é no sentido de não ser razoável exigir a execução de novos investimentos por concessionária com remuneração fixada a partir da TIR contratual calculada em realidade econômica anterior e distinta do momento de inclusão desses novos investimentos no contrato de concessão:

> [...] Valer-se da TIR original – seja a do projeto, seja a do acionista – para ajustar desequilíbrios advindos de exigências não previstas no momento em que fora fixada carece de lógica.
>
> Tratar a nova decisão de investimento com base em taxas de retorno afetas a período marcado por traços econômicos discrepantes mostra-se inadequado: faz necessário analisar o custo de oportunidade e o contexto econômico presente ao momento da nova decisão de investimento para rentabiliza-la de modo correto. [...]
>
> Por outro lado, considerando-se situação inversa em que a taxa de retorno pretérita mostre-se aquém daquelas praticadas no cenário presente ao tempo do novo investimento, o retorno proporcionado ao parceiro privado seria insuficiente para remunera-lo adequadamente. Essa circunstância poderia gerar a situação de juros negativos, impondo ao investidor novo aporte de recursos com rentabilidade (pautada em cenário pretérito) inferior ao seu custo de captação (aferido no cenário presente).[19]

As críticas à metodologia do fluxo de caixa marginal foram reiteradas pelo TCU no Acórdão n. 1.174/2018-Plenário (Processo n. 028.343/2017-4),

---

[18] Esse foi o posicionamento do Ministério Público junto ao TCU em seu parecer sobre o assunto, concluindo que não pode ser transferido à concessionária o risco de ser obrigada a executar novos e imprevistos investimentos, considerando o desconto oferecido em sua proposta comercial, o que pode comprometer sua remuneração e o equilíbrio econômico-financeiro do contrato de concessão.

[19] Moreira e Guzela (2017, p. 353-354)

referente ao acompanhamento do primeiro estágio de desestatização, relativo à concessão do lote rodoviário denominado Rodovia de Integração do Sul (RIS).

Nesse caso, novamente o TCU teceu críticas ao modelo do fluxo de caixa marginal, que possibilitaria a inclusão de novos investimentos com preços superiores aos contratados, apesar do limite de valor relacionado ao SICRO, a partir de projetos desenvolvidos pelas próprias concessionárias, em assimetria de informações com a agência, o que geraria um desequilíbrio em desfavor dos usuários, exigindo a revisão da Resolução n. 3.651/2011 para se privilegiar as condições efetivas das propostas das concessionárias.

Além disso, segundo a Unidade Técnica do TCU, a ANTT estaria tolerando expressivo inadimplemento contratual por parte das concessionária, que não estariam executando as obras e os investimentos originalmente previstos no contrato, tidos como "mais baratos", já que seus preços foram objeto de concorrência durante a licitação e sofreram deságios, os quais estariam sendo substituídos por novos investimentos "mais caros", a partir do preço limite do SICRO e outros referenciais oficiais de mercado. É importante esclarecer que o apontamento de inadimplementos contratuais alegados pela Unidade Técnica não distinguiu os motivos dessa inexecução, que em muitos casos pode decorrer de fatos supervenientes, imprevistos e alheios à esfera de controle das concessionárias, como é o caso dos expressivos atrasos na emissão das licenças ambientais e na realização das desapropriações nos contratos da 3ª Etapa do Procofe, que fragmentaram e impediram a regular execução de grande parte das obras de melhoria e ampliação da capacidade em diversos contratos.

Considerando o deságio oferecido pelas licitantes nos últimos leilões de rodovias e os problemas apontados pelo TCU durante a execução contratual, especificamente em relação aos índices de inadimplemento contratual e à inserção de novos investimentos, no Acórdão n. 1.174/2018-Plenário, a Secretaria de Fiscalização de Infraestrutura Rodoviária e de Aviação Civil do TCU (SeinfraRodovia) optou por privilegiar a análise dos elementos estruturantes da minuta do contrato de concessão, que teriam proporcionado uma alegada baixa eficiência do serviço público concedido, em especial os mecanismos de aditamento para execução de novos investimentos.

A SeinfraRodovia propôs que fosse determinado à ANTT que aprimorasse as regras da minuta do contrato de concessão concernente à inclusão de novas obras e investimentos, de forma a mais bem aproveitar as condições da proposta contratada, estabelecendo limites e condições, inclusive quanto aos objetos que não poderiam ser incluídos, sob pena de desvirtuamento do objeto, e evitasse repassar aos usuários os custos das novas obras e investimentos. Até que fossem atendidas a todas essas determinações, a SeinfraRodovia também propôs que a ANTT se abstivesse de licitar a concessão da RIS.

Evidencia-se que a fiscalização e os apontamentos feitos pela SeinfraRodovia denotam uma indevida aproximação, e até mesmo certa confusão, entre contratos de concessão e contratos de obras públicas, especialmente quanto a limites, condições, riscos e critérios de orçamentação de novos investimentos em concessões.

Em razão das discussões e dos apontamentos feitos pelo TCU no Processo n. 028.343/2017-4, antes do julgamento de seu mérito, a ANTT adotou as seguintes medidas em relação aos mecanismos, às condições e aos limites para a inclusão de novos investimentos no contrato de concessão:

a) vedação à inclusão de investimentos em ampliação de capacidade e melhorias nos primeiros e nos últimos cinco anos do contrato;
b) inclusão de novos investimentos restrita às revisões quinquenais;
c) instituição de estoque de obras,[20] com vedação à inclusão de obras de melhorias por fluxo de caixa marginal (FCM) antes de seu término.

Todavia, a agência não concordou com a determinação para se estipular previamente na minuta do contrato os objetos que não poderiam ser eventualmente incluídos ou excluídos durante a concessão, especialmente por se tratar de um contrato de longo prazo, mutável e dinâmico,

---

[20] Além das obras identificadas como necessárias pelo estudo de viabilidade, foram previstas outras a serem implantadas sob demanda da ANTT ao longo do tempo. Caso se verifique a necessidade de execução dessas obras adicionais, a agência demanda da concessionária a sua execução, dando baixa no estoque, sem necessidade de revisão tarifária. Essa solução atende à necessidade alegada pelo TCU de se aproveitar as condições da proposta vencedora da licitação, já que o deságio ofertado incidirá também sobre o estoque de melhorias.

que não poderia se submeter à rigidez e aos estritos limites dos contratos de obras públicas regidos pela Lei n. 8.666/1993.

Apesar de o Plenário do TCU não ter acolhido a proposta de estipulação de obras/investimentos que não pudessem ser excluídos ou incluídos ao longo da concessão, no Acórdão n. 1.174/2018-Plenário, determinou-se que a ANTT aprimorasse as regras da minuta do contrato de concessão da RIS concernente à inclusão de novas obras e investimentos, estabelecendo limites e condições para a inclusão de obras, a fim de evitar o desvirtuamento do objeto contratado, e compatibilizasse a inclusão de novos investimentos à regra do art. 9º da Lei n 8.987/1995 (regulação por incentivo), evitando repassar totalmente aos usuários os custos dessas novas obras.

Em relação à última determinação, é relevante observar que a sistemática do fluxo de caixa marginal não elimina o risco da concessionária pela variação ordinária de custos, pois, ainda que os novos investimentos fossem orçados com base em referenciais oficiais de mercado, como o SICRO, caso fosse verificado um aumento ordinário dos custos do novo investimento, não caberia nenhum reequilíbrio à concessionária, conforme a Resolução n. 3.651/2011.

Nesse caso restou evidenciada uma nova faceta da atuação do TCU em relação aos projetos de concessão rodoviária, passando o Tribunal a influenciar fortemente a definição e modelagem dos projetos de concessão, mesmo que o Tribunal tenha, ao final, emitido determinações genéricas, vazadas em conceitos amplos e fundamentadas em princípios jurídicos. Isso porque, seja para acelerar e agilizar a aprovação dos estudos e realização da licitação ou para evitar possíveis responsabilizações pessoais de agentes públicos, tendo se tornado recorrente na atividade administrativa o chamado "medo de se decidir", a ANTT acolheu diversas propostas da SeinfraRodovia antes mesmo de qualquer deliberação de mérito pelo Plenário do TCU.

Esse caso emblemático explicita ainda mais a interferência do TCU na regulação setorial, ao ponto de o Tribunal analisar detalhadamente toda a modelagem técnica e jurídica de um projeto de concessão rodoviária, impondo, ao menos sob o temor de responsabilização pessoal, a adoção de certas opções regulatórias – algumas, destaque-se, contrárias à própria lógica jurídica do direito das concessões e à regulação setorial desenvolvida pela ANTT.

3. Propostas para Aprimoramento da Atividade de Controle do TCU

Pela análise crítica da origem e evolução da jurisprudência do TCU a respeito da execução de novos investimentos em contratos de concessão rodoviária, fica claro que o Tribunal, efetivamente, não exerce apenas um controle de segunda ordem sobre as atividades-fim da ANTT, atuando, em muitos casos, como efetivo regulador do setor, ao ponto de alterar e modelar, seja induzindo ou expedindo determinações diretas, a sistemática de execução desses novos investimentos e de recomposição do equilíbrio contratual.

Como se verificou neste capítulo, o setor de concessões rodoviárias ilustra claramente a drástica mudança da atuação da Corte de Contas, que, sob a intenção de realizar o controle de segunda ordem da legalidade, legitimidade e economicidade da regulação desenvolvida pela ANTT, tem, em grande medida, substituído a própria agência, produzindo ou obstando regulações setoriais específicas. Essa atuação do TCU é emblemática nas discussões sobre inclusão de novos investimentos em contratos de concessão rodoviária, que retratam a paulatina alteração, evolução e contradição do posicionamento da Corte de Contas sobre a matéria.

A atuação direta do TCU no setor de infraestrutura, especificamente no setor de rodovias, é uma realidade há muito tempo, o que indica a necessidade de discussão sobre essa questão para além das perspectivas jurídica e institucional e quanto às competências do Tribunal e à autonomia que deveriam gozar as agências em relação à Corte de Contas no exercício de suas competências regulatórias.

Entendemos que o sistema jurídico brasileiro já apresenta importantes instrumentos que podem aprimorar a atividade de controle exercida pelo TCU em relação às agências reguladoras, promovendo segurança jurídica na regulação setorial e na execução de contratos de concessão.

Um bom exemplo da atuação positiva do TCU para o aprimoramento da atividade de regulação é aquele em que a Corte de Contas analisa os procedimentos, a organização e a governança das Agências para sugerir melhorias e o fortalecimento dos mecanismos de regulação, como o fez por meio dos Acórdãos n. 2.261/2011 e n. 240/2015.

Não obstante, as eventuais fragilidades dos órgãos reguladores não deveriam servir para que a atividade de controle externo assumisse as competências deles, substituindo-os em suas finalidades regulatórias. Tais fragilidades devem ser enfrentadas pela atividade de controle externo por meio dos mecanismos de controle, como bem tratados nos dois acórdãos mencionados, cobrando do Poder Executivo que melhor instrumentalize suas entidades de regulação.

A CF/1988 não entregou competência para o Tribunal de Contas da União substituir ao administrador público, em especial, ao órgão regulador, para aplicar sua própria compreensão do que seria mais adequado ao interesse público em determinada atuação administrativa fundada em norma legal.

O inciso IX do Art. 71 é expresso em autorizar ao TCU assinar prazo "para que órgão ou entidade adote as providências necessárias ao exato cumprimento da lei, **se verificada ilegalidade**" (grifo nosso). Isso significa que o TCU não pode fazer um crivo discricionário sobre se determinado investimento em concessão rodoviária é mais ou menos relevante que outro e, portanto, escolher no lugar do Poder Concedente qual a melhor medida a ser adotada. A lei expressamente entregou à agência reguladora essa incumbência, por sua tecnicidade e capacidade de planejamento de longo prazo.

Outra discussão adviria de eventual dúvida do controlador (TCU) se o agente público lotado em determinada Agência Reguladora estivesse agindo com desvio de finalidade e/ou submetido à corrupção. Nesse caso, o processo de auditoria dentro do TCU deveria comprovar tais desvios para anular o ato e adotar as medidas de afastamento do dito agente infrator. Mesmo nessa hipótese, não poderia o TCU substituir o órgão e escolher qual o melhor modelo de concessões ou qual iniciativa mais bem alcançaria o interesse público regulatório; restaria ao controle externo anular o ato tido como ilegal e determinar à agência que produzisse outro ato compatível com a legalidade, sem imiscuí-lo no conteúdo discricionário legal e factual.

Isso também se evidencia na norma constitucional contida no inciso VIII do Art. 71, prevendo a aplicação de sanções pelo TCU apenas aos responsáveis que tenham cometido **ilegalidade** de despesa ou **irregularidade** de contas. Se o modelo de concessões ou as prioridades de investimentos em dada concessão, adotadas pela Agência Reguladora (conforme aos seus procedimentos internos decisórios), não for aquele que mais coaduna com a opinião técnica do TCU (mesmo que bem amparada na economicidade), não poderia em hipótese alguma haver sugestão de aplicação de penalidades contra o agente que tem a obrigação funcional de decidir. A constituição não dá espaço algum ao controle externo para interferir na atividade-fim da regulação, pois "somente na hipótese de ser identificada **ilegalidade** é que poderá haver sustação do ato administrativo pela atividade de controle externo".[21]

O artigo art. 84 da CF/1988 igualmente não deixa margem a dúvidas sobre quem detém a competência privativa para dirigir a administração federal, para expedir decretos e regulamentos, tudo visando dar fiel execução às leis. A competência, repita-se, é privativa do Poder Executivo. Não há qualquer outra norma constitucional que permita o compartilhamento dessa responsabilidade com o Tribunal de Contas da União. Ao contrário, a interpretação sistemática do texto constitucional não entrega competência à atividade de controle externo de praticar ato administrativo no lugar da administração pública, salvo a possibilidade de, no máximo, sustar o ato administrativo tido por ilegal:

> A interpretação sistemática do texto constitucional reforça, portanto, a compreensão obtida da interpretação literal anteriormente demonstrada, de que é possível haver um ato administrativo tido por antieconômico (pelo controle externo ou pelo controle interno), mas que não seja ilegal.
> Sendo contrário à economicidade, o papel da atividade de controle externo é apenas sugestivo/indicativo à entidade governamental responsável, não podendo alterar o ato e o contrato unilateralmente (salvo a específica hipótese orçamentária prevista no artigo 72, quando o Congresso poderá adotar ato de sustação). O ato ou contrato administrativo tido como antieconômico poderá apenas ser revogado ou alterado pelo próprio Poder competente para sua prática, não sendo possível serem anulados ou sustados seus efeitos (já que inexistente o vício da ilegalidade).
> Se o ato ou contrato for contrário à legalidade, então a atividade de controle externo poderá se substituir à entidade governamental, retirando eficácia do ato e do contrato tido como ilegal. O Poder competente poderá anular esse ato ou contrato.[22]

O Brasil não possui a abertura constitucional para que órgãos, entidades e agências compitam entrem si de modo a ocuparem paulatino

---

[21] Salles (2016, p. 237).
[22] Salles (2016, p. 237).

espaço decisório, como acontece em sistemas como o do *commom law* sob a guarda do princípio da deferência. Na prática atual brasileira é exatamente isso que vem ocorrendo: relativa fragilidade da administração pública nacional está permitindo que órgãos mais bem estruturados, como o TCU, sintam-se autorizados a exercer funções e encargos de outrem, sem qualquer competência constitucional para tanto, muitas vezes causando extrema insegurança jurídica.

Além de insegurança jurídica, ao misturar sua função constitucional de controlar a legalidade de atos administrativos com a outra função inconstitucional de administrar a coisa pública, o TCU acaba por cometer graves injustiças ao sancionar agentes públicos honestos que agem sob fundamento em norma legal, mas de forma diferente do que posteriormente técnicos da Corte de Contas compreendem como adequado perante o caso concreto.

Por causa dessas confusões, o Congresso Nacional editou a Lei n. 13.655/2018 (LINDB) buscando dar maior racionalidade à atividade de controle.

O art. 20 da LINDB[23] impõe um importante condicionante à atividade de controle do TCU ao impedir que o Tribunal decida com base em valores jurídicos abstratos e sem que sejam consideradas as consequências práticas de suas decisões, devendo ainda a motivação de suas decisões demonstrar a necessidade e adequação da medida imposta, considerando as demais possíveis alternativas.

A previsão e consideração dos efeitos práticos do controle exercido pelo TCU na regulação desenvolvida pelas agências é indispensável para comprovar a compatibilidade de suas decisões e determinações com os valores abstratos e princípios jurídicos utilizados como fundamento de sua atuação, ponderando-se igualmente os efeitos práticos dessas decisões e determinações comparativamente a outras possíveis soluções e alternativas ao caso concreto analisado. Obviamente que isso não pode significar a substituição do regulador pelo TCU, ou seja, não

---

[23] LINDB. "Art. 20. Nas esferas administrativa, controladora e judicial, não se decidirá com base em valores jurídicos abstratos sem que sejam consideradas as consequências práticas da decisão. Parágrafo único. A motivação demonstrará a necessidade e a adequação da medida imposta ou da invalidação de ato, contrato, ajuste, processo ou norma administrativa, inclusive em face das possíveis alternativas".

deveria o controlador escolher qual o ato a ser praticado pela agência controlada.

O TCU pode invalidar o ato administrativo ilegal, e não escolher qual o ato a ser produzido, em especial se for produto de uma competência discricionária. Especificamente quanto a esse aspecto, é de grande relevância que o Tribunal avalie a proporcionalidade e razoabilidade de suas decisões e determinações, não apenas em si mesmas, devendo ser considerados igualmente seu impacto no setor e os efeitos caso fossem adotadas outras soluções alternativas. Todas as alternativas devem igualmente ser examinadas e ponderadas pelo TCU, sendo inválida sua decisão que "infringir a proporcionalidade, ainda que possa ser reputada como compatível com as normas jurídicas consideradas de modo genérico".[24]

Essa necessidade de expressa consideração das consequências jurídicas e administrativas se impõe no caso de o TCU decretar a invalidade de atos, contratos, ajustes, processos ou normas atinentes às agências reguladoras, conforme exigido pelo art. 21 da LINDB.[25] Não poderá o Tribunal invalidar atos, negócios jurídicos ou norma administrativa quando disso decorrerem estados jurídicos ou administrativos inconstitucionais e/ou inexequíveis, devendo ainda as consequências jurídicas indicadas serem certas, prováveis, e não apenas plausíveis e imediatas, fundamentadas em alguma base, lógica e empírica, de evidenciação.[26]

Outra questão de grande relevância verificada no presente trabalho se refere às mudanças de entendimento do TCU a respeito de um determinado assunto, outrora debatido e pacífico no Tribunal, que resultou em normas e uma prática regulatória consolidada pela ANTT, como é caso da metodologia do fluxo de caixa marginal para recomposição do equilíbrio contratual decorrente da inclusão de novas obras e investimentos. Não obstante o TCU tenha induzido a criação dessa metodologia

---

[24] Justen Filho (2018, p. 33).
[25] LINDB. "Art. 21. A decisão que, nas esferas administrativa, controladora ou judicial, decretar a invalidação de ato, contrato, ajuste, processo ou norma administrativa deverá indicar de modo expresso suas consequências jurídicas e administrativas. Parágrafo único. A decisão a que se refere o *caput* deste artigo deverá, quando for o caso, indicar as condições para que a regularização ocorra de modo proporcional e equânime e sem prejuízo aos interesses gerais, não se podendo impor aos sujeitos atingidos ônus ou perdas que, em função das peculiaridades do caso, sejam anormais ou excessivos".
[26] Mendonça (2018, p. 48-50).

e manifestado expressamente sua adequação para os fins pretendidos, o Tribunal, posteriormente, passa a criticá-la duramente, chegando ao ponto de questionar a legalidade e regularidade de seus efeitos em reequilíbrios contratuais aprovados, como é o caso do citado Acórdão n. 290/2018-Plenário, não obstante tais reequilíbrios tenham sido aprovados à luz das normas e orientações gerais, inclusive da jurisprudência da Corte de Contas, vigentes à época.

Para esse caso, ganha relevância o disposto no art. 24 da LINDB,[27] que exige que a revisão na esfera controladora quanto à validade de ato e contrato administrativo, cuja produção já se houver completado, levará em conta as orientações gerais da época, não sendo possível que, com base em mudança posterior de orientação geral, se declarem inválidas as situações já constituídas.

A LINDB, em seu art. 6º, já estabelecia o princípio da irretroatividade da Lei, em respeito ao ato jurídico perfeito, direito adquirido e à coisa julgada. Garantir a segurança jurídica não é apenas assegurar a não aplicação das novas normas jurídicas a situações jurídicas e fáticas já consolidadas, mas também assegurar uma nova interpretação das normas jurídicas a situações já consolidadas, especialmente em decisões administrativas, cujo entendimento assumido é do próprio Estado.[28] A segurança jurídica tem uma dimensão de estabilidade, para garantir perenidade aos atos jurídicos e aos respectivos efeitos, mesmo quando houver mudança nas normas ou no entendimento dessas normas, e uma dimensão de previsibilidade, evitando mudanças bruscas, surpresas e até mesmo armadilhas.[29]

O TCU já reconheceu a aplicação do art. 24 da LINDB como um limitador e condicionador de sua atividade de controle na revisão de

---

[27] LINDB. "Art. 24. A revisão, nas esferas administrativa, controladora ou judicial, quanto à validade de ato, contrato, ajuste, processo ou norma administrativa cuja produção já se houver completado levará em conta as orientações gerais da época, sendo vedado que, com base em mudança posterior de orientação geral, se declarem inválidas situações plenamente constituídas. Parágrafo único. Consideram-se orientações gerais as interpretações e especificações contidas em atos públicos de caráter geral ou em jurisprudência judicial ou administrativa majoritária, e ainda as adotadas por prática administrativa reiterada e de amplo conhecimento público".
[28] Câmara (2018, p. 116-117).
[29] Marques Neto (2018, p. 99).

contratos de concessão de rodovias federais. No caso concreto, a partir de representação do Ministério Público de Contas junto ao TCU, o Tribunal, inicialmente, determinou que as concessionárias de rodovias da 1ª e 2ª Etapas do Procofe deveriam prestar gratuitamente aos usuários, sem custos adicionais além do pagamento da tarifa de pedágio, o serviço de arrecadação eletrônica da tarifa (arrecadação automática), não obstante desde a realização das licitações haja interpretação dominante e razoável sobre a possibilidade de cobrança pela prestação desse serviço adicional e facultativo aos usuários. Por meio do Acórdão n. 174/2019-Plenário, o Ministro Relator Benjamin Zymler reconheceu que a atual interpretação do TCU sobre o assunto representava mudança de entendimento, que se pretendia aplicar a casos já consolidados:

> Segundo a doutrina e a jurisprudência aplicáveis, a mudança de interpretação de norma administrativa não deve ser aplicada a situações pretéritas nas quais seja observada, além do entendimento defensável, a boa-fé do administrado, sob pena de violar os princípios da segurança jurídica e da proteção da confiança.
> [...]
> Importa salientar ainda que, recentemente, foi editada a Lei n. 13.655/2018, com o fito de incluir no Decreto-Lei n. 4.657, de 4/9/1942 (Lei de Introdução às Normas do Direito Brasileiro), disposições sobre segurança jurídica e eficiência na criação e na aplicação do direito público. No que concerne à vedação de mudança de interpretação de uma situação constituída, como a que ora se examina, a mencionada Lei acrescentou ao Decreto-Lei em tela o art. 24 [...]. (Voto do Acórdão n. 174/2019-Plenário)

Por fim, a intensificação do controle da atividade regulatória pelo TCU também produziu externalidades negativas à regulação setorial para além dos atos questionados e revisados pelo Tribunal, prejudicando e postergando a decisão de outras questões pelas agências reguladoras, como forma de se evitar possíveis penalizações pessoais dos agentes públicos, inclusive patrimonial. Em muitos casos, a divergência de entendimento técnico entre os agentes públicos e os técnicos do TCU resultou em penalização e responsabilização desses agentes públicos, ainda que imbuídos de boa-fé e fundamentados em razoáveis estudos técnicos e jurídicos, o que gera o "medo de decidir" da Administração, o "apagão das canetas".

Diante dessa realidade, a LINDB novamente apresenta importantes mecanismos para aprimoramento do controle do TCU em relação às agências reguladoras ao resguardar, em seu art. 28,[30] que o agente público não responderá pessoalmente por suas decisões ou opiniões técnicas, mas apenas no caso de dolo ou erro grosseiro.

Esse dispositivo garante algo singelo, mas de suma importância para o regular desenvolvimento da regulação setorial com a devida segurança jurídica: que o agente público não será punido ou responsabilizado apenas pelo estrito cumprimento de suas competências e atribuições legais. Presume-se a legalidade dos atos administrativos praticados, a boa-fé, a moralidade e probidade do agente público, cabendo ao TCU, no exercício do controle externo, comprovar o elemento subjetivo do agente público – dolo ou culpa grave. O dolo é aferível quando são violados as normas e os princípios da Administração Pública por meio de uma ação ou omissão intencional e deliberada. Já o erro grosseiro pode ser aferido na atuação ou omissão do agente público por negligência, imperícia ou imprudência no exercício de suas competências legais.

Como esclarecem Gustavo Binenbojm e André Cyrino (2018, p. 221), o art. 28 da LINDB constitui uma cláusula geral do erro administrativo, com a finalidade de oferecer segurança jurídica ao agente público com boas motivações, porém falível como qualquer pessoa, incentivando a adoção de soluções inovadoras por pessoas honestas, capazes e bem-intencionadas.

Esse dispositivo pode gerar importantes incentivos no sentido de contribuir para a melhor fundamentação das decisões administrativas, por meio de uma adequada processualização, para evitar qualquer risco de responsabilização, bem como exigir do controlador, como o TCU, a devida fundamentação de seus apontamentos e propostas, que deverá demonstrar, por provas concretas, que o ato questionado foi praticado pelo agente público maculado por dolo ou erro grosseiro.[31]

As medidas ora apresentadas pretendem amoldar o controle externo exercido na prática pelo TCU em relação às agências reguladoras, representando mais um *front* de discussão para aprimoramento tanto do controle quanto da regulação setorial brasileira.

---

[30] LINDB. "Art. 28. O agente público responderá pessoalmente por suas decisões ou opiniões técnicas em caso de dolo ou erro grosseiro".

[31] Marques Neto e Freitas (2018).

Referências

BANDEIRA DE MELLO, Celso Antônio. *Discricionariedade e controle jurisdicional*. 2. ed., 9. tiragem. São Paulo: Malheiros, 2008.

BINENBOJM, Gustavo; CYRINO, André. O art. 28 da LINDB: a cláusula geral do erro administrativo. *Revista de Direito Administrativo*, Rio de Janeiro, edição especial, p. 203-224, nov. 2018.

CÂMARA, Jacintho Arruda. Art. 24 da LINDB: irretroatividade de nova orientação geral para anular deliberações administrativas. *Revista de Direito Administrativo*, Rio de Janeiro, edição especial, p. 43-61, nov. 2018.

GITMAN, Lawrence J. *Princípios de administração financeira*. 12. ed. São Paulo: Pearson Prentice Hall, 2010.

JUSTEN FILHO, Marçal. Considerações sobre a equação econômico-financeira das concessões de serviço público: a questão da TIR. In: MOREIRA, Egon Bockmann (coord.). *Contratos administrativos, equilíbrio econômico-financeiro e a taxa interna de retorno*: a lógica das concessões e parcerias público-privadas. Belo Horizonte: Fórum, 2017.

JUSTEN FILHO, Marçal. Art. 20 da LINDB: dever de transparência, concretude e proporcionalidade nas decisões públicas. *Revista de Direito Administrativo*, Rio de Janeiro, edição especial, p. 13-41, nov. 2018.

MARQUES NETO, Floriano de Azevedo. Art. 23 da LINDB: o equilíbrio entre mudança e previsibilidade na hermenêutica jurídica. *Revista de Direito Administrativo*, Rio de Janeiro, edição especial, p. 93-112, nov. 2018.

MARQUES NETO, Floriano de Azevedo; FREITAS, Rafael Véras. O artigo 28 da nova LINDB: um regime jurídico para o administrador honesto. *Conjur*, 25 maio 2018. Disponível em: https://www.conjur.com.br/2018-mai-25/opiniao-lindb-regime-juridico-administrador-honesto. Acesso em: 26 fev. 2019.

MENDONÇA, José Vicente Santos de. Art. 21 da LINDB: indicando as consequências e regularizando atos e negócios. *Revista de Direito Administrativo*, Rio de Janeiro, edição especial, p. 43-61, nov. 2018.

MOREIRA, Egon Bockmann; GUZELA, Rafaella Peçanha. Contratos administrativos de longo prazo, equilíbrio econômico-financeiro e a Taxa Interna de Retorno (TIR). In: MOREIRA, Egon Bockmann (coord.). *Contratos administrativos, equilíbrio econômico-financeiro e a taxa interna de retorno*: a lógica das concessões e parcerias público-privadas. Belo Horizonte: Fórum, 2017.

PEREIRA, Gustavo Leonardo Maia. TCU como regulador de segunda ordem. *Migalhas*, São Paulo, 27 nov. 2018. Disponível em: https://www.migalhas.com.br/dePeso/16,MI291733,101048-TCU+como+regulador+de+segunda+ordem. Acesso em: 20 fev. 2019.

RIBEIRO, Maurício Portugal. *Concessões e PPPs*: melhores práticas em licitações e contratos. São Paulo: Atlas, 2011.

SALLES, Alexandre Aroeira. Ação de improbidade, controle externo e economicidade. *Revista de Direito Administrativo*, Rio de Janeiro, v. 271, p. 223-250, jan./abr. 2016.

SUNDFELD, Carlos Ari; CÂMARA, Jacintho Arruda. O Tribunal de Contas da União e a regulação. *Fórum de Contratação e Gestão Pública*, Belo Horizonte, v. 14, n. 159, p. 32-37, mar. 2015.

ZYMLER, Benjamin. O papel do Tribunal de Contas da União no controle das Agências Reguladoras. *Fórum Administrativo – Direito Público*, Belo Horizonte, ano 2, n. 11, jan. 2002.

PARTE 3

TRIBUNAL DE CONTAS DA UNIÃO E O CONTROLE DAS CONTRATAÇÕES PÚBLICAS

Capítulo 10
O Valor das Decisões do Tribunal de Contas da União sobre Irregularidades em Contratos

Carlos Ari Sundfeld, Jacintho Arruda Câmara,
Vera Monteiro e André Rosilho

Introdução[1]
Iniciativas de mudança jurídica das contratações estatais têm se mantido no centro da agenda de reformas brasileiras desde o Decreto-lei n. 200, de 1967, um texto normativo ambicioso que tentou criar uma disciplina geral para as licitações e contratos, para o controle da ação administrativa e também para a organização da administração. Desde então, o movimento legislativo foi sempre intenso, inclusive como reflexo da forte presença direta do estado na economia. Era natural também que, aos poucos, diversas instituições estatais de controle fossem criadas ou fortalecessem sua atuação no campo contratual. Os Tribunais de Contas, o Judiciário, os Ministérios Públicos, as Polícias, o Conselho Administrativo de Defesa Econômica (Cade), as Controladorias internas, todos eles são chamados a analisar a regularidade de licitações e contratos, como parte da luta contra a corrupção e os cartéis, ou dos esforços de melhoria da gestão pública ou de implantação de políticas públicas específicas.

A adequada convivência desse complexo de órgãos de controle exige clareza quanto ao âmbito de competências de cada um e quanto aos modos

---

[1] Os autores registram e agradecem a participação do advogado Liandro Domingos na pesquisa normativa e de decisões do TCU e do Judiciário que deu origem ao presente estudo.

como elas devem se relacionar. Uma vez que um mesmo contrato pode ser analisado e questionado em todos esses âmbitos, o desafio é saber qual o valor jurídico dos processos e decisões de cada um. É o que se pretende analisar, tendo como foco o Tribunal de Contas da União (TCU).

Na condição de instituição independente de estado, com função de auditoria externa da administração pública brasileira, o TCU fiscaliza, por meio de processos de natureza não judicial, a regularidade jurídica dos contratos da administração pública. O objetivo do presente capítulo é, então, discutir o valor jurídico dos elementos contidos nesses processos administrativos de controle.

Na instrução dos processos, os órgãos técnicos do TCU manifestam opiniões sobre a regularidade dos contratos, que servem como elementos de informação para a deliberação.[2] Esta, quando tomada em colegiado pelos ministros[3] (nas câmaras ou no plenário), adota a forma de acórdão,

---

[2] Por força da Constituição (CF, art. 37, II) e da lei orgânica do TCU (art. 77), o corpo técnico do TCU é selecionado por concurso público, nomeado pelo Presidente da República e adquire estabilidade (art. 79). Normalmente, ele é bastante plural, refletindo a amplitude do escopo de atuação do TCU e a multiplicidade de temas com os quais ele tem de lidar. Engenheiros, bacharéis em Direito, economistas, contadores, etc. confluem para o desempenho das mais variadas tarefas de auditoria externa e para a instrução de processos de fiscalização. Compete aos auditores dirigir a instrução dos processos que lhes forem designados, tendo de relatá-los com proposta de decisão a ser votada pelos integrantes do plenário ou de uma das câmaras do TCU (ministros). Os auditores do TCU são distribuídos por sua Secretaria, à qual incumbe a prestação de apoio técnico e a execução dos serviços administrativos em geral (art. 85 da Lei Orgânica do TCU). De acordo com a Resolução TCU n. 253, de 2012, a Secretaria do Tribunal de Contas atualmente possui a seguinte estrutura: unidades básicas (Secretaria-Geral da Presidência, Secretaria-Geral do Controle Externo e Secretaria-Geral de Administração); Secretaria de Controle Interno; Secretaria de Planejamento, Governança e Gestão; unidades de assessoramento (Gabinete do Presidente; Gabinete do Corregedor; Gabinetes de ministro, de ministro-substituto e de membro do Ministério Público junto ao Tribunal de Contas); e órgãos colegiados da Secretaria do TCU (art. 3º).

[3] O corpo decisório do TCU é composto por nove ministros (CF, art. 73). Eles devem ser nomeados dentre os brasileiros que tenham "mais de trinta e cinco e menos de sessenta e cinco anos de idade" (art. 73, § 1º, I); "inidoneidade moral e reputação ilibada" (art. 73, § 1º, II); "notórios conhecimentos jurídicos, contábeis, econômicos, financeiros ou de administração pública" (art. 73, § 1º, III); "mais de dez anos de exercício de função ou de efetiva atividade profissional que exija os conhecimentos mencionados no inciso anterior" (art. 73, § 1º, IV). A escolha dos ministros deve se dar "um terço pelo Presidente da República, com aprovação do Senado Federal, sendo dois alternadamente dentre auditores e membros do

o qual transcreve as opiniões dos órgãos técnicos, sem que isso signifique que tenham sido acolhidas, total ou parcialmente. Assim, as opiniões dos órgãos técnicos não têm efeito jurídico direto próprio, isto é, não são vinculantes, nem interna nem externamente.

Mas qual é o valor jurídico dos acórdãos dos ministros do TCU? Como diversos deles podem ser editados no curso da fiscalização de um contrato, é comum que, em acórdão preliminar, os ministros deliberem entendendo um contrato como irregular e, depois de esclarecimentos e nova instrução, em novo acórdão considerem o mesmo contrato como regular. Assim, até que seja editado o acórdão com a deliberação dos ministros no último dos recursos cabíveis, nenhuma declaração de irregularidade, contida em acórdão editado nas fases preliminares, será vinculante e final para o próprio TCU.

Daí uma primeira dificuldade, a ser explorada no presente estudo, que é a de identificar quando um acórdão do TCU em processo de fiscalização é ou não um acórdão final. A segunda dificuldade é determinar qual é o valor, para o Judiciário, dessas decisões finais do TCU. Os juízes dependem delas para julgar conflitos que envolvam a questão da regularidade de contratos estatais? De outro lado, decisões finais do TCU podem ser revistas pelo Judiciário, por provocação de pessoa legitimada?

São essas as questões que norteiam o presente capítulo. Além desta introdução, o texto está dividido em mais três itens e uma conclusão. O item inicial apresenta o TCU e procura entender em linhas gerais o regime jurídico em que exerce suas competências. O seguinte (item 2) é sobre o *valor interno* das decisões do TCU que venham a considerar irregular uma contratação estatal. Ele procura identificar o critério para distinguir as decisões provisórias, modificáveis posteriormente pelo próprio Tribunal, das decisões definitivas, que fazem coisa julgada administrativa no âmbito interno do TCU. O último item é sobre o *valor externo* das decisões definitivas do TCU, tema que propõe a consideração de dois problemas: de um lado, o da possibilidade de o Judiciário julgar

---

Ministério Público junto ao Tribunal [...]" (art. 73, § 2º, I) e "dois terços pelo Congresso Nacional" (art. 73, § 2º, II). Uma vez no cargo, os ministros gozam de garantias, prerrogativas, impedimentos, vencimentos e vantagens idênticas a dos ministros do Superior Tribunal de Justiça, podendo se aposentar com as vantagens do cargo depois de ocupá-lo por ao menos cinco anos (CF, art. 74, § 3º; e art. 73, *caput*, da Lei Orgânica do TCU).

autonomamente a regularidade de contratações analisadas pelo TCU; de outro, a existência de limites à possibilidade de o Judiciário anular decisões condenatórias do TCU em matéria de contratações estatais.

1. O Tribunal de Contas da União e suas Competências

O TCU é órgão de auditoria externa ao qual se atribuiu a tarefa de auxiliar o Congresso Nacional a fiscalizar a utilização, arrecadação, guarda, gerenciamento e administração de recursos públicos federais (CF, art. 70, parágrafo único, c/c art. 71, *caput*).[4] Insere-se, assim, no conjunto das chamadas instituições superiores de auditoria externa (*Supreme Audit Institutions*).[5]

A Constituição, em seu art. 70, parágrafo único, fixa a abrangência do controle externo. Devem prestar contas: *a)* todo aquele (pessoa física ou jurídica, pública ou privada, integrante ou não do aparelho estatal) que de alguma maneira gerencie (em sentido amplo) dinheiros, bens ou valores pertencentes à União; *b)* todo aquele que gerencie (novamente em sentido amplo) recursos, mesmo que privados, pelos quais a União responda; e *c)* todos aqueles que assumam obrigações de natureza pecuniária em nome da União. O Congresso Nacional e seu auxiliar, o TCU, podem aferir a lisura das receitas e despesas desses sujeitos.

É amplo o grau de abrangência do controle sob a responsabilidade do TCU. Ele basicamente poderá fiscalizar e auditar: *a)* todos os órgãos e entes da administração pública federal (direta e indireta, incluindo fundações e empresas estatais); *b)* órgãos e entes das administrações públicas estaduais e municipais (caso recebam transferências de recursos públicos federais); e *c)* pessoas físicas e jurídicas privadas em geral que de algum modo recebam, administrem ou gerenciem recursos públicos federais. A regra, portanto, é que o TCU em tese estará legitimado a atuar sempre

---

[4] Recursos públicos de Estados e Municípios são auditados por tribunais de contas estaduais, que são independentes (entre si e em relação ao TCU).

[5] O TCU, na condição de uma *Supreme Audit Institution*, integra a *International Organization of Supreme Audit Institutions* (INTOSAI). Trata-se de organização internacional com *status* consultivo no Conselho Econômico e Social das Nações Unidas, responsável por reunir instituições superiores de auditoria externa de todo o mundo. No total, a INTOSAI tem 192 membros, dentre os quais destaca-se, para fins ilustrativos, o *Government Accountability Office* (Estados Unidos da América), o *National Audit Office* (Reino Unido), a *Cour de Comptes* (França) e o Tribunal de Contas (Portugal).

que o caso envolver a utilização, arrecadação, guarda, gerenciamento ou administração de bens e valores públicos da União.

A afirmação de que o TCU é essencialmente um órgão de auditoria externa advém da observação do conjunto de competências que lhe foram previstas pela Constituição Federal (art. 71) e pela Lei n. 8.443, de 16 de julho de 1992 (Lei Orgânica do TCU). A legislação lhe deu uma série de atribuições distintas, mas a maioria tem um denominador: de um lado, autorizam o TCU a fiscalizar, isto é, a desenvolver pesquisas e investigações com a finalidade de reunir dados sobre temas afetos ao seu campo de atuação; de outro lado, permitem ao TCU sistematizar, dar organicidade e imprimir um sentido técnico aos dados que tiver coletado ou que lhe tiverem sido encaminhados por órgãos, entes ou pessoas (físicas ou jurídicas).[6]

Enquadram-se nas atividades de auditoria externa do TCU definidas na Constituição, por exemplo, a competência para realizar, por iniciativa própria ou de terceiros,[7] inspeções e auditorias de natureza contábil, financeira, orçamentária, operacional e patrimonial em todas as unidades de quaisquer dos três Poderes e nos mais variados entes que receberem ou gerirem recursos públicos federais (CF, art. 71, IV); a incumbência de fiscalizar as contas nacionais de empresas supranacionais de cujo capital social a União participe (CF, art. 71, V) e de vigiar a aplicação de recursos repassados pela União a outras esferas federativas (CF, art. 71, VI); e, ainda, a atribuição para analisar e emitir parecer sobre as contas gerais da Presidência da República (CF, art. 71, I), documento este que é útil à instrução do julgamento a ser realizado diretamente pelo Congresso Nacional (CF, art. 49, IX).

São três as formas pelas quais a Constituição determina que o TCU auxilie o Poder Legislativo.

A primeira é por meio da análise das contas anuais da Presidência da República e da emissão de simples parecer opinativo prévio sobre sua regularidade (CF, art. 71, I). O parecer deve ser encaminhado pelo TCU

---

[6] Rosilho (2019, p. 327).
[7] Pesquisas e investigações podem ter início por iniciativa do próprio TCU, da Câmara dos Deputados, do Senado Federal ou de comissão técnica ou de inquérito (CF, art. 71, IV), ou, ainda, por conta de denúncias de irregularidades encaminhadas ao órgão de controle por "Qualquer cidadão, partido político, associação ou sindicato" (CF, art. 74, § 2º).

ao Congresso Nacional, a quem efetivamente compete julgar "as contas prestadas pelo Presidente da República e apreciar os relatórios sobre a execução dos planos de governo" (CF, art. 49, IX). O parecer prévio não aprova ou rejeita, ele próprio, as contas do chefe do Poder Executivo;[8] tampouco vincula o Congresso Nacional ao seu teor.Sua função é fornecer subsídios técnicos para que o Poder Legislativo tome decisão definitiva acerca das contas da Presidência da República.

O TCU também auxilia o Legislativo com "inspeções e auditorias de natureza contábil, financeira, orçamentária, operacional e patrimonial, nas unidades administrativas dos Poderes Legislativo, Executivo e Judiciário [...]", sempre que a Câmara dos Deputados, o Senado Federal, ou comissões técnica ou de inquérito o solicitarem (CF, art. 71, IV). Nessa hipótese, o TCU serve como "braço" de fiscalização do Legislativo, possuindo o dever de enviar relatórios ao Congresso em periodicidade específica (CF, art. 71, § 4º).

Por fim, o TCU opina para decisão a do Congresso Nacional acerca da sustação de contratos administrativos (CF, art. 71, IX, XI e § 1º). De acordo com a sistemática constitucional e legal, o TCU decide, por meio de acórdão opinativo provisório, sobre "indícios de irregularidade". Esses acórdãos não produzem coisa julgada administrativa sobre a regularidade da contratação (pois seu tema é só a existência de "indícios", isto é, de *fumus boni iuris* e de *periculum in mora*). O TCU apoia o exercício, pelo Congresso Nacional, da competência cautelar, que é exclusiva deste, de sustar contratos (CF, art. 71, § 1º)[9], para evitar que a continuidade de sua execução possa causar prejuízos.[10]

---

[8] Apenas administradores públicos comuns (rol no qual não se inclui o Presidente da República) podem ter suas contas julgadas diretamente pelo TCU (CF, art. 71, II).

[9] Mas o TCU tem outras competências cautelares próprias: para afastar temporariamente o responsável por supostas irregularidades e para decretar a indisponibilidade de seus bens (art. 44, §§ 1º e 2º de sua Lei Orgânica).

[10] O STF tem reconhecido, por meio de sua jurisprudência, que compete ao Congresso, e não ao TCU, sustar contratos na hipótese de ilegalidades. Ex.: Mandado de Segurança n. 23.550-Plenário, rel. Min. Sepúlveda Pertence, julgado em 31.10.01; Mandado de Segurança n. 26.000, 1ª Turma, rel. Min. Dias Toffoli, julgado em 04.12.2012. No mesmo sentido, recomenda-se a doutrina: DI PIETRO (2013, p. 22); SUNDFELD e CÂMARA (2013, p. 204); BARROSO (2006, p. 238); GRAU (1997, p. 354-355); JURKSAITIS (2011, p. 1294-1295).

O apoio consiste em fiscalizar e opinar quanto à existência de "contratos com *indícios* de irregularidades graves" (art. 112, § 1º, IV, V e VI da Lei n. 13.080, de 2015 – Lei de Diretrizes Orçamentárias de 2015). O TCU diz se, na sua avaliação, há os tais indícios. E o Congresso soberanamente decide se acolhe ou não essa opinião para fins de sustação dos contratos fiscalizados. Nada disso vincula o TCU para fins de eventual condenação administrativa futura. Nesses acórdãos opinativos para o Congresso Nacional, o TCU não emite condenação, não susta por força própria contratos ou pagamentos, nem decide em definitivo sobre irregularidades; o juízo de mérito definitivo sobre irregularidades é só aquele que vier a constar de acórdão posterior condenatório.[11]

Em todos os casos, o TCU é levado a *produzir informações técnicas* sobre a gestão de recursos públicos, contribuindo, no limite, para a construção de diagnósticos mais precisos sobre a dinâmica e sobre o funcionamento da máquina pública em geral. Essas informações, uma vez consolidadas, poderão ser utilizadas pelo próprio TCU ou por outras instituições para múltiplas finalidades. Por exemplo, nas hipóteses de constatação de omissão no dever de prestar contas, de não comprovação da aplicação dos recursos repassados pela União a outros entes federativos, da ocorrência de desfalque ou de desvio de dinheiro, bens ou valores públicos, ou da prática de outras irregularidades, poderá o TCU, esgotadas todas as medidas ao alcance da autoridade administrativa e dos órgãos de controle interno, instaurar Tomadas de Conta Especial (art. 47 da Lei Orgânica do TCU c/c art. 197, *caput* e art. 2º da Resolução TCU n. 246, de 30 de novembro de 2011, que é a norma que aprovou o regimento interno do TCU).

Note-se que apesar de as informações fruto de auditorias externas poderem servir de base para que órgãos de controle em geral tomem medidas concretas, elas, em si consideradas, em regra não têm efeitos constitutivos ou desconstitutivos de direitos ou de deveres.

O TCU tem peculiaridades que o distinguem de boa parte das instituições superiores de auditoria externa dos demais países. Além de investigar e coletar dados e, com base neles, produzir informações ligadas

---

[11] A própria Lei de Diretrizes Orçamentárias de 2015 reconhece que esses acórdãos opinativos são apenas provisórios (v. art. 115, §§ 4º e 5º, que tratam da reforma de acórdão opinativo, bem como de acórdão que, depois, reconhece não haver a irregularidade).

à gestão de recursos públicos federais (chegando a conclusões sobre sua legalidade, economicidade, eficácia e eficiência), tem também (em menor medida) competência para tomar decisões específicas que produzem efeitos concretos, independentemente de deliberação ou de aprovação do Congresso Nacional ou de outro órgão. Institucionalmente, portanto, "para determinadas situações, o Tribunal de Contas exerce de modo autônomo o papel de controlador externo do Executivo e das entidades que compõem a administração indireta".[12]

Desse modo, o TCU também desempenha, autonomamente, competências próprias. Ao papel de auxílio ao Legislativo, somam-se funções pelas quais ele intervém por força própria na atuação das entidades administrativas e de particulares. A despeito de ser próximo do Congresso Nacional, o TCU a ele não está subordinado, pois tem alto grau de independência e é dotado de autonomia administrativa, possui corpo de funcionários próprio e tem estrutura decisória específica e independente.

E quais são as medidas que o ordenamento jurídico autoriza o TCU a tomar e que produzem consequências jurídicas concretas em relação a sujeitos determinados (constituição ou desconstituição de direitos e deveres)?

Basicamente, cabe ao Tribunal de Contas: *a)* aprovar ou rejeitar contas de responsáveis pela gestão (em sentido amplo) de recursos públicos (CF, art. 71, II); *b)* aplicar multas a agentes públicos em caso de ilegalidade de despesas (CF, art. 71, VIII); *c)* em sendo identificado algum débito, imputá-lo a quem o tiver causado, constituindo, de imediato, título executivo (CF, art. 71, § 3º); *d)* determinar que sujeitos que tiverem fraudado licitações fiquem impossibilitados de contratar com o poder público por tempo determinado (art. 46 da Lei Orgânica do TCU); *e)* determinar mudanças em editais de licitação já publicados caso se constate alguma ilegalidade (art. 113, § 2º, da Lei n. 8.666, de 1993); e *f)* suspender o curso de procedimentos licitatórios caso ilegalidades previamente apontadas pelo TCU não sejam sanadas pela administração pública (CF, art. 71, X, c/c art. 113, § 2, da Lei n. 8.666, de 1993).

A legislação não admite que o TCU emita todo e qualquer tipo de ordem, constituindo ou desconstituindo deveres em geral, mas apenas aquelas expressamente previstas por normas constitucionais e legais

---

[12] Sundfeld e Câmara (2002, p. 179).

(aplicar multas, imputar débito, suspender licitações, etc.). Além do mais, esses comandos só podem ser emitidos caso se constate alguma ilegalidade em matéria financeira (outros motivos não podem licitamente ensejá-los).[13]

O TCU não é órgão de controle similar aos tribunais do Poder Judiciário. Suas decisões não têm as mesmas características e o mesmo peso e força jurídica de decisões judiciais. É órgão de auditoria externa peculiar, não é órgão judicial, tampouco produz decisões judiciais. Entre TCU e tribunais judiciários também há diferenças fundamentais relacionadas aos membros que os integram, ao modo como produzem decisões e à forma como são internamente organizados.

As manifestações do plenário e das câmaras do TCU assumem formas específicas. De acordo com o art. 67 do regimento interno do TCU, elas poderão consistir em *instruções normativas* (quando se tratar de disciplinamento normativo de matéria que envolva o público externo em geral – pessoas físicas, órgãos ou entidades sujeitos à jurisdição do TCU); *resoluções* (quando se tratar do disciplinamento normativo de temas internos ao TCU, tais como a aprovação do regimento interno); *decisões normativas* (quando se tratar de fixação de critério ou orientação, e não se justificar a expedição de instrução normativa ou resolução); *pareceres* (quando se tratar de manifestação do TCU envolvendo a apreciação de contas do Presidente da República); ou *acórdãos* (quando se tratar de deliberação em matéria de competência do TCU não enquadrada nos demais instrumentos decisórios).

As três primeiras formas de manifestação do TCU (instrução normativa, resolução e decisão normativa), têm viés normativo, regulamentador. Na prática, essas manifestações assumem o formato de verdadeiros diplomas normativos, possuindo caráter geral e abstrato e organizando-se em artigos, incisos e alíneas. A despeito de normalmente terem raiz em casos concretos, visam resolver casos, problemas e desafios futuros.

Os pareceres, por sua vez, têm hipótese de cabimento bastante restrita, sendo veículos de manifestação menos utilizados pelo TCU. Já os acórdãos, por serem genéricos e abrangentes, constituem a principal forma de manifestação do Tribunal de Contas e a mais recorrente na prática.

---

[13] Sundfeld e Câmara (2002, p. 182).

Temas, problemas e desafios concretos normalmente são tratados pelo TCU via acórdãos.

A palavra "acórdão", na tradição jurídica brasileira, remete a decisões judiciais proferidas por tribunais do Judiciário (órgãos judicantes que normalmente tomam decisões por meio de colegiados, isto é, por um conjunto de juízes). Os acórdãos produzidos no âmbito do Judiciário, no entanto, têm funções radicalmente distintas daquelas que os acórdãos do TCU têm (a despeito de ambos terem em comum o fato de serem fruto de decisões colegiadas).

Os acórdãos produzidos por tribunais judiciais *dizem o Direito*. São, assim, veículos processuais em que juízes de direito afirmam quais condutas e comportamentos são obrigatórios, proibidos ou autorizados pelo ordenamento jurídico. Além de serem vinculantes, acórdãos no âmbito do Judiciário normalmente exprimem a decisão final do colegiado.

Acórdãos no âmbito do TCU não necessariamente envolvem decisões vinculantes (ordens, comandos) ou colocam ponto final a processos (de auditoria, punitivos ou de outra natureza qualquer) que estiverem em trâmite perante o TCU. Acórdãos do TCU nada mais são do que *manifestações* do TCU, as quais poderão ter conteúdo vinculante (contendo determinações), ou não (contendo apenas recomendações), podendo, ainda, envolver decisões finais (por exemplo, imputação de débito e aplicação de multas), ou parciais (por exemplo, solicitação de envio de documentos para aprofundamento de investigações; conversão de processo de Tomada de Contas para a Tomada de Contas Especial em caso de constatação de desvios de recursos públicos).

O único elemento que une todos os acórdãos do TCU é que neles ministros votantes concordam com algo, ao menos por maioria. Esse algo pode variar substancialmente (e não necessariamente envolverá decisão final e vinculante). Acórdãos podem ser partes de um processo mais amplo e longo e veicular meras recomendações (que não precisam ser obrigatoriamente seguidas por sujeitos alvo de fiscalizações). É comum que sejam elaborados vários acórdãos parciais em um mesmo processo de auditoria.[14]

---

[14] É o que ocorre, por exemplo, nas fiscalizações pelo TCU de processos de desestatização (venda de ativos estatais ou concessões de serviços públicos à iniciativa privada). O próprio TCU, por meio da instrução normativa 27, de 1998, segmentou esse processo em diferentes

As diferenças entre corpo técnico e corpo decisório do TCU têm reflexos na estrutura das deliberações, em geral, do Tribunal de Contas (acórdãos inclusos). Segundo o art. 69 do regimento interno do órgão, todas as suas deliberações (materializadas em qualquer uma das formas há pouco descritas) devem conter: *a)* relatório do relator (no qual constarão, entre outras coisas, as conclusões da equipe de fiscalização, ou do servidor responsável pela análise do processo, bem como as conclusões dos pareceres das chefias da unidade técnica e do Ministério Público junto ao Tribunal); *b)* a fundamentação utilizada pelo relator para analisar as questões de fato e de direito; *c)* o dispositivo com que o relator decidir sobre o mérito do processo; e *d)* as ressalvas, quando feitas pelos votantes.

Quando se lê as manifestações em geral do TCU (entre elas, os acórdãos), nota-se que os relatórios que as compõem costumam ser substancialmente mais extensos do que os votos elaborados pelos ministros relatores e do que o próprio conteúdo da decisão do colegiado. A razão é que os relatórios podem reunir todo o material elaborado pelo corpo técnico para a instrução processual, devendo necessariamente conter as conclusões da equipe de fiscalização, as conclusões dos pareceres das chefias da unidade técnica e do Ministério Público junto ao Tribunal.

Além disso, frequentemente as decisões do TCU não abordam todos os temas levantados nos relatórios produzidos pelo corpo técnico e, não raro, elas divergem das conclusões dos auditores responsáveis pela instrução processual.

---

estágios (iniciando-se com os estudos de viabilidade técnica e econômica do empreendimento e finalizando com o relatório contendo preço final de venda de ativos ou com a assinatura do contrato de concessão). A cada um desses estágios a administração pública deverá encaminhar ao TCU um conjunto de documentos, sobre os quais este poderá se manifestar (aprovando ou rejeitando o estágio avaliado).

A manifestação do TCU (ao menos nos estágios iniciais) não é terminativa. O processo de fiscalização, de acordo com a própria instrução normativa, só tem fim após a conclusão do último estágio. A despeito disso, ao término de cada uma das etapas desse tipo de processo de fiscalização o TCU pode se manifestar, aprovando-a ou rejeitando-a, por meio de acórdãos. Um exemplo é o Acórdão n. 2.466/2013-Plenário (rel. Min. Ana Arraes, julgado em 11/09/2013), relativo ao "Acompanhamento do 1º estágio das concessões para ampliação, manutenção e exploração do aeroporto internacional do Rio de Janeiro – Antonio Carlos Jobim/Galeão (SBGL) e do aeroporto internacional Tancredo Neves/Confins (SBCF)".

Disso decorre que o dispositivo das manifestações do TCU (vinculantes ou não, terminativas ou não) se *circunscreve ao conteúdo da manifestação dos ministros* (ou seja, da decisão tomada em conjunto pelos ministros, se se tratar de decisão colegiada, e não da proposta de deliberação feita pelo ministro relator em seu voto). É correto, portanto, que os sujeitos fiscalizados pelo TCU (ou de algum modo interessados nas suas decisões) levem em consideração (para dar cumprimento às suas decisões ou para fins processuais em geral) apenas o dispositivo com que o relator vier a decidir sobre o mérito do processo e a fundamentação com base na qual ele tiver analisado as questões de fato e de direito atinentes ao caso concreto (e que tiverem sido acolhidas pelo colegiado, câmara ou plenário, conforme o caso).

Relatórios produzidos pelo corpo técnico do TCU são úteis à tomada de decisão pelos ministros. Permitem, assim, que se tenha elementos fáticos para auxiliar a decisão dos casos concretos. Os relatórios também são importantes para dar transparência às manifestações do TCU, permitindo que se afira o percurso do raciocínio dos ministros e a consistência de suas decisões. No entanto, eles (relatórios) não expressam a opinião do TCU; tampouco deles se podem extrair comandos, orientações ou diretrizes.

Não é incomum que a imprensa, noticiando manifestações do TCU, sugira a existência de força vinculante e definitividade em simples pareceres de órgãos técnicos, ou em acórdãos que apenas aprovam estudos, ou em acórdãos com meros atos preliminares do TCU. Mas a verdade é que pareceres, estudos e atos preliminares não têm conteúdo condenatório, não são decisão de mérito e não são definitivos.

Auditores, diretores e secretários são agentes técnicos que atuam na instrução dos processos de fiscalização do TCU. Mas eles não têm competência para editar decisão (nem preliminar, nem final), sobre a regularidade de contratações estatais. Esses agentes técnicos emitem simples opiniões, e o fazem com total liberdade. As opiniões técnicas não são vinculantes para a deliberação dos ministros. Aliás, elas são por vezes contrariadas pelos ministros. Essas opiniões também não resolvem o mérito dos processos, nem têm efeito condenatório (isto é, não possuem qualquer força jurídica vinculante, interna ou externa). Por isso mesmo, elas não integram as deliberações em si, nem traduzem questões decididas. Logo, não têm a mesma força das decisões definitivas de mérito do TCU.

O que, nos documentos do TCU chamados "ACÓRDÃO", efetivamente constitui prova quanto ao teor da *decisão* do TCU é apenas o trecho em que se transcreve aquilo que os ministros "ACORDAM", isto é, resolvem, decidem. Eventualmente, a fundamentação do voto vencedor de ministro (voto esse em que estará a fundamentação da decisão do TCU, e que pode ser do relator, ou não), pode concordar, total ou parcialmente, com algum parecer técnico, ou mesmo incorporá-lo como razão de decidir. Mas a simples reprodução do parecer técnico no relatório não significa que a decisão do TCU coincida com a opinião do órgão técnico. Tampouco o "ACÓRDÃO" precisa concordar totalmente com o voto vencedor.

2. Valor Interno das Decisões do Tribunal de Contas da União por Irregularidades em Contratos: o Problema do Trânsito em Julgado Administrativo

Acórdãos contêm atos dos ministros do TCU sobre os mais diversos assuntos, em processos de fiscalização de contratos específicos ou em outros procedimentos. Nos processos de fiscalização, boa parte desses atos (e também das razões adotadas como fundamentação pelos ministros) é emitida a título preliminar, para fins apenas processuais, isto é, para aprovar estudos, para determinar diligências ou análises, ou para permitir a manifestação ou defesa dos interessados.[15] Esses atos, embora contidos em acórdãos, não são condenatórios, nem constituem decisões de mérito.[16]

Apenas os *acórdãos condenatórios* do TCU constituem decisões de mérito no sentido da irregularidade das contas, e, portanto, do ato, do contrato ou do preço contratado (Lei n. 8.443/1992, art. 10, § 2º). Apenas estes é que, após a fase dos recursos administrativos perante o próprio TCU, fazem "coisa julgada administrativa" quanto à afirmação de irregularidade, isto é, tornam-se imodificáveis no âmbito do próprio TCU e, assim,

---

[15] Um exemplo é o conhecido Acórdão n. 3.089/2015, do plenário do TCU (Processo TC n. 005.081/2015-7), em que o Tribunal adotou critérios para apurar danos que teriam sido causados à Petrobras por irregularidades investigadas na Operação Lava Jato.

[16] A Lei n. 8.443/1992, art. 10, § 1º, afirma expressamente ser "preliminar" esse tipo de decisão, e reconhece que ela não se confunde com a decisão de "mérito". Diz a lei: "Art. 10 [...], § 1º Preliminar é a decisão pela qual o Relator ou o Tribunal, *antes de pronunciar-se quanto ao mérito* das contas, resolve sobrestar o julgamento, ordenar a citação ou a audiência dos responsáveis ou, ainda, determinar outras diligências necessárias ao saneamento do processo".

contêm a visão definitiva do TCU sobre as questões examinadas. Acórdãos não condenatórios, de conteúdo instrutório, contêm decisão apenas preliminar sobre temas a serem ainda mais bem examinados e aprofundados quando da decisão definitiva ("de mérito"), e sobre os quais é possível que o TCU venha a adotar futuramente decisão diversa ou mesmo oposta.

A afirmação ou quantificação de irregularidade ou dano, em atos de caráter apenas processual de autoridades do TCU, não têm efeitos jurídicos vinculantes, internos ou externos, nem constituem decisão definitiva de mérito. Uma decisão do TCU sobre a existência ou extensão de irregularidade ou dano em contrato estatal só é definitiva de mérito quando editada em acórdão condenatório, que é o único acórdão apto a gerar a expedição de título executivo para cobrança judicial de condenação (art. 23, III, "b" da Lei n. 8.443/1992; e Resolução TCU n. 178/2005).

O ato do TCU que instaura processo de Tomada de Contas Especial tem caráter apenas preliminar, de início processual. Esse ato não é uma decisão condenatória de mérito. Ele não contém qualquer condenação, tampouco resolve em definitivo sobre a regularidade da contratação, sobre a efetiva existência e valor do dano, e sobre os responsáveis. Somente após a instrução completa do processo (de fiscalização ou de Tomada de Contas Especial) e após a oitiva dos envolvidos (Instrução Normativa TCU n. 71/2012) é que o TCU emite decisão condenatória de mérito pela irregularidade de uma contratação ou pela existência de dano. Essas condenações de mérito são identificáveis facilmente pela imposição de sanção determinada (por exemplo: a multa no valor tal) ou pela imputação, a sujeito especificado no acórdão, de responsabilidade pelo ressarcimento de valor fixado em definitivo no acórdão.

Por razões até mesmo óbvias, um acórdão que apenas dá início a um processo de Tomada de Contas Especial não pode conter qualquer condenação. Mas um leigo poderia supor que sim, imaginando que o objeto do processo de Tomada de Contas Especial seria muito limitado e que a decisão final jamais poderia ser absolutória, afastando a existência da irregularidade ou dano (por sobrepreço ou superfaturamento).

Essa ideia, contudo, não tem base jurídica e, também, não é aceita pelo TCU, havendo inúmeras decisões finais em processos de Tomada de Contas Especial em que se concluiu pela ausência de sobrepreço ou superfaturamento e, portanto, pela ausência de dano.[17]

Condenações de mérito baseadas na irregularidade de contratos e em dano ao erário só serão definitivas e vinculantes no âmbito do TCU quando, após o prazo dos recursos (recursos de reexame, reconsideração ou embargos de declaração) ou após o julgamento desses recursos, tornar-se exigível a obrigação jurídica de pagar quantia certa a título de multa ou danos, de modo que, não havendo o pagamento, será expedido título executivo para sua cobrança judicial (art. 23, III da Lei n. 8.443/1992). Antes disso, não se pode atribuir a simples atos preliminares efeitos semelhantes aos das decisões definitivas, imodificáveis e vinculantes.[18]

3. Valor Externo das Decisões do Tribunal de Contas da União sobre a Regularidade de Contratos Estatais e o Papel do Judiciário

À margem da discussão sobre quais decisões do TCU possuem definitividade, isto é, transitam em julgado administrativamente, um tema interessante se coloca: é o do valor probante das conclusões sustentadas nas opiniões ou decisões em processos do TCU. Que valor um juiz deve atribuir às afirmações do TCU, ainda que não definitivas, sobre a regularidade ou não de contratos? Elas merecem presunção de veracidade, ao menos para fins de uma avaliação inicial do juiz, quando da análise de pedidos liminares ou cautelares?

---

[17] Exemplo é o da Tomada de Contas Especial instaurada em 2001 (pela Decisão n. 879/2001-Plenário), em relação a contrato da Infraero para obras no Aeroporto Internacional de Salvador. O processo foi julgado cinco anos depois, pelo Acórdão n. 2.006/2006, que inicialmente reconheceu o sobrepreço e proferiu condenação. Mas essa decisão veio a ser reformada quatro anos depois, em virtude de recurso de reconsideração, pelo Acórdão n. 484/2010, complementado pelo Acórdão n. 1.702/2010 (proferido em recurso de embargos de declaração). O processo terminou arquivado, sem qualquer condenação do TCU. Outros exemplos de processos de Tomada de Contas Especial que terminaram com a não confirmação, pelo TCU, da suspeita inicial de sobrepreço ou superfaturamento podem ser consultados nos acórdãos n. 1.171/2003, n. 597/2004 e n. 2.482/2008, em que terminou não havendo condenação com esse fundamento.

[18] Aliás, é ilustrativo o citado caso Infraero – Aeroporto Internacional de Salvador –, em que uma suspeita inicial levou à instauração, em 2001, de processo de Tomada de Contas Especial, e à condenação, em 2006. No entanto, essa condenação não foi definitiva, não fez coisa julgada na esfera administrativa do TCU, pois este reviu seu entendimento em 2010, ao acolher os recursos interpostos.

As normas que conferem competências ao TCU (responsáveis por prever suas possibilidades e limites de controle e, por consequência, as hipóteses em que está, ou não, legitimado a concretamente agir) exigem que sua atuação seja legal, neutra e ponderada. Mas é exagerado supor que isso sempre ocorra na prática. Observadores vêm notando que o TCU por vezes extrapola suas competências, com opiniões, recomendações, exigências ou proibições que, mesmo sem dizê-lo, baseiam-se não em razões jurídicas, mas em razões políticas, isto é, em convicções de seus agentes quanto às decisões administrativas que seriam mais convenientes ou oportunas. Essa atuação tem dado ensejo a diagnósticos segundo os quais o órgão de controle estaria tentando capturar as políticas públicas e assumir indevidamente a discricionariedade dos gestores.[19]

Isso coloca em dúvida a possibilidade de atribuir às opiniões ou decisões do TCU sobre a regularidade de contratos ou de preços contratados, especialmente quando sejam apenas preliminares, um peso de verdade técnica, que deva ser coberta com uma presunção, ainda que *juris tantum*. Não é raro uma decisão do TCU ultrapassar seus limites legais, ou ser superficial ou pouco neutra, o que às vezes acaba gerando sua revisão posterior pelo próprio TCU.

Não se trata de diagnóstico desmotivado. De fato, o TCU tem procurado, por diversos meios e instrumentos, "reinterpretar" suas competências com a finalidade de expandi-las para além dos limites estabelecidos pelo ordenamento jurídico. Um desses veículos tem sido a instrução normativa (manifestação que se dirige às pessoas passíveis de serem fiscalizadas pelo TCU com a finalidade de regulamentar temas afetos à competência do Tribunal de Contas).[20]

---

[19] Sundfeld e Câmara (2002, p. 178), Marques Neto (2009, p. 221), Jordão (2014, p. 228) e Rosilho (2019, p. 341).

[20] Um caso é o da Instrução Normativa n. 27/1998, pela qual o TCU exigiu que a administração lhe enviasse, para aprovação, antes da publicação do edital de licitação, os estudos de viabilidade técnica e econômica dos contratos de concessão (arts. 9º e 17). A norma violou o § 2º do art. 113 da Lei n. 8.666, de 1993, que havia previsto a interferência do TCU apenas em relação a "edital de licitação *já publicado*". Mas a exigência vem sendo atendida e, com isso, o TCU passou a participar ativamente da modelagem das concessões, como mostram os Acórdãos n. 3.661/2013-Plenário (rel. Min. Ana Arraes, julgado em 10.12.2013 – relativo à concessão de portos) e n. 2.466/2013-Plenário (rel. Min. Ana Arraes, julgado em 11.09.2013 – relativo à concessão de aeroportos). Outro caso é o da Instrução Normativa n. 74, de 2015,

Outro mecanismo tem a ver com as "recomendações" (ordens, comandos) e as "determinações" (manifestações não vinculantes). Na prática, o TCU muitas vezes tenta atribuir efeitos vinculantes às recomendações que emite. Uma das estratégias é a combinação de simples recomendações com ordens para a elaboração de "planos de ação" para "sanear o problema verificado" (art. 2º, I, da resolução 265, editada pelo TCU em 2014), descaracterizando-se indiretamente o viés apenas orientativo da recomendação.

Por fim, frequentemente os cargos de ministros do TCU são preenchidos por pessoas que tiveram alguma passagem pelo mundo da política. Na atual composição, por exemplo, dos nove ministros, cinco haviam sido eleitos anteriormente para cargos no Executivo, no Legislativo ou em ambos.[21] Por mais que o TCU conte também com quadros técnicos, inclusive com alta qualificação, as decisões não são tomadas por eles, mas por ministros com origem partidária e, em alguns casos, sem formação jurídica.

Cabe agora discutir uma questão estritamente jurídica: se o Judiciário pode considerar irregular um contrato que o TCU tenha aprovado, ou se há a respeito alguma reserva de competência para o TCU.

A resposta é simples, e sobre ela não existem polêmicas doutrinárias ou jurisprudenciais. Nem a verificação de conformidade de contratos administrativos com a lei, nem a dos prejuízos causados à administração pública em virtude de contratações, é atribuição reservada e exclusiva do TCU.

---

sobre a participação do TCU na celebração de acordos de leniência (criado pela Lei n. 12.846, de 2013). A instrução previu etapas para a fiscalização da celebração dos acordos e exigiu a remessa da documentação de cada uma (incisos do art. 2º), para que o TCU venha a emitir parecer conclusivo (art. 1º, § 1º), que seria condição de eficácia dos atos subsequentes (art. 3º). Previu também a aplicação de multa às autoridades que não observarem os prazos do art. 2º. Essas normas são ilegais pois, embora o TCU tenha competência para fiscalizar atos e contratos (CF, art. 71, IX e X, §§ 1º e 2º), não a tem para fiscalizar previamente – e menos ainda para aprovar ou rejeitar – minutas de acordos que sequer foram publicadas.

[21] Esses são os atuais ministros do TCU que tiveram alguma passagem pelo mundo da política: 1) Aroldo Cedraz (foi deputado federal); 2) Augusto Nardes (foi vereador, deputado estadual e deputado federal); 3) José Múcio Monteiro (foi prefeito e deputado federal); 4) Ana Arraes (foi deputada federal); e 5) Vital do Rêgo Filho (foi vereador, deputado estadual, deputado federal e senador).

O TCU detém competência para decidir sobre tais matérias na esfera administrativa. Mas também se confere ao Judiciário, por intermédio de várias espécies de ações judiciais, a possibilidade de decidir autonomamente sobre elas. É possível, por exemplo, que o Judiciário considere inválido ou lesivo contrato aprovado pelo TCU. A circunstância de o TCU ter aprovado administrativamente o valor de um contrato não impede ou inibe a manifestação judicial sobre ele.[22] O Judiciário, desde que devidamente provocado – e poderá ser, nessas matérias, por qualquer cidadão, por associações civis, pelo Ministério Público ou pela própria entidade estatal –, tem ampla legitimidade para decidir se o contrato é lícito ou ilícito, se houve ou não prejuízo à administração pública.

Nessas situações, quando o Judiciário é provocado a decidir sobre a licitude de um contrato ou a ocorrência de um dano causado à administração, a existência de decisão definitiva do TCU ou de processo de fiscalização em curso não interfere diretamente na prestação jurisdicional. A atuação do TCU pode ser elemento eventualmente avaliado pelo juiz, de acordo com seu livre convencimento, tal como uma opinião ou perícia técnica, mas não goza de efeito jurídico vinculante pelo simples fato de ter sido elaborado por autoridade administrativa.

Ao realizar auditorias e ao desempenhar suas funções autônomas de controle (por meio das quais intervém por força própria na atuação de entidades administrativas e de particulares), o TCU *interpreta* o Direito. Explicita, assim, sua leitura sobre o conteúdo e os contornos das normas constitucionais, legais e regulamentares. No entanto, diferentemente do Judiciário, *não diz o Direito*; não exerce função jurisdicional, reservada

---

[22] O Superior Tribunal de Justiça (STJ) reconhece a competência judicial para apurar a ocorrência de improbidade administrativa em condutas de administradores que já haviam sido aprovadas pelo TCU. Confira-se: "O fato de o Tribunal de Contas da União ter aprovado as contas dos recorrentes não inibe a atuação do Poder Judiciário, visto que não se trata de rejulgamento pela Justiça Comum, porque o Tribunal de Contas é Órgão Administrativo e não judicante, e sua denominação de Tribunal e a expressão julgar, ambas são equívocas. É o TCU um conselho de contas sem julgá-las, sentenciando a respeito delas. Apura a veracidade delas para dar quitação ao interessado, entendo-as como prestadas, a promover a condenação criminal e civil dele, em verificando o alcance. Não há julgamento, cuja competência é do Poder Judiciário" (Recurso Especial n. 472.399-AL, 1ª Turma, julgado em 26.11.2002).

pela Constituição ao Judiciário.[23] Desse modo, não é competente para revelar o real e definitivo sentido das normas, sendo incapaz de produzir decisões com efeitos *erga omnes*.

A leitura que o TCU faz do ordenamento jurídico tem algum grau de coerção, pois, como visto, em certos casos está legitimado a, por força própria, constituir ou desconstituir direitos e deveres. Suas interpretações jurídicas, no entanto, mesmo quando constituam direitos ou deveres, estão sujeitas a revisão pelo Poder Judiciário. O TCU pode induzir as pessoas (físicas e jurídicas) sujeitas à sua jurisdição a adotar certos comportamentos (pode mesmo lhes aplicar sanções), mas suas decisões não prevalecerão sobre as do Judiciário.

Além do mais, o TCU não pode emitir todo e qualquer tipo de ordem constitutiva ou desconstitutiva de direitos (como pode o Judiciário). Ao revés, só pode emitir ordens, constituindo ou desconstituindo direitos e deveres, nas hipóteses expressamente previstas pela legislação, mediante controle de legalidade em matéria financeira. E mesmo nesses casos suas decisões podem ser revistas pelo Judiciário.

Todavia, apesar de, como dito, não haver polêmica quanto à autonomia para o Judiciário julgar sobre a regularidade de contratos em ação específica para isso (ação civil pública, ação de improbidade, ação popular, etc.), alguns comentaristas sugerem que, em ação anulatória, a situação seria diversa. Para eles, a anulação judicial de decisões do TCU que sejam condenatórias só poderia ocorrer em situações muito restritas (como a má-fé das autoridades do órgão ou a violação ao devido processo legal), pois tais decisões seriam técnicas – e quanto a isso imunes ao reexame judicial.[24] Nessa linha, a decisão condenatória proferida pelo TCU teria como característica ser definitiva e obrigatória também para o Judiciário,

---

[23] Por ser descrito pela Constituição como auxiliar do Congresso Nacional, há certa divergência entre os doutrinadores brasileiros para saber se o TCU integraria, ou não, o Poder Legislativo. Não se cogita, contudo, considerá-lo como órgão do Poder Judiciário. Ainda que se considere o TCU como órgão de controle externo independente, como parece ser o correto, seria impensável reconhecer a ele função jurisdicional.

[24] Para uma visão muito restritiva do controle judicial das decisões dos tribunais de contas, recomenda-se a consulta a Jacoby (2013), para quem "mesmo que o julgamento das Cortes de Contas não fosse um ato jurisdicional típico, mas apenas um ato administrativo, seu mérito jamais poderia ser revisto pelo Poder Judiciário" (JACOBY, 2013, p. 150). No mesmo sentido, cf. Guerra (2002).

assemelhando-se a um título executivo judicial, isto é, à sentença editada por juiz de direito.

Mas tais afirmações não parecem descrever corretamente o ordenamento jurídico. No Brasil, é ampla a possibilidade de revisão judicial de decisões da administração pública e, portanto, também do TCU.[25] Isso não significa que a revisão judicial recaia sobre aspectos subjetivos, relacionados à análise de conveniência ou oportunidade. Mas a constatação de que o Judiciário não aprecia aspectos de conveniência e oportunidade das deliberações administrativas, afirmação até certo ponto óbvia, não afasta o irrestrito controle judicial sobre a *legalidade* das decisões do TCU.

No Brasil há unicidade de jurisdição. O Poder Judiciário é único; não há uma Justiça Administrativa separada (do tipo francesa, com função propriamente jurisdicional). Qualquer lesão ou ameaça ao direito pode ser levada à apreciação do Poder Judiciário. Tal garantia se exerce, inclusive, em face de atos estatais proferidos por colegiados administrativos. Alguns desses colegiados administrativos levam em seu nome a palavra "Tribunal", mas integram a administração pública, vinculada ao Executivo.[26] Esses colegiados administrativos exercem suas funções por meio de atos administrativos (isto é, seus atos não têm natureza jurisdicional, ao contrário dos atos dos juízes do Judiciário). O TCU também é um colegiado administrativo, mas com autonomia funcional, não tendo vinculação com o Executivo. As decisões do TCU, como administrativas que são, sujeitam-se à ampla revisão pelo Judiciário.

O controle judicial recai sobre aspectos da legalidade ou constitucionalidade das decisões administrativas, inclusive as do TCU. Tradicionalmente, no Brasil, é reconhecido que o Judiciário não pode rever atos administrativos por questões de "merecimento" (*mérito administrativo*), não analisando a "conveniência" e a "oportunidade" dessas decisões.[27]

---

[25] Nesse sentido, indica-se a leitura de Gracie (2008). Quanto à revisão de atos administrativos no direito comparado, destaca-se Jordão (2016).

[26] Exemplo: o Tribunal Administrativo de Defesa Econômica que, segundo a Lei n. 12.529/2011, art. 5º, I, é órgão do Conselho Administrativo de Defesa Econômica (Cade), uma entidade da administração pública federal.

[27] A lei que instituiu a justiça federal na República brasileira (Lei n. 221, de 20 de novembro de 1894) já trazia essas diretrizes a respeito dos limites do controle judicial sobre os atos da administração pública. De acordo com o referido diploma legal, a autoridade judicial deveria

O mérito administrativo é uma reserva de atribuição na qual o Judiciário não pode entrar, denominada "discricionariedade". Essa reserva de atuação administrativa, defesa à revisão judicial, restringe-se a um campo estritamente subjetivo, presente em certas (mas não em todas) competências administrativas; corresponde a uma margem de deliberação que, por determinação da própria lei, abre ao administrador a possibilidade de fazer livremente certas opções, desde que observe as balizas legais. Corresponde, em outras palavras, à margem de atuação administrativa em função da qual, pelo ângulo estritamente técnico-jurídico, mais de uma decisão seria válida.[28]

É relevante esclarecer que a expressão "mérito", anteriormente citada, diz respeito ao ato administrativo, isto é, ao campo de deliberação do administrador público marcado por certa liberdade de escolha (*mérito administrativo*). Não se confunde com o *mérito do processo* de fiscalização de contas, também referido noutras passagens deste estudo. O *mérito do processo*, como é possível identificar no contexto no qual a expressão é empregada, diz respeito ao tema central do processo de fiscalização em curso perante o Tribunal de Contas (Lei n. 8.443/1992, art. 1º, § 3º, III).

Para alguns acadêmicos, esse tipo de reserva do mérito administrativo em favor da administração também ocorre quando a autoridade administrativa delibere sobre matérias técnico-científicas, específicas de sua área de atuação. Trata-se da denominada *discricionariedade técnica*. Esse tema é recorrente no debate sobre o controle judicial da administração pública, não sendo exclusivo do direito brasileiro. Com variações terminológicas, é possível identificar a mesma linha de discussão em vários países.[29]

Segundo a doutrina da discricionariedade técnica, a atuação de órgãos técnico-científicos administrativos na aplicação de conceitos científicos relacionados a seu setor de atuação (como a agência reguladora denominada Agência Nacional de Vigilância Sanitária – Anvisa –, que atua na proteção à saúde no Brasil), estaria sujeita a uma revisão limitada pelo Judiciário, pois este não poderia refazer ou substituir as opções estritamente técnico-científicas feitas administrativamente. Decidir se os

---

fundar-se "em razões jurídicas, abstendo-se de apreciar o merecimento dos atos administrativos, sob o ponto de vista de sua conveniência ou oportunidade" (art. 13, § 9º, "a").

[28] Bandeira de Mello (1992, p. 38).
[29] Di Pietro (1991, p. 77).

requisitos técnico-científicos para liberação de um produto farmacêutico estão ou não presentes em um caso concreto, por exemplo, seria competência exclusiva do órgão de vigilância sanitária, e não do Judiciário. Embora haja alguma polêmica no plano acadêmico, na prática, o Judiciário brasileiro tem controlado efetivamente esse tipo de avaliação administrativa, adentrando no exame dos requisitos técnicos de deliberação, inclusive por meio de perícias.[30]

As manifestações do TCU que digam respeito ao controle de contratos administrativos, especialmente quando aplicam sanções e determinam o ressarcimento de prejuízos à administração pública, não podem ser classificadas como manifestações de discricionariedade técnica, tampouco como decisões discricionárias de mérito administrativo.

Nesse tipo de atuação, o que o TCU faz é uma análise de *legalidade estrita*. Verifica se as contratações estão ou não conformes à lei e às demais normas jurídicas aplicáveis. Todos os aspectos envolvidos em sua deliberação dizem respeito à avaliação quanto à juridicidade da formação e da execução dos contratos. O TCU não atua de maneira discricionária quando aprova ou rejeita uma contratação. Não lhe foi dada competência para rejeitar ou aprovar um contrato por motivos de conveniência ou oportunidade. A decisão do TCU é estritamente técnico-jurídica; não decorre de qualquer análise de mérito administrativo (de conveniência ou oportunidade), tampouco de juízo técnico-científico (discricionariedade técnica).

A Constituição de 1988, tratando dos parâmetros a serem utilizados pelo TCU no exercício de sua fiscalização, trouxe, ao lado da legalidade, a "legitimidade" e a "economicidade" (art. 70, *caput*). Isso suscitou o debate sobre se o TCU poderia ou não usar tais referências (não normativas) para julgar um contrato como irregular e, em consequência, para expedir condenações (isto é, impor sanções ou ressarcimentos). Os autores deste estudo entendem que a resposta deva ser negativa, pois não há norma jurídica definindo como ilícita e punível uma contratação que, conquanto perfeitamente legal, seja vista apenas como antieconômica pelo órgão de controle. Puras análises de legitimidade e economicidade

---

[30] Para uma explicação mais detalhada sobre as razões da viabilidade de incursão judicial nessas decisões administrativas de índole técnica, recomenda-se a consulta a Sundfeld e Câmara (2002, p. 34).

são cabíveis só em auditorias operacionais, não em processos condenatórios, que têm de ser baseados em ilicitudes definidas diretamente pelas normas jurídicas.[31]

Mas essa divergência é alheia ao problema da revisão judicial. Quem, ao contrário dos autores, defender que o TCU pode expedir condenações por conta de um contrato que, embora legal, seja considerado antieconômico, logicamente aceitará que o juízo de economicidade foi juridicizado: do contrário, o antieconômico não seria ilícito, nem sancionável. Nessa perspectiva, o juízo do TCU sobre a economicidade seria uma interpretação sobre o lícito. E seria plenamente revisível pelo Judiciário, pois licitude ou ilicitude é questão técnico-jurídica, não questão de conveniência ou questão técnico-científica.

As decisões condenatórias do TCU estão amplamente sujeitas à revisão judicial, pois o campo próprio do Judiciário é justamente o técnico-jurídico. Eventual anulação judicial dessas decisões administrativas só pode ser motivada por aspectos jurídicos, ou seja, por um juízo de legalidade (técnico-jurídico). A análise de legalidade pode abranger o processo e o conteúdo das decisões do TCU em sua integralidade. Não há margem para atuação discricionária do TCU ao avaliar a regularidade de um contrato ou a existência de dano suportado pela administração pública.

Ao identificar a existência de sobrepreço em um contrato, por exemplo, ou quando julga insuficientes as informações prestadas pelo gestor, ou quando reputa incorreto o procedimento de licitação adotado, o que o TCU está fazendo é um juízo estrito de legalidade. Não há análise de *mérito administrativo* nesse tipo de deliberação. Não há apreciação de matéria que envolva conhecimento científico estranho ao Judiciário. Ao punir, o TCU não refuta um juízo de conveniência ou oportunidade realizado pelo gestor, pois sanções não podem ser baseadas em mera divergência sobre avaliação de conveniência e oportunidade (subjetiva, discricionária). A ação fiscalizadora e punitiva do TCU se dá em virtude da constatação de ilicitudes, isto é, de juízo de legalidade sobre a atuação do agente fiscalizado.

Por isso, é possível que, na via judicial, venham a ser anuladas decisões do TCU que tenham considerado haver sobrepreço ou superfaturamento em um contrato, ou tenham julgado irregular certa licitação. Isso só

---

[31] Sundfeld e Câmara (2002, p. 184).

ocorre, obviamente, quando o Judiciário considerar equivocado o juízo de legalidade realizado pelo TCU.[32] Mas o Judiciário, se provocado, pode fazer esse exame, a fim de descobrir a existência ou não de ilegalidade na decisão.

É viável, em processo judicial, a anulação de decisão do TCU que tenha considerado como ilícito o valor de um contrato. Isso tanto pode ocorrer se for demonstrada a existência de falhas procedimentais na decisão do TCU (por exemplo, a violação do direito de defesa), como também por aspectos materiais, ou seja, se o Judiciário considerar que não houve sobrepreço ou superfaturamento. Tais questões envolvem matéria técnico-jurídica; não correspondem a qualquer forma de deliberação sobre o *mérito administrativo*.[33]

As decisões do TCU a respeito de sobrepreço, orçamentação, procedimento das contratações públicas não possuem imunidade à revisão judicial. Tais deliberações não são decisões de mérito administrativo; não são discricionárias (nem mesmo representam a chamada discricionariedade técnica). Ao fiscalizar as contratações públicas, o TCU profere manifestações estritamente técnico-jurídicas que, como tais, podem ser

---

[32] Cf., a título de exemplo, Apelação Cível (AC) n. 98397120104058100, TRF da 5ª Região, julgada em 21.08.2014; AC n. 447.188-RN, TRF da 5ª Região, julgada em 22.04.2010; AC n. 17.289-GO, TRF da 1ª Região, julgada em 30.08.2010; AC n. 432.470-PE, TRF 5ª Região, julgada em 15.04.2010; AC n. 401.034-PB, TRF 5ª Região, julgada em 27.05.2010; AC n. 453.914-PE, TRF 5ª Região, julgada em 24.11.2009; AC n. 8008651620134058000, TRF 5ª Região, julgada em 10.04.2014; AC n. 3495220074013602, TRF 1ª Região, julgada em 15.10.2014; AC n. 15613-BA, TRF 1ª Região, julgada em 30.07.2010.
Nesses julgados o Judiciário reafirma sua competência para revisar decisões *ilegais* do TCU. Como, na avaliação judicial, as ações não demonstraram vícios de legalidade das decisões impugnadas, as decisões do TCU foram mantidas.

[33] Para um exemplo quanto aos problemas da mais pura interpretação jurídica que podem estar envolvidos no debate sobre a existência de sobrepreço, ver o Acórdão n. 1.392/2016, em que o plenário do TCU responsabilizou certa empresa, contratada sem licitação, "por não seguir os preços do mercado", dever esse que, para o Tribunal, seria decorrência direta de um enigmático "regime jurídico-administrativo relativo às contratações públicas". Ainda que o Judiciário optasse por uma postura de deferência em relação à opinião do TCU sobre a questão fática (isto é, se presumisse como correta a pesquisa dos preços de mercado feita pelo TCU para o momento e para o caso), nem assim estaria afastada do domínio do juiz a questão normativa abstrata, que é a de saber se as normas impõem ou não aos particulares um dever de, sob pena de responsabilidade, "seguir os preços de mercado" (sustentando não existir esse dever, recomenda-se consultar Sundfeld e Campos (2013, p. 221-231).

amplamente revistas judicialmente. Trata-se de mera qualificação jurídica dos fatos e, portanto, configura estrita interpretação jurídica, passível de ampla revisão pelo Judiciário.[34]

Nesse ponto reside uma diferença significativa entre as decisões do TCU e os títulos executivos judiciais (decorrentes de sentenças judiciais). As decisões do TCU, embora passíveis de execução, podem ser revistas judicialmente, isto é, não têm força de coisa julgada judicial. Nesse sentido, ao contrário das sentenças judiciais transitadas em julgado (os títulos judiciais), as decisões do TCU não são definitivas fora do seu âmbito interno (e isso ainda que, já tendo sido esgotados todos os recursos administrativos no âmbito do TCU, essa decisão tenha formado coisa julgada administrativa).

---

[34] Como exemplo, tome-se o julgamento da Apelação Cível n. 0050179-35.202.4.01.3400/DF, do Tribunal Regional Federal (TRF) da 1ª Região, 4ª Turma, julgada em 12.04.2016. Nesse caso, o Judiciário anulou decisão do TCU que imputava multa a uma autoridade administrativa. O Judiciário discordou do cerne da decisão do TCU, que havia considerado a conduta da autoridade administrativa "consubstanciadora de má-fé", condenando-a à restituição do valor da compra considerada irregular e ao pagamento de multa. Como o Judiciário, em outro processo, decidiu "pela improcedência da ação de improbidade, movida pela União", o acórdão do TCU foi anulado judicialmente. O julgado revela que um fato jurídico analisado pelo TCU mereceu qualificação diferente do Judiciário, o que levou à anulação da decisão do TCU. A razão de decidir não foi qualquer desvio político na manifestação dos ministros do TCU ou uma falha processual na tomada de decisão pela Corte de Contas. O Judiciário, simplesmente, reexaminou os mesmos fatos (reviu a qualificação jurídica dos fatos) e concluiu de maneira diferente do TCU.
Outro caso ilustrativo da possibilidade de revisão judicial de decisão técnica do TCU se verifica na Apelação Cível n. 2005.61.15.001300-0/SP, do TRF da 3ª Região, 2ª Turma, julgada em 02.02.2010. Nesse outro julgado o TRF anula decisão do TCU que aplicara multa ao administrador público por ato praticado em licitação. O TCU havia considerado que a desclassificação de um licitante, realizada pelo administrador, teria contrariado a economicidade da administração pública. Todavia, esse mesmo ato do administrador veio a ser considerado válido por uma decisão judicial (proferida em mandado de segurança). Como, desse modo, o Judiciário declarou a legalidade da conduta do servidor punido pelo TCU, considerou-se que havia desaparecido o pressuposto de sua punição. Por tal motivo, a decisão do TCU foi anulada. A ementa do referido acórdão assim resumiu o entendimento sobre a matéria: "Não viola a independência entre os Poderes a sentença que, reconhecendo afastada a ilegalidade da conduta do servidor público e, consequentemente, o pressuposto de sua punição, torna sem efeito a multa aplicada, sem adentrar pelo exame da prova ou da justiça da punição aplicada pelo Tribunal de Contas da União".

É importante notar que as decisões do TCU não são os únicos atos administrativos providos de força de título extrajudicial. É comum que a administração produza atos que gozam dessa prerrogativa e que, após inscrição da dívida ativa, constituam base autônoma para execução judicial.

É o que ocorre, para citar um exemplo corriqueiro, com a atividade tributária. São atos administrativos que constituem os créditos tributários. Após inscrição na dívida ativa, esses créditos podem ser executados judicialmente (Lei n. 6.830/1980, art. 1º). Tal condição não impede a discussão judicial, no curso da execução, sobre a legalidade das decisões administrativas que lhe deram origem (Lei n. 6.830/1980, art. 3º, parágrafo único, e art. 16, § 2º). Aliás, as decisões administrativas em matéria tributária, apesar de serem capazes de se constituir em título executivo extrajudicial, sujeitam-se a ampla revisão judicial, inclusive por meio de ação específica, na qual são discutidos os fundamentos técnico-jurídicos dessas decisões (ocorrência do fato gerador, interpretação da norma tributária, competência, etc.).[35]

As sanções aplicadas no exercício do poder de polícia administrativo (fiscalização do trânsito, do meio ambiente, por exemplo) também são dotadas de exigibilidade e podem, uma vez inscritas na dívida ativa, ser objeto de execução judicial. Constituem títulos executivos extrajudiciais. Tal condição, entretanto, não é tomada como mitigadora da possibilidade da revisão judicial desses atos administrativos, que é prevista expressamente pela lei (Lei n. 6.830/1980, art. 3º, parágrafo único e art. 16, § 2º).

Há variado repertório de medidas judiciais que podem gerar a anulação de decisões condenatórias do TCU.

Elas podem ser impugnadas, por exemplo, no curso da execução judicial, por meio de embargos opostos pelo executado (que, como já referido, estão previstos pelo art. 16 da Lei das Execuções Fiscais, a Lei n. 6.830/1980; na linha, aliás, do que o Código de Processo Civil (CPC) prevê para as execuções comuns, como se vê de seu art. 914 e ss.), no qual

---

[35] O Código Tributário Nacional (Lei n. 5.172, de 25 de outubro de 1966) admite expressamente a revisão judicial das decisões técnicas das autoridades administrativas fiscais. Tanto é assim que o CTN prevê a concessão de medidas judiciais cautelares em mandado de segurança e em outros tipos de ações judiciais como causa de suspensão da exigibilidade do crédito tributário (art. 151, IV e V). Seguindo essa linha, o Código aponta como causa de extinção desse crédito a decisão judicial transitada em julgado (art. 156, X).

se poderá alegar qualquer matéria que se poderia deduzir em defesa em processo de conhecimento (art. 917, VI, do CPC).

Além dessa postura reativa diante de uma execução judicial, é possível que o interessado assuma posição ativa e proponha, antes de sofrer a execução judicial, ação ordinária para anular a deliberação do TCU (CF, art. 5º, XXXV). Nesse caso, o juízo competente para conduzir a ação é o de 1ª Instância da Justiça Federal (CF, art. 109, I). Numa ação ordinária, há oportunidade de ampla discussão sobre a legalidade da decisão impugnada, inclusive sobre aspectos técnico-jurídicos, como a existência de sobrepreço, a regularidade da execução contratual e assim por diante.[36] É admitida a realização de diligência probatória, inclusive com a constituição de prova pericial, para propiciar ao juiz elementos técnicos para avaliar a correção do julgamento do TCU.

Por fim, admite-se a anulação das decisões do TCU por mandado de segurança, uma ação com rito especial, mais célere, para discussões de matérias exclusivamente de direito (ou seja, que digam respeito a fatos incontroversos, que dispensam diligência probatória). Para essa ação específica, o foro competente é o Supremo Tribunal Federal (CF, art. 102, "d").[37]

---

[36] Quando, nessas ações de anulação, o juiz de primeira instância se recusa a conhecer da ação, e a extingue sem julgamento de mérito, alegando que a matéria já teria sido apreciada em definitivo pelo TCU, os tribunais brasileiros reformam a sentença de extinção da ação e determinam ao juiz a análise do pedido de mérito.
Como exemplo, vejam-se acórdãos do Tribunal Regional Federal da 1ª Região, que afirmam: "As decisões definitivas do Tribunal de Contas da União – TCU, de natureza técnica, somente fazem coisa julgada na esfera administrativa, em cujo âmbito não podem ser revistas. Na esfera do Poder Judiciário, todavia, podem ser revistas" (TRF 1ª Região, 3ª Turma, Apelação Cível n. 2000.38.00.011110-1/MG, julgada em 22.08.2006; TRF 1ª Região, 3ª Turma, Apelação Cível n. 2000.38.00.011112-7/MG, julgada em 09.11.2004; TRF 1ª Região, 3ª Turma, Apelação Cível n. 2001.40.00.005753-8/PI, julgada em 29.09.2004).
[37] Possivelmente o caso mais importante em que o STF não tem aceitado decisões do TCU sobre a validade de contratações são os que envolvem a aplicabilidade do art. 67 da Lei n. 9.478/98, que autorizou a Petrobras a realizar suas contratações por meio de procedimento licitatório simplificado. O TCU vem insistindo em desconsiderar tal autorização legal, entendendo-a inconstitucional, e, em consequência, julga ilegais essas contratações por não se adequarem às exigências da legislação administrativa comum. A primeira decisão do STF foi no MS n. 25.888 – rel. Min. Gilmar Mendes –, sucedida por muitas outras. Sobre o tema, recomenda-se consultar Rosilho (2015, p. 63-88).

Conclusões

Manifestações do TCU são frequentemente invocadas em debates judiciais, policiais, parlamentares ou de imprensa, como provas de irregularidades em contratos estatais. Mas é preciso que, nesses diversos âmbitos, haja clareza quanto ao valor do que se está citando. Evidentemente, o valor apenas interno ou preliminar de alguma manifestação do TCU não retira sua importância, mas é preciso, em cada caso, saber exatamente qual é ela, pois, do contrário, há riscos de confusão jurídica ou mesmo de manipulação.

A constatação deste estudo é que, nos processos de fiscalização do TCU, boa parte dos acórdãos (e também das razões adotadas como fundamentação pelos ministros) é emitida a título preliminar, para fins apenas processuais, isto é, para aprovar estudos, para determinar diligências ou análises, ou para permitir a manifestação ou defesa dos interessados. Esses atos não são decisões definitivas de mérito: não são condenatórios, nem têm efeitos jurídicos vinculantes, internos ou externos.

Uma decisão do TCU sobre a existência de irregularidade ou dano em contrato estatal só é definitiva de mérito quando tomada em acórdão condenatório, que é o único apto a gerar a expedição de título executivo para cobrança judicial de condenação (art. 23, III, "b" da Lei n. 8.443/1992). Essas condenações de mérito são identificáveis pela imposição de sanção determinada (por exemplo: a multa) ou pela imputação, a sujeito especificado no acórdão, de responsabilidade pelo ressarcimento de valor também indicado no acórdão. Assim, o ato do TCU que simplesmente instaura processo de Tomada de Contas Especial não é uma decisão condenatória de mérito, pois ele não resolve em definitivo sobre a regularidade da contratação, nem sobre a efetiva existência e valor do dano, nem sobre os seus responsáveis.

Condenações de mérito baseadas na irregularidade de contratos fazem coisa julgada apenas administrativa (que é extrajudicial, restrita ao âmbito do TCU). Isso ocorre quando, após o prazo dos recursos administrativos (reexame, reconsideração, embargos de declaração) ou após o julgamento desses recursos, se tornar exigível a obrigação jurídica de pagar quantia certa a título de multa ou danos, de modo que, não havendo o pagamento, será expedido o título executivo para sua cobrança judicial.

Não existe, no direito brasileiro, reserva de competência para o TCU dizer, com exclusividade ou com efeito de coisa julgada judicial, sobre a existência de irregularidade ou dano em contrato estatal. O Judiciário possui jurisdição autônoma e plena a respeito dessas questões. Nas ações judiciais condenatórias em que se pretende o reconhecimento judicial de irregularidade ou dano em um contrato estatal, os eventuais estudos, pareceres, atos preliminares e decisões definitivas do TCU são considerados pelo juiz como simples elementos de informação, sem presunção absoluta de veracidade ou caráter jurídico vinculante.

As condenações administrativas do TCU geram títulos executivos extrajudiciais cujo valor jurídico não equivale ao de uma sentença do Judiciário transitada em julgado, mas sim ao valor de outros atos administrativos que operem a constituição administrativa de crédito público (tributário ou pelo exercício do poder de polícia) e levem à emissão de certidão de dívida ativa.

Podem ser amplamente revistas pelo Judiciário as condenações administrativas definitivas do TCU baseadas na existência de irregularidade ou dano em contrato estatal, pois essas condenações administrativas são técnico-jurídicas, baseadas na violação às normas jurídicas, e não em juízos discricionários de mérito administrativo (juízos de conveniência, oportunidade ou política) ou em juízos de discricionariedade técnico-científica (juízos baseados exclusivamente em conhecimentos tecnológicos ou científicos especializados).

Referências

BRASIL. Constituição (1988). *Constituição da República Federativa do Brasil*. Brasília: Senado Federal, 1988.

BANDEIRA DE MELLO, Celso Antônio. *Discricionariedade e controle jurisdicional*. São Paulo: Malheiros, 1992.

BARROSO, Luís Roberto. *Temas de Direito Constitucional*. 2. ed. Rio de Janeiro: Renovar, 2006. Tomo I.

DI PIETRO, Maria Sylvia Zanella. O papel dos Tribunais de Contas no controle dos contratos administrativos. *Interesse Público*. Belo Horizonte: Fórum, ano 15, n. 82, nov./dez. 2013.

DI PIETRO, Maria Sylvia. *Discricionariedade Administrativa na Constituição de 1988*. São Paulo: Atlas, 1991.

GRACIE, Ellen. Notas sobre a revisão judicial das decisões do Tribunal de Contas da União pelo Supremo Tribunal Federal. *In*: FÓRUM DE CONTRATAÇÃO E GESTÃO PÚBLICA, 7., Belo Horizonte, out. 2008. *Anais...* Belo Horizonte: FCGP, 2008.

GRAU, Eros Roberto. Tribunal de Contas – Decisão – Eficácia. *Revista de Direito Administrativo*, [s.l.], v. 210, p. 354-355, out./dez. 1997.

GUERRA, Evandro Martins. O sistema Tribunal de Contas: principais apontamentos. *In*: FÓRUM DE CONTRATAÇÃO E GESTÃO PÚBLICA, ano 1, n. 6. Belo Horizonte, 2002. *Anais...* Belo Horizonte: FCGP, 2002.

JACOBY, Jorge Ulisses. *Tribunais de Contas do Brasil*. Belo Horizonte: Fórum, 2013. (Vol. 3).

JORDÃO, Eduardo Jordão. A intervenção do TCU sobre editais de licitação não publicados – controlador ou administrador? *Revista Brasileira de Direito Público*, Belo Horizonte, ano 12, n. 47, out./dez. 2014.

JORDÃO, Eduardo. *Controle Judicial de uma Administração Pública Complexa*: A Experiência Estrangeira na Adaptação da Intensidade do Controle. São Paulo: Malheiros/sbdp, 2016.

JURKSAITIS, Guilherme Jardim. Leis de diretrizes orçamentárias e o controle sobre as contratações públicas. *In*: CONTI, José Maurício; SCAFF, Fernando Facury (coord.). *Orçamentos Públicos e Direito Financeiro*. São Paulo: Revista dos Tribunais, 2011. p. 1294-1295.

MARQUES NETO, Floriano de Azevedo. Os grandes desafios do controle da Administração Pública. *In*: MODESTO, Paulo (coord.). *Nova Organização Administrativa Brasileira*. Belo Horizonte: Fórum, 2009.

ROSILHO, André Janjácomo; GEBRIM, Larissa Santiago. Política de contratações públicas da Petrobras: o que pensam o STF e o TCU? *Revista de Direito Público da Economia*, Belo Horizonte, ano 13, n. 50, abr./jun. 2015.

ROSILHO, André. *Tribunal de Contas da União*: competências, jurisdição e instrumentos de controle. São Paulo: Quartier Latin, 2019.

SUNDFELD, Carlos Ari; CÂMARA, Jacintho Arruda. Competências de controle dos tribunais de contas: possibilidades e limites. *In*: SUNDFELD, Carlos Ari (org.). *Contratações Públicas e seu Controle*. São Paulo: Malheiros, 2013.

SUNDFELD, Carlos Ari; CAMPOS, Rodrigo Pinto de. O Tribunal de Contas e os Preços dos Contratos Administrativos. *In*: SUNDFELD, Carlos Ari (org.). *Contratações Públicas e seu Controle*. São Paulo: Malheiros, 2013.

SUNDFELD, Carlos Ari; CÂMARA, Jacintho Arruda. Controle judicial dos atos administrativos: as questões técnicas e os limites da tutela de urgência. *In: Interesse Público*. Porto Alegre: Nota Dez, 2002.

Capítulo 11
A Intervenção do Tribunal de Contas da União sobre Editais de Licitação Não Publicados: Controlador ou Administrador?[1]

Eduardo Jordão

Introdução

A multiplicação de medidas governamentais voltadas ao desenvolvimento da infraestrutura nacional[2] produz a intensificação da atividade dos

---

[1] Este trabalho foi publicado originariamente na *Revista Brasileira de Direito Público*, v. 47, p. 209-230, out./dez. 2014. As análises desenvolvidas no texto permanecem válidas, mesmo à luz da alteração normativa ocorrida em 2018 no âmbito do TCU. Com efeito, a Instrução Normativa n. 27/1998, que regulava o procedimento de acompanhamento e controle de processos de desestatização e concessões, e era utilizada pelo TCU como fundamento normativo do seu controle prévio sobre editais ainda não publicados (como será explicado no correr do trabalho), bem como as Instruções n. 46 de 2004 (acompanhamento de concessões de rodovias) e n. 52/2007 (parcerias público-privadas), foram revogadas pela Instrução Normativa n. 81/2018. No regime anterior, não havia qualquer previsão expressa de análise prévia dos editais pelo Tribunal. O novo diploma normativo, contudo, unificou as fases de análise dos processos de concessões, determinando o envio ao TCU, com no mínimo 90 dias de antecedência da publicação do edital, de "estudos de viabilidade e as minutas do instrumento convocatório e respectivos anexos, incluindo minuta contratual e caderno de encargos, já consolidados com os resultados decorrentes de eventuais consultas e audiências públicas realizadas" (art. 3º), bem como outros documentos relevantes, para análise prévia à publicação. Assim, confirmando a tendência apontada neste trabalho já em 2014, o TCU consolidou a expansão de sua competência para além do que a Constituição e a legislação de regência preveem. A superveniência de previsão normativa *infralegal* expressa não muda esse cenário: como se verá, o Tribunal não tem competência nem legitimidade constitucional para efetuar intervenção prévia em editais não publicados.

[2] A precariedade da infraestrutura nacional tem sido apontada como um dos mais importantes gargalos para o desenvolvimento do país. Relatório do Fórum Econômico Mundial

controladores – instituições públicas que detêm competência de verificar sua validade. Em especial, a atuação recente de um desses atores institucionais, o Tribunal de Contas da União (TCU),[3] tem chamado a atenção. Em hipótese que já mereceu alguma consideração da doutrina jurídica, o TCU tem intervindo diretamente em contratos administrativos já em execução, determinando, por exemplo, o redimensionamento de seus valores ou a retenção de pagamentos.[4] Em outra hipótese menos explorada doutrinariamente, o TCU tem participado ativamente da própria concepção dos projetos de concessões comuns e parcerias público-privadas, emitindo sugestões ou determinações que impactam as suas opções fundamentais e, em grande medida, definem a sua modelagem.

Este capítulo pretende tratar desta última hipótese. Interessa-lhe, portanto, a atuação *prévia* do TCU, aquela que se realiza *antes* da formalização e publicação dos projetos: na fase da licitação que se costuma chamar de "interna", quando se promovem estudos e se elabora o edital.[5]

---

posiciona o Brasil em 114º lugar entre 148 países analisados no critério da qualidade da infraestrutura. O Brasil é o 103º colocado em ferrovias, o 120º em rodovias, o 123º em transporte aéreo e o 131º em portos. Mais informações podem ser encontradas em: http://reports.weforum.org/the-global-competitiveness-report-2013-2014/. Um exemplo de medida governamental para superar esta realidade é o Programa de Investimentos em Logísticas (PIL). Lançado em 2012 pelo Governo Federal, prevê investimentos da ordem de 133 bilhões de reais em 25 anos para a construção de 7,5 mil quilômetros de rodovias e 10 mil quilômetros de ferrovias.

[3] O TCU foi criado em 1890, pelo Decreto n. 966-A, de iniciativa de Ruy Barbosa, então Ministro da Fazenda. Sua institucionalização veio com a primeira Constituição republicana, no ano seguinte, e a instalação efetiva no início de 1893. Apesar de se tratar de instituição muito antiga, a acentuação da relevância do Tribunal de Contas da União é muito recente. O marco inicial desta história pode ser a Constituição Federal de 1988, que ampliou significativamente as competências deste órgão e os critérios de acordo com os quais o seu controle é promovido. Na legislação infraconstitucional, o impacto de dois diplomas foi especialmente significativo: (i) a Lei Geral de Licitações (n. 8.666/1993) estabeleceu a possibilidade de que todas as irregularidades na sua aplicação fossem representadas ao TCU; (ii) a Lei de Responsabilidade Fiscal (Lei Complementar n. 101/2000) previu papel de destaque a ser por ele cumprido no controle da gestão fiscal.

[4] Ver, por exemplo, Sundfeld e Câmara (2011, p. 111-144).

[5] O trabalho foca exclusivamente na atuação do Tribunal de Contas da União, ainda que as considerações aqui tecidas possam ser largamente aplicadas aos Tribunais de Contas dos Estados, do Distrito Federal e, quando existentes, dos Municípios. Aliás, o art. 75 da Constituição estabelece que as normas relativas ao TCU se aplicam, no que couber, à

Eis a questão específica que se pretende enfrentar neste capítulo: *quais poderes detém o TCU na análise prévia de minutas ainda não publicadas de editais de licitações referentes a projetos de infraestrutura?*

Considere-se, a propósito, o seguinte exemplo. Em 2013, o TCU acompanhou o primeiro estágio das concessões para ampliação, manutenção e exploração do aeroporto internacional do Rio de Janeiro (Antônio Carlos Jobim/Galeão) e do aeroporto internacional de Belo Horizonte (Tancredo Neves, Confins). Em um primeiro acórdão, resolveu-se condicionar a publicação do edital às: (i) inclusão no processo de concessão de fundamentos legais e técnicos *suficientes* da exigência de experiência em processamento de passageiros e da restrição à participação no leilão de acionistas das concessionárias de aeroportos, de forma a demonstrar que os parâmetros fixados eram "adequados, imprescindíveis, suficientes e pertinentes" ao objeto licitado; e (ii) realização dos devidos ajustes nas exigências, "caso [...] necessários".

Em um segundo acórdão sobre o assunto, depois de apresentadas novas justificativas para as opções do Poder Público, o TCU considerou suficientes as explicações para uma delas (restrição relativa à participação no leilão de acionistas de concessionárias de aeroportos), mas insistiu na "insuficiência da motivação" referente ao segundo ponto (relativo ao requisito de experiência prévia). Em função disso, recomendou às instituições pertinentes que restringissem as exigências editalícias (i) a números embasados em novos estudos a serem desenvolvidos ou (ii) aos números relativos aos valores projetados para o fluxo de passageiros, no exercício de 2014, em cada um dos aeroportos sob processo de concessão.

Diante da insistência do TCU, o Poder Concedente capitulou e alterou as exigências editalícias, reduzindo o requisito de experiência prévia que se exigiria do operador de aeroportos integrantes do consórcio licitante. No caso do Galeão, o fluxo de passageiros exigido do licitante caiu de 35 milhões para 22 milhões. No caso de Confins, caiu de 35 milhões para

---

organização, composição e fiscalização dos Tribunais de Contas estaduais. Na maioria dos Estados, o Tribunal de Contas Estadual cuida tanto das contas do Estado, como das contas dos Municípios. Em alguns estados (como Bahia e Goiás), há dois Tribunais de Contas na estrutura estadual: um para fiscalizar as contas do Estado e outro para as contas dos Municípios. O art. 31, § 4º, da Constituição Federal veda a criação de Tribunais, Conselhos ou órgãos de Contas Municipais. Entretanto, os Tribunais de Contas já existentes antes da Constituição de 1988 (nos Municípios do Rio de Janeiro e de São Paulo) seguem atuando.

12 milhões. O embate entre o Poder Concedente e o órgão fiscalizador a propósito desses requisitos foi destaque no noticiário nacional por algumas semanas e o poder de influência do TCU nas escolhas do Poder Concedente chamou a atenção. Mas o TCU poderia mesmo ter atuado como atuou? Ou esse Tribunal extrapolou as suas competências?[6]

A atenção específica à atuação do órgão controlador nesse momento de elaboração, debate e modelagem dos projetos de infraestrutura se justifica por duas razões principais. Em primeiro lugar, essa fase prévia ou interna dos projetos envolve uma série de decisões complexas, tomadas em um contexto de forte incerteza. Assim, é pouco razoável falar-se em soluções *corretas* e *incorretas*.[7] Essa circunstância impacta fortemente o controle que se dá posteriormente sobre essas escolhas. Intui-se que, nesses casos, o controle deve ser moderado para evitar que as prognoses realizadas pelo administrador sejam substituídas por prognoses igualmente incertas do fiscalizador. Em segundo lugar, a história constitucional nacional revela circunstância curiosa a propósito da disciplina da atuação do TCU no controle das medidas públicas: até 1967, a *regra* era que o TCU atuasse previamente. As decisões administrativas que implicassem gastos públicos deviam ser submetidas previamente à Corte de Contas, que as autorizava. Quer dizer: o Tribunal de Contas *participava* da decisão administrativa, atuando como um "quase administrador". A partir de então, o Constituinte brasileiro optou por um regime de controle

---

[6] Ao longo do texto, será feita referência exclusiva a esse caso da concessão dos aeroportos de Galeão e Confins, mas ele não é uma exceção na atuação do TCU. Veja-se, por exemplo, o acompanhamento do TCU ao primeiro estágio da outorga de concessão do serviço público de recuperação, operação, manutenção, conservação, implantação de melhorias e ampliação da capacidade do trecho da rodovia BR-101/ES, em 2011; ou a fiscalização do primeiro estágio das concessões dos arrendamentos de áreas e instalações portuárias nos portos organizados de Santos, Belém, Santarém, Vila do Conde e Terminais de Outeiro e Miramar, em 2013.

[7] No caso dos aeroportos de Galeão e Confins, o TCU reconheceu a dificuldade ao definir objetivamente os valores ideais para a exigência relativa à experiência prévia para participar da licitação, "tendo em vista a natureza do setor, a existência de poucas concessões semelhantes já licitadas [no Brasil] e os riscos de prejuízos para a qualidade dos serviços com sua redução a valores baixos, ante a possibilidade de sair vencedora dos certames sociedade com experiência limitada na área" (Acórdão n. 2.466/2013-Plenário, rel. Min. Ana Arraes, julgado em 11.09.2013).

posterior em função da ampliação significativa das competências e das atividades administrativas.[8]

Ambas as circunstâncias concorrem para gerar as inquietações que motivaram o presente estudo. A hipótese é a de que, na disciplina constitucional atual e no contexto complexo e incerto da modelagem de projetos de infraestrutura, a atuação do TCU deverá ser limitada, sob pena de transformar esse órgão controlador em uma espécie de administrador público hierarquicamente superior que o constituinte não desejou.

Do ponto de vista objetivo, as competências do TCU que são relevantes para o tema deste capítulo encontram-se nos arts. 70 e 71 da Constituição Federal. Neles se dispõe que a Corte de Contas deverá atuar em auxílio ao Congresso Nacional na promoção do chamado controle externo da administração pública. Tal controle, nos termos do art. 70, serve à proteção dos seguintes valores jurídicos: legalidade, legitimidade e economicidade da ação administrativa. Essa previsão tríplice de valores a serem protegidos consiste em uma inovação da Constituição de 1988. Enquanto as Constituições anteriores falavam apenas em um exame de "legalidade", a Constituição atual atribui ao TCU poderes de verificação também da "legitimidade e economicidade" dos atos administrativos. A rigor, seria possível compreender a legitimidade e a economicidade como meros aspectos da legalidade, entendida amplamente.[9] Mas a utilização de vocábulos diversos parece ser uma forma de o constituinte deixar claro que o exame promovido pelo TCU deve ir além da mera conformidade da ação administrativa à letra expressa de dispositivos legais. Envolverá, portanto, a conformidade a princípios e normas jurídicas implícitas ("legitimidade") e uma avaliação relativa ao eficiente e adequado uso dos recursos públicos em vista dos fins a serem realizados ("economicidade").

De todo modo, a grande questão deste capítulo é o que pode ser feito concretamente pelo TCU quando entender verificada alguma violação aos valores jurídicos que a Constituição pôs sob sua guarda. Quais poderes detém o TCU para enfrentar a ação administrativa que contrarie

---

[8] Com base na utilização do argumento da alteração constitucional de 1967 para defender a impossibilidade de controle prévio de editais, recomenda-se a consulta a Jacoby Fernandes (2005, p. 98).

[9] Nesse sentido, recomenda-se consultar as manifestações de Bandeira de Mello (1991).

a legalidade, a legitimidade e a economicidade? Quais as armas que a Constituição confere a esse órgão fiscalizador para atuar nesse domínio? Naturalmente, não é juridicamente válida toda a atuação do TCU que se volte à proteção dos valores jurídicos que lhe incumbe proteger. Para proteger esses valores jurídicos, só é permitido ao TCU fazer o que a Constituição autorizou. O objetivo do capítulo é justamente delimitar essa atuação do órgão fiscalizador sob o ponto de vista instrumental.

A leitura da Constituição revela que o TCU detém poderes diretos e indiretos de combate a esses vícios (item 1). Em ambos os casos, contudo, trata-se de poderes que devem ser exercidos *posteriormente* à edição dos atos administrativos (item 2). A despeito do que sustenta o próprio TCU, a sua atuação prévia carece de fundamentos práticos e jurídicos (item 3). À ausência de previsão de poderes prévios de constrição de outros órgãos públicos, toda atuação do TCU sobre minutas de editais ainda não publicados deverá decorrer de solicitação do próprio administrador público e ter natureza de mera recomendação – é essa a conclusão do capítulo.

1. Quais Poderes a Constituição Conferiu ao Tribunal de Contas da União para Combater os Vícios de Legalidade, Legitimidade e Economicidade?

A Constituição atribui ao TCU poderes diretos e indiretos de combate aos vícios de legalidade, legitimidade e economicidade que entender existentes nas decisões administrativas. Como poderes diretos, devem-se citar as chamadas "competências corretivas" – aquelas voltadas a sanar os vícios identificados nos atos administrativos ou, ao menos, evitar a promoção dos seus efeitos (item 1.1). Como poderes indiretos, a menção a ser feita é às "competências sancionatórias", aquelas que correspondem a uma punição ao agente e, por essa via, indiretamente, estimulam a retirada ou desestimulam a produção desses atos viciados (item 1.2). Como se vê, as medidas relativas às primeiras competências recaem sobre os atos viciados; as segundas, sobre as autoridades públicas responsáveis pela sua realização.

1.1. Os Poderes Diretos (Competências Corretivas)

No que concerne às competências corretivas, a disciplina constitucional varia em função da natureza unilateral ou bilateral do ato administrativo viciado. Interessam, nesse ponto, as medidas governamentais unilaterais, considerando que se trata aqui do exame da atuação do TCU na fase de elaboração e modelagem dos projetos de infraestrutura – antes, portanto, do estabelecimento de uma relação contratual entre a administração pública e o seu parceiro privado. Nessa hipótese, o TCU deve *assinar prazo* para as autoridades administrativas corrigirem os defeitos de ilegalidade que houver encontrado (art. 71, IX, da CF). Se, dentro do prazo assinado, as autoridades administrativas pertinentes não adotarem as soluções cabíveis, então o TCU poderá determinar a *sustação dos efeitos do ato*, comunicando a decisão à Câmara dos Deputados e ao Senado Federal (art. 71, X, da CF).

Notem-se bem os limites da atuação corretiva do TCU. Em primeiro lugar, a Constituição não autoriza o TCU a tomar medidas *antes de decorrido o prazo* que deverá conceder à autoridade administrativa para corrigir os defeitos encontrados. Ou seja, o TCU só pode determinar a sustação dos efeitos do ato *após haver assinado prazo* para que as autoridades administrativas o corrijam e *após o decurso desse prazo*. O procedimento a ser seguido pelo TCU para sustar atos administrativos unilaterais é bem explicitado constitucionalmente.

Em segundo lugar, o TCU não possui poderes para *anular* atos administrativos unilaterais que julgar viciados. A Constituição não lhe confere esse poder, que é exclusivamente do Poder Judiciário.[10] Ao TCU cabe unicamente *sustar* atos viciados. A diferença entre anular e sustar é clara. Na anulação, o ato administrativo é eliminado do sistema jurídico, inclusive com efeitos retroativos. No caso da sustação, apenas se afastam temporariamente (durante o período de sustação) os efeitos do ato jurídico.[11] Nesse sentido, a anulação é uma espécie de medida satisfativa, enquanto a sustação tem natureza *cautelar* – ao impedir a realização dos efeitos visados pelo ato administrativo, busca evitar que se operem consequências danosas sobre o patrimônio público, por exemplo.

---

[10] Barroso (2016, p. 139).
[11] Segundo Sundfeld e Câmara (2011, p. 119), "'sustar ato' não é sinônimo de 'anular ato'. Sustar é paralisar a execução, total ou parcialmente. Anular seria bem mais do que isto: seria desfazer os efeitos produzidos, quando viável e necessário, seria fazer recomposições patrimoniais acaso cabíveis e seria eliminar em definitivo o ato como centro produtor futuro de efeitos. Nada disso a Corte de Contas pode fazer, mesmo quanto a atos: sua competência se esgota na sustação do ato, na paralisação de seus efeitos".

No contexto da elaboração e modelagem de projetos de infraestrutura, essa competência corretiva do TCU poderá autorizar, por exemplo, a eventual sustação de um edital (já publicado) que faça exigências excessivas e irrazoáveis para participação na licitação, promovendo uma restrição desnecessária da competitividade.

1.2. Os Poderes Indiretos (Competências Sancionatórias)

Ao lado dessas competências corretivas, como já se afirmou, a Constituição prevê algumas hipóteses em que o TCU imporá *sanções* aos autores de medidas públicas viciadas. A propósito, veja-se que, de acordo com o inciso VIII do art. 71, o TCU deverá "aplicar aos responsáveis, em caso de ilegalidade de despesa ou irregularidade de contas, as sanções previstas em lei, que estabelecerá, entre outras cominações, multa proporcional ao dano causado ao erário". Esse dispositivo prevê, portanto, duas espécies de sanções: (i) a irregularidade de contas é, por si só, e independentemente de qualquer lesão ao erário público, motivo de aplicação de sanções previstas em lei; (ii) além disso, o eventual dano ao erário gerará multa que lhe seja proporcional.[12]

As competências sancionatórias também servem à proteção da legalidade, da legitimidade e da economicidade da atuação administrativa, na medida em que geram incentivos para que o administrador público não adote medidas violadoras desses princípios ou as retire, quando elas tiverem já sido adotadas. No caso da fase de elaboração e modelagem de projetos de infraestrutura, isso significa que o TCU poderá penalizar administradores públicos que tenham tomado medidas que gerem danos ao erário público.

2. Quais Poderes Jurídicos o Direito Confere ao Tribunal de Contas da União para Intervir em Editais Não Publicados de Licitação?

Diante da disciplina constitucional exposta anteriormente, quais poderes detém o TCU para intervir em um edital de licitações *antes da sua publicação*? Qual a amplitude dessa sua atuação prévia? Naturalmente, esse órgão fiscalizador pode sempre emitir recomendações e sugestões a entidades da administração pública. Essa atuação opinativa independe de atribuição de poderes jurídicos específicos e será retomada mais à frente, nas

---

[12] Nesse sentido, recomenda-se consultar o RE n. 190.985/1995.

conclusões do capítulo. Neste item 2 o que é relevante é saber se (e em que medida) o TCU detém poderes de constrição; se (e em que medida) pode *determinar* ações específicas aos administradores. No caso dos projetos de infraestrutura, pode esse órgão fiscalizador *impedir* a publicação do edital ou *condicioná-la* a algumas medidas por ele determinadas?

2.1. A Ausência de Competências Constitucionais Preventivas como Clara Opção Histórica

Em primeiro lugar, é preciso deixar claro que a intervenção prévia do TCU, no contexto relevante para projetos de infraestrutura,[13] não está autorizada *explicitamente* pela Constituição Federal. De fato, na disciplina constitucional corretiva apresentada no tópico anterior, não há qualquer previsão de atuação antes da emissão de um ato administrativo na fase de sua preparação. Como se afirmou, a disciplina constitucional da competência corretiva do TCU varia em função da natureza contratual ou não do ato defeituoso. Em ambos os casos, no entanto, trata-se de competências relativas a atos administrativos já expedidos. Em definitivo: no contexto que é relevante para este capítulo, não há previsão constitucional de atuação do TCU em caso de atos administrativos ainda não expedidos.[14]

Aliás, o exame da evolução histórica das Constituições sugere que há aí um *silêncio eloquente*. Em outras palavras, uma análise histórica das Constituições brasileiras leva à conclusão de que o Constituinte não dispôs sobre essa atuação prévia precisamente porque *não pretendia que o TCU a realizasse*.[15] Não se tratou de um "esquecimento" do Constituinte ou de uma hipótese em que ele simplesmente não considerou a questão. Ao contrário, a ausência de previsão de atuação prévia no texto constitucional atual parece consistir em uma clara opção histórica do Constituinte. É que, até 1967, a *regra* era que o TCU atuasse previamente. As decisões administrativas que implicassem gastos públicos deviam ser submetidas previamente à Corte de Contas, que as autorizava. Dito de outro modo, os

---

[13] Como será visto mais adiante no texto, o TCU detém competência de registro prévio de atos relacionados à admissão de pessoal e concessão de aposentadorias (art. 71, III), mas isso não é relevante para os fins deste capítulo.

[14] É também essa a conclusão de Barroso (1996, p. 138) e Meirelles (2007, p. 707).

[15] Para um exame da evolução histórica das competências do TCU, recomenda-se ler Silva (1999, p. 19-141).

administradores precisavam registrar previamente as despesas no TCU para que pudessem realizá-las de forma lícita. Nesse contexto, o Tribunal de Contas *participava* da decisão administrativa que gerava gastos, atuando como um "quase-administrador".[16]

Esse modelo de fiscalização por meio do registro prévio das despesas havia sido inaugurado pela Holanda, em 1820, e fora em seguida introduzido em países como Bélgica Itália, Portugal, Chile e Japão. No Brasil, ele pautou fortemente as discussões que antecederam o estabelecimento do TCU. Uma das primeiras propostas para a criação desse órgão, de autoria do ministro das Finanças Manoel Alves Branco, foi recusada na Câmara dos Deputados em 1845 principalmente porque só continha a previsão de um controle posterior. Os críticos da proposta consideravam que o modelo sem controle prévio seria "inútil".[17] Na exposição de motivos do Decreto de 1891 que finalmente instituiu o TCU, o então Ministro da Fazenda Ruy Barbosa deixou clara a sua adesão a esta tese: "Não basta julgar a administração, denunciar o excesso cometido, colher a exorbitância, ou a prevaricação, para as punir. Circunscrita a estes limites, essa função tutelar dos dinheiros públicos será muitas vezes inútil, por omissa, tardia ou impotente".[18]

Essa orientação foi finalmente adotada pela lei ordinária de 1892 que regulamentava o funcionamento do TCU. Estabelecido, o modelo de registro prévio de despesas vigorou nas décadas seguintes. Em 1934, a atividade contratual da administração pública, que ganhara forte relevância nos primeiros anos do Século XX, foi explicitamente incluída nessa sistemática. O mesmo se deu em relação aos atos de aposentadoria de funcionários públicos, que passaram a depender do registro prévio perante o TCU a partir da Constituição de 1946.

---

[16] Nas palavras de Bruno Wilhelm Speck (2000, p. 53), "[l]onge de constituir uma questão técnica, o controle prévio transforma o Tribunal de Contas em um órgão quase-administrativo. O encaminhamento prático do controle prévio é condicionar as ordens de despesas ao registro pelo Tribunal de Contas, envolvendo essa instituição no próprio processo administrativo. De fato, o Tribunal viraria, dessa forma, um aliado do Tesouro contra os ministros na contenção de despesas. Mas, em outros casos, como o ilustrado acima, o Tribunal seria um órgão administrativo com poderes de veto, mesmo que não inserido na hierarquia do Poder Executivo".

[17] Lopes (1947).

[18] Speck (2000, p. 51).

Tudo começou a mudar, no entanto, com a Constituição de 1967. Como parte de projeto para impulsionar o desenvolvimento econômico, o governo militar promoveu vasta reforma administrativa e financeira, que terminou por impactar também as competências do TCU. Para os fins do presente capítulo, a principal modificação introduzida à época foi o abandono do sistema de registro prévio de despesas. Esse modelo foi substituído por dois mecanismos diferentes: (i) a instituição de órgãos de controle interno pela administração pública e (ii) a introdução de um controle posterior e eventual pelo TCU por meio de inspeções e auditorias.[19]

As *razões* e as *consequências* dessas modificações não devem ser negligenciadas. Bruno Wilhelm Speck (2000, p. 68-69) explica que foram de ordem prática as razões da mudança: "com o crescimento da administração pública e a multiplicação das repartições, o Tribunal se veria forçado a se organizar internamente espelhando a estrutura da administração pública, caso quisesse registrar as despesas de cada repartição previamente. O processo de registro, de um lado, emperrava a administração, porque atrasava a execução orçamentária. De outro lado, os prazos exíguos dados ao Tribunal para manifestação não permitiam uma efetiva verificação da legalidade e da regularidade dos atos, como previsto. A filosofia do controle total sobre todos os atos e a sistemática do embargo prévio a despesas consideradas irregulares foram abandonadas".

As consequências das alterações no sistema são significativas. De um modelo de acompanhamento prévio, obrigatório e global de todas as despesas que transformava o TCU em "quase-administrador", passa-se para um sistema em que as suas competências de controle são meramente eventuais e posteriores, sendo realizadas ao lado e de forma complementar a uma fiscalização promovida por órgãos internos à administração pública. Essa nova lógica de atuação foi confirmada pela Constituição atual. É ela que informa a disciplina relativa à atuação do TCU nos projetos de infraestrutura, conforme apresentado anteriormente. No regime constitucional atual, a atuação prévia do TCU existe, mas é excepcional e atinge domínios que não têm relevância para o presente capítulo, como

---

[19] Sobre a diferença entre os controles interno e externo, recomenda-se consultar AgRg na Petição n. 3.606/DF-Plenário, rel. Min. Sepúlveda Pertence, julgado em 21.09.2006, publicado no *Diário de Justiça* em 27.10.2006.

a concessão de aposentadorias e a admissão de pessoal no funcionalismo público.

Esse percurso histórico na disciplina constitucional do TCU demonstra que a ausência, no regime atual, de previsão explícita de poderes prévios em relação a contratações administrativas configura uma hipótese de *silêncio eloquente*. A Constituição não previu tais poderes porque não os quis prever. A sistemática de atuação prévia do TCU em relação às despesas da administração pública vigorou por longos anos, mas foi *deliberadamente abandonada* pelo Constituinte a partir de quando a multiplicação das competências administrativas tornou esse sistema inviável e indesejável, em função dos riscos de paralisia administrativa. Em outras palavras, na contraposição entre efetividade do controle e eficiência do agir administrativo, o Constituinte fez clara opção por esse segundo valor. Nesse contexto, cumpre ao seu intérprete dar efetividade a essa escolha.

2.2. A Ausência de Competências Preventivas Também na Normatização Infraconstitucional

A Constituição, portanto, não previu explicitamente para o TCU poderes que pudessem ser utilizados no controle da modelagem de projetos de infraestrutura. Além disso, essa ausência de previsão corresponde a uma clara opção do constituinte de que essa intervenção prévia *não se realize*.

A mesma situação se verifica no nível infraconstitucional. Não há lei que preveja poderes prévios ao TCU – ao menos não explicitamente. Não há lei que permita ao TCU impedir a publicação de um edital ou condicionar a sua publicação ao cumprimento de algumas determinações suas. Em seu art. 113, § 2º, a Lei Geral de Licitações (Lei n. 8.666/1993) autoriza o controle de editais de licitação, mas apenas posteriormente à sua publicação. Assim, faz referência à possibilidade de (i) solicitação para exame de cópia de edital de licitação "já publicado", além de (ii) determinação de medidas "corretivas" pertinentes.[20] Por sua vez, o

---

[20] "Art. 113. O controle das despesas decorrentes dos contratos e demais instrumentos regidos por esta Lei será feito pelo Tribunal de Contas competente, na forma da legislação pertinente, ficando os órgãos interessados da Administração responsáveis pela demonstração da legalidade e regularidade da despesa e execução, nos termos da Constituição e sem prejuízo do sistema de controle interno nela previsto. [...] § 2º Os Tribunais de Contas e os órgãos integrantes do sistema de controle interno poderão solicitar para exame, até o dia útil imediatamente anterior à data de recebimento das propostas, cópia de edital de licitação

art. 18, VIII, da Lei n. 9.491/1997, normalmente apontado pelo TCU como base legal de sua atuação prévia nos processos de outorga de concessão ou de permissão de serviços públicos, dispõe tão somente que compete ao Gestor do Fundo Nacional de Desestatização "preparar a documentação dos processos de desestatização, para apreciação do Tribunal de Contas da União". A lei, portanto, limita-se a estabelecer que o TCU irá apreciar os documentos relativos ao processo de desestatização, sem lhe conferir qualquer poder específico e adicional ao que previu a Constituição.

Nesse contexto de ausência de previsão de poderes prévios na Constituição e na lei, poderia uma norma infralegal estabelecer essa competência? A resposta é negativa. Até se admite que a competência normativa das entidades administrativas promova algum grau de inovação na ordem jurídica,[21] mas essa inovação depende de uma densidade legislativa mínima que não se verifica nesse caso. Na ausência de indicações legislativas mínimas, não poderia o TCU produzir validamente normas que gerassem obrigações para terceiros ou para órgãos constitucionais de outro poder.[22]

Nesse sentido, vale mencionar acórdão exarado pelo Supremo Tribunal Federal em 2008, em julgamento a Recurso Ordinário em Mandado de Segurança. O STF examinava a validade jurídica de uma sanção imposta com base em norma própria do Tribunal de Contas do Estado do Rio de Janeiro, que estabelecia a obrigação para os administradores públicos de encaminhamento dos editais de licitação para controle prévio por este órgão de contas. O Superior Tribunal de Justiça havia considerado válida a sanção por entender que o controle dos Tribunais de Contas, "além de preventivo, reveste-se de caráter educativo, impedindo o malferimento aos princípios da legalidade, eficiência e a todos os demais postos na Lei de Licitações". Foi adiante o STJ nos seguintes termos: "temos aqui o que denominamos de princípios implícitos do controle da licitação uma vez que esta não é apenas controlada *a posteriori* mas, também, *a priori*,

---

já publicado, obrigando-se os órgãos ou entidades da Administração interessada à adoção de medidas corretivas pertinentes que, em função desse exame, lhes forem determinadas (Redação dada pela Lei n. 8.883, de 1994)."
[21] Sobre o tema, recomenda-se consultar, por exemplo, Binenbojm (2008, p. 125-194) e Sundfeld (2014, p. 231-280).
[22] Assim também defende Barroso (1996, p. 138).

constituindo-se, pois, um fator a prestigiar a moralidade na prática do ato administrativo".[23]

O STF deu provimento ao recurso ordinário para reformar a decisão do STJ. Um dos pontos discutidos pelos Ministros não interessa a este capítulo. Trata-se da discussão a propósito da competência federativa em face do art. 22, XXVII, da Constituição. Mas, para além disso, o STF reforçou dois pontos relevantes: (i) um eventual controle prévio de editais de licitações exigiria previsão *legislativa* específica; (ii) essa previsão legislativa específica *não se verifica na legislação pátria*, que autoriza apenas o controle de edital já publicado e desde que tenha havido solicitação, pelo Tribunal de Contas, para remessa de uma cópia sua.[24]

A esse ponto, parece claro que, à ausência de lei específica (ou, mais precisamente, de indicações legislativas mínimas), não poderia o TCU produzir validamente normas que gerassem obrigações para terceiros ou para órgãos constitucionais de outro poder.[25] De todo modo, o que é mais curioso é perceber que essa norma infralegal não apenas *não poderia existir* como ela *de fato não existe*. Não há *norma infralegal* que estabeleça esses poderes prévios de que aqui se cogita.

No caso das concessões dos aeroportos de Galeão e Confins a base jurídica declarada da atuação prévia do TCU foi a sua Instrução Normativa

---

[23] RMS n. 17.996/RJ, rel. Min. Teori Zavascki (rel. p/ Acórdão Min. José Delgado), 1ª Turma, julgado em 01.06.2006, publicado no Diário de Justiça em 21.08.2006, p. 233.

[24] RE n. 547.063/RJ, rel. Min. Carlos Alberto Menezes Direito, 1ª Turma, julgado em 07.10.2008. Ementa: "Tribunal de Contas estadual. Controle prévio das licitações. Competência privativa da União (art. 22, XXVII, da Constituição Federal). Legislação federal e estadual compatíveis. Exigência indevida feita por ato do Tribunal que impõe controle prévio sem que haja solicitação para a remessa do edital antes de realizada a licitação. 1. O art. 22, XXVII, da Constituição Federal dispõe ser da União, privativamente, a legislação sobre normas gerais de licitação e contratação. 2. A Lei federal nº 8.666/93 autoriza o controle prévio quando houver solicitação do Tribunal de Contas para a remessa de cópia do edital de licitação já publicado. 3. A exigência feita por atos normativos do Tribunal sobre a remessa prévia do edital, sem nenhuma solicitação, invade a competência legislativa distribuída pela Constituição Federal, já exercida pela Lei Federal nº 8.666/93, que não contém essa exigência. 4. Recurso extraordinário provido para conceder a ordem de segurança".

[25] Sobre o tema, recomenda-se, ainda, a consulta ao RMS n. 24.675/RJ, rel. Min. Mauro Campbell Marques, 2ª Turma, julgado em 13.10.2009, publicado no *Diário de Justiça* em 23.10.2009, e, também, Barroso (1996, p. 138). Sobre a extensão da competência normativa do TCU, mais genericamente, cf. JUSTEN FILHO (2012, p. 1.079-1.080).

n. 27, de 2 de dezembro de 1998.[26] De acordo com o art. 7º dessa norma, a fiscalização dos processos de outorga de concessão ou de permissão de serviços públicos realizada pelo TCU será "prévia e concomitante", devendo contar com quatro estágios. É o primeiro estágio dessa fiscalização que se opera antes da publicação do edital, envolvendo o exame dos seguintes documentos: (i) relatório sintético sobre os estudos de viabilidade técnica e econômica do empreendimento, com informações sobre o seu objeto, área e prazo de concessão ou de permissão, orçamento das obras realizadas e a realizar, data de referência dos orçamentos, custo estimado de prestação dos serviços, bem como sobre as eventuais fontes de receitas alternativas, complementares, acessórias e as provenientes de projetos associados; (ii) relatório dos estudos, investigações, levantamentos, projetos, obras e despesas ou investimentos já efetuados, vinculados à outorga, de utilidade para a licitação, realizados ou autorizados pelo órgão ou pela entidade federal concedente, quando houver; (iii) relatório sintético sobre os estudos de impactos ambientais, indicando a situação do licenciamento ambiental. De acordo com o art. 17 da mesma Instrução Normativa, "verificados indícios ou evidências de irregularidades, os autos serão submetidos de imediato à consideração do Relator da matéria, com proposta de adoção das medidas cabíveis".

Como se vê, essas disposições autorizam apenas a participação do TCU nos estudos que embasam a adoção de medidas concretas posteriormente – e não, também, nessas próprias medidas.

Em resumo didático, a ação do TCU de impedir a publicação de um edital ou condicionar a sua publicação ao cumprimento de alguma determinação sua não encontra fundamento *explícito* em norma de *qualquer hierarquia*.[27] O próprio TCU reconheceu essa circunstância no caso da

---

[26] Há outras instruções normativas do TCU que são relevantes para projetos de infraestrutura, como a Instrução Normativa n. 46/2004, sobre concessões de rodovias, e a Instrução Normativa n. 52/2007, sobre parcerias público-privadas. Ambas foram revogadas pela Instrução Normativa n. 81/2018 (art. 14), que unificou os procedimentos para todas essas hipóteses.

[27] É importante notar que, desde a confecção deste capítulo, publicado originalmente em 2014, esse quadro foi alterado. A Instrução Normativa n. 81/2018 unificou os "estágios" de acompanhamento, passando a prever apenas uma fase de análise e acompanhamento, que se inicia e se desenvolve antes da publicação do edital. De fato, o art. 8º da nova instrução dispõe que os gestores devem enviar os documentos do certame (incluindo estudos

análise do primeiro estágio das concessões dos aeroportos de Galeão e Confins. Admitiu, assim, que "a análise dos comandos pertinentes às minutas do edital e do contrato deve se dar no 2º estágio do acompanhamento"[28] – estágio posterior à publicação do edital, inclusive porque o art. 8º, II, "c", da Instrução Normativa TCU n. 27/1998 faculta ao administrador que envie o edital ao controlador em até cinco dias após a sua publicação.

3. As Razões Apresentadas pelo Tribunal de Contas da União para Fundamentar a sua Atuação Preventiva

De acordo com o panorama constitucional, legislativo e infralegislativo traçado anteriormente, o TCU não detém qualquer poder explícito de constrição de autoridades administrativas no momento prévio à publicação de editais em projetos de infraestrutura. A própria Corte de Contas já reconheceu essa circunstância. Na ementa de acórdão de 2008, de relatoria do Min. Guilherme Palmeira, lê-se o seguinte: "Não compete ao TCU deliberar a respeito da licitude do conteúdo de minuta de edital ainda não publicada e que, por isso, não consubstancia ato administrativo, por extrapolar o conjunto de competências conferido a esta Corte".[29] Como foi visto no exemplo acima, no entanto, esse entendimento tem sido afastado em alguns casos. Quando isso ocorre, como o TCU tem justificado a sua atuação?

---

e minutas do edital e do contrato – art. 3º) em, no mínimo, 90 dias da data prevista para a publicação do edital. Já o art. 9º prevê que a análise da documentação pela unidade técnica responsável deve ser concluída em, no máximo, 75 dias, quando o processo já estará instruído com a proposta de mérito e pronto para que "o Tribunal emita pronunciamento quanto à legalidade, legitimidade e economicidade dos atos fiscalizados". Assim, toda a análise do processo, em regra, pode ser concluída *antes* de o edital ser publicado, em sentido contrário à instrução anterior, que reservava a etapa prévia à publicação apenas a análise de resumos sintéticos dos estudos – sem análise de minutas. Todavia, o fato de agora existir previsão *infralegal* expressa de controle prévio de editais não publicados não altera as conclusões deste capítulo, como explicado na introdução: continua não existindo qualquer previsão legal que autorize a intervenção prévia, e o silêncio eloquente da Constituição sobre a competência para o controle prévio segue também inalterado.

[28] TCU, Acórdão n. 2.466/2013-Plenário, rel. Min. Ana Arraes, julgado em 11.09.2013, item 63.

[29] TCU, Acórdão n. 597/2008-Plenário, rel. Min. Guilherme Palmeira, julgado em 11.04.2007.

3.1. As Razões Práticas: A Suposta Conveniência Social da Atuação Preventiva

São razões eminentemente práticas aquelas que o TCU suscita para justificar a sua atuação prévia. Nas palavras da Ministra relatora Ana Arraes, no caso dos aeroportos de Galeão e de Confins: "a verificação de eventual não cumprimento das recomendações/determinações do Tribunal referentes a essa fase somente nessa altura [posterior] do processo tornará necessária a republicação do edital e a consequente reabertura de prazos. Ante a urgência máxima que se atribui a processos da natureza ora em foco, postergar a análise das minutas de edital e de contrato juntadas aos autos para a etapa de avaliação do 2º estágio [após a publicação do edital] poderia trazer impactos negativos. Além de reduzir a possibilidade de contribuição desse Tribunal para o aperfeiçoamento do processo, aumentaria, nos casos de constatações mais relevantes, o risco de interrupções indesejáveis no cronograma originalmente previsto. Assim, seria importante antecipar a avaliação de pontos mais relevantes das minutas de edital e de contrato, como foi feito nas concessões anteriores, por exemplo, em relação à imprescindibilidade de mecanismos contratuais para garantir a modicidade de tarifas".[30]

Em resumo, a relatora entende que a antecipação do exame pelo TCU (i) ampliaria a possibilidade de contribuição para o aperfeiçoamento do processo e (ii) evitaria interrupções indesejáveis no cronograma do projeto público. Ambos os argumentos parecem conduzir à ideia de que o controle prévio seria feito por conveniência social ou do próprio administrador público. Há alguns problemas com esse raciocínio.

Em relação ao primeiro ponto, ele parece ignorar que, ao mesmo tempo em que a antecipação da atuação do TCU amplia a possibilidade de contribuição para o aperfeiçoamento do projeto de infraestrutura, ela amplia também a possibilidade de intervenções indevidas desse órgão na esfera de liberdade do administrador público para modelar os projetos como melhor lhe parecer. É dizer: trata-se de argumento construído sobre uma concepção idealizada ou pouco realista da atuação do órgão fiscalizador. Tanto a hipótese da contribuição como a hipótese da intervenção indevida são igualmente concebíveis sob uma perspectiva teórica. Sendo assim, é preciso atentar para a opção adotada pelo direito em relação a

---

[30] TCU, Acórdão n. 2.466-35/2013-Plenário, p. 56.

esse dilema – que, nesse caso, é a de evitar essa intervenção prévia, tal como se demonstrou anteriormente.

Em relação ao segundo ponto, a Ministra Ana Arraes parece estar fazendo referência à possibilidade de sustação do edital que a Constituição confere ao TCU. O argumento aqui seria o seguinte: como o TCU pode sustar o edital que entender irregular, é melhor que já faça o seu exame anteriormente, a fim de evitar interrupções no cronograma, depois de publicado o edital.[31] O raciocínio não procede.

Em primeiro lugar, é preciso contestar que, de um ponto de vista estritamente temporal (estritamente relacionado, portanto, ao cronograma de execução dos projetos de infraestrutura), haja alguma vantagem em interromper o processo antes da publicação do edital e não após a sua publicação. Não há porque supor que a paralisação posterior seria maior do que o adiamento anterior. Ela seria apenas realizada em momento posterior. Aliás, no caso dos aeroportos do Galeão e de Confins, a imprensa chegou a noticiar que o governo acataria as observações do TCU para evitar atrasados adicionais na publicação do edital – quer dizer, haverá atrasos no cronograma com intervenções prévias ou posteriores.

Em segundo lugar, é curioso que o TCU utilize poderes que detém posteriormente para, em uma espécie de ameaça velada, justificar a criação de poderes preventivos, supostamente em benefício do próprio administrador ou da sociedade. A extrair deste argumento todas as suas consequências, ter-se-ia que todo órgão que detém poderes posteriores de sanção jurídica se tornaria, "por conveniência social", também um regulador prévio.

No MS n. 32.033/DF, o Supremo Tribunal enfrentou questão análoga, relativa à sua própria competência constitucional.[32] O Senador impetrante pedia à Suprema Corte que evitasse a tramitação de projeto de lei que dispunha sobre tema que o STF já julgara inconstitucional na ADI n. 4.430. O Ministro Gilmar Mendes chegou a conceder medida cautelar nesse sentido, suspendendo a tramitação do Projeto de Lei até a

---

[31] Esse argumento apareceu também no voto do então Ministro do STJ Luiz Fux no RMS n. 17.996/RJ, rel. Min. Teori Zavascki (rel. p/ Acórdão Min. José Delgado), 1ª Turma, julgado em 01.06.2006, *DJ* 21.08.2006, p. 233.

[32] STF, MS n. 32.033/DF-Plenário, rel. Min. Gilmar Mendes (Relator p/ Acórdão: Min. Teori Zavascki), julgado em 20.06.2013.

deliberação final do Plenário da Corte. No julgamento do mérito da ação mandamental, no entanto, a maioria do STF decidiu pela impossibilidade de promoção desse controle prévio.[33] No voto da Ministra Carmen Lúcia, lê-se o seguinte: "Se inconstitucionalidade vier a ser praticada na elaboração normativa pelo Congresso Nacional, o Supremo Tribunal poderá vir a ser convocado para atuar. Mas é certo que o direito tem o seu tempo e projeto de lei e exercício de competência, mas a matéria cuidada pelo Congresso lei ainda não é". Quer dizer: o fato de que o STF detém o poder de julgar a constitucionalidade das leis não implica que ele possa barrar também projetos de lei. O mesmo raciocínio pode ser aplicado ao TCU: o fato de que ele pode sustar editais já publicados não implica que possa também intervir em meros projetos de editais.

Sob um ponto de vista estritamente prático, não é indiferente que o controle se dê previamente ou posteriormente à adoção de um ato. É intuitivo que o controlador se sentirá mais à vontade para ir fundo nas opções controladas nos casos em que elas ainda não tenham sido postas em prática e não tenham sido amplamente publicizadas. Dito de outro modo, é de se esperar que um órgão controlador seja *menos interventivo* em um contexto em que determinado ato já foi praticado. Nesse contexto, ao contrário do que ocorreria se pudesse atuar previamente, o controlador tenderia a negligenciar discordâncias menores e menos relevantes que eventualmente tenha com o administrador público. Em um contexto de atuação preventiva, toda mínima divergência que o TCU tenha com o administrador público poderá suscitar uma comunicação

---

[33] Nos termos da ementa deste julgado: "A prematura intervenção do Judiciário em domínio jurídico e político de formação dos atos normativos em curso no Parlamento, além de universalizar um sistema de controle preventivo não admitido pela Constituição, subtrairia dos outros Poderes da República, sem justificação plausível, a prerrogativa constitucional que detém de debater e aperfeiçoar os projetos, inclusive para sanar seus eventuais vícios de inconstitucionalidade. Quanto mais evidente e grotesca possa ser a inconstitucionalidade material de projetos de leis, menos ainda se deverá duvidar do exercício responsável do papel do Legislativo, de negar-lhe aprovação, e do Executivo, de apor-lhe veto, se for o caso. Partir da suposição contrária significaria menosprezar a seriedade e o senso de responsabilidade desses dois Poderes do Estado. E se, eventualmente, um projeto assim se transformar em lei, sempre haverá a possibilidade de provocar o controle repressivo pelo Judiciário, para negar-lhe validade, retirando-a do ordenamento jurídico" (STF, MS n. 32.033/DF-Plenário, rel. Min. Gilmar Mendes (Relator p/ Acórdão: Min. Teori Zavascki), julgado em 20.06.2013).

nesse sentido. Em um contexto de atuação posterior, ao contrário, o órgão controlador tenderá a colocar na balança os inconvenientes de uma eventual sustação do edital para decidir se intervirá ou não. Deverá ponderar se a divergência que tem com o administrador público é de fato tão grave e tão séria a ponto de justificar (i) a interrupção de um projeto público e (ii) a incursão nos ônus políticos decorrentes dessa interrupção.

A esse ponto, parece demonstrado que respeitar a letra explícita da Constituição Federal – e, portanto, vedar a atuação preventiva do TCU – não é *indiferente* do ponto de vista prático, como quer fazer crer o TCU. Trata-se de opção que geraria o resultado prático de reduzir a intervenção do TCU e aumentar a liberdade do administrador público. Esse resultado, aliás, é consentâneo com a intenção do legislador de fazer com que o TCU atue como um controlador posterior e eventual e não como um "quase administrador". Além de não ser *indiferente* do ponto de vista prático, é preciso deixar claro que essa opção tampouco é *socialmente inconveniente*. Só pensaria assim quem supusesse que o TCU tem maiores condições de avaliar o que é lícito e regular do que o administrador público – suposição que não encontra respaldo constitucional.

Em resumo, a sistemática que o TCU instaura sob o argumento de que seria *conveniente* ou no *mínimo indiferente*, do ponto de vista da sociedade ou do próprio administrador público na realidade subverte a lógica instaurada pelo Constituinte, gerando inclusive resultados opostos aos que ele teria pretendido. Nessa mesma direção, retome-se o julgamento em que o STF negou a validade de norma que conferia ao TCE do Rio de Janeiro poderes para determinar a apresentação prévia de editais de licitações, sob pena de sanção. Em especial, o Ministro Marco Aurélio, então presidente do STF, deixou clara a sua posição no sentido de que a obrigação de submissão prévia de projetos de editais (antes de sua publicação) faria o Tribunal de Contas substituir-se ao próprio administrador: "Se assento que, necessariamente, o administrador precisa, de forma automática, encaminhar para aprovação os editais de licitação ao Tribunal de Contas do Estado, afasto a atuação dele, do órgão, como administrador". A Ministra Carmen Lúcia fez observação semelhante à da Ministra Ana Arraes, que agora se contesta. De acordo com a Ministra Carmen Lúcia, esse exame prévio seria "extremamente cômodo" para o administrador, na medida em que "evita[ria] problemas preliminarmente". Mas o Ministro

Marco Aurélio retrucou que "essa comodidade [...] contraria princípio básico, revelador da autoadministração".[34]

3.2. As Eventuais Razões Jurídicas: a Suposta Existência de um "Poder Geral de Cautela"

Seria cogitável, ainda, que a atuação prévia do TCU se fundamentasse em um "poder geral de cautela", o qual seria implícito aos seus poderes corretivos. No caso dos aeroportos de Galeão e Confins, a justificativa não é assim articulada nem no acórdão da lavra da Ministra Ana Arraes, nem no acórdão da lavra do Ministro Augusto Sherman Cavalcanti. Neste último, no entanto, além das razões práticas citadas anteriormente, afirma-se que a atuação prévia do TCU é necessária para "garantir efetividade à atuação desta Corte, em face do seu caráter também preventivo".[35] A existência de um "poder geral de cautela" para o TCU já foi também reconhecida pelo Supremo Tribunal Federal, originalmente em acórdão da lavra da Ministra Relatora Ellen Gracie, de novembro de 2003.[36] Essa interpretação, no entanto, não merece encômios.

Antes de ingressar na crítica direta ao raciocínio adotado pelo STF, é preciso deixar claro que o caso em que esta Suprema Corte reconheceu originalmente a existência de competências constitucionais cautelares implícitas guarda diferenças significativas com a hipótese deste capítulo. No caso enfrentado pelo STF, tratava-se de suspensão cautelar, pelo TCU, de uma licitação na modalidade de tomada de preços promovida pela Companhia Docas do Estado de São Paulo (Codesp) para contratar escritório de advocacia em Brasília para acompanhamento de processos nos Tribunais Superiores e órgãos administrativos da Capital Federal. Um dos escritórios licitantes representara ao TCU a propósito de irregularidades no procedimento licitatório e o órgão de controle determinou a imediata suspensão do certame até que fosse julgado o mérito da questão. Nesse caso, o edital já havia sido publicado e o procedimento licitatório

---

[34] STF, RE n. 547.063, rel. Min. Carlos Alberto Menezes Direito, 1ª Turma, julgado em 07.10.2008.
[35] TCU, Acórdão n. 2.666/2013-Plenário, rel. Min. Augusto Sherman Cavalcanti, julgado em 02.10.2013, item 4.
[36] STF, MS n. 24.510/DF-Plenário, rel. Min. Ellen Gracie, julgado em 19.11.2003, *DJ* de 19.03.2004. O STF voltou a manifestar-se nesse sentido em 2007: MC no MS n. 26.547/DF, rel. Min. Celso de Mello, julgado em 23.05.2007, *DJ* de 29.05.2007.

já estava em curso. Nessas circunstâncias, o TCU possui competências corretivas explicitamente atribuídas pela Constituição. A questão que se punha era a de se seria necessário estender competências cautelares *adicionalmente (ou acessoriamente)* a essas competências corretivas que, indiscutivelmente, existiam. Já na hipótese de que cuida este capítulo, não haveria edital algum publicado, nem se teria iniciado ainda a fase externa do procedimento licitatório. Ao contrário do que acontece na hipótese do edital já publicado, aqui a Constituição não estabelece nenhuma competência corretiva. O uso da autoridade deste julgado, portanto, é de utilidade duvidosa.

Mas é imprescindível ir além e contestar a própria procedência do entendimento do STF *mesmo no caso específico por ele solucionado* – aquele em que já há edital de licitação publicado. O raciocínio do STF está baseado na necessidade de dar efetividade às competências explícitas estabelecidas pela Constituição Federal. O poder geral de cautela de que disporia o TCU seria uma *consequência necessária* da detenção de competências corretivas explícitas, como forma de torná-las efetivas na prática. A ideia é a de que o próprio Constituinte teria desejado essa interpretação, ou não faria sentido ter estabelecido as competências explícitas.

Os Ministros Carlos Ayres Britto e Gilmar Mendes debateram sobre a possibilidade de identificação de competências constitucionais implícitas. Britto defendia que as competências estabelecidas constitucionalmente devem ser entendidas como *numerus clausus* e Mendes afirmava diversamente, no sentido de que é possível e mesmo usual que se faça interpretação extensiva dos poderes que a Constituição atribui a uma instituição pública. Ainda que se ultrapassasse essa discussão inicial, contudo, é preciso ter claro que o raciocínio das competências constitucionais implícitas só poderia ter lugar quando fosse compatível com o sistema de competências atribuído explicitamente pela Constituição. É dizer: não cabe ler implicitamente algo que a Constituição estatuiu explicitamente de outra maneira. E é esse o principal problema da interpretação extensiva dos poderes do TCU ao qual a Corte procedeu. A Constituição Federal *não foi silente* sobre a existência de poder cautelar ao TCU. Ela o previu *expressamente*.

Com efeito, o art. 71, X, do texto constitucional estabelece que o TCU poderá determinar a *sustação* dos efeitos de atos administrativos irregulares. A sustação consiste precisamente em uma medida cautelar:

ela não corresponde à anulação do ato administrativo nem resolve definitivamente a questão relativa à regularidade do ato. Ela consiste em providência voltada a evitar que se realizem os efeitos de ato que causaria danos ao erário público até a solução definitiva da questão – uma medida cautelar, portanto. Acontece que a Constituição não apenas previu essa competência cautelar, mas também disciplinou o seu exercício. A leitura combinada dos incisos IX e X do mencionado art. 71 deixa claro que a sustação dos efeitos de atos administrativos irregulares pelo TCU (i) será precedida do esgotamento de prazo que o próprio TCU assinar para que as autoridades administrativas pertinentes adotem as soluções cabíveis e (ii) será seguida da comunicação da decisão de sustação à Câmara dos Deputados e ao Senado Federal.

Essa é a extensão do poder cautelar concedido constitucionalmente ao TCU e esse é o procedimento específico que deve ser seguido para exercê-lo. Identificar a existência de um poder geral de cautela que permita ao TCU suspender atos e procedimentos administrativos sem que se estabeleça prazo às autoridades administrativas pertinentes para a adoção das soluções cabíveis não é identificar implicitamente competências que o próprio constituinte teria querido estabelecer – é desbaratar e ignorar a sistemática específica que o constituinte previu para a hipótese.

Nem se contraponha o argumento de que não faria sentido *deixar a ilegalidade e o dano público acontecerem*, para só depois permitir a atuação do TCU. Esse argumento esteve presente nos debates do STF. Para objetar o entendimento do Ministro Ayres Britto, que negava a existência de um poder geral de cautela para o TCU, o Ministro Cezar Peluso questionou: "[o Tribunal de Contas] tem o poder de remediar, mas não o de prevenir? Vamos esperar que seja consumada a ilegalidade para, só depois, atuar o [Tribunal de Contas]?".[37] Em sentido parecido manifestou-se o Ministro Sepúlveda Pertence. A preocupação, no entanto, não procede.

Em primeiro lugar, o argumento é vulnerável a uma avaliação mais realista. Nos casos em que o TCU entender haver uma ilegalidade em um projeto de infraestrutura, o que se tem não é *necessariamente* um prenúncio de dano, mas apenas um entendimento de um órgão público nesse sentido. Mas não se ignore que haverá também o entendimento de outra

[37] STF, MS n. 24.510/DF-Plenário, rel. Min. Ellen Gracie, julgado em 19.11.2003, *DJ* de 19.03.2004.

instituição (da administração pública) em sentido contrário – considerando juridicamente válida a disposição editalícia contestada pelo TCU, por exemplo. Se há um risco de que o TCU esteja correto e que um dano se concretize, também há um risco de que o TCU esteja equivocado e que um projeto público relevante seja sobrestado. Nenhuma dessas situações pode ser excluída previamente, e não é razoável enxergar apenas um dos riscos e disto extrair consequências jurídicas preventivas. Ao contrário: havendo divergências entre instituições públicas e risco na adoção de quaisquer dos entendimentos, é preciso atentar para a solução prevista no direito para essa situação. E aqui parece claro que o direito autorizou que o entendimento do TCU se sobrepusesse ao entendimento da administração pública *apenas na hipótese* de atos administrativos já emitidos e após cumpridos alguns requisitos procedimentais específicos. Não há um poder geral do TCU de dizer o direito.

Em segundo lugar, ainda que se admita para argumentar que o TCU tenha razão, não é possível supor que a negação a este órgão de um poder geral de cautela implique necessariamente a concretização do dano ou da ilegalidade. É que o próprio direito prevê os remédios para que não ocorram tais danos. Os interessados em evitá-lo devem recorrer ao Poder Judiciário para obter um provimento liminar cautelar nesse sentido. É o Poder Judiciário que, na sistemática estabelecida pelo Constituinte, tem poderes para impedir, de forma preventiva e cautelar, a publicação de um edital de licitação com violações à lei. Nessa sistemática estabelecida pelo Constituinte, o TCU tem poderes de cautela, mas eles são limitados e precedidos por um procedimento específico – é o Poder Judiciário que tem poder geral de cautela.[38] Nesse contexto, reconhecer "poder geral implícito de cautela" ao TCU não é exatamente prever uma solução jurídica para uma situação em que o direito não prevê nenhuma: é substituir a solução prevista pelo direito por outra que se julga mais adequada. Do ponto de vista institucional, constitui transferência de competências do Poder Judiciário para o TCU.

Além dos licitantes ou demais interessados, naturalmente poderá o próprio TCU, por meio de sua procuradoria, provocar o Poder Judiciário

---

[38] Sobre as diferenças na sistemática acautelatória do TCU e do Poder Judiciário, em especial, no que concerne à questão da indenização pelos prejuízos causados por uma providência cautelar posteriormente suspensa, cf. JUSTEN FILHO (2012, p. 1083).

para obter *dele* o provimento cautelar que julgar conveniente para o caso concreto. Intuitivamente, espera-se inclusive que essa seja a situação mais recorrente. Afinal, a legislação prevê que esse órgão de controle examinará previamente os estudos relativos aos projetos de infraestrutura e poderá tomar conhecimento de disposições editalícias que entenda irregulares. A legislação apenas não prevê poderes concretos a serem utilizados nessa hipótese. Disso resulta que o TCU poderá atuar nos domínios para os quais não lhe é necessário nenhuma habilitação jurídica específica (ex.: poderá recomendar alterações para o administrador ou levar a questão ao Poder Judiciário), mas não poderá impor ele próprio medida constritiva alguma.

Conclusões

O contexto atual favorece a ampla intervenção do TCU sobre projetos de infraestrutura. De um lado, a Constituição põe sob a sua guarda valores extremamente amplos (em especial, a legitimidade e a economicidade dos atos administrativos). De outro lado, há um movimento de interpretação extensiva dos poderes que o TCU detém para protegê-los. O STF entende que as competências que a Constituição atribuiu explicitamente a essa Corte de Contas pressupõem outras, implícitas, que lhe assegurariam um "poder geral de cautela". O próprio TCU sustenta que a intervenção prévia em editais de licitação, apesar de não estar prevista em norma de nenhuma hierarquia, seria conveniente para a sociedade e para o administrador público – ou, no máximo, ser-lhe-ia irrelevante. O administrador público, por sua vez, tem sucumbido ao avanço do TCU e permitido a sua intervenção prévia.

Esta última circunstância, em especial, merece algum desenvolvimento.[39] Tendo em vista que a atuação sancionatória do TCU incide sobre os gestores públicos individualmente considerados, gera-se um incentivo claro a que eles admitam o controle prévio deste órgão fiscalizador, em uma espécie de "instinto de autopreservação". Afinal, o controle prévio funcionaria como um "salvo conduto" desejado pelo administrador antes da realização da licitação. Além do medo da penalização, a propensão dos administradores para aceitar o controle prévio pode decorrer

---

[39] Devo as observações deste parágrafo aos comentários de Marcelo Lennertz e Maurício Portugal Ribeiro, após leitura de versões preliminares deste capítulo.

de receio de danos reputacionais causados por uma eventual sustação posterior do edital sob o argumento de ilegalidades. Assim, no âmbito do governo federal, ao menos nos últimos dez anos, a regra tem sido a do envio das minutas de edital e contratos para o TCU no momento do envio dos estudos de viabilidade. Trata-se de procedimento que termina por consolidar a atuação prévia do TCU. O único caso recente em que o governo federal publicou um edital de licitação sem aprovação prévia do TCU sobre os estudos de viabilidade foi o da concessão do Campo de Libra. Em todos os outros casos, esperou-se a manifestação do órgão fiscalizador, mesmo quando ele ultrapassou os prazos estabelecidos em suas próprias Instruções Normativas para fazê-lo. Como consequência, a Corte de Contas acaba atuando nos projetos de infraestrutura quase como um administrador, participando ativamente das decisões governamentais relativas à sua modelagem.

Não há nada que possa ser feito juridicamente para impedir que, em instinto de preservação, os administradores enviem voluntariamente os projetos de editais e se submetam às considerações tecidas pelo TCU – nem este capítulo sugere que esse procedimento seja juridicamente inválido. O que aqui se sustentou foi o seguinte:

(i) O TCU não pode *exigir* a apresentação de minuta de edital ainda não publicado.[40] Naturalmente, no entanto, o administrador público pode *optar* por enviá-la, a fim de receber sugestões do TCU.

(ii) O TCU não detém poderes para intervir de forma autoritativa em uma minuta de edital ainda não publicada. As competências constitucionais explícitas que se atribuíram ao TCU não implicam necessariamente competências implícitas geradoras de um "poder geral de cautela".

(iii) Na ausência de poderes que permitam ao TCU emitir *determinações* ao administrador público antes da publicação de um edital de licitação, a única atuação que lhe cabe neste momento é a

---

[40] Afinal, o próprio STF já decidiu, em acórdão citado anteriormente, que a obrigação de remessa do projeto do edital não está prevista na legislação nacional e não poderia ser inserida por normatização autônoma dos Tribunais de Contas (STF, RE n. 54.7063, rel. Min. Carlos Alberto Menezes Direito, 1ª Turma, julgado em 07.10.2008).

opinativa. Como se adiantou anteriormente, esse tipo de atuação independe de qualquer previsão constitucional específica. De todo modo, o administrador não está juridicamente obrigado a acolher eventuais sugestões dessa Corte.

(iv) Mesmo após a publicação do edital, o TCU não tem poderes para anulá-lo. Se entender que há vícios de legalidade, legitimidade e economicidade, poderá apenas *sustar* o edital e suspender a licitação. Eventual irresignação do administrador público com essa orientação da Corte de Contas deverá ser resolvida pelo Poder Judiciário.

(v) As três orientações anteriores (do STF, do TCU e do administrador público), que favorecem a intervenção prévia do TCU, terminam por consagrar um estado de coisas que o Constituinte claramente quis afastar desde 1967, quando alterou a sistemática do controle externo.

(vi) Não é irrelevante ou necessariamente positivo, do ponto de vista social, que o órgão que possui poderes de controle *a posteriori* os exerça também preventivamente.

O autor reconhece os esforços do TCU de garantir a legalidade, a legitimidade e a economicidade da ação administrativa. Em muitos casos, compartilha ainda do seu entendimento substancial, acreditando que as opções do TCU são superiores às da administração pública, no sentido de mais convenientes para a realização do interesse público. De todo modo, entende também que não cabe nem a ele, nem ao TCU tomar essas decisões ou interferir nas opções da administração ainda antes de que elas sejam publicadas. Ainda que essa solução interventiva possa às vezes se revelar substancialmente positiva, ela será sempre negativa do ponto de vista institucional.

Referências

BANDEIRA DE MELLO, Celso Antonio; ZANCANER, Weida. Iniciativa Privada e Serviços Públicos. *Revista de Direito Público*, São Paulo, v. 98, n. 192, abr./jun. 1991.

BARROSO, Luis Roberto. Tribunal de Contas: algumas incompetências. *Revista de Direito Administrativo*, Rio de Janeiro, v. 203, jan./mar. 1996.

BINENBOJM, Gustavo. *Uma teoria do Direito Administrativo*: direitos fundamentais, democracia e constitucionalização. 2. ed. Rio de Janeiro: Renovar, 2008.

JACOBY FERNANDES, Jorge Ulisses. *Vade-mecum de Licitações e Contratos*. Belo Horizonte: Fórum, 2. ed., 2005.

JUSTEN FILHO, Marçal. *Comentários à lei de licitações e contratos administrativos*. 15. ed. São Paulo: Dialética, 2012.

LOPES, Alfredo Cecílio. *Ensaio sobre o Tribunal de Contas*. São Paulo: [s.n.], 1947.

MEIRELLES, Hely Lopes. *Direito Administrativo Brasileiro*. 32. ed. São Paulo: Malheiros, 2007.

SILVA, Artur Adolfo Cotias e. O Tribunal de Contas da União na história do Brasil: evolução histórica, política e administrativa (1890-1998). *In: Monografias vencedoras do Prêmio Serzedello Corrêa 1998*. Brasília: Tribunal de Contas da União, 1999.

SPECK, Bruno Wilhelm. *Inovação e rotina no Tribunal de Contas da União*: o papel da instituição superior de controle financeiro no sistema político-administrativo do Brasil. São Paulo: Fundação Konrad-Adenauer, 2000.

SUNDFELD, Carlos Ari. *Direito administrativo para céticos*. 2. ed. São Paulo: Malheiros, 2014.

SUNDFELD, Carlos Ari; CÂMARA, Jacintho Arruda. Controle das contratações públicas pelos Tribunais de Contas. *Revista de Direito Administrativo*, Rio de Janeiro, v. 257, p. 111-44, maio/ago. 2011.

Capítulo 12
O Tribunal de Contas da União Impõe Obstáculos à Inovação no Setor Público?

André de Castro O. P. Braga

Introdução
No setor público, inovações surgem a todo momento, com origens diversas. O Congresso Nacional cria normas que modificam o funcionamento de órgãos e entidades públicas. O Presidente edita regulamentos que estabelecem novas maneiras de contratar, prestar serviços, fiscalizar, organizar competências. Agências reguladoras reformulam metodologias para aferir melhor a viabilidade financeira de projetos de infraestrutura. Servidores concebem novas cláusulas contratuais com o objetivo de garantir a qualidade do serviço a ser licitado.[1]

Nos últimos anos, o Tribunal de Contas da União (TCU), no exercício da função de controle, tem atuado como relevante instância balizadora das inovações que surgem na administração pública federal. Há situações em que o TCU recomenda mudanças pontuais na inovação idealizada pelo gestor público. Em outras, considera-a ilegal ou antieconômica, impedindo seu uso. Não surpreende, portanto, que, antes de

---

[1] Ao longo do texto, usarei um conceito bastante amplo de inovação, que significará qualquer ato que seja novo, original, praticado por ente público, sobre o qual não exista jurisprudência administrativa ou judicial. Esse conceito alcança, por exemplo, desde a introdução de uma nova regra em edital de licitação até a edição de lei que preveja uma nova prática administrativa.

agir, diversas autoridades hoje optem por consultar o TCU em busca de orientações.[2]

Com esse pano de fundo, o presente capítulo tem dois objetivos principais.

O primeiro objetivo é expor alguns aspectos do funcionamento do TCU que o transformam num ator fundamental na definição do destino de inovações na esfera pública.

O segundo objetivo é identificar, a partir de julgados recentes do TCU, as diferentes formas pelas quais ele pode contribuir para a formação de um ambiente hostil à inovação.

Para alcançar esses objetivos, é preciso, porém, dar um passo atrás e tentar definir o que seria um ambiente jurídico adequado para o aparecimento de inovações. É do que trata a seção seguinte.

Ao fim do estudo, proponho, em linhas gerais, algumas medidas que poderiam tornar a atuação do TCU mais compatível com o desafio de incentivar práticas inovadoras na administração pública brasileira.

1. O que Seria um Ambiente Jurídico Pró-Inovação?

Economistas costumam afirmar que existe uma relação entre inovação e produtividade. Empresas inovadoras geralmente são mais produtivas, isto é, produzem mais com menos recursos. Do ponto de vista macroeconômico, países crescem mais quando possuem empresas que investem na concepção de novos produtos, novos serviços, novos modelos de negócio.[3]

É possível encontrar relação semelhante no setor público.[4] Embora não seja trivial calcular a produtividade de um ente estatal, em razão

---

[2] Como exemplo, veja-se notícia sobre consulta ao TCU realizada pelo então ministro da Fazenda, Henrique Meirelles, a respeito da alienação de participações acionárias detidas pela União em empresas privadas (CAMAROTTO, 2018). Também tratando de consultas feitas por agentes públicos ao TCU, veja-se MANOEL e DOCA (2018).

[3] Sobre a relação entre inovação e produtividade em empresas, cf. MOHNEN (2013, p. 47-65) e MORRIS (2018, p. 1918-1932). Sobre a relação entre inovação e crescimento econômico, cf. MARADANA *et al*. (2017, p. 1-23), VERSPAGEN (2005) e OECD (2009).

[4] Para uma revisão da literatura que trata de inovação e seus impactos sobre a produtividade do setor público, cf. KATTEL *et al*. (2014, p. 1-45). Para uma amostra de casos em que inovações resultaram na melhoria da performance do setor público, cf. WORLD BANK (2018).

da inexistência de uma métrica simples para mensurá-la, o fato é que ganhos de eficiência verificados no setor público em regra decorrem de alguma inovação. No Brasil, um exemplo bastante conhecido é o pregão eletrônico, que tornou as contratações públicas mais rápidas e baratas.

Logo, parece natural defender que um Estado preocupado com crescimento econômico e disciplina fiscal deve buscar assegurar um ambiente jurídico propício para o surgimento de inovações, seja em empresas privadas, seja em organizações públicas.

Mas que ambiente jurídico seria esse? Quais regras estimulam a inovação? Uma resposta plausível considera três atributos, que são complementares.

De uma perspectiva geral, a inovação tende a ocorrer mais facilmente em ambientes jurídicos *previsíveis*.

Agentes privados não investirão recursos em novos produtos se não tiverem certeza de que esse investimento, se bem-sucedido, se transformará em lucro.[5]

Para ilustrar o ponto, vale lembrar a disputa em torno da liberação de alimentos transgênicos no Brasil. No fim da década de 1990, decisões judiciais de primeira instância começaram a proibir a comercialização de certos alimentos transgênicos, anulando autorizações que já haviam sido concedidas pela Comissão Técnica Nacional de Biossegurança (CTNBio). Após as decisões, as empresas desse mercado diminuíram seus investimentos em pesquisa e inovação.[6]

---

[5] O papel da estabilidade do direito no planejamento de empresas e indivíduos vem sendo destacado há tempos por filósofos do direito. Raz (1977, p. 195-211), por exemplo, afirma: "People need to know the law not only for short-term decisions (where to park one's car, how much alcohol is allowed duty free, etc.) but also for long-term planning. Knowledge of at least the general outlines and sometimes even of details of tax law and company law are often important for business plans which will bear fruit only years later. Stability is essential if people are to be guided by law in their long-term decisions".

[6] Vieira Filho (2014, p. 1-42) afirma que "de 1997 a 2005, a situação de elevada incerteza jurídica e institucional levou praticamente à paralisação do esforço de pesquisa e de inovações no mercado de transgenia. De 2005 em diante, com a promulgação da Lei de Biossegurança, a difusão dos transgênicos se acelerou, elevando as porcentagens de adoção da soja, do milho e do algodão no país".

No mundo estatal, diante da impossibilidade de o agente público lucrar diretamente com os benefícios decorrentes de uma inovação,[7] o tema da previsibilidade encontra-se mais ligado a outro fator: o risco de responsabilização pessoal. Antes de tomar a decisão de investir tempo e recursos numa nova ideia, um agente público tende a substituir o cálculo econômico (ganharei dinheiro?) por uma avaliação a respeito do risco de responsabilização pessoal caso a inovação seja considerada ilegal ou antieconômica (serei punido?). Na realidade pública, a vontade de inovar é bastante sensível à falta de parâmetros claros na aplicação de penalidades. Sem previsibilidade nesse campo, a natural aversão ao risco existente entre servidores pode se transformar em paralisia decisória. Há extensa bibliografia sobre o assunto.[8]

O segundo atributo de um ambiente jurídico amigável à inovação é a *simplicidade*.

Ambientes regulatórios complexos, com grande quantidade de regras, acabam criando custos inúteis para empresas e indivíduos, que passam a dispor de menos recursos para o desenvolvimento de novos produtos e serviços.[9]

De acordo com alguns estudos empíricos, empresas localizadas em países com menor carga regulatória tendem a apresentar maior nível de atividades inovadoras[10].

Parte da literatura focada em organizações públicas revela a existência de correlação similar: quanto maior a quantidade de regras e

---

[7] Por meio de certos instrumentos de gestão, como avaliações de desempenho, promoções e participação nos lucros, é possível recompensar servidores e empregados públicos pelo desenvolvimento de inovações que resultem em ganhos de produtividade. No entanto, mesmo com o uso desses instrumentos, o benefício financeiro recebido pelo agente público inovador geralmente ficará bastante aquém dos ganhos gerados pela inovação.

[8] Veja-se, em especial, DE MOT e FAURE (2014, p. 120-133), POSNER (1982) e SCHWARTZ (2010, p. 1023).

[9] A respeito do impacto de ambientes regulatórios complexos sobre inovações promovidas por empresas e indivíduos, cf. STEWART (1981, p. 1256-1377) e LEONE (1977). Em sentido contrário, afirmando que não é possível identificar uma relação clara entre regulação e inovação, cf. LEV ARETZ e STRANDBURG (2019) e GOLDSCHLAG e TABARROK (2018, p. 5-44).

[10] KRAMMER, 2009, p. 845-860; CICCONE e PAPAIOANNOU, 2007, p. 444-458.

procedimentos aplicáveis à atuação da máquina estatal, menor o número de inovações desenvolvidas por agentes públicos.[11]

É possível imaginar, contudo, regimes jurídicos que sejam ao mesmo tempo previsíveis e simples, mas pouco férteis para o surgimento de inovações. Seria o caso de um país hipotético que, em defesa do direito à privacidade, editasse uma única e simples regra para proibir o uso da internet por seus habitantes ou que, a pretexto de fomentar a indústria nacional, simplesmente vedasse a entrada de todo e qualquer produto importado em seu território. Em cenários como esses, evidentemente se perde liberdade para experimentar, absorver conhecimento, testar novas combinações de insumos no desenvolvimento de produtos e serviços.

Para evitar essa situação, convém criar um conjunto de normas jurídicas que busque preservar ao máximo a liberdade e autonomia do agente inovador. Chamemos esse terceiro atributo de *flexibilidade*.

Autores que se debruçaram sobre o tema apontam de fato para a flexibilidade como um importante catalisador de inovações em organizações privadas[12] e públicas.[13] Nos Estados Unidos, por exemplo, estudos indicam que escolas públicas que possuem maior autonomia para estabelecer suas próprias regras e métodos alcançam melhores resultados.[14]

Como o leitor já deve ter percebido, o esquema apresentado anteriormente, que sugere três atributos para um regime jurídico propício a práticas inovadoras, é uma simplificação, a qual merece algumas ressalvas.

Em primeiro lugar, inovações nem sempre são desejáveis.[15] Basta lembrar a crise financeira internacional iniciada em 2007, provocada em

---

[11] Para uma revisão da literatura sobre o tema, cf. OECD (2017). Também tratam da relação entre complexidade regulatória e inovação no setor público: BORINS (2014); DE VRIES e BEKKERS (2014, p. 146-166) e WALKER (2007, p. 591-615).
[12] Veja-se, por exemplo: RANGUS e SLAVEC (2017, p. 195-203).
[13] WYNEN *et al.* (2014, p. 45-66); VERHOEST, VERSCHUERE e BOUCKAERT (2007, p. 469-496). Em sentido contrário, defendendo que autonomia gerencial e inovação em entes públicos não estão correlacionadas, cf. LAEGREID, RONESS e VERHOEST (2011, p. 17).
[14] LIGHT (1998).
[15] Segundo Mendonça (2017, p. 169-189), "há, contudo, que se ter cautela com o discurso da inovação junto ao Direito. Nem sempre inovar é bom; nem sempre o que é bom é inovador".

grande medida por novos instrumentos financeiros gestados em grandes bancos, sob a supervisão leniente de órgãos reguladores. No Brasil, parece ser possível citar, como exemplo de inovação malsucedida, a Medida Provisória n. 579/2012, que estabeleceu, entre outros pontos, novos critérios para o reajuste de tarifas cobradas por concessionárias do setor elétrico.

O estímulo à inovação deve, portanto, ser equilibrado com a busca de outros valores e objetivos sociais. Em determinadas ocasiões, faz sentido que o Estado impeça iniciativas inovadoras de particulares e agentes públicos, sobretudo se elas violarem frontalmente a legislação vigente.

Outra ressalva importante: deve-se reconhecer que cada contexto possui um grau diferente de permeabilidade a inovações. A regulação em torno da fabricação de novos medicamentos, por exemplo, por envolver um risco imediato à saúde da população, é geralmente mais complexa e conservadora do que a regulação aplicável à adoção de novas tecnologias no setor bancário. Da mesma forma, inovações nos critérios de reajuste de tarifas em concessões de infraestrutura demandam maior cuidado do que, digamos, inovações em processos de aquisição de bens numa secretaria de Ministério.

Por último, ressalte-se que um ambiente jurídico que incentiva (ou desestimula) a inovação é fruto não apenas de textos normativos, mas também da atuação concreta das instâncias responsáveis por aplicá-los, como juízes, órgãos administrativos, tribunais de contas. Em certos casos, esses atores corrigem defeitos das normas e levam o Direito a se aproximar de um regime pró-inovação. Em outros casos, essas instâncias agravam as incertezas contidas nos textos normativos.

É à luz desses parâmetros e ressalvas que se pretende avaliar as diferentes formas pelas quais o TCU pode impor obstáculos à inovação no setor público.

Como ficará claro, é possível defender a tese de que, em determinadas situações, as decisões do TCU: (i) não fornecem parâmetros capazes de guiar os agentes públicos interessados em inovar (imprevisibilidade); (ii) tornam mais custosa a implementação de inovações (complexidade); e (iii) restringem a discricionariedade dos agentes públicos mesmo quando a norma jurídica aplicável permite mais de uma interpretação razoável (inflexibilidade).

O debate sobre esses pontos merece especial atenção, visto que o TCU se tornou um importante filtro por meio do qual o Estado brasileiro avalia a licitude das inovações legislativas ou administrativas que afetam a gestão pública. Talvez seja o *principal* filtro, em virtude dos argumentos que serão apresentados a seguir.

2. O Tribunal de Contas da União como Importante Filtro das Inovações no Setor Público

Por trás de toda inovação na esfera pública encontra-se a pergunta: ela é lícita? O caminho até a resposta pode ser tortuoso, passando por diversas instâncias.

Veja-se o que ocorreu com o Decreto n. 2.745/1998, que estabeleceu procedimento licitatório simplificado para a Petrobras, com várias inovações em relação ao regime geral de contratações públicas delineado na Lei n. 8.666/1993.

Em 2001, o TCU colocou em dúvida a validade do decreto.[16] Nos anos seguintes, em diversas oportunidades o TCU interferiu em licitações da Petrobras, com base no argumento de que o procedimento simplificado da estatal seria inconstitucional.[17]

O tema também foi levado ao Judiciário, por provocação do Ministério Público[18] ou por iniciativa de empresas licitantes que se sentiam prejudicadas pelas regras do regime simplificado.[19] Certas decisões de juízes de primeiro grau e de tribunais de segunda instância negavam a

---

[16] Decisão n. 164/2001-Plenário, rel. Min. Marcos Vinicios Vilaça, julgado em 20.03.2001.

[17] Exemplos: Acórdão n. 2.041/2007-Plenário, rel. Min. Ubiratan Aguiar, julgado em 03.10.2007; Acórdão n. 2.417/2007-Segunda Câmara, rel. Min. Aroldo Cedraz, julgado em 11.09.2007; Acórdão n. 535/2003-Segunda Câmara, rel. Min. Adylson Motta, julgado em 10.04.2003; e Acórdão n. 1.125/2005-Plenário, rel. Min. Guilherme Palmeira, julgado em 10.08.2005.

[18] Em Ação Civil Pública proposta em 2004, o Ministério Público Federal buscou impedir que a Petrobras prorrogasse contrato de patrocínio com o Clube de Regatas do Flamengo, celebrado conforme as regras do Decreto n. 2.745/1998 (Tribunal Regional Federal da 2ª Região, Processo n. 2004.51.01.0018650).

[19] Tribunal de Justiça do Rio de Janeiro, Apelação Cível n. 2008.227.00.135, rel. Des. Claudio de Mello Tavares, julgado em 15.04.2009.

aplicabilidade do decreto.[20] Outras decisões defendiam sua compatibilidade com a legislação.[21]

Por sua vez, entendendo válido o procedimento simplificado, o Supremo Tribunal Federal (STF) concedeu diversas medidas liminares suspendendo os efeitos de decisões do TCU.[22] Apesar disso, o STF não chegou a declarar, de forma expressa, em decisão com efeito vinculante, a constitucionalidade das inovações contidas no regime simplificado.

A questão restou indefinida até 2018, quando, para cumprir preceito da Lei das Estatais (Lei n. 13.303/2016), a Petrobras editou regulamento interno de licitações,[23] que passou a disciplinar suas contratações no lugar do Decreto n. 2.745/1998. O debate, desde então, perdeu objeto.[24]

A partir desse exemplo, percebe-se que o controle da licitude de inovações no setor público pode desencadear uma série de ações e reações de diferentes órgãos estatais, como juízes, tribunais de segunda instância, Ministério Público, TCU e tribunais superiores.

O que se quer destacar aqui é: em comparação com outras instâncias decisórias, o TCU está numa posição privilegiada para moldar e, eventualmente, frear inovações que surgem na administração pública federal, graças a algumas peculiaridades no seu modo de funcionamento.

No mínimo três dessas peculiaridades do TCU merecem comentário: (i) a velocidade com que ele reage a inovações; (ii) sua considerável independência frente ao Judiciário; e (iii) o amplo alcance de suas decisões.

---

[20] Tribunal de Justiça do Rio Grande do Norte, Apelação Cível n. 14.536 RN n. 2010.001453-6, rel. Des. Dilermando Mota, julgada em 19.10.2010. No voto condutor do acórdão, lê-se: "Admito a incidência do diploma legal nas concorrências realizadas pela Petrobras, tão somente quando for perseguida a atividade fim da empresa, a extração de petróleo. Todavia, no presente caso tem-se atividade meio, consubstanciada no fornecimento de alimentos, razão pela qual cumpre a observância do estatuído na Lei 8.666/93".

[21] Tribunal de Justiça de São Paulo, Apelação Cível n. 0003044-82.2011.8.26.0053, rel. Des. Ribeiro de Paula, julgada em 18.09.2013. Na fundamentação de seu voto, o relator entendeu que "a lei e o decreto, vigentes há cerca de quinze anos, reclamam observância e cumprimento, presumem-se legítimos".

[22] Exemplos: MS n. 25.888, rel. Min. Gilmar Mendes, julgado em 22.03.2006; MS n. 26.783, rel. Min. Marco Aurélio Mello, julgado em 06.07.2007; e MS n. 26.410, rel. Min. Ricardo Lewandowski, julgado em 15.02.2007.

[23] Regulamento de Licitações e Contratos da Petrobras (*Diário Oficial da União*, 15/01/2018, Seção I, p. 55 a 63).

[24] Ag. Reg. em MS n. 27.796, rel. Min. Alexandre de Moraes, julgado em 29.03.2019.

2.1. A Velocidade com que o Tribunal de Contas da União Reage a Inovações

Sobre esse primeiro aspecto, retome-se o exemplo do procedimento simplificado de licitações da Petrobras.

Em menos de três anos após a criação do referido procedimento, o Plenário do TCU, instância decisória máxima na esfera controladora federal, já possuía jurisprudência consolidada no sentido da sua inconstitucionalidade.[25] Em quase 20 anos, o Judiciário, por meio de seus tribunais superiores, não foi capaz de dar uma resposta definitiva sobre o assunto.

Exemplos recentes sugerem que o TCU tem examinado inovações de forma ainda mais rápida.

No dia 26 de abril de 2018, entrou em vigor a Lei n. 13.655, que inseriu, na Lei de Introdução às Normas do Direito Brasileiro (LINDB), importante inovação em matéria de responsabilização de agentes públicos. Refiro-me à regra segundo a qual o agente público somente responderá pessoalmente por suas decisões em caso de "dolo ou erro grosseiro" (art. 28 da LINDB).

Seis meses após a entrada em vigor da Lei n. 13.655, o Plenário do TCU emitiu decisão que afetou fortemente o alcance do art. 28 da LINDB. Ao interpretá-lo, o TCU entendeu que o dispositivo se aplica somente ao contexto de imposição de sanções administrativas, como multas e inabilitações. Não se aplicaria àquelas hipóteses em que o agente público responde civilmente por dano ao erário, para as quais bastaria a presença de simples culpa *stricto sensu* como pressuposto da responsabilização.[26] Trata-se de interpretação restritiva, que contraria não só a literalidade da norma, mas também seu objetivo de garantir maior segurança jurídica à atuação de gestores públicos.

Embora discutível, essa compreensão do art. 28 da LINDB se encontra consolidada no TCU. A decisão citada já serve de parâmetro para outros

---

[25] Decisão n. 663/2002-Plenário, rel. Min. Ubiratan Aguiar, julgado em 19.06.2002: "O Tribunal Pleno [...] decide: determinar à Petrobras que se abstenha de aplicar às suas licitações e contratos o Decreto 2.745/98 e o artigo 67 da Lei 9.478/97, em razão da sua inconstitucionalidade".

[26] Acórdão n. 2.391/2018-Plenário, rel. Min. Benjamin Zymler, julgado em 17.10.2018.

casos avaliados pelo Tribunal.[27] Em contraste, até o momento não se tem notícia de decisão relevante do STJ ou STF que tenha analisado a questão.[28]

A velocidade do TCU na fixação de entendimentos sobre novas normas jurídicas ou novas formas de agir na administração pública tem, evidentemente, um lado bom. Quando a legislação é pouco clara, a jurisprudência dos tribunais de contas pode ajudar a delimitar, com maior precisão, o espaço de discricionariedade no qual os agentes públicos estão autorizados a atuar. Quanto mais rapidamente essa delimitação ocorrer, melhor, pois se aumenta a segurança jurídica.

Por outro lado, a celeridade diante de inovações pode se revelar prejudicial se o TCU adotar, com frequência, uma postura pouco deferente em relação às decisões tomadas pelos agentes públicos, modificando-as mesmo quando a ilicitude não esteja claramente configurada. Um TCU rápido e pouco deferente acaba inibindo, de forma prematura, o experimentalismo na gestão pública, isto é, acaba impedindo que entes públicos testem alternativas inovadoras, aprendam com eventuais erros e cheguem a práticas administrativas mais eficientes e efetivas.[29]

É interessante notar que, em algumas situações, a influência do TCU se faz presente *mesmo antes* de a inovação surgir. São casos em que o Tribunal exerce um controle prévio dos atos da administração pública. Na seara das concessões, por exemplo, não é raro que regras inovadoras propostas por agências reguladoras, relacionadas à modelagem econômico-financeira ou à formatação jurídica das concessões, sejam reformuladas por determinação ou recomendação do TCU antes dos respectivos leilões.[30]

---

[27] Veja-se, por exemplo: Acórdão n. 815/2019-Segunda Câmara, rel. Min. Marcos Bemquerer, julgado em 12.02.2019; Acórdão n. 986/2019-Plenário, rel. Min. Marcos Bemquerer, julgado em 30.04.2019; e Acórdão n. 2.872/2019-Plenário, rel. Min. Aroldo Cedraz, julgado em 27.11.2019.

[28] Até a data de conclusão deste texto (16/12/2019), os mecanismos de busca das páginas eletrônicas do STF e STJ não indicavam decisão relevante sobre o alcance do art. 28 da LINDB.

[29] Em sentido semelhante, defendendo que o surgimento de inovações requer uma abordagem experimentalista, ver Jordão (2018, p. 133-146), que afirma que "a inovação depende do experimentalismo, depende de tentativa e erro, e isso parece bastante improvável num cenário em que qualquer ação do administrador está sendo vigiada por um número cada vez maior de controladores, cada um deles bastante interventivo".

[30] Sobre a atuação do TCU no controle de concessões, recomenda-se a consulta a Pereira (2019) e, também, a Jordão e Ribeiro (2018).

Tudo o que foi explicado anteriormente sugere o seguinte: em comparação com órgãos jurisdicionais superiores, o TCU costuma chegar antes a um entendimento consolidado sobre controvérsias envolvendo direito público.

A princípio, o protagonismo do TCU na etapa inicial do ciclo de vida de uma inovação não deveria provocar grande receio. Afinal, eventual decisão equivocada tomada pelo TCU no exercício do controle sempre pode ser corrigida pelo Judiciário. Em outras palavras: pouco importa se o TCU é o primeiro grande filtro institucional a avaliar a licitude de uma inovação. O que importa é que o Judiciário detém a palavra final. É o Judiciário que definirá se a inovação é ou não compatível com o Direito.

Embora possua certo apelo sob a perspectiva jurídica, esse raciocínio não é suficiente para descrever por completo a engrenagem de incentivos que passa a funcionar após uma primeira decisão do TCU sobre determinado assunto. Para entender melhor essa afirmação, devemos olhar para uma segunda peculiaridade do TCU, que diz respeito à sua relação com o Poder Judiciário.

2.2. A Considerável Independência do Tribunal de Contas da União Frente ao Judiciário

Imagine-se a seguinte hipótese: o presidente de certa empresa estatal aprova a inclusão, em edital de licitação, de regra inovadora que impede a contratação de fornecedores que não possuam boas práticas de *compliance*. O objetivo é diminuir o risco de corrupção.

Provocado, o TCU decide que a estatal deve refazer o processo licitatório, pois a regra inovadora teria restringido indevidamente a competição do certame. No mesmo contexto, o TCU aplica multa ao presidente da estatal.

Após essa decisão, a empresa vencedora da licitação ajuíza ação perante o Judiciário e obtém, em primeira instância, liminar favorável que autoriza a celebração do contrato administrativo, suspendendo os efeitos da determinação do TCU.

Ou, num cenário alternativo, a estatal obtém, perante o STF, em mandado de segurança, decisão que autoriza o prosseguimento da contratação.

Imagine-se agora que um ministro de Estado enxergue, na inovação concebida pela empresa estatal, uma oportunidade para aprimorar as contratações sob sua responsabilidade. E queira adotá-la. Supondo-se que esse ministro tem ciência de todos os fatos descritos anteriormente, qual será sua decisão? Empregará ou não a mesma regra em seus processos licitatórios? Baseará sua decisão na orientação do TCU ou confiará nos precedentes judiciais?

Mesmo havendo manifestação judicial favorável à inovação, o ministro tem motivos razoáveis para, numa postura cautelosa, seguir o posicionamento do TCU e descartar o uso da regra inovadora em suas licitações. Um desses motivos reside no fato de que, caso adote a inovação, o risco de sua conduta ser considerada irregular pelo TCU continuará existindo.

Esse risco subsiste em razão do princípio da independência das instâncias administrativa e judicial. Com base nele, o TCU, em inúmeros casos, já se negou a aplicar entendimentos provenientes do Judiciário. Foi invocando esse princípio que o TCU manteve, durante anos, sua jurisprudência acerca da inconstitucionalidade do procedimento licitatório simplificado da Petrobras, mesmo diante de várias decisões do STF em sentido contrário.

Além disso, vale lembrar que o controle exercido pelo TCU não se limita a uma análise da legalidade dos atos de gestores públicos. Ingressa também no terreno da economicidade. Assim, ainda que o Judiciário considere determinada inovação no setor público compatível, em abstrato, com a legislação, o gestor corre o risco de, na análise do caso concreto, o TCU vir a entender que a inovação causa (ou tende a causar) prejuízos financeiros ao erário.

Diante dessas circunstâncias, nosso ministro imaginário somente se sentirá num ambiente de segurança jurídica para adotar a regra inovadora caso o próprio TCU reverta seu entendimento inicial e passe a considerá-la lícita.

O problema é que essa mudança de orientação jurisprudencial não costuma ocorrer facilmente. O que nos leva à conclusão de que uma primeira decisão do TCU desfavorável pode inviabilizar por completo uma inovação no setor público ou, no mínimo, inibir sua disseminação por anos.

Há, nas observações que acabaram de ser feitas, menos crítica ao TCU e mais uma constatação das dificuldades que emergem das normas que atualmente regem a atuação do Tribunal. Cabe aprofundar esse ponto.

O uso que o TCU costuma fazer do princípio da independência das instâncias, para afastar a necessidade de alinhamento automático entre suas decisões e as do Judiciário, está correto.

Do ponto de vista prático, não é razoável imaginar que o TCU deva mudar de entendimento sobre determinado tópico (sobre a licitude de uma inovação, por exemplo) apenas porque o Judiciário, no julgamento de casos concretos, em decisões sem qualquer eficácia vinculante, adotou posicionamento divergente. Defender o contrário criaria ineficiências significativas que impediriam o TCU de planejar e exercer adequadamente suas atividades.

A necessidade de se preservar considerável independência do TCU frente ao Judiciário também decorre da Constituição, que outorgou ao órgão de controle um amplo rol de competências, envolvendo, como já observado, não só o controle de legalidade, mas também o controle da economicidade dos atos da administração pública.

Ante o regramento constitucional, pode-se inclusive sustentar que, nesse segundo campo, o do controle da *economicidade* de atos de gestores públicos, o Judiciário deve deferência aos entendimentos do TCU, que possui maior expertise técnica e melhor estrutura administrativa para o desempenho dessa função.

Em suma: no *controle de legalidade* de uma inovação, isto é, ao verificar se determinada iniciativa inovadora de agente público é compatível com a Constituição Federal ou com a legislação infraconstitucional, o TCU é independente para interpretar a norma jurídica aplicável ao caso concreto, salvo se já houver decisão do STF ou STJ com eficácia vinculante sobre a interpretação da mesma norma. No *controle de economicidade*, ao avaliar se a inovação causa danos pecuniários ao erário, as análises técnicas do TCU merecem deferência do Judiciário, que somente pode anulá-las se ficar comprovado que foram produzidas em processos de fiscalização eivados de ilegalidade ou marcados por algum erro grosseiro.[31]

---

[31] Em sentido diverso, entendendo que a Constituição outorgou ao TCU um campo de atuação bem mais restrito, Sundfeld e Câmara (2013, p. 185) afirmam que "a avaliação de conformidade com a lei que deve ser feita pelo Tribunal de Contas recai sobre a atuação financeira (em sentido amplo) da Administração Pública. Examina-se a conformidade da atuação administrativa nessa área específica com as leis que definem as práticas de contabilidade e finanças públicas, a correta execução do orçamento e a gestão do patrimônio público". Também defendendo que as competências do TCU são mais limitadas, Rosilho

Esse parece ser o desenho institucional presente na legislação brasileira. Desenho que traz algumas consequências negativas, pois concentra demasiado poder num único órgão estatal, o TCU, sem que haja regras e procedimentos adequados para disciplinar e limitar esse poder.

Hoje, calcado em sua competência para realizar o controle de legalidade e economicidade de atos da administração pública federal, o TCU exerce, com boa dose de discricionariedade, o poder de (i) escolher os atos que serão objeto de fiscalização mais rigorosa;[32] (ii) definir em que momento o controle será exercido (se antes ou depois da consumação do ato);[33] e (iii) fazer determinações das mais variadas naturezas a órgãos e entidades públicas, por vezes impondo-lhes novos custos, que não decorrem explicitamente da legislação.[34]

Junte-se a isso o fato de que o TCU possui competência para aplicar sanções administrativas a agentes públicos, o que é feito, inevitavelmente, à luz das suas próprias predileções hermenêuticas e de seus próprios critérios de análise econômico-financeira.

Tem-se, portanto, um arranjo institucional em que o TCU dispõe de um significativo espaço de autonomia para influenciar a rotina dos órgãos e entidades públicas, espaço que muitas vezes não é alcançado pelo Judiciário, seja porque este é moroso, não detém expertise técnica

---

(2019, p. 364-365) entende que "as competências do TCU inseridas no seu campo de jurisdição direta (para praticar atos sancionatórios e atos de comando), e todas as atribuições a elas vinculadas, só poderão ser exercidas em matérias estritamente financeiras (financeiras, contábeis, orçamentárias ou patrimoniais), única e exclusivamente mediante controle de legalidade".

[32] Hoje, cada ministro detém o poder de propor ao Plenário a instauração de processo de fiscalização sobre qualquer tema concernente à administração pública. Em regra, as propostas formuladas são acolhidas pelo Plenário. No julgamento do Processo n. 013.056/2016-6, por exemplo, que tratava da venda de ativos da Petrobras, o Min. Augusto Nardes sugeriu que o TCU avaliasse, em novo processo, os sistemas de gerenciamento de risco e controles internos da estatal, no que foi atendido (Acórdão n. 442/2017-Plenário, rel. Min. Bruno Dantas, julgado em 15.03.2017).

[33] O controle prévio do TCU em desestatizações passou a ser realizado de forma sistemática após a edição de atos normativos do próprio Tribunal (Instrução Normativa TCU n. 27/1998, de 02/12/1998, posteriormente substituída pela Instrução Normativa n. 81/2018, de 20/06/2018).

[34] Sobre o ponto, cf. GABRIEL (2017).

ou, simplesmente, porque juízes e tribunais devem respeitar o campo das competências que a Constituição conferiu ao TCU.

É possível traçar um paralelo entre esse debate e o que veio à tona na década de 1990, durante a criação das agências reguladoras. Naquela época, buscava-se garantir previsibilidade e segurança jurídica a investidores por meio da criação de entes públicos que teriam autonomia para, com base em critérios técnicos, sem interferência política, fiscalizar e regular setores relevantes da economia brasileira. Essa busca por maior previsibilidade e qualidade nas decisões estatais inclusive justificaria, segundo vários autores, um papel reduzido, deferente, do Judiciário no controle dos atos das agências reguladoras.[35]

Por outro lado, buscou-se atenuar essa autonomia técnica das agências mediante a criação de mecanismos que garantissem maior transparência e legitimidade a seus processos decisórios (realização de audiências públicas; participação de cidadãos e empresas reguladas no processo de produção normativa; atribuição de competências aos ministérios para a tomada de decisões estratégicas sobre o setor regulado; entre outros mecanismos).

No caso do TCU, sua considerável autonomia decisória não se encontra adequadamente limitada por regras ou procedimentos que o obriguem a adotar determinados cuidados, tais como aqueles exigidos das agências reguladoras.

No atual quadro normativo, uma decisão do TCU sobre a rotina da gestão pública pode ser tomada, por exemplo, sem que grande parte dos entes públicos afetados seja ouvida. Tampouco há necessidade de uma análise prévia ou retrospectiva de custos e benefícios das medidas determinadas pelo Tribunal. Essa ausência de amarras procedimentais reforça o poder do TCU de ditar os rumos das inovações que surgem no setor público, mediante decisões que podem adquirir amplo alcance, como se verá no próximo tópico.

2.3. O Amplo Alcance das Decisões do Tribunal de Contas da União

De acordo com a legislação, o poder normativo do TCU é, em tese, bastante limitado. Está previsto no § 2º do art. 1º da Lei n. 8.443/1992 e envolve

---

[35] Muito se escreveu sobre o assunto. Veja-se, por exemplo, ARAGÃO (2002) e VERÍSSIMO (2012).

especificamente o procedimento de consulta: se o TCU for consultado sobre dúvida a respeito da aplicação de dispositivos legais ou regulamentares, a resposta do Tribunal terá caráter normativo e constituirá prejulgamento de tese. Essa é a única forma pela qual o TCU está explicitamente autorizado a emitir regras gerais e abstratas com o potencial de vincular a atuação futura de órgãos e entidades públicas.[36]

Ocorre que, na prática, mesmo decisões do TCU que não tenham natureza normativa podem funcionar como poderosos precedentes a guiar todos os agentes públicos sujeitos a sua jurisdição. E isso está relacionado a determinadas estratégias de controle que o Tribunal vem privilegiando em tempos recentes.

Em alguns casos, o TCU expande o alcance de suas decisões determinando que a administração pública crie ou altere regulamentos.

Isso aconteceu, por exemplo, em 2007, quando, a partir de caso concreto que envolvia um único órgão público, o TCU determinou que o Ministério do Planejamento adotasse providências para alterar regulamento aplicável a todo o Poder Executivo federal.[37] O regulamento em questão era o Decreto n. 3.931/2001, que dispunha sobre o procedimento de adesão tardia à ata de registro de preços, à época uma das apostas do governo federal para tornar as contratações públicas mais ágeis.

Após resistência inicial por parte do Ministério do Planejamento, o referido decreto acabou sendo modificado, em linha com o entendimento do TCU. Ou seja: mesmo não detendo caráter normativo, a decisão do TCU nesse caso afetou a maneira como toda a administração pública federal utilizava procedimento inovador.

Outra estratégia utilizada pelo TCU para ampliar o alcance de suas decisões é expedir determinações aos chamados "órgãos governantes superiores", os quais, na terminologia utilizada pelo Tribunal, seriam

---

[36] O TCU também possui competência para expedir regulamentos sobre "matéria de suas atribuições e sobre a organização dos processos que lhe devam ser submetidos" (art. 3º da Lei n. 8.443/1992). Entendo, contudo, que, com base nessa competência, o TCU está autorizado a criar tão somente (i) regras sobre sua organização interna e (ii) obrigações a terceiros relacionadas a aspectos procedimentais do controle. Compartilhando o mesmo entendimento: ROSILHO (2019, p. 131-155).

[37] Acórdão n. 1.487/2007-Plenário, rel. Min. Valmir Campelo, julgado em 01.08.2007. Esse caso será detalhado na próxima seção deste capítulo.

aqueles com competência para fiscalizar ou normatizar as atividades de um conjunto amplo de entes públicos.[38]

O TCU valeu-se dessa prática, por exemplo, no contexto da política de desoneração da folha de pagamentos implementada pelo governo Dilma Rousseff. Como essa política diminuiu a carga tributária suportada por diversos fornecedores de serviços ao setor público, o TCU determinou que todos os órgãos e entidades federais revisassem os contratos celebrados com empresas beneficiadas pela desoneração ou, no caso de contratos já encerrados, obtivessem o ressarcimento de valores pagos a mais.[39]

Em vez de expedir ordens sobre o assunto a cada ente público, o TCU determinou que os órgãos governantes superiores tomassem essa iniciativa, cada qual dentro dos limites de suas competências. Assim, a fim de cumprir a decisão do TCU, o Departamento de Coordenação e Governança das Empresas Estatais encaminhou orientações sobre o tema às empresas estatais federais. No Poder Judiciário, o Conselho Nacional de Justiça (CNJ) ficou encarregado de tratar da questão; na administração pública direta, o Ministério do Planejamento.

Esses dois mecanismos – determinações para que a administração crie ou altere regulamentos; e decisões direcionadas a órgãos governantes superiores – detêm o potencial de ampliar consideravelmente o alcance dos julgados do TCU, o que traz vantagens e desvantagens.

Como vantagem, mencione-se a possibilidade de tornar o controle mais eficiente. Ao estender os efeitos de suas decisões a órgãos que não participaram do processo de fiscalização, o TCU busca, a baixo custo, evitar que irregularidades identificadas em determinado ente público se repitam em outros.

Por outro lado, ao usar tais técnicas ampliativas, o TCU corre o risco de tomar decisões que desconsideram as peculiaridades de cada ente público. Esse risco mostra-se especialmente problemático em processos em que o TCU avalia alguma prática inovadora. Isso porque o fracasso de uma inovação em determinado órgão não se repetirá necessariamente em outros. Daí que extrair, de um ou poucos casos concretos, conclusões aplicáveis a todo o setor público, como faz o TCU em alguns

---

[38] Veja-se, por exemplo: Acórdão n. 2.308/2010-Plenário, rel. Min. Aroldo Cedraz, julgado em 08.09.2010.

[39] Acórdão n. 2.859/2013-Plenário, rel. Min. José Múcio Monteiro, julgado em 23.10.2013.

contextos, pode impedir que o potencial de certas inovações seja conhecido adequadamente.

3. Como o Tribunal de Contas da União Cria Obstáculos à Inovação?

No tópico anterior, tentei demonstrar que, no arranjo institucional brasileiro, o TCU encontra-se em posição privilegiada para influenciar os contornos das inovações que surgem no setor público. Uma decisão favorável do Tribunal representa forte estímulo à difusão da inovação. Já uma decisão desfavorável muitas vezes terá como consequência uma reformulação significativa ou até mesmo o fim da prática inovadora.

Mas como saber se o TCU tomará uma decisão favorável ou desfavorável à inovação? Quais parâmetros o Tribunal utiliza nessa análise?

Num mundo ideal, em que os textos normativos são perfeitos e destituídos de qualquer ambiguidade, bastaria ao TCU verificar se a inovação fere algum dispositivo da legislação. Se a inovação estiver em conformidade com as leis e a Constituição, merece sobreviver; do contrário, não.

Não vivemos nesse mundo, claro. Em grande quantidade de casos, o TCU precisa fazer escolhas entre duas ou mais interpretações possíveis sobre as normas jurídicas aplicáveis. Além disso, ao fiscalizar novas iniciativas de gestão pública, o TCU precisa se posicionar – ainda que implicitamente – sobre os limites da sua competência, optando por uma abordagem expansionista, que interfere mais na discricionariedade do administrador público, ou por uma postura de autocontenção, que tende a modificar o ato administrativo somente em casos de flagrante ilegalidade ou antieconomicidade.

As escolhas feitas pelo TCU importam, pois condicionam os incentivos detidos pelos gestores públicos. Quais escolhas o Tribunal tem feito?

De início, é preciso notar que alguns ministros do TCU vêm expressando, em votos e manifestações públicas recentes, o entendimento de que o Tribunal não deve ser uma barreira a inovações na máquina estatal,[40] nem deve se imiscuir na discricionariedade dos gestores públicos.[41]

---

[40] Veja-se, por exemplo, o voto do Min. Aroldo Cedraz no julgamento do Acórdão n. 2.731/2009-Plenário, que será detalhado mais à frente.

[41] "O TCU, na fiscalização das atividades-fim das agências reguladoras, não deve substituir-se aos órgãos que controla, nem estabelecer o conteúdo do ato de competência do órgão

Nas palavras do Ministro Bruno Dantas (2018), deve haver "equilíbrio entre gestão e seu controle, sob pena de criarmos no país um 'apagão decisório', despertando nos gestores temor semelhante ao de crianças inseguras educadas por pais opressores".

Alinhado a esse discurso de autocontenção e estímulo à inovação, o TCU tem organizado eventos que buscam difundir iniciativas bem-sucedidas entre órgãos da administração pública,[42] bem como valorizar o papel desempenhado pelo agente público honesto e empreendedor.[43]

Percebe-se, no entanto, que, no julgamento de casos concretos, o TCU por vezes emprega fundamentos e emite comandos que tornam o ambiente decisório na esfera pública mais imprevisível, complexo e inflexível, desencorajando um comportamento inovador por parte dos agentes públicos. A seguir, descrevo três casos em que isso ocorreu.

3.1. O Caso da Adesão Tardia à Ata de Registro de Preços

Em 2001, o Presidente Fernando Henrique Cardoso regulamentou, por meio do Decreto n. 3.931, uma prática que parecia promissora no universo das licitações federais: a adesão tardia à ata de registro de preços, que ficou conhecida como "carona".

A grande atratividade dessa prática residia na possibilidade de um ente público ("órgão não participante") adquirir bens e serviços de forma mais célere e desburocratizada, aproveitando o resultado de licitação já realizada por outro ente público ("órgão gerenciador").

---

regulador, determinando-lhe a adoção de medidas, salvo quando verificar a ocorrência de ilegalidade ou de omissão da autarquia no cumprimento das normas jurídicas pertinentes" (Acórdão n. 715/2008-Plenário, rel. Min. Augusto Nardes, julgado em 23.04.2008).

[42] Em 12 de novembro de 2018, o TCU promoveu o seminário "Deu Certo! Boas práticas replicáveis em Organizações Públicas buscando eficiência".

[43] Em discurso na "5ª Semana de Inovação", evento organizado pelo TCU, ocorrido no dia 4 de novembro de 2019, o Min. José Múcio Monteiro afirmou que o Tribunal não se preocupa apenas em detectar o gestor que errou, "mas também em procurar quem é bem-intencionado e não quer errar". Mais informações sobre o evento estão disponíveis no seguinte endereço eletrônico: https://portal.tcu.gov.br/imprensa/noticias/abertura-da-5-semana--da-inovacao-reune-autoridades-gestores-publicos-setor-privado-e-sociedade-civil.htm. Acesso em: 13 dez. 2019.

Ao disciplinar o tema, o Decreto n. 3.931 foi bastante singelo, impondo poucas exigências para a validade da carona.[44] Com o passar dos anos, o que era simples e promissor tornou-se fonte de controvérsias.

A interferência mais direta do TCU nas regras de funcionamento da carona tem início em 2007, quando o Tribunal analisou licitação realizada pelo Ministério da Saúde para a contratação, via registro de preços, de serviços de organização de eventos (Acórdão n. 1.487/2007-Plenário).[45]

No caso, o que chamou a atenção dos auditores do Tribunal foi o fato de 62 órgãos terem aderido à ata de registro de preços. Isso significava que a empresa selecionada pelo Ministério da Saúde para executar inicialmente serviços no valor de até R$ 32 milhões poderia, em tese, acabar firmando contratos da ordem de aproximadamente R$ 2 bilhões, valor bem mais elevado.

A partir dessas circunstâncias, o TCU entendeu que o instituto da corona, se utilizado sem limites, seria contrário ao ordenamento jurídico, por dois motivos principais.

Em primeiro lugar, a carona violaria os princípios jurídicos da ampla competição e da igualdade de condições entre licitantes.

Segundo problema: a carona provocaria prejuízos aos cofres públicos, pois o vencedor da licitação poderia oferecer preços mais baixos caso soubesse, antes de formular sua proposta, que seus produtos seriam adquiridos por uma quantidade maior de órgãos públicos. Essa indefinição inicial dos quantitativos a serem fornecidos inibiria, portanto, vantagens decorrentes de economias de escala.

Com esses fundamentos, o Plenário do TCU determinou que o Ministério do Planejamento reavaliasse as regras aplicáveis ao registro de preços, de forma a "estabelecer limites" para a carona e, com isso, preservar "os princípios que norteiam a administração pública".

O Ministério do Planejamento não concordou e interpôs pedido de reexame, que foi julgado cinco anos depois. Na decisão (Acórdão

---

[44] Essas exigências eram: (i) a concordância do órgão gerenciador e do particular (art. 8º, §§ 1º e 2º); (ii) a carona não poderia prejudicar as obrigações anteriormente assumidas pelo particular perante o órgão gerenciador (art. 8º, § 2º); e (iii) a vantagem da carona deveria ser "devidamente comprovada" (art. 8º, *caput*).

[45] Processo n. 008.840/2007-3, rel. Min. Valmir Campelo, julgado em 01.08.2007.

n. 2.692/2012-Plenário),[46] o TCU manteve o entendimento de que as regras do Decreto n. 3.931 sobre carona violavam princípios jurídicos e geravam prejuízos potenciais ao erário. Ao seu rol de fundamentos, o Tribunal acrescentou mais um durante o exame do recurso: o uso irrestrito da carona agravaria o risco de corrupção nas contratações públicas.

Cerca de três meses após o julgamento do pedido de reexame, a Presidente Dilma Rousseff editou o Decreto n. 7.892/2013, que passou a prever um limite: a soma dos valores contratados pelos órgãos não participantes não poderia exceder o quíntuplo do valor estabelecido na ata. Por exemplo, se o órgão gerenciador constituísse ata para a aquisição de serviços num valor de R$ 32 milhões, os órgãos beneficiários da carona poderiam adquirir, juntos, até R$ 160 milhões dos mesmos serviços. Consequentemente, se cada órgão não participante optasse por adquirir a totalidade dos serviços previstos na ata, apenas cinco órgãos poderiam se valer da carona.

Dado esse histórico, não resta dúvida de que o TCU influenciou, de modo decisivo, na mudança do decreto e na criação de uma nova regra aplicável às licitações brasileiras. Atuou como regulador. Um bom regulador?

Olhemos com mais atenção para as decisões de 2007 e 2012. Nelas, o TCU não descreveu qualquer dano efetivo provocado pela carona, seja no Ministério da Saúde, seja nos 62 órgãos públicos que aderiram à ata. Além disso, não identificou aquisições por preços fora dos parâmetros de mercado, nem indícios de corrupção.

Em sua fundamentação, o TCU tampouco expôs estimativas sobre possíveis benefícios da carona. Não estimou, por exemplo, a economia gerada – em tempo e dinheiro – nos 62 órgãos que não precisaram realizar procedimentos licitatórios; não cogitou que a celeridade proporcionada pela carona poderia, em certos contextos, se reverter em serviços públicos mais efetivos.

Além disso, o TCU não examinou, em suas decisões, a real dimensão do uso da carona no governo federal à época. Era uma prática muito difundida? Quantos órgãos a utilizavam com frequência? Quantas contratações seriam afetadas no caso de estipulação de limites à carona? Quanta corrupção seria evitada? Essas informações não estão nos acórdãos.

---

[46] Processo n. 008.840/2007-3, rel. Min. Aroldo Cedraz, julgado em 03.10.2012.

Percebe-se, então, que o TCU não realizou uma análise prévia dos custos e benefícios que estavam em jogo na fixação de um limite à carona.

Nos anos seguintes à edição do Decreto n. 7.892, outros julgados do TCU trataram de adesão tardia em registro de preços. Alguns deles adicionaram mais complexidade e incerteza ao tema.

Em 2015, analisando pregão para compra de mobiliário, o TCU entendeu que a carona, mesmo com os novos limites impostos pelo Decreto n. 7.892, seria uma medida "anômala e excepcional" (Acórdão n. 757/2015-Plenário).[47]

Daí veio uma nova exigência do Tribunal: o órgão que promove a licitação não deve apenas informar no edital que a carona será admitida, conforme exige o Decreto n. 7.892, mas deve também reunir e formalizar, na fase interna da licitação, argumentos que demonstrem que o uso da carona será vantajoso.

Em seu voto, o relator do caso, Ministro Bruno Dantas, abordou o assunto nos seguintes termos:

> Confesso que tenho dúvidas quanto à constitucionalidade do instituto do "carona". De todo modo, estou convicto de que, à luz do art. 9º, inciso III, *in fine*, do Decreto 7.892/2013, a possibilidade de adesão para órgão não participante (ou seja, que não participou dos procedimentos iniciais da licitação) não é uma obrigatoriedade a constar impensadamente em todos os editais de pregões para registro de preços, ao contrário do que corriqueiramente é possível observar, mas sim uma medida anômala e excepcional, uma faculdade que deve ser exercida de forma devidamente motivada e, portanto, passível de avaliação nos processos de controle externo.

Dessa decisão, que se tornou um precedente importante, emergem alguns problemas.

O primeiro é que, ao colocar em dúvida a constitucionalidade do instituto da carona, o TCU sinalizou que, dali em diante, toda e qualquer licitação que previsse essa prática correria o risco de ser anulada.[48]

---

[47] Processo n. 021.893/2014-4, rel. Min. Bruno Dantas, julgado em 08.04.2015.

[48] Essa sinalização ficou ainda mais evidente um mês depois, no voto condutor do Acórdão n. 1.297/2015-Plenário, em que o Ministro Bruno Dantas diz estar "convicto [de] que, em futuro próximo, esta Corte deverá se debruçar sobre o exame da constitucionalidade do

A decisão gerou mais insegurança jurídica em ambiente já incerto para os agentes públicos que lidam com licitações.

Outro problema é que a decisão não definiu que tipo de argumento o órgão gerenciador deveria utilizar para justificar o uso da carona.

Se, em determinada contratação, o órgão gerenciador chegar à conclusão de que a carona garantirá preços mais baixos, mas aumentará o risco de corrupção, a carona estará proibida? E se ficar demonstrado que existe, de um lado, um risco significativo de a carona provocar concentração de mercado e, de outro, uma alta probabilidade de ela gerar grandes vantagens oriundas de ganhos de escala? Nesse caso, seria possível usá-la?

No Acórdão n. 757/2015, o TCU não ofereceu diretrizes para auxiliar nas respostas; limitou-se a criar para o órgão gerenciador o ônus da justificativa, que não é um ônus trivial.

É o que se nota em outro caso, já de 2018, em que o Plenário do TCU vedou a carona em licitação do Ministério dos Transportes (Acórdão n. 311/2018).[49] Motivo: embora existente, a justificativa fornecida para o uso da carona teria sido "genérica", sem "nenhum lastro em estudos técnicos relacionados especificamente ao objeto que se deseja licitar".

O que esses "estudos técnicos" devem conter não fica claro na fundamentação do Acórdão n. 311/2018. No entanto, se levarmos a sério as decisões anteriores do TCU sobre o tema, é possível dizer que esses estudos devem contemplar, no mínimo, uma análise sobre: (i) o processo produtivo utilizado pelos potenciais fornecedores, a fim de se verificar a dimensão de possíveis ganhos de escala decorrentes da carona; e (ii) o risco de a carona prejudicar o nível de competição no mercado do objeto licitado. Essas são análises complexas, que demandariam tempo, recursos e, talvez, a participação de economistas e advogados especializados em microeconomia e direito concorrencial.

Obviamente, ao formular a exigência de confecção prévia de estudos técnicos, o TCU criou um forte desincentivo à carona, sobretudo porque o órgão gerenciador, a quem o Tribunal atribuiu a responsabilidade

---

dispositivo regulamentar que permite a utilização da ata de registro de preços por órgão não participante".

[49] Processo n. 034.968/2017-2, rel. Min. Bruno Dantas, julgado em 21.02.2018.

pelos estudos,[50] é o ente que menos tem a ganhar com a possibilidade de contratação simplificada via carona.

Ainda sobre o Acordão n. 311/2018, é interessante perceber que o argumento usado pelo Ministério dos Transportes para justificar a carona (possibilidade de ganhos de escala), reputado frágil pelo TCU, é tão "genérico" quanto os fundamentos usados pelo Tribunal para recomendar, lá atrás, em 2007, a fixação de limites à carona. Naquela ocasião, o TCU não precisou realizar "estudos técnicos" para chegar à conclusão de que, independentemente do objeto licitado, o uso irrestrito da carona inibiria ganhos de escala, aumentaria o risco de corrupção e concentraria poder de mercado em poucos fornecedores.

Todos esses fatos demonstram que, nos últimos anos, o TCU restringiu significativamente a disseminação de prática inovadora, mediante decisões esparsas que criaram um cenário de incerteza e complexidade.

3.2. O Caso da Quarteirização do Serviço de Manutenção de Veículos

De alguns anos para cá, certos órgãos e entidades da administração pública federal passaram a contratar o serviço de gerenciamento de manutenção de veículos.

Nessa espécie de serviço, a empresa contratada não executa diretamente o conserto dos veículos. Apenas os direciona, via sistema informatizado, a uma das várias oficinas credenciadas, escolhida conforme determinados critérios fixados no contrato, como a proximidade do local do veículo danificado e o menor preço oferecido pela manutenção. Alguns doutrinadores chamam esse modelo de "quarteirização",[51] devido à participação de outras empresas, diferentes da contratada, na execução do serviço.

Em 2009, o Plenário do TCU emitiu a primeira decisão importante sobre o tema (Acórdão n. 2.731/2009),[52] que nos oferece um bom ponto

---

[50] O recente Decreto n. 9.488, de 30 de agosto de 2018, passou a definir que os órgãos não participantes são os responsáveis pela realização dos estudos, devendo demonstrar o ganho de eficiência, a viabilidade e a economicidade do uso da ata de registro de preços (art. 22, § 1º-A). No entanto, por força do mesmo decreto, cabe ao órgão gerenciador a "aprovação" desses estudos (art. 22, § 1º-B).

[51] Veja-se, por exemplo: PEREIRA JUNIOR e DOTTI (2010, p. 23-42).

[52] TC n. 032.202/2008-1, rel. Min. Marcos Bemquerer, julgado em 18.11.2009.

de partida para analisar certos dilemas que surgem quando o Tribunal se depara com inovações na gestão pública.

Nessa decisão, que trata de contrato celebrado pela Polícia Federal, o TCU expôs o entendimento de que a quarteirização do serviço de manutenção de veículos é uma opção lícita, que respeita, em abstrato, as regras e princípios que regem as licitações públicas.

No julgamento, o Ministro Aroldo Cedraz reconheceu o "caráter experimental" da quarteirização, observando que o TCU, no desempenho do papel de indutor do aprimoramento da gestão pública, deve "abster-se de inibir o prosseguimento da tentativa de inovação em análise".

Apesar de confirmar a legalidade desse tipo de contrato, o Tribunal considerou, no caso concreto, que os estudos apresentados sobre a economicidade do modelo de quarteirização não eram conclusivos. Em razão disso, determinou que, antes de futuras contratações similares, a Polícia Federal deveria realizar novos estudos, de modo a verificar se a quarteirização seria de fato o modelo de gestão mais econômico.

Ainda por meio do Acórdão n. 2.731/2009, o Plenário do TCU determinou que unidade técnica do Tribunal acompanhasse e avaliasse a prestação do serviço durante o restante da vigência do contrato celebrado pela Polícia Federal. Entre outros motivos, o TCU optou pelo acompanhamento da execução do serviço por mais algum tempo porque havia "elevada possibilidade de disseminação da iniciativa pioneira por outros setores do Estado".

A abordagem empregada na decisão de 2009 merece elogios: mesmo existindo dúvidas sobre as vantagens da inovação, o Tribunal autorizou sua continuidade. Além disso, ao determinar que o próprio TCU deveria acompanhar e levantar novas informações sobre a quarteirização, a decisão retirou do ente fiscalizado o ônus de provar sozinho a vantajosidade do novo modelo contratual. É uma abordagem que privilegia a colaboração entre a unidade jurisdicionada e o Tribunal, em busca de dados objetivos sobre os custos e benefícios da prática inovadora.

Decisão mais recente, porém, demonstra que o TCU não soube converter essa postura inicialmente colaborativa em segurança jurídica para os agentes públicos.

No início de 2018, o Plenário julgou processo sobre possíveis irregularidades em pregão eletrônico organizado pelos Correios, que também tinha por objeto a contratação do serviço de gerenciamento da manutenção de veículos (Acórdão n. 120/2018).[53]

Voltando os olhos para essa decisão mais recente, vê-se que, quase dez anos depois, o Tribunal continua exigindo novos estudos àqueles órgãos e entidades que usam o modelo de quarteirização para o conserto de veículos.

No Acórdão n. 120/2018, o TCU determinou aos Correios que condicionassem eventual prorrogação de contratos dessa espécie à demonstração de que a quarteirização é a opção mais vantajosa, à luz de "todas as boas práticas [a seu] alcance". Além disso, o Tribunal fez diversas recomendações aos Correios, parte delas inexistente em seus julgados anteriores sobre o mesmo objeto. Exemplo seria a recomendação de designar, como fiscais desses contratos, somente empregados que tenham passado por treinamento em mecânica.

Se, por um lado, o TCU vem apoiando a quarteirização do serviço de manutenção de veículos ancorado na premissa de que inovações não devem ser inibidas, por outro lado o Tribunal tem criado, por meio de exigências diversas, novos custos para os órgãos que queiram adotá-la. Trata-se de postura questionável, sobretudo se levarmos em conta que as decisões aqui analisadas não trazem indícios concretos de que, em algum momento, o modelo de quarteirização provocou mais prejuízos ao erário do que outros modelos de contratação. Isto é, após mais de dez anos tratando do tema, o TCU parece não oferecer ao agente público parâmetros claros sobre as regras que devem ser seguidas para que o serviço de gerenciamento de manutenção de veículos seja contratado regularmente. É um cenário que incentiva a perpetuação de velhas práticas.

3.3. O Caso da Parceria entre Telebras e Viasat

Em outubro de 2018, o TCU julgou processo sobre possíveis irregularidades em contrato celebrado entre a Telebras, empresa estatal, e a empresa norte-americana Viasat, cujo objeto é o compartilhamento de receitas decorrentes da exploração de satélite para a prestação de serviços de telecomunicação (Acórdão n. 2.488/2018-Plenário).[54]

---

[53] TC n. 013.775/2015-4, rel. Min. Bruno Dantas, julgado em 24.01.2018.
[54] TC n. 022.981/2018-7, rel. Min. Benjamin Zymler, julgado em 31.10.2018.

O caso é particularmente interessante porque, pela primeira vez, o TCU interpretou com maior profundidade os requisitos de validade de nova hipótese de contratação direta aplicável a empresas estatais, introduzida pelo art. 28, § 3º, II, da Lei n. 13.303/2016.[55]

Os fatos requerem certa retrospectiva.

Em 2010, o governo federal editou o Decreto n. 7.175, que instituiu o Plano Nacional de Banda Larga, com o objetivo de massificar o acesso a serviços de conexão à internet e promover a inclusão digital.

O mesmo decreto revitalizou a Telebras, atribuindo-lhe o papel de apoiar políticas públicas relacionadas à disseminação da banda larga em universidades, escolas, hospitais e outros locais de interesse público. A estatal também ficou responsável por operar a infraestrutura e as redes de suporte de serviços de telecomunicações da administração pública federal.

Nessa época, no entanto, a infraestrutura existente para a conexão em banda larga não alcançava todo o território nacional. E os satélites utilizados pela administração pública para transmissão de dados eram geridos pela iniciativa privada, o que, segundo o governo, aumentava o risco de vazamento de informações estratégicas.

Diante disso, o governo federal, em 2012, concebeu projeto para construção de satélite próprio, que ficou conhecido como Satélite Geoestacionário de Defesa e Comunicações Estratégicas (SGDC). Lançado ao espaço no fim de 2017, o satélite possui capacidade de operação em duas bandas de frequência. A Banda X, para uso militar, operada pelo Ministério da Defesa, e a Banda Ka, gerida pela Telebras,[56] destinada à comunicação entre entes públicos e à execução do Plano Nacional de Banda Larga.

Paralelamente a esses fatos, a Telebras começou a adotar medidas para viabilizar a prestação de serviços por meio do SGDC, escolhendo um modelo híbrido: parte da capacidade do satélite seria explorada

---

[55] "Art. 28. [...] § 3º São as empresas públicas e as sociedades de economia mista dispensadas da observância dos dispositivos deste Capítulo nas seguintes situações: [...] II – nos casos em que a escolha de parceiro esteja associada a suas características particulares, vinculada a oportunidades de negócio definidas e específicas, justificada a inviabilidade de procedimento competitivo."

[56] A responsabilidade pela gestão do satélite foi conferida à Telebras e ao Ministério da Defesa por meio do art. 9º do Decreto n. 7.769, de 28 de junho de 2012.

diretamente pela Telebras e o restante seria cedido onerosamente a um parceiro.

Em julho de 2017, a Telebras publicou edital de chamamento público, com o intuito de receber propostas de empresas interessadas na exploração da capacidade do SGDC. Ao longo desse procedimento, diversas empresas apresentaram dúvidas e sugestões para o modelo da parceria. Apesar disso, nenhuma delas formulou proposta. Segundo avaliação da Telebras, o insucesso do chamamento público deveu-se, entre outros fatores, ao desinteresse das empresas privadas em prestar serviços em regiões de baixa atratividade comercial e à impossibilidade de recuperação dos investimentos necessários no prazo inicial proposto para a parceria (cinco anos).

Nesse cenário, a Telebras iniciou tratativas isoladas com algumas empresas e, em fevereiro de 2018, celebrou acordo de parceria com a Viasat. Em troca da possibilidade de utilizar a capacidade satelital para prestar serviços a seus clientes, a Viasat obrigou-se a compartilhar com a Telebras parte de suas receitas. Também se previu no acordo que a empresa norte-americana receberia um pagamento mensal fixo pela instalação e manutenção, em terra, das antenas e outros equipamentos necessários para que a Telebras pudesse executar as políticas públicas sob sua gestão.

A área jurídica da estatal enquadrou essa parceria na hipótese prevista no art. 28, § 3º, II, da Lei n. 13.303/2016, que autoriza a contratação direta nos casos em que a "escolha do parceiro está associada a suas características particulares, vinculada a oportunidades de negócio definidas e específicas, justificada a inviabilidade de procedimento competitivo".

Trata-se de hipótese de contratação direta que alcança determinados negócios não previstos explicitamente na Lei n. 8.666, como a formação de *joint ventures* e a aquisição de participação acionária em empresas privadas, situações em que a realização de uma licitação geralmente é incompatível com a adequada negociação dos termos da parceria e a escolha do parceiro privado.

Segundo alguns autores, essa nova previsão legal buscou garantir maior segurança jurídica[57] e simplificar[58] a cooperação entre empresas estatais e parceiros estratégicos.

---

[57] COSTA, BAUMANN e SANTOS (2018).
[58] PEREIRA JÚNIOR (2018, p. 84-105).

Como tentarei demonstrar a partir de agora, o Acórdão n. 2.488/2018 não só frustra expectativas de mais segurança jurídica e menos burocracia, como também configura precedente que pressagia uma forte interferência do TCU sobre parcerias envolvendo empresas estatais.

Após tomar conhecimento do assunto, a unidade técnica do TCU responsável pelo setor de telecomunicações identificou, no acordo entre Telebras e Viasat, diversos indícios de irregularidades, como a inobservância dos requisitos legais para a escolha do parceiro privado e a existência de cláusulas ilegais no contrato. Como consequência, instaurou-se no TCU processo voltado para uma análise mais detalhada dos termos da parceria.

Inicialmente, vale observar a amplitude da fiscalização empreendida pelo órgão de controle, que, entre outros pontos, buscou avaliar: (i) a legalidade da realização da parceria entre Telebras e Viasat, com base no art. 28, § 3º, da Lei n. 13.303; (ii) suas premissas econômico-financeiras; e (iii) o conteúdo de suas cláusulas.

Note-se: ao abraçar a missão de avaliar, de modo amplo, as premissas das projeções econômico-financeiras utilizadas e o conteúdo das cláusulas contratuais, o TCU assumiu um papel de instância revisora do acordo celebrado pela Telebras. Isso fica claro em vários trechos do Acórdão n. 2.488/2018. Citem-se dois: o que tratou do prazo da parceria e o relativo à avaliação da taxa interna de retorno do parceiro privado.

Originalmente, Telebras e Viasat estipularam um prazo de 10 anos para a parceria, prorrogáveis por mais cinco. A prorrogação ocorreria a critério exclusivo da Viasat. No voto condutor do acórdão, o Ministro Benjamin Zymler entendeu que atribuir a decisão sobre a prorrogação exclusivamente à Viasat geraria um "risco elevado" para a Telebras, pois existiria a "possibilidade de ocorrerem mudanças significativas no setor de telecomunicações nos próximos 10 anos", que poderiam tornar o contrato excessivamente oneroso em caso de prorrogação. Baseado nesse argumento, o TCU determinou a alteração da cláusula sobre prazo contratual, de modo que a prorrogação ficasse condicionada à demonstração da vantajosidade para a Telebras.

O raciocínio do Ministro Benjamin Zymler está correto: como o contrato prevê um pagamento mensal fixo por parte da Telebras, de fato existe o risco de eventual barateamento de produtos e serviços, propiciado por avanços tecnológicos, acabar tornando excessivamente caro o valor pago pela estatal.

O problema é que, ao lado desse risco, existem inúmeros outros que poderiam ser invocados nesse contexto. Mencione-se, por exemplo, o risco – que se materializou – de órgãos de controle interferirem nos termos de contratos estatais, em desfavor do parceiro privado. Não é esdrúxulo imaginar que a Viasat, durante as tratativas com a Telebras, tenha exigido o poder de decidir sozinha sobre a prorrogação ou não da parceria, justamente para compensar a imprevisibilidade do ambiente regulatório brasileiro.

Qual análise de riscos deve prevalecer: a realizada pelo TCU ou a feita pelas partes contratantes durante as tratativas? O TCU poderia ter determinado a modificação da cláusula, retirando da Viasat a prerrogativa de decidir sozinha pela prorrogação?

Se se entender que a análise de riscos realizada pelo TCU deve prevalecer e que o Tribunal pode, com fundamento em suposições de prejuízos futuros, determinar alterações em cláusulas contratuais, então se chega à conclusão de que não há limites para a interferência do TCU nas parcerias celebradas por empresas estatais. A discricionariedade do controlador substitui a discricionariedade do gestor público.

A interferência do TCU sobre o acordo se mostrou ainda mais contundente no capítulo do acórdão que trata do "equilíbrio econômico-financeiro da parceria firmada", no qual o relator busca encontrar, por meio de análise de custos e projeções financeiras, o que seria um "negócio justo e equilibrado" entre as partes e um "lucro normal" para a empresa privada.

Quanto a esse particular, o TCU concluiu que o modelo previsto para o compartilhamento de receitas e os valores a serem pagos mensalmente pela Telebras gerariam uma rentabilidade muito maior para a empresa privada, razão pela qual as condições econômicas da parceria deveriam ser "renegociadas". Em relação ao valor mensal a ser pago pela Telebras, o TCU chegou inclusive a fixar um número exato: o valor mais adequado seria R$ 107,60 por antena instalada e mantida pela Viasat – e não R$ 160,00.

Diante dessas circunstâncias e das diversas determinações emitidas pelo TCU no Acórdão 2.488/2018, o que se percebe é que o Tribunal não hesitou em realizar uma ampla revisão das cláusulas e dos aspectos econômico-financeiros da parceria firmada entre Telebras e Viasat.

Fica a dúvida: o TCU adotará essa mesma postura em futuras fiscalizações de parcerias realizadas com fundamento no art. 28, § 3º, II, da Lei n. 13.303?

Em caso positivo, o que provavelmente se verá é uma tendência de as empresas estatais procurarem, antes da celebração da parceria, uma aprovação prévia do TCU, ainda que informal. Isso por dois motivos.

Primeiro, devido à imensa quantidade de variáveis que podem influenciar as projeções financeiras e a negociação de cláusulas em parcerias estatais, torna-se muito provável que o TCU encontre alguma irregularidade ou, no mínimo, um ponto passível de aprimoramento. Dessa forma, o controle prévio pelo TCU seria a única maneira de garantir a segurança jurídica necessária para a continuidade da parceria.

Segundo, o TCU sinalizou, no Acórdão n. 2.488/2018, que deficiências nesse tipo de contratação direta, tais como a ausência de justificativas adequadas para a escolha do parceiro ou a estipulação de cláusulas contratuais economicamente desvantajosas, poderão ensejar a aplicação de penalidades por parte do Tribunal.[59]

Tudo indica, portanto, que agentes públicos interessados em inovar na seara de parcerias entre empresas estatais e privadas (art. 28, § 3º, II, da Lei n. 13.303) navegarão em águas de pouca liberdade, num cenário em que suas escolhas (sobre cláusulas, prazos, riscos, preços) podem ser substituídas pelas escolhas do TCU.

Considerações Finais

Qualquer sistema de controle externo influencia o comportamento futuro de agentes públicos. Há nesse fato aspectos positivos e negativos.

Do lado positivo, tem-se o efeito dissuasório do controle. Se for alta a probabilidade de punição, agentes públicos mal-intencionados pensarão duas vezes antes de cometer um ato ilícito.

---

[59] "Neste momento, não deve ser autuado um processo visando apurar supostas irregularidades abordadas neste voto. Entretanto, cumpre deixar assente que, no futuro, uma vez sedimentadas as práticas administrativas e as teses jurídicas relativas à aplicação da Lei das Estatais, a aplicação de sanções poderá ser suscitada" (Min. Benjamin Zymler, voto condutor do Acórdão n. 2.488/2018-Plenário).

Além disso, o risco de ser responsabilizado por algum dano ao erário faz com que autoridades e servidores busquem executar com mais diligência suas atividades.

Por outro lado, a expectativa de ser fiscalizado pode levar o agente público a uma postura de autodefesa e aversão ao risco. Esse tipo de comportamento tende a ser mais comum num cenário de insegurança jurídica, no qual o agente público desconhece os parâmetros que as instâncias de controle usarão na avaliação de sua conduta. Na dúvida sobre as consequências de seus atos, o agente público opta por não decidir, não inovar. A sociedade paga os custos da inação.

Deve-se, portanto, reconhecer que existe um dilema natural entre controle e estímulo à inovação no mundo estatal. Embora não seja possível superar esse dilema por completo, algumas medidas podem ser tomadas para reduzir seus efeitos negativos.

Neste capítulo, tentei demonstrar que, na esfera pública federal, a busca pelo equilíbrio entre controle e inovação requer certos aperfeiçoamentos institucionais, que passam por uma reflexão sobre o TCU e seu modo de funcionamento.

De início, é preciso debater a reforma dos procedimentos decisórios do TCU, a fim de torná-los mais previsíveis.

Veja-se, por exemplo, a forma como o TCU restringiu o uso do instituto da carona nas contratações públicas. Com base em denúncia de irregularidade envolvendo uma única licitação, o TCU determinou a alteração de regulamento aplicável a toda administração pública federal, sem realizar uma análise prévia ou retrospectiva dos custos e benefícios da sua decisão. Agiu como um regulador displicente.

O exemplo ilustra a facilidade com que hoje o TCU pode emitir, a partir de uma amostra pouco significativa de casos, decisões de amplo alcance, que por vezes inibem o experimentalismo e o surgimento de inovações na gestão pública.

Penso que essa facilidade precisa de limites.

Nesse sentido, uma primeira mudança possível seria restringir o poder de o TCU expedir, em processos que apuram irregularidades em órgãos específicos (falhas numa licitação de ministério, por exemplo), determinações que produzam impactos diretos em outros órgãos (determinação de modificar regulamento aplicável a todo Poder Executivo federal, por exemplo). Em processos voltados à apuração de irregularidades, as determinações do TCU devem se limitar ao mínimo necessário para a correção da ilegalidade ou antieconomicidade detectada.

Caso auditores identifiquem indícios de que a prática inovadora é, em si, ilegal ou antieconômica, com potencial de causar danos generalizados no setor público, o TCU deve instaurar processo apartado com o objetivo de: (i) coletar informações sobre a maneira como diferentes entes públicos utilizam a inovação; e (ii) monitorar por algum tempo os resultados práticos da inovação, avaliando seus custos e benefícios[60]. Nesse monitoramento, seria recomendável que o TCU realizasse uma comparação entre entes públicos que adotaram a inovação e os que não a adotaram.

Somente após a coleta de informações e a análise retrospectiva de custos e benefícios, e se verificada patente ilegalidade ou antieconomicidade, o TCU estaria autorizado a restringir o uso de prática ou regra inovadora em toda a administração federal. Havendo dúvida razoável sobre a ilegalidade ou antieconomicidade, o TCU deve se abster de interferir no uso da inovação, sem prejuízo, claro, da apuração de denúncias ou representações que apontem para irregularidades específicas em determinado órgão ou entidade.

Nesse novo procedimento sugerido, que poderia receber o nome de "auditoria de impacto", o ônus de provar a ilegalidade ou antieconomicidade da inovação seria do próprio TCU. É o TCU – e não os gestores espalhados por diferentes áreas do governo – que geralmente detém a expertise e a estrutura adequadas para avaliar os possíveis impactos de uma inovação sobre o conjunto de órgãos e entidades federais.

Viu-se também neste capítulo que, em algumas situações, o TCU impõe novos custos àqueles entes que querem inovar. No caso da quarteirização do serviço de manutenção de veículos, por exemplo, o Tribunal exigiu que a entidade fiscalizada elaborasse estudo que comprovasse a vantajosidade da inovação em comparação com as demais práticas de mercado. Essa exigência foi feita pelo TCU mesmo inexistindo indício concreto de que o novo modelo contratual fosse menos vantajoso do que os modelos anteriores. É uma espécie de custo que penaliza o agente público inovador e incentiva a manutenção de velhas práticas.

---

[60] Em alguns processos, o TCU já adota postura semelhante, porém de forma pouco sistemática. Veja-se, por exemplo, o Acórdão n. 2.502/2019-Plenário, rel. Min. Ana Arraes, julgado em 16.10.2019.

Para evitar esse cenário, convém instituir regra que impeça o TCU de fazer determinações ou recomendações que criem, para o ente fiscalizado, novas obrigações ou novos custos não previstos expressamente na legislação.

Por fim, os julgados descritos aqui demonstram que o TCU não estabelece limites que indiquem, de maneira clara, onde termina a discricionariedade dos gestores e onde começa a possibilidade de interferência do controle. Essa lacuna cria um ambiente decisório incerto, que diminui a autonomia dos agentes públicos interessados em inovar.

O caso da parceria entre a Telebras e a empresa norte-americana Viasat, em particular, revela não só que as fronteiras entre discricionariedade e controle são imprecisas, mas também que o TCU não tem hesitado em intervir nos detalhes de cláusulas de contratos públicos.

Esses fatos reforçam a necessidade de o Congresso Nacional definir, em lei, o teste de deferência que deve balizar a relação entre o TCU e os entes sujeitos à sua jurisdição, isto é, definir quando o TCU deve ou não respeitar as escolhas feitas pelos gestores, ainda que estas aparentem ser antieconômicas.

Uma possibilidade seria estipular que o TCU não está autorizado a emitir comandos que tenham por objetivo a prevenção de danos futuros. Num cenário como esse, o TCU não poderia, por exemplo, determinar o fim de certa prática inovadora em licitações ao argumento de que ela supostamente aumentará o risco de corrupção. Ou determinar a alteração do prazo de vigência de um contrato administrativo porque mudanças nas condições de mercado provavelmente o tornarão desvantajoso após alguns anos.

Essa vedação poderia ser flexibilizada em casos específicos, como em processos de desestatização, quando está em jogo um grande volume de recursos públicos, o que tornaria justificável algum tipo de controle prévio por parte do TCU. Essas exceções precisariam constar em lei.

Outra medida oportuna: sempre que inexistir ilegalidade literal,[61] o TCU deve prestar deferência às decisões dos agentes públicos.[62] Caso positivado pelo Congresso Nacional, esse *standard* tornaria a atuação do TCU mais controlável pelo Poder Judiciário e, talvez, mais previsível.

---

[61] MENDONÇA (2012).
[62] Sobre deferência, cf. JORDÃO (2016).

Na ausência de novas diretrizes jurídicas que demarquem com maior precisão os limites do controle do TCU, a tendência é que continuem surgindo, com incômoda frequência, notícias sobre agentes públicos que deixam de tomar decisões por causa do receio de punição.[63]

Referências

ARAGÃO, Alexandre Santos de. *Agências reguladoras e a evolução do direito administrativo econômico*. Rio de Janeiro: Forense, 2002.

BITENCOURT, Rafael. Ancine retoma liberação de recursos para filmes e séries. *Valor Econômico*, 26 jun. 2019. Disponível em: https://valor.globo.com/brasil/noticia/2019/06/26/ancine-retoma-liberacao-de-recursos-para-filmes-e-series.ghtml. Acesso em: 18 dez. 2019.

BORINS, Sandford. *The persistence of innovation in government*. Washington: Brookings Institution Press, 2014.

CAMAROTTO, Murillo. TCU deve aprovar venda de golden share. *Valor Econômico*, São Paulo, 5 jul. 2018. Disponível em: https://valor.globo.com/brasil/coluna/tcu-deve-aprovar-venda-de-golden-share.ghtml. Acesso em: 18 dez. 2019.

CICCONE, Antonio; PAPAIOANNOU, Elias. Red tape and delayed entry. *Journal of The European Economic Association*, [s.l.], v. 5, n. 2-3, p. 444-458, maio. 2007.

COSTA, Diego Vasconcelos; BAUMANN, Marcelo Lindos; SANTOS, Isabel Luiza dos. Afastamento de regras sobre licitação efetiva função social das estatais. *Conjur*, 17 maio 2018. Disponível em: https://www.conjur.com.br/2018-mai-17/opiniao-liberar-estatais-licitacao-efetiva-funcao-social. Acesso em: 18 dez. 2019.

DANTAS, Bruno. O risco de infantilizar a gestão pública. *O Globo*, Rio de Janeiro, 06 jan. 2018. Disponível em: https://oglobo.globo.com/opiniao/o-risco-de-infantilizar-gestao-publica-22258401. Acesso em: 18 dez. 2019.

DE MOT, Jef; FAURE, Michael G. Public authority liability and the chilling effect. *Tort Law Review*, [s.l.], n. 22, p. 120-133, 2014.

DE VRIES, Hanna; BEKKERS, Victor; TUMMERS, Lars. Innovations in the public sector: a systematic review and future research agenda. Ottawa: IRSPM Conference, 2014. p. 146-166.

GABRIEL, Yasser. O controle do TCU sobre agências reguladoras. *JOTA*, São Paulo, 13 dez. 2017. Disponível em: https://www.jota.info/opiniao-e-analise/colunas/controle-publico/controle-do-tcu-sobre-agencias-reguladoras-13122017. Acesso em: 18 dez. 2019.

---

[63] BITENCOURT (2019) e GOÉS e MOREIRA (2019).

GOÉS, Francisco; MOREIRA, Talita. Desempenho do banco, supostamente fraco, provoca descontentamento. *Valor Econômico*, 4 jun. 2019. Disponível em: https://valor.globo.com/brasil/noticia/2019/06/04/desempenho-do-banco-supostamente-fraco-provoca-descontentamento.ghtml. Acesso em: 18 dez. 2019.

GOLDSCHLAG, Nathan; TABARROK, Alex. Is regulation to blame for the decline in american entrepreneurship? *Economic Policy*, [s.l.], v. 33, n. 93, p. 5-44, jan. 2018.

JORDÃO, Eduardo. A relação entre inovação e controle da administração pública. *Revista de Direito Administrativo & Constitucional*, Belo Horizonte, ano 18, n. 72, p. 133-146, abr./jun. 2018.

JORDÃO, Eduardo. Controle judicial de uma administração pública complexa: a experiência estrangeira na adaptação da intensidade do controle. São Paulo: Malheiros, 2016.

JORDÃO, Eduardo; RIBEIRO, Maurício Portugal. O TCU atua como gestor público; tratemo-lo como tal!. *JOTA*, São Paulo, 13 nov. 2018. Disponível em: https://www.jota.info/tributos-e-empresas/regulacao/o-tcu-atua-como-gestor-publico-tratemo-lo-como-tal-13112018. Acesso em: 18 dez. 2019.

KATTEL, Rainer *et al*. Can we measure public sector innovation? A literature review. *LIPSE Working papers*, Tallinn, n. 2, p. 1-45, 2014.

KRAMMER, Sorin M. S. Drivers of national innovation in transition; evidence from a panel of eastern european countries. *Research Policy*, [s.l.]: Elsevier, v. 38, n. 5, p. 845-860, jun. 2009.

LAEGREID, Per; RONESS, Paul G.; VERHOEST, Koen. Explaining the innovative culture and activities of state agencies. *Organization Studies*, [s.l.], v. 32, n. 10, 2011, p. 17.

LEONE, Robert A. The real costs of regulation. *Harvard Business Review*, [s.l.], v. 55, n. 57, p. 461-464, nov./dez. 1977.

LEV ARETZ, Yafit; STRANDBURG, Katherine J. Regulation and innovation: approaching market failure from both sides. *NYU Law and Economics Research Paper*, New York, 4 set. 2019.

LIGHT, Paul. *Sustaining innovation*: creating nonprofit and government. organizations that innovate naturally. San Francisco: Jossey-Bass, 1998.

MANOEL, Ventura; DOCA, Geralda. Excesso de atuação do TCU incomoda governo e mercado. *O Globo*, Rio de Janeiro, 8 abr. 2018. Disponíel em: https://oglobo.globo.com/economia/excesso-de-atuacao-do-tcu-incomoda-governo-mercado-22568677. Acesso em: 18 dez. 2019.

MARADANA, Rana P. *et al*. Does innovation promote economic growth? Evidence from European countries. *Journal of Innovation and Entrepreneurship*, [s.l.], v. 6, n. 1, p. 1-23, jan. 2017.

MENDONÇA, José Vicente Santos de. A propósito do controle feito pelos Tribunais de Contas sobre as agências reguladoras: em busca de alguns standards possíveis.

Revista de Direito Público da Economia, Belo Horizonte, ano 10, n. 38, abr./jun. 2012.

MENDONÇA, José Vicente Santos de. Direito administrativo e inovação: limites e possibilidades. *Revista de Direito Administrativo & Constitucional*, Belo Horizonte, ano 17, n. 69, p. 169-189, jul./set. 2017.

MOHNEN, Pierre; HALL, Bronwyn. Innovation and productivity: an update. *Eurasian Business Review*, [s.l.], v. 3, p. 47-65, 2013.

MORRIS, Diego M. Innovation and productivity among heterogeneous firms. *Research Policy*, [s.l.], v. 47, n. 10, p. 1918-1932, dez. 2018.

OECD. *Fostering innovation in the public sector*. Paris: OECD Publishing, 2017.

OECD. *Innovation in firms: a microeconomic perspective*. [s.l.]: OECD Publishing, 2009. Disponível em: https://www.oecd.org/sti/inno/innovationinfirmsamicroeconomicperspective.htm. Acesso em: 18 dez. 2019.

PEREIRA JUNIOR, Jessé Torres; DOTTI, Marinês Restelatto. A Lei das estatais contribui para simplificar e elevar a segurança jurídica de licitações e contratos? *Revista do Tribunal de Contas da União*, Brasília, n. 141, p. 84-105, jan./abr. 2018.

PEREIRA JUNIOR, Jessé Torres; DOTTI, Marinês Restelatto. Manutenção da frota e fornecimento de combustíveis por rede credenciada, gerida por empresa contratada: prenúncio da "quarteirização" na gestão pública? *Fórum de Contratação e Gestão Pública*, Belo Horizonte, v. 9, n. 102, p. 23-42, 2010.

PEREIRA, Gustavo Leonardo Maia. O TCU e o controle das agências reguladoras de infraestrutura: controlador ou regulador? 2019. Dissertação (Mestrado em Direito) – Fundação Getulio Vargas, Escola de Direito de São Paulo, São Paulo, 2019.

POSNER, Richard. Excessive sanctions for government misconduct in criminal cases. *Washington Law Review*, Washington, v. 635, 1982.

RANGUS, Kaja; SLAVEC, Alenka. The interplay of decentralization, employee involvement and absorptive capacity on firms' innovation and business performance. *Technological Forecasting and Social Change*, [s.l.]: Elsevier, v. 120, p. 195-203, 2017.

RAZ, Joseph. The rule law of and its virtue. *The Law Quarterly Review*, [s.l.], n. 93, p. 195-211, 1977.

ROSILHO, André. Tribunal de Contas da União: competências, jurisdição e instrumentos de controle. São Paulo: Quartier Latin, 2019.

SCHWARTZ, Joanna C. Myths and mechanics of deterrence: the role of lawsuits in law enforcement decisionmaking. *UCLA Law Review*, Los Angeles, v. 57, p. 1023, 2010.

STEWART, Richard B. Regulation, innovation, and administrative law: a conceptual framework. *California Law Review*, Berkeley, v. 69, n. 5, p. 1256-1377, 1981.

SUNDFELD, Carlos Ari; CÂMARA, Jacintho Arruda. Competências de controle dos tribunais de contas – possibilidades e limites. *In*: SUNDFELD, Carlos Ari (org.). *Contratações públicas e seu controle*. São Paulo: Malheiros, 2013.

VERHOEST, Koen; VERSCHUERE, Bram; BOUCKAERT, Geert. Pressure, legitimacy and innovative behavior by public organizations. *Governance*, [s.l.], v. 20, n. 3, p. 469-496, 2007.

VERÍSSIMO, Marcos Paulo. Juízes deferentes? *Revista Brasileira de Estudos Constitucionais*, Belo Horizonte, ano 6, n. 22, abr./jun. 2012.

VERSPAGEN, Bart. Innovation and economic growth. *In*: FAGERBERG, Jan; MOWERY, David C. *The Oxford handbook of innovation*. Oxford: Oxford University Press, 2005.

VIEIRA FILHO, José Eustáquio Ribeiro. A difusão biotecnológica: a adoção dos transgênicos na agricultura. *Texto para Discussão*, Brasília, v. 1937, p. 1-42, 2014.

WALKER, R. M. An empirical evaluation of innovation types and organizational and environmental characteristics: towards a configuration framework. *Journal of Public Administration Research and Theory*, [s.l.]: Oxford University Press, v. 18, n. 4, p. 591-615, 17 out. 2007.

WORLD BANK. *Improving public sector performance through innovation and inter-agency coordination*. New York: World Bank Group, 2018.

WYNEN, Jan *et al*. Innovation-oriented culture in the public sector. Do managerial autonomy and result control lead to innovation? *Public Management Review*, [s.l.], v. 16, n. 1, p. 45-66, 2014.

Capítulo 13
Acordos de Leniência na Jurisdição do Tribunal de Contas da União

Yasser Gabriel

Introdução

O sucesso de um acordo de leniência depende de muitos fatores. Um deles é conseguir dar eficácia aos termos pactuados num cenário em que diversas autoridades públicas detêm competência para aplicar sanções por conta da ilicitude originária do acordo, e as quais não se comprometeram a abrir mão dessa competência.[1] O Tribunal de Contas da União (TCU) é uma dessas autoridades.[2] Na análise da licitude das contratações públicas,

---

[1] A característica é um dos "impasses" atuais do sistema de controle da administração pública, conforme dizem Floriano de Azevedo Marques Neto e Juliana Bonacorsi de Palma: "Uma das características do sistema de controle da Administração Pública é exatamente a sobreposição das instituições de controle. Diversos são os contornos da gestão pública que podem ser controlados, concomitantemente, por mais de dois controladores. O controle das contratações públicas, por exemplo, é realizado a um só tempo pela CGU, pelo MP e, principalmente, pelo TCU. O Judiciário também pode entrar em cena se algum interessado levar à contratação pública (licitação ou contrato) à apreciação do Poder Judiciário" (MARQUES NETO e PALMA, 2017, p. 33).

[2] Egon Bockmann Moreira é crítico quanto à atuação que o TCU pode ter na celebração dos acordos de leniência: "Como se pode constatar, existem fronteiras rígidas à intervenção dos Tribunais de Contas nos acordos de leniência. Não se está diante de contratos ou pactos que se submetam naturalmente à sua "fiscalização contábil, financeira, orçamentária, operacional e patrimonial" – como se houvesse várias rodadas de negociações precárias. Ou como se a Lei 12.846/2013 nada valesse. Quem detém competência privativa para sentar-se

a lei confere ao TCU poderes punitivos sobre contratados que causaram dano à administração pública, podendo o Tribunal lhes aplicar multas e declarar seu impedimento para participar de novas contratações.[3]

Para o acordo de leniência, a aplicação dessas sanções pelo TCU pode ser problemática, visto que um dos principais pontos negociados no acordo é justamente que a empresa possa continuar contratando com a administração, bem como que a multa não seja tão pesada a ponto de impedir sua sobrevivência. Como o TCU não é parte no acordo, ele possui autonomia para sancionar, independentemente do que foi negociado. Contudo, para que o acordo de leniência alcance sua finalidade, é necessário algum comprometimento do Tribunal, pois suas decisões podem impactar na efetividade dos termos acordados.

O TCU não tem ignorado essa questão. Em 2018, por exemplo, o Tribunal editou a Instrução Normativa (IN) n. 83, disciplinando seu envolvimento na celebração de acordo de leniência. A norma veio em substituição à IN n. 74/2015, a qual condicionava a eficácia do acordo de leniência a um pronunciamento prévio do TCU, em todas as etapas do processo de celebração, quanto à legalidade, legitimidade e economicidade das condições acordadas.[4] Também frisava que o acordo não afastaria as competências do Tribunal, inclusive para aplicar sanção à empresa signatária.[5] O condicionamento da celebração do acordo de leniência à concordância prévia do TCU chegou a gerar alguma tensão entre o Tribunal, a Controladoria Geral da União (CGU) e a Advocacia Geral da União (AGU), as duas instituições competentes para representar a União em acordos dessa natureza.[6]

à mesa e celebrar acordos de leniência são as autoridades previstas em lei. O conteúdo do acordo integra o núcleo, duro e indevassável, da competência discricionária desses órgãos públicos. Caso haja ilícitos – antes, durante ou depois – dos acordos, merecem ser reprimidos com firmeza. Mas isso não importa dizer que a validade e eficácia dos acordos de leniência dependam do aval das Cortes de Contas" (MOREIRA, 2018).

[3] Lei n. 8.443/1992, arts. 58 e 46.
[4] Instrução Normativa TCU n. 74/2015, arts. 1º e 3º.
[5] Instrução Normativa TCU n. 74/2015, art. 6º.
[6] É o que se extrai do Aviso Interministerial n. 22, de julho de 2018, assinado conjuntamente pelo então Ministro da Controladoria Geral da União (CGU) e pela Advogada Geral da União e endereçado à presidência do TCU. O Aviso relatou dificuldades de interação entre membros da CGU e AGU com auditores do TCU: "[...] a equipe técnica desse

A IN n. 83 parece, em alguma medida, ter incorporado um senso de colaboração maior. Ela diz que o Tribunal poderá solicitar informações e documentos relativos às fases da celebração do acordo de leniência e que sua fiscalização sobre o acordo levará em conta critérios de risco, materialidade e relevância.[7] Ainda que seja prevista possibilidade de avaliação, pelo TCU, das condições pactuadas, a novidade é que não houve mais exigência de sua chancela prévia como condição de eficácia do acordo. Isso talvez signifique uma sensibilização do Tribunal quanto à necessidade de ter postura mais cooperativa com as demais instâncias controladoras. Tal conjectura, entretanto, somente poder ser avaliada a partir da atuação concreta do TCU.

Durante os anos de 2018 e 2019, o Observatório do TCU pôde mapear e analisar seis acórdãos do Tribunal que trazem entendimentos sobre como a celebração do acordo de leniência impacta na jurisdição de contas. O presente capítulo sistematiza cronologicamente esses acórdãos e seus respectivos entendimentos para, em seguida, avaliar se, na prática, a postura do TCU favorece mais ou menos o uso do acordo de leniência como instrumento de investigação e obtenção de provas.[8]

1. Acórdão n. 874/2018

O Acórdão n. 874, de relatoria do Ministro Bruno Dantas, tratava de contrato de obras civis da usina termonuclear de Angra 3. Com base na peça, teria sido constatado sobrepreço e superfaturamento nas obras,

---

Colegiado tem realizado reuniões com as comissões de negociação [composta por membros da CGU e da AGU] [...] nas quais os auditores dessa Corte de Contas registram a necessidade de apresentação dos CPFs dos participantes para fins de responsabilização eventual, inquirindo os integrantes da comissão a respeito de cada cláusula e registrando resposta em ata. Tal postura tem gerado desnecessária situação de desconforto, quando é certa a ausência de competência dessa Corte de Contas para aferir a conduta de tais membros no âmbito dos acordos de leniência". Esse Aviso sustentou, ainda, que cláusulas dos acordos não dizem respeito à aplicação de recursos públicos, de modo que "não se enquadram na perspectiva fiscalizatória de natureza contábil, financeira ou orçamentária", que deve pautar a atuação do TCU.

[7] Instrução Normativa TCU n. 83/2018, art. 2º, *caput*, e art. 3º.
[8] Ressalto que alguns dos acórdãos trabalhados não dizem respeito apenas a acordos de leniência, mas também à delação premiada.

gestão fraudulenta do contrato e gestão temerária do empreendimento. A tríade ensejaria a penalização da empresa contratada.

Com relação ao mesmo contrato, a empresa havia celebrado acordo de leniência com o Ministério Público Federal (MPF) e também iniciou tratativas para viabilizar acordo junto à CGU. O fato foi levado ao TCU pela empresa como justificativa para não fornecer ao Tribunal informações abarcadas pelo sigilo dos acordos e de suas negociações, bem como para evitar aplicação de sanções.

Na análise do caso, o Tribunal emitiu alguns entendimentos a respeito do impacto do instrumento de colaboração sobre suas decisões.

1.1. Entendimento por Parte do TCU #1 – a Celebração do Acordo de Leniência Pode Confirmar Práticas Ilícitas Investigadas pelo Tribunal de Contas da União

> 240. Cumpre observar, de plano, que o fato de a Construtora Andrade Gutierrez ter declarado que (i) está em conversas visando Acordo de Leniência junto com a CGU, que (ii) tenha firmado acordo de leniência com o MPF e que (iii) seus ex-executivos tenham firmados acordos de colaboração premiada com a Justiça, **só confirma as práticas das condutas ilícitas efetuadas pela Construtora e por seus ex-dirigentes contra a Administração Pública**.[9] (grifo nosso)

O entendimento da unidade técnica do Tribunal, incorporado ao voto do relator, foi utilizado pelo TCU como reforço à conclusão pela irregularidade da conduta da empresa. Embora possa soar óbvio que empresa que recorre à leniência participou de ilícito – sendo essa confissão, inclusive, requisito de celebração do instrumento[10] – parece contraditório que um acordo cuja finalidade é atenuar sanção possa ser utilizado como fundamento de decisão que potencialmente enseje punição.

Especialmente do ponto de vista da coordenação na atuação de controladores, o entendimento pode ser problemático. O acordo de leniência utiliza sistema de incentivo, por meio do qual a colaboração da empresa vem em troca de amenização da sanção, sobretudo para que a empresa

---

[9] Acórdão n. 874/2018, p. 30.
[10] Lei n. 12.846/2013, art. 16, III.

continue apta a contratar com a administração. Se outra esfera controladora utiliza o acordo como elemento para confirmar culpa e sancionar, perde-se essa lógica do incentivo.

1.2. Entendimento por Parte do TCU #2 – o Acordo de Leniência Não Compromete a Autonomia Decisória do TCU, mas a Colaboração do Investigado na Apuração do Ilícito Pode Justificar a Abstenção do Tribunal de lhe Aplicar Sanção ou Medida Constritiva de Bens

> 92. É importante notar que, tão bem caracterizada a fraude à licitação, em situação de tamanha gravidade, o caminho natural daquele processo seria a declaração de inidoneidade das empresas, conforme determina o art. 46 da Lei 8.443/1992. Em atenção a pedido formulado pela Força Tarefa da Operação Lava Jato e no intuito de alavancar as investigações, **este Tribunal vislumbrou a possibilidade de conceder sanções premiais àquelas responsáveis que se dispusessem a, consensualmente, colaborar com as apurações em curso, em especial no que se refere ao cálculo dos valores desviados. Observo que não haveria qualquer vinculação ao Tribunal ou às empresas quanto a essa liberalidade, visto que os acordos firmados pelo Ministério Público Federal (MPF) não pretendiam – nem poderiam – afastar a atuação desta Corte.** A meu ver seria no mínimo descabida qualquer expectativa nesse sentido por qualquer das partes.[11] (grifo nosso)

Não sendo parte no acordo de leniência, o TCU afirmou estarem preservados seus poderes de investigar e sancionar, independentemente do que tenha sido transacionado no instrumento. Contudo, mostrou disposição em relativizar a aplicação de sanções caso a empresa colaborasse com sua investigação, especialmente na apuração dos valores desviados. Da decisão, entende-se que a colaboração pode ocorrer de dois modos: *direto* – a empresa dá ao TCU informações úteis – e *indireto* – o TCU utiliza informações obtidas no instrumento de colaboração para tomar decisão.[12]

---

[11] Acórdão n. 874/2018, p. 94.
[12] A possibilidade de a colaboração indireta levar à relativização da sanção é conclusão tirada de remissão que o ministro relator fez sobre decisão anterior do Tribunal: "2. A propósito,

Não obstante, o Acórdão n. 874/2018 resultou na decretação da indisponibilidade de bens da empresa com base na alegação de que ela não estaria colaborando com as apurações do Tribunal (a empresa deixou de apresentar informações ao TCU sob a alegação de que elas seriam objeto de acordo de leniência e, portanto, sigilosas). O Tribunal ainda frisou que um mandado de segurança impetrado pela empresa contra a decisão do TCU reforçaria sua conduta não colaborativa.[13,14]

é esclarecedora a declaração de voto apresentada pelo Ministro Benjamin Zymler naquela ocasião; [...] 3. Em regra, entendo que a assinatura de tais instrumentos pode ser levada em conta para fins de não concessão de medida cautelar de indisponibilidade de bens do colaborador, caso os elementos trazidos em função desses acordos sejam úteis à instrução processual deste Tribunal. [...] 4. No presente caso, verifico que a apuração dos fatos e da culpabilidade dos responsáveis arrolados nas tomadas de contas especiais se baseia em elementos de prova produzidos pelo próprio Tribunal, após detalhada instrução processual iniciada em 2013, por força de representação do Ministério Público junto ao TCU" (Acórdão n. 874/2018, p. 95).

[13] Refere-se ao Mandado de Segurança n. 35.435-MC/DF, em que decisão monocrática do Ministro Gilmar Mendes impediu que o TCU declarasse a empresa impedida de contratar com a administração no âmbito do Processo n. TC 016.991/2015-0, referente aos contratos de eletromecânica de Angra 3.

[14] Vale anotar que houve voto divergente, do Ministro Revisor André Luis de Carvalho, no qual defendeu a não aplicação da medida constritiva de bens à empresa: "(e) o próprio TCU ainda não teria definido o procedimento para a aludida colaboração e, também por isso, não se confirmaria a suposta conduta não colaboradora com o TCU, tendo no presente momento o Ministro-Substituto Augusto Sherman anotado, inclusive, que ele pretende apresentar, na próxima semana, alguma proposta de procedimento provisório tendente a regular a eventual colaboração das empresas lenientes no âmbito deste Tribunal; e (f) a própria unidade técnica teria reconhecido que, até o presente momento, não teria formulado nenhum pedido específico de colaboração à aludida empresa, não se mostrando razoável considerá-la, assim, como não colaboradora com o TCU. [...] Enfim, a atuação do TCU deve prestigiar os acordos celebrados pelo MPF, não apenas em respeito ao princípio da unidade estatal, já que o Estado é uno e indivisível, mas também em homenagem aos princípios administrativos da legítima confiança e da eficiência, já que uma eventual interferência desfavorável do TCU pode prejudicar a celebração de novos acordos de colaboração com o MPF, obstando indevidamente a continuidade da necessária elucidação de todos (frise-se: todos) os responsáveis pelos absurdos ilícitos perpetrados contra a administração pública, aí incluídos todos os agentes políticos organizadores desse nefasto esquema de corrupção no País" (Acórdão n. 874/2018, p. 100-101).

1.3. Entendimento por Parte do TCU #3 – São Necessários Parâmetros Objetivos Prevendo como o Acordo de Leniência Pode Ser Considerado nas Investigações do Tribunal de Contas da União, Inclusive quanto à Aplicação de Sanções

ACORDAM os Ministros do Tribunal de Contas da União, reunidos em sessão do Plenário, ante as razões expostas pelo Relator, em:

9.10. recomendar ao comitê, criado consoante Comunicação da Presidência de 12/7/2017, com o objetivo de viabilizar os acordos de leniência firmados no âmbito da União, que avalie a conveniência de **elaborar uma norma interna específica para potencializar as formas de cooperação dos jurisdicionados para o deslinde efetivo e tempestivo dos processos relevantes em curso no Tribunal de Contas, estabelecendo normas e critérios minimamente objetivos, inclusive quanto às possíveis sanções premiais, conjugando, sobretudo, a segurança jurídica e o interesse público**; [...]. (grifo nosso)

A já referida IN n. 74/2015 nada dizia sobre como as decisões do próprio Tribunal deveriam considerar o pactuado em acordo de leniência, nem mesmo no que diz respeito às sanções.

O fato pareceu gerar insegurança jurídica para controlado e controlador: por um lado, a empresa não sabia se os efeitos práticos de seu acordo seriam alcançados em vista da possibilidade de sanção pelo TCU; por outro, o próprio TCU demonstrou incômodo quanto à inexistência de qualquer critério objetivo para que pudesse considerar na hora de tomar a decisão.

2. Acórdão n. 1.214/2018

O Acórdão n. 1.214, de relatoria do Ministro Benjamin Zymler, trata de representação para apurar a participação de uma empresa em supostas fraudes nas licitações da Petrobras para implantação da Refinaria Abreu e Lima.

Considerando os indícios de irregularidades praticadas, a unidade técnica do Tribunal recomendou que a empresa fosse declarada inidônea, ficando impedida para contratar com a administração por um ano. Já o Ministério Público de Contas (MPTCU) propôs a aplicação da mesma penalidade, mas pelo prazo de um ano e oito meses. Os ministros, entretanto, decidiram não aplicar qualquer sanção à empresa. Motivo:

a celebração de acordo de leniência com o Conselho Administrativo de Defesa Econômica (Cade) e o Ministério Público Federal (MPF). Fundamentos: a "ideia de coerência e unidade do Estado" e "a utilidade e a eficácia das informações e provas" produzidas pela empresa no âmbito dos acordos.[15]

O caso foi importante para o TCU amadurecer seu posicionamento a respeito de como acordos de leniência impactam suas decisões. O relator, em seu voto, destaca que "a matéria em discussão suscita ampla reflexão por envolver não apenas o exame de circunstâncias fáticas do caso concreto, como a questão da repercussão dos acordos de leniência e de colaboração premiada firmados em outras instâncias sobre a jurisdição de contas".[16]

A argumentação do TCU concentra-se em três temas principais: i) valor das provas e informações contidas nos acordos de leniência para a investigação do TCU; ii) critérios de dosimetria de pena; iii) harmonização do sistema de controle da administração pública.

Os entendimentos descritos a seguir podem ser extraídos do acórdão.

2.1. Entendimento por Parte do TCU #4 – Provas Produzidas no Âmbito de Acordo de Leniência, Úteis a Investigações do Tribunal de Contas da União, Podem Justificar a Não Aplicação de Sanção

Em diversos trechos do acórdão, foi enfatizado que, no caso, provas e informações obtidas nos acordos de leniência foram essenciais para que o TCU pudesse realizar suas investigações. Não fossem elas, as outras provas produzidas seriam insuficientes para que se chegasse a conclusões definitivas a respeito dos ilícitos.[17] O fato teria criado restrição para o Tribunal utilizar o material em prejuízo da empresa. Afinal, "de

---

[15] Acórdão n. 1.214/2018, p. 84.
[16] Acórdão n. 1.214/2018, p. 49.
[17] "[...] observo que a imputação promovida no presente feito utilizou, principalmente, provas e informações trazidas pela própria empresa e seus executivos, no bojo e em decorrências de acordos de leniência e de colaboração premiada celebrados com o Ministério Público Federal e com o Cade. Embora haja outros elementos de prova sobre o cartel, anteriores aos acordos de cooperação da empresa SOG – Óleo e Gás S.A., [...] tais elementos foram robustecidos pelas provas de corroboração e pelas informações detalhadas fornecidas pela empresa e seus executivos a respeito do funcionamento do cartel" (Acórdão n. 1.214/2018, p. 51).

nada adiantaria alguém procurar um órgão de Estado, entregar provas e informações, obter um benefício, se aqueles elementos pudessem ser livremente usados por outra instância para sancionar o próprio colaborador. Portanto, cabe proteger a legítima expectativa do colaborador de não ser prejudicado pelas provas que ele mesmo produziu".[18]

Mas não sendo o TCU parte dos acordos celebrados, não havia previsão de qualquer tipo de imunidade no âmbito da jurisdição de contas. Passou-se, então, a avaliar os critérios de dosimetria da pena que seriam aplicáveis ao Tribunal.

2.2. Entendimento por Parte do TCU #5 – Sanções Aplicadas pelo Tribunal de Contas da União Têm Dosimetria Aberta, Podendo o Tribunal Avaliar a Melhor Forma de Considerar o Acordo de Leniência na Dosagem da Pena

As sanções de direito administrativo, na visão da Corte, estão sujeitas a tipicidade mais aberta em comparação ao direito penal, não existindo norma que estabeleça critérios objetivos para a fixação da pena. A lei, portanto, teria dado ao Tribunal discricionariedade sobre o modo de aplicar sanção.[19]

A SeinfraOperações havia sugerido que os acordos de leniência celebrados com Cade e MPF fossem considerados para redução da sanção de declaração de inidoneidade em 2/3, por aplicação analógica do art. 16, § 2º, da Lei n. 12.846/2013 (Lei Anticorrupção).[20] O MPTCU concordou com a sugestão e apresentou modelo de dosimetria da pena inspirado, em alguma medida, na legislação penal.

---

[18] Acórdão n. 1.214/2018, p. 52.
[19] "[...] as sanções no Direito Administrativo estão sujeitas a uma tipicidade mais aberta, tanto com relação à descrição das condutas consideradas como ilícitas como, principalmente, no que se refere ao quantum das penas. Não existe norma que estabeleça, de modo objetivo, que aspectos devem ser considerados para a fixação da pena" (Acórdão n. 1.214/2018, p. 56).
[20] Lei n. 12.846/2013: "Art. 16. A autoridade máxima de cada órgão ou entidade pública poderá celebrar acordo de leniência com as pessoas jurídicas responsáveis pela prática dos atos previstos nesta Lei que colaborem efetivamente com as investigações e o processo administrativo, sendo que dessa colaboração resulte: [...] § 2º A celebração do acordo de leniência isentará a pessoa jurídica das sanções previstas no inciso II do art. 6º e no inciso IV do art. 19 e reduzirá em até 2/3 (dois terços) o valor da multa aplicável".

Mas o TCU rechaçou o modelo, argumentando que ele "não se aplica ao julgador de contas por ausência de previsão legal".[21] Segundo o relator, não haveria razão para limitar a redução da pena ao percentual sugerido. Alegou que, na ausência de norma específica, o dispositivo indicado pela SeinfraOperações não seria o mais adequado para suprir a lacuna, pois trataria de redução da sanção de multa. Como a penalidade cuja aplicação estava sendo avaliada era a declaração de inidoneidade, o relator entendeu ser mais correta a analogia com o art. 17 da mesma lei, que isenta a aplicação de tal proibição para empresas que celebraram acordo de leniência.[22]

Outros dois fundamentos utilizados para eximir a empresa da sanção advêm da aplicação analógica do Direito Penal, especialmente o art. 4º da Lei n. 12.850/2013 (Lei das Organizações Criminosas), que faculta ao juiz conceder perdão judicial,[23] e o princípio da proporcionalidade na aplicação de penas, disciplinado pelos arts. 59 a 76 do Código Penal. A fundamentação foi acompanhada da seguinte justificativa:

> Tendo em vista as características comuns das sanções administrativas e penais, igualmente destinadas a servir como instrumento de prevenção geral e de retribuição por um mal infringido a um bem jurídico, a doutrina costuma transplantar determinados princípios do Direito Penal para o Direito Administrativo Sancionador.[24]

O último fundamento é o art. 4º, § 1º, da Lei das Organizações Criminosas, segundo o qual a concessão de benefício na pena "levará em conta a personalidade do colaborador, a natureza, as circunstâncias,

---

[21] Acórdão n. 1.214/2018, p. 55.
[22] Lei n. 12.846/2013: "Art. 17. A administração pública poderá também celebrar acordo de leniência com a pessoa jurídica responsável pela prática de ilícitos previstos na Lei nº 8.666, de 21 de junho de 1993, com vistas à isenção ou atenuação das sanções administrativas estabelecidas em seus arts. 86 a 88".
[23] Lei n. 12.850/2013: "Art. 4º. O juiz poderá, a requerimento das partes, conceder o perdão judicial, reduzir em até 2/3 (dois terços) a pena privativa de liberdade ou substituí-la por restritiva de direitos daquele que tenha colaborado efetiva e voluntariamente com a investigação e com o processo criminal, desde que dessa colaboração advenha um ou mais dos seguintes resultados: [...]".
[24] Acórdão n. 1.214/2018, p. 56.

a gravidade e a repercussão social do fato criminoso e a eficácia da colaboração".[25]

Aqui, dois pontos merecem destaque. Primeiro, a ausência de parâmetros para dosagem da pena. O argumento de que a lei pretendeu dar mais discricionariedade ao TCU para aplicar sanções pode ser perigoso, pois deixa a construção da metodologia de dosimetria ao "caso a caso". Segundo, há um uso peculiar da legislação penal, revelando postura contraditória por parte do TCU: ao mesmo tempo em que rejeitou o modelo de dosimetria proposto pelo MPTCU por ausência de previsão legal que o submetesse a normas penais, o Tribunal recorreu à Lei das Organizações Criminosas e à disciplina da proporcionalidade da pena no Código Penal para fundamentar a possibilidade de não sancionar.

2.3. Entendimento por Parte do TCU #6 – É Preciso Haver Harmonização Entre os Atores que Compõem o "Microssistema de Proteção da Administração Contra a Prática de Atos Ilícitos"

O Tribunal sustentou que é preciso garantir coerência ao sistema de controle da administração pública, o que inclui harmonizar a atuação dos vários atores que dele fazem parte.

Enfatizou que "ninguém pode dar o que não possui", de modo que os acordos não podem negociar benefícios fora das competências daqueles que os assinam. No entanto, disse ser necessário valorizar a utilidade da cooperação advinda desses acordos – tanto para as investigações dos órgãos que os celebram, quanto para auxiliar as investigações do próprio TCU. Seria preciso reconhecer a existência de um "microssistema de proteção da administração contra a prática de atos ilícitos", que exige atuação harmônica daqueles que o compõem.[26] O fato deveria sempre se refletir na dosagem da pena, caso se esteja apurando os mesmos fatos abrangidos pelos acordos.

Essa necessidade de harmonização, segundo o TCU, teria ainda mais força quando o Tribunal utilizasse as informações produzidas nos acordos de leniência em suas próprias investigações. Nesses casos, haveria um dever de boa-fé, decorrente dos arts. 5º e 6º do Código de Processo

---

[25] Acórdão n. 1.214/2018, p. 57.
[26] Acórdão n. 1.214/2018, p. 59.

Civil,[27] que se aplicam ao TCU por força do art. 298 de seu Regimento Interno.[28]

Com essa análise, o TCU estabeleceu que, no âmbito dos acordos de leniência, os seguintes comportamentos podem ser avaliados para fins de dosimetria da pena: i) confissão espontânea; ii) apresentação de documentos que permitem identificar irregularidades conexas e outros responsáveis; iii) pagamento de danos causados pelas irregularidades.[29]

Foi o primeiro acórdão contendo diretrizes mais claras e fundamentos normativos sobre como o Tribunal deve lidar com acordos de leniência para fins de aplicação de sanção. Também foi a primeira vez que o Tribunal se mostrou mais preocupado com a necessidade de articulação entre órgãos de controle.

3. Acórdão n. 1.744/2018

O Acórdão n. 1.744, de relatoria do Ministro Benjamin Zymler, analisou a conduta de uma empresa em licitações da Petrobras para construção da Refinara Abreu e Lima. A peça resultou na declaração de inidoneidade da empresa, impedindo-a de participar, pelo prazo de cinco anos, de licitações da União e de outros certames com objeto custeado com recursos federais.[30]

A empresa pediu a suspensão do julgamento do caso fundamentada no fato de, paralelamente ao processo do TCU, estar negociando junto ao MPF, à CGU e ao Cade a celebração de acordo de leniência, o que poderia impactar na decisão do Tribunal. Por conta disso, pediu ao TCU que sobrestasse o julgamento até a conclusão das negociações, ao menos no âmbito da CGU.

Originalmente, o processo estava pautado para ser julgado no dia 7 de fevereiro de 2018. Atendendo ao pedido da empresa, foi retirado de pauta. Nos meses que se seguiram, a empresa informou ao Tribunal que

---

[27] Código de Processo Civil: "Art. 5º Aquele que de qualquer forma participa do processo deve comportar-se de acordo com a boa-fé. Art. 6º Todos os sujeitos do processo devem cooperar entre si para que se obtenha, em tempo razoável, decisão de mérito justa e efetiva".
[28] Regimento Interno TCU: "Art. 298. Aplicam-se subsidiariamente no Tribunal as disposições das normas processuais em vigor, no que couber e desde que compatíveis com a Lei Orgânica".
[29] Acórdão n. 1.214/2018, p. 61.
[30] Acórdão n. 1.744/2018, p. 98.

continuava em negociações com a CGU, mas um arranjo final ainda não havia sido formalizado.[31] O caso voltou à pauta de julgamento em 4 de julho de 2018, ocasião em que se requereu novamente o sobrestamento do julgamento pelo mesmo motivo. Em 1º de agosto de 2018, sem que houvesse sido celebrado acordo de leniência, houve o julgamento.

A conclusão pela impertinência da interrupção do julgamento do TCU até que as tratativas com a CGU fossem finalizadas baseou-se em quatro fundamentos. Um deles se trata de entendimento construído em casos anteriores: *a atividade sancionatória do TCU não está vinculada ao conteúdo de acordos de colaboração. Porém, caso no âmbito do acordo sejam produzidas provas que ajudem nas investigações do Tribunal, ele poderá ter efeitos na dosimetria da pena.*[32]

A novidade, no entanto, veio nos outros três entendimentos, conjuntamente analisados a seguir.

3.1. Entendimento por Parte do TCU #7 – para Justificar Sobrestamento de Processo no Tribunal de Contas da União, a Empresa em Vias de Celebrar Acordo de Leniência Deve Apresentar Proposta de Reconhecimento de Ilícitos e de Recolhimento de Débitos

> 81. Em atenção a tais solicitações, observo que **os pedidos não reconheceram expressamente nenhum ilícito nem se propuseram a efetuar o correspondente ressarcimento ao erário**. A alegada intenção de colaborar com esta Corte de Contas não elencou nenhum documento a ser apresentado,

---

[31] "Em nova manifestação, datada de 16/4/2018, a empresa noticiou que aguardava para as próximas semanas pronunciamento da CGU acerca da viabilidade da celebração de novo memorando de entendimentos, o que iniciaria formalmente a celebração de um acordo de leniência amparado na Lei 12.846/2013. No dia 28/5/2018, nova petição informou que a CGU ainda não teria finalizado a análise da viabilidade de celebração de novo memorando de entendimentos e que a 'OAS permanece em constante contato e colaborando com a CGU para possibilitar que o acordo de leniência seja firmado." (Acórdão n. 1.744/2018, p. 95).

[32] Ao utilizar esse fundamento, o voto faz referência ao Acórdão n. 1.221/2018: "Consoante exposto no voto condutor do Acórdão n. 1.221/2018-Plenário, em resposta a pedido semelhante, a eventual colaboração da empresa pode ser considerada para a dosimetria das sanções pelo TCU. Todavia, não impede a continuidade do presente processo tampouco o exercício das competências constitucionais deste Tribunal. Dessa forma, deve ser indeferido o pedido de sobrestamento deste processo" (Acórdão n. 1.744/2018, p. 95).

tampouco se propôs a restituir alguma quantia ao erário e, com as vênias de estilo, não informou que fatos poderia ajudar a esclarecer.[33]

86. **Mais do que oferecer uma mera intenção de "colaboração"** *in abstrato*, **seriam desejáveis eventuais propostas reconhecendo ilícitos ou para o recolhimento de débitos segundo a sua capacidade de pagamento (*ability to pay*)**.[34] (grifo nosso)

3.2. Entendimento por Parte do TCU #8 – Sanções Premiais, Decorrentes de Informações Trazidas em Acordo de Leniência, que Ajudem nas Investigações do Tribunal, Podem Ser Concedidas em Grau de Recurso

84. Por ser tardia, a eventual colaboração da responsável arcará com o ônus decorrente. Isso não significa que esta não possa ser beneficiada por uma futura postura colaborativa, a qual poderá resultar em **sanções premiais no âmbito dos processos em que colabora e, em grau de recurso**, a possibilidade de o TCU avaliar a boa-fé processual e contribuição prestada pela OAS, reduzindo a penalidade que lhe está sendo aplicada. Faço uma analogia com o art. 4º, § 5º, da Lei n. 12.850/2013, que prevê que a colaboração premiada no âmbito do processo penal pode ocorrer após a sentença.[35]

87. **Eventual colaboração poderia ser considerada inclusive em grau recursal**, quando da apreciação de pedido de reexame contra a presente deliberação, enfatizando que os artigos 285 e 286 do Regimento Interno do TCU preveem prazo de até 180 dias para interposição de recurso em razão da superveniência de fatos novos, demonstrando que a empresa dispõe de período suficiente elástico para concluir eventual processo de negociação de acordo de leniência.[36] (grifo nosso)

---

[33] Acórdão n. 1.744/2018, p. 95.
[34] Acórdão n. 1.744/2018, p. 96.
[35] Acórdão n. 1.744/2018, p. 96.
[36] Acórdão n. 1.744/2018, p. 96.

3.3. Entendimento por Parte do TCU #9 – Sobrestar o Julgamento do Tribunal de Contas da União Implicaria em Benefício Indevido a Colaboradores Tardios

> 83. Dar tratamento diferenciado à Construtora OAS S.A., que estaria supostamente na condição de colaboradora tardia, paralisando o presente processo, significaria tratar de forma diferenciada colaboradores que foram eficazes no início dos processos e trouxerem benefícios e elementos comprobatórios a outras jurisdições, inclusive a de contas.[37]

> 85. Aguardar indefinidamente a possibilidade de avaliar a eficácia de suposta colaboração da OAS **significaria um benefício extraordinário para uma parte que, até o presente momento, em absolutamente nada contribuiu para a jurisdição de contas.**[38] (grifo nosso)

Quanto ao entendimento #7, parece que o Tribunal esperava que o pedido de sobrestamento acompanhasse declaração de culpabilidade ou proposta de ressarcimento do dano ao erário. A expectativa, no entanto, soa incoerente com a ideia de negociação incutida nos acordos de leniência. É que, se o acordo de leniência é instrumento jurídico para se confessar ilícito e produzir provas em troca de algum benefício na pena, parece não fazer sentido que, sem assinatura do acordo, a empresa reconhecesse prática criminosa. Caso assim fosse, perderia parte de seu poder de barganha com a CGU, uma vez que uma confissão – ou algo parecido – já teria ocorrido.

Já os entendimentos #8 e #9 parecem fazer mais sentido. Se o acordo de leniência celebrado após a condenação da empresa contribuir para as investigações, parece razoável que a sanção premial possa ser aplicada em grau de recurso. Afinal, a utilidade das informações e provas subsiste. Do mesmo modo, quem demorou a colaborar com investigações não deve, de fato, utilizar esse atraso em benefício próprio, postergando eventual condenação que teria no âmbito do TCU.

Entretanto, cabe ressalvar que a demora na celebração do acordo não decorre necessariamente da conduta da empresa. Outros fatores podem

---

[37] Acórdão n. 1.744/2018, p. 96.
[38] Acórdão n. 1.744/2018, p. 96.

concorrer para o atraso das negociações. Daí que, se manter a equidade entre empresas em situação semelhante for de fato uma preocupação do Tribunal, é necessário investigar as verdadeiras causas do atraso. Demora decorrente da complexidade das informações do caso parece ser diferente de uma protelação intencional.

O caso, além de colaborar para a construção do posicionamento do TCU sobre como acordos de leniência impactam em sua jurisdição, ainda enseja a seguinte reflexão: a demora na negociação dos acordos deveria impedir que outros órgãos exercessem regularmente suas respectivas competências controladoras?

Obviamente o controlador que nesse cenário ficaria tolhido dirá que sua autonomia deve ser preservada face aos demais controladores – como fez o TCU. E há, sim, um problema relevante ao se condicionar a atuação de um agente à de outro: qualquer ineficiência, atraso ou mesmo a natural demora que casos complexos impõem contaminará sua atuação.

Por outro lado, parece que, do ponto de vista lógico, não faz sentido que um caso que pode ser impactado por informações que estão sendo produzidas em investigação em curso seja resolvido abrindo mão de avaliá-las, sobretudo considerando o histórico de casos semelhantes, em que empresas que são partes em acordos de leniência apresentaram informações relevantes e obtiveram benefícios em função delas. Além do mais, é curioso que parte da convicção formada no caso, que respaldou a condenação da empresa, utilizou elementos produzidos em delações premiadas, o que parece provar a relevância dos acordos para a atividade investigativa do Tribunal.[39]

4. Acórdãos n. 2.396 e n. 2.446/2018

Os Acórdãos n. 2.396 e n. 2.446, de relatoria do Ministro Benjamin Zymler, trataram da participação de empresa em supostas fraudes em contratos de obras da Refinaria Abreu e Lima. Além disso, eles agregam ao perfil dos acordos de leniência, à luz da jurisdição de contas sob dois enfoques: i) *como o TCU pode utilizar provas produzidas em acordos de colaboração para*

---

[39] Segundo consta no voto, para confirmar a ocorrência de conduta ilícita, foram utilizados, entre outros, "documentos apreendidos, termos de colaboração e declarações de executivos de empreiteiras, de operador financeiro e de dirigentes da Petrobras" (Acórdão n. 1.744/2018, p. 80).

suas investigações (Acórdão n. 2.396/2018); ii) *como a assinatura de acordos de leniência afeta o poder sancionatório do TCU* (Acórdão n. 2.446/2018). Deles é possível extrair os entendimentos descritos a seguir.

4.1. Entendimento por Parte do TCU #10 – Conforme Decisão Judicial, o Tribunal de Contas da União Não Pode Utilizar Provas Produzidas em Acordo de Leniência para Aplicar Sanção ao Colaborador ou Declarar seus Bens Indisponíveis

No tema do empréstimo de prova produzida em acordo de leniência, a atuação do Tribunal foi balizada por decisão judicial, a qual estipulou que o empréstimo de provas não poderia implicar na imposição de sanções a colaboradores, por parte do TCU e de outros controladores.

Destaca-se que atos relevantes precederam o acórdão. O TCU, em 6 de junho de 2018, recebeu do MPF, no Paraná, o Ofício n. 5.140/2018. O assunto era a possibilidade de empréstimo de provas produzidas no âmbito de acordos de leniência celebrados na Operação Lava jato. O documento informava o TCU acerca de decisão da 13ª Vara Federal de Curitiba, assinada pelo então juiz Sérgio Moro, em 2 de abril de 2018. A decisão, respondendo ao requerimento formulado pelo MPF, era a seguinte:

> [...] A inaplicabilidade de sanções diretas ou indiretas aos colaboradores ou lenientes com base em provas e elementos probatórios colhidos ou ratificados em processos de colaboração é medida que tende a amplificar a eficácia dos acordos. O acordo envolve obrigações bilaterais entre as partes e garantias, tanto durante as tratativas, quanto na fase posterior à homologação judicial. Se, de um lado, o colaborador reconhece a sua culpa e participa da colheita e produção de provas, do outro, o órgão de persecução não só oferece benefícios como deve garanti-los. De todo modo, a questão é relativamente complexa tendo em vista a autonomia entre as esferas criminal, cível e administrativa, a vinculação subjetiva dos acordos e a inexistência de um posicionamento assente na jurisprudência das Cortes Superiores. [...] Apesar do compartilhamento de provas para a utilização na esfera cível e administrativa ser imperativa, já que atende ao interesse público, faz-se necessário proteger o colaborador ou a empresa leniente contra sanções excessivas de outros órgãos públicos, sob pena de assim não fazendo desestimular a própria celebração desses acordos e prejudicar o seu propósito principal que

> é de obter provas em processos criminais. Ante o exposto, defiro o requerido pelo MPF e promovo o aditamento de todas as referidas decisões para a elas agregar que **está vedada a utilização dos elementos informativos e provas cujo compartilhamento foi anteriormente autorizado por este Juízo contra pessoas que celebraram acordo de colaboração com o Ministério Público no âmbito da assim denominada Operação Lava jato, bem como contra empresas que celebraram acordo de leniência. Caso pretendida a utilização das provas ou das informações com esta finalidade, ficará ela sujeita à autorização específica deste Juízo, ou seja, da apresentação de novo requerimento.**[40] (grifo nosso)

A decisão aditou decisões anteriores daquele juízo que autorizavam o compartilhamento de termos de acordo e de depoimentos dos colaboradores, desde que a colaboração tivesse sido homologada e que seu conteúdo não fosse mais sigiloso. O objetivo foi restringir o uso que poderia ser feito desse conteúdo: outras autoridades de controle não poderiam aplicar sanção àqueles que celebraram acordos com base em informações neles produzidas. Mas eventual empréstimo de provas seria possível, desde que feito requerimento ao juízo especificando os fins pretendidos.

O TCU, então, solicitou à 13ª Vara Federal de Curitiba autorização para utilizar provas previamente compartilhadas contra colaboradores e empresas para ações voltadas ao ressarcimento dos danos. Em resposta, sobreveio a seguinte decisão judicial, de 2 de outubro de 2018:

> O próprio conteúdo dos acordos de colaboração e de leniência é no sentido de que eles não eximem os colaboradores e lenientes da obrigação de reparar o dano decorrente de suas atividades ilícitas por completo. [...] Assim, **é o caso de, na esteira da manifestação do MPF, autorizar o Tribunal de Contas da União a utilizar as provas compartilhadas mesmo contra colaboradores ou empresas lenientes para o fim exclusivo de ressarcimento dos danos decorrentes do crime. Cabe ressalvar que não poderão ser utilizadas para imposição de multas punitivas ou administrativas, inclusive declaração de inidoneidade ou proibição de contratar. Igualmente, deverá, como condição, o Tribunal de Contas da União admitir que as multas ou confiscos previstos e executados nos acordos de leniência e**

---

[40] Ofício n. 5.140/2018-PRPR/FT, p. 5-6.

de colaboração sejam considerados para amortização dos valores das indenizações, se maiores, apuradas contra os colaboradores ou lenientes. Na linha do sugerido pelo próprio Tribunal de Contas da União, havendo responsáveis solidários pelos danos, deve-se dar preferência à cobrança da indenização dos não-colaboradores ou não-lenientes. Como o próprio Tribunal de Contas da União já decidiu, deverá ainda a Corte Administrativa se abster de utilizar as provas compartilhadas para decretar a indisponibilidade de ativos dos colaboradores ou lenientes, pois medida espécie poderá comprometer a solvência deles e, por conseguinte, prejudicar o cumprimento das obrigações indenizatórias previstas nos acordos celebrados com o Ministério Público Federal. [...] Observo, por oportuno, que não se trata aqui de traçar limites à autonomia do Tribunal de Contas da União, que exerce relevante função de fiscalização da atividade administrativa e de proteção do erário, mas apenas o de estabelecer limites e condições para utilização por ele de provas que foram colhidas em processos da responsabilidade deste Juízo.[41] (grifo nosso)

O empréstimo de provas foi autorizado pelo juízo, mas vinculado a três condicionantes. Primeira condicionante: as provas poderiam ser utilizadas exclusivamente para fins de ressarcir o erário por danos decorrentes do crime investigado, ficando vedado aplicar sanções fundamentadas em tais provas ou a indisponibilidade de bens. Segunda: multas ou confiscos executados nos acordos de leniência deveriam ser levados em consideração pelo TCU para fins de amortização dos valores apurados. Terceira: havendo responsáveis solidários, o Tribunal de contas deveria dar preferência à cobrança de não colaboradores. Tais condicionantes foram incorporadas pelo TCU no Acórdão n. 2.396/2018.

O caso envolvia a tomada de contas especial para apurar possíveis irregularidades em contrato da Petrobras para obras das Unidades de Coqueamento Retardado da Refinaria Abreu e Lima. O acórdão não veiculou decisão final e definitiva, apenas quantificou preliminarmente danos causados ao erário em função da contratação e determinou a citação dos responsáveis para que apresentassem defesa ou pagassem os valores apurados.

---

[41] Trecho transcrito do Acórdão n. 2.396/2018, p. 63.

Em seu voto, o relator afirmou que "para a quantificação preliminar do débito, está-se utilizando de diversos elementos probatórios oriundos de autorização exarada pelo juízo da 13ª Vara Federal de Curitiba. [...] Dentre esses documentos, encontram-se vários oriundos de delações premiadas e acordos de colaboração que podem justificar a responsabilização dos próprios colaboradores".[42] Daí sustentou que, em função do empréstimo de prova, seria necessário o TCU analisar, ao longo da instrução processual, os potenciais efeitos de sua decisão à luz das condicionantes impostas pela 13ª Vara Federal de Curitiba.[43]

A preocupação de uma atuação do Tribunal, articulada com as condicionantes judiciais, também ficou clara no trecho final do acórdão:

> 9.2. nos termos das decisões proferidas pelo Juízo da 13ª Vara Federal de Curitiba (Petição 5054741-77.2015.4.04.7000/PR), esclarecer, em relação aos seguintes responsáveis colaboradores perante aquele Juízo (Paulo Roberto Costa, Pedro José Barusco Filho, e empresas Consórcio CNCC – Camargo Corrêa – CNEC e Construções e Comércio Camargo Correa S.A.) que:
> 9.2.1. a citação a ser realizada destina-se exclusivamente para propiciar o contraditório referente ao débito preliminarmente apurado e, se for o caso, o posterior ressarcimento aos cofres da Petrobras, não tendo por escopo o exercício de pretensão punitiva por parte deste Tribunal;
> 9.2.2. os valores de multas e ressarcimentos previstos e executados nos acordos de leniência e de colaboração serão considerados para amortização do débito objeto destes autos;
> 9.2.3. havendo responsáveis solidários pelos danos apurados nestes autos, será dada preferência à cobrança da indenização daqueles que não detenham a condição de colaboradores; [...].[44]

Como o procedimento foi criado por um juízo específico, é possível que o TCU considere que seu uso está restrito a casos sob a alçada da 13ª Vara Federal do Paraná. Mas a importância do caso para a construção do entendimento do TCU sobre o impacto de acordos de leniência em sua jurisdição pode ser grande se o Tribunal incorporar esse procedimento

---

[42] Acórdão n. 2.376/2018, p. 62.
[43] Acórdão n. 2.376/2018, p. 63.
[44] Acórdão n. 2.376/2018, p. 70-71.

para casos semelhantes – alinhar com outros controladores sobre o uso que se fará das provas, comprometer-se a não aplicar sanção a colaborador, considerar valores de multa e ressarcimento já estipulados em outros âmbitos e priorizar a cobrança de devedores solidários que não colaboraram.

4.2. Entendimento por Parte do TCU #11 – Processo de Apuração de Danos com Possibilidade de Sanção Fica Suspenso se o Responsável Celebrou Acordo de Leniência, Dando Coerência à Atuação do "Microssistema de Combate à Corrupção"

O Acórdão n. 2.446/2018 é importante para compreender os efeitos de acordos de leniência sobre o poder sancionatório do TCU por duas razões. Primeiro, porque resultou na suspensão do processo em função da celebração do acordo. Depois, porque revela divergência de entendimentos entre atores internos do TCU sobre como o Tribunal deveria proceder.

Nos autos, a empresa confessou a prática de ilícitos e informou que havia celebrado acordos de leniência com Cade e MPF. O voto do relator, aderido pela unanimidade do Plenário, concluiu por sobrestar o processo até a demonstração de que a empresa tinha cumprido suas obrigações constantes nos acordos; suspendeu também a prescrição da pretensão punitiva do TCU com relação aos fatos objeto do processo, até que houvesse manifestação dos órgãos controladores signatários dos acordos quanto ao cumprimento ou descumprimento das obrigações pactuadas. Por fim, designou que a SeinfraOperações acompanhasse periodicamente o cumprimento dessas obrigações.[45]

Aqui o fundamento da decisão:

> Em minha visão, há um dever de uniformidade e coerência, quando um outro órgão de estado, embora independente, não produz provas autônomas e utiliza, no exercício de suas competências, somente evidências obtidas de outro órgão, que deixou de exercer o seu poder sancionatório sobre um determinado administrado. Em outras palavras, sou da opinião que deve haver um compromisso de comunicabilidade de instância, por meio do qual o segundo órgão adere aos termos de cooperação firmado pelo primeiro e não impõe outra consequência jurídica além das já tomadas por este. Nesta hipótese, o segundo órgão também deixa de exercer seu poder sancionatório,

---

[45] Acórdão n. 2.446/2018, p. 111.

em troca de todos os benefícios processuais que podem advir do uso dos elementos de prova juntados nos acordos de colaboração, em sua própria instância. [...] **se a cooperação de uma pessoa junto a outra instância foi suficiente para evitar a aplicação de sanção pela violação de bem jurídico, também tutelado pelo TCU, o Tribunal deve, numa atitude de deferência ao acordo firmado por outro órgão de controle e de respeito ao microssistema de combate à corrupção e de defesa da probidade administrativa, diante da ausência de provas autônomas em relação à produzida por aquela instância, recuar no exercício de seu poder sancionatório e reputar como suficiente a pena ou a medida substitutiva imputada pelo órgão do Estado.**[46] (grifo nosso)

A preocupação do Tribunal foi com a coerência do *microssistema de combate à corrupção* e sua efetividade. A ideia é: se a empresa já celebrou acordo de leniência [com] outra instância controladora, e essa instância entendeu adequado relativizar seu poder sancionatório em função da relevância da colaboração, faz sentido que o TCU, tutelando bem jurídico semelhante, também relativize sua competência para aplicar sanção, inclusive suspendo a tramitação do processo. Mais: considerando que as investigações do próprio Tribunal utilizaram em grande parte provas produzidas em acordos de leniência, faz sentido que se busque dar consistência ao uso desse instrumento.

A lógica da coerência de um microssistema de combate à corrupção já havia sido utilizada em casos passados, especialmente no Acórdão n. 1.214/2018. A reiteração denota que o TCU de fato incorporou esse posicionamento em sua racionalidade decisória.

Mas também é interessante notar que o caso revela uma pluralidade de posicionamentos do TCU. Alguns mais aderentes à ideia de coerência entre instâncias de controle, outros com viés punitivista mais acentuado.

Os auditores encarregados de instruir a matéria aduziram que a participação da empresa nas fraudes pôde ser comprovada independentemente dos acordos celebrados. Por essa razão, entenderam que a confissão da empresa e sua contribuição perante outras autoridades

---

[46] Acórdão n. 2.446/2018, p. 108.

de controle deveriam ser consideradas apenas na dosimetria das penas. Sendo assim, os auditores propuseram a aplicação da pena de declaração de inidoneidade para contratação com a administração federal de um ano e oito meses, referentes à pena de cinco anos prevista no art. 46 da Lei Orgânica do TCU (LOTCU), reduzida em 2/3 (dois terços).[47]

A diretora da SeinfraOperações concordou com a proposta dos auditores. No entanto, sugeriu a suspensão temporária da aplicação da pena em 180 dias, com o propósito de que fosse facultado à empresa apresentar planos para colaborar efetivamente com as apurações de débito em curso, e para que fosse julgada a tomada de contas que analisa o envolvimento de outras empresas envolvidas em supostas fraudes nas obras da Refinaria Abreu e Lima.[48]

O Secretário da unidade técnica propôs sobrestar, por 30 dias, a apreciação acerca da responsabilidade, para que fosse verificada a intenção da empresa em contribuir com os processos de controle externo.[49]

Já o Ministério Público de Contas discordou das propostas de suspender o processo e a pena. Utilizou metodologia própria de dosimetria da pena em que aplicou, por analogia, os institutos penais de concurso material de crimes e do crime continuado, além da técnica da exasperação da pena. Divergindo do entendimento de que a cumulação de mais de uma sanção de inidoneidade aplicada a uma mesma licitante estaria limitada a cinco anos, propôs que fosse declarada a inidoneidade da empresa para participar de licitação que utilize recursos públicos federais por um período de oito anos, 10 meses e 20 dias.[50]

5. Acórdão n. 1.527/2019

O Acórdão n. 1.527, de relatoria do Ministro Benjamin Zymler, tratava de irregularidades praticadas por empresa em licitações conduzidas pela Petrobras, relacionadas a obras de implantação da Refinaria Abreu e Lima. O entendimento que surgiu no caso é descrito a seguir.

---

[47] Acórdão n. 2.446/2018, p. 99.
[48] Acórdão n. 2.376/2018, p. 99-100.
[49] Acórdão n. 2.376/2018, p. 100.
[50] Acórdão n. 2.376/2018, p. 100-101.

5.3. Entendimento por Parte do TCU #12 – o Tribunal de Contas da União Pode Considerar a Celebração de Acordo de Leniência para Fins de Dosimetria da Pena, ainda que as Provas Produzidas no Âmbito do Acordo Não Tenham Sido Úteis para o Próprio Tribunal

O TCU entendeu que o acordo de leniência celebrado pela empresa não teria proporcionado novos elementos probatórios para suas investigações. Ainda assim, entendeu que a pena deveria ser inferior àquelas aplicadas a outras empresas que praticaram irregularidades semelhantes e não adotaram postura colaborativa com o poder público.

O posicionamento teve dois fundamentos jurídicos. Primeiro, a premissa constitucional de individualização da pena, que demanda compatibilidade entre sanção e grau de reprovabilidade da conduta.[51] Segundo, o § 2º do art. 22 da Lei de Introdução ao Direito Brasileiro (Decreto-Lei n. 4.657/1942), que diz que "na aplicação de sanções, serão consideradas a natureza e a gravidade da infração cometida, os danos que dela provierem para a administração pública, as circunstâncias agravantes ou atenuantes e os antecedentes do agente".

A decisão mostra mudança no entendimento do TCU sobre o tema, pois, antes, condicionava a atenuação de sanção à utilidade que as provas produzidas poderiam ter para suas investigações.

Conclusão

Respondendo à preocupação destacada na introdução deste capítulo, é possível afirmar que, em geral, a atuação do TCU tende a aceitar o uso do acordo de leniência como instrumento de investigação e obtenção de provas.

Isso porque, ao menos no período em que se desenvolveu a pesquisa, os acórdãos prolatados demonstram que o Tribunal: i) reconhece a importância das provas produzidas no bojo do acordo para suas próprias investigações; ii) em muitos casos, especialmente nos mais recentes, tenta adequar sua atividade sancionatória para considerar a colaboração da empresa; iii) utiliza o argumento de que deve haver preocupação com a harmonização entre as atuações dos vários controladores envolvidos na celebração do acordo.

---

[51] Constituição Federal, art. 5º, XLVI.

Entretanto, é preciso dar atenção ao fato de que os "entendimentos" apontados neste capítulo são fruto de observação sobre a atuação prática do TCU, mas não estão previstos em norma ou qualquer outro mecanismo que garanta que o Tribunal, no futuro, irá mantê-los. São, portanto, comportamentos que apontam para uma tendência, cuja confirmação somente será obtida mediante observação de casos futuros.

Referências

BRASIL. Constituição (1988). *Constituição da República Federativa do Brasil.* Brasília: Senado Federal, 1988.

MARQUES NETO, Floriano de Azevedo; PALMA, Juliana Bonacorsi de. Os sete impasses do controle da administração pública no Brasil. *In*: PEREZ, Marcos; SOUZA, Rodrigo Pagani de (coord.). *Controle da Administração Pública.* Belo Horizonte: Fórum, 2017.

MOREIRA, Egon Bockmann. Tribunais de Contas podem controlar acordos de leniência? *Gazeta do Povo*, 13 jul. 2018. Disponível em: https://www.gazetadopovo.com.br/justica/colunistas/egon-bockmann-moreira/tribunais-de-contas-podem-controlar-acordos-de-leniencia-77we8fvgzumzr9nykivxoond3/. Acesso em: 18 dez. 2019.